公務員試験

出るとこ過去問

16 人文科学

国家一般職・地方上級レベル対応

新装第2版

セレクト SELECT

55

過去問

TAC出版

TAC PUBLISHING Group

# ● はじめに ●

目指す場所に必ずたどり着きたい方のために――
『出るとこ過去問』は超実践的 〝要点整理集＋過去問集〟 です。

**「公務員試験に合格したい」**
**この本を手にされた方は、きっと心からそう願っていると思います。**

　公務員試験に合格することは、けっして容易なものではありません。勉強すべき科目は多く、参考書は分厚い。合格に必要な勉強時間はおおよそ1500〜2000時間と言われており、準備に半年〜1年かける方が大半でしょう。覚悟を決め、必死で取り組まなければなりません。

　たとえ予備校に通っていても、カリキュラムをひたすらこなすだけでせいいっぱいという方もいるでしょう。独学の場合はなおさら、スケジュールどおりに勉強を進めていくには、相当な自制心が必要です。試験の日程が近づいているにもかかわらず、「まだ手をつけていない科目がこんなにある」と落ち込んでしまう方もいるかもしれません。

　**そんな時こそ、本書の出番です。この『出るとこ過去問』は、公務員試験合格のための超実践的 〝要点整理集＋過去問集〟 です。絶対に合格を勝ち取りたい方が最後に頼る存在になるべく作られました。**

　おさえるべき要点はきちんと整理して理解する。解けるべき過去問はきちんと解けるようにしておく。それが公務員試験で合格するためには必須です。**本書は、合格のために 〝絶対理解しておかなければならない要点〟 の簡潔なまとめと、これまで公務員試験の中で 〝何度も出題されてきた過去問〟 だけを掲載しています。**だからこそ、超実践的なのです。

　たくさんの時間を使い、たくさん勉強してきたけれど、まだ完全に消化しきれていない科目がある。そんな方にとって、本書は道を照らす最後の明かりです。**本書の重要事項スピードチェックやPointCheckを頼りに重要事項を整理して理解し、過去問が解けるところまで行けば、合格はもうすぐです。**

　いろいろと参考書を手にしてみたものの、どれもしっくりとせず、試験の日程ばかりが迫ってきている。そんな方にとって、本書は頼もしい最後の武器です。**本書をぎりぎりまで何度も繰り返し勉強することで、合格レベルまで底上げが可能となります。**

　道がどんなに険しくても、そこに行き先を照らす明かりがあれば、効果的な武器があれば、目指す場所に必ずたどり着くことができます。

　みなさんが輝かしい未来を勝ち取るために、本書がお役に立てれば幸いです。

2020年3月　TAC出版編集部

## ● 本書のコンセプトと活用法 ●

## 本書のコンセプト

# 1. 過去問の洗い直しをし、得点力になる問題だけを厳選

その年度だけ出題された難問・奇問は省く一方、近年の傾向に合わせた過去問の類題・改題はしっかり掲載しています。本書で得点力になる問題を把握しましょう。

<出題形式について>
　旧国家II種・裁判所事務官の出題内容も、国家一般・裁判所職員に含め表記しています。また、地方上級レベルの問題は地方上級と表示しています。

# 2. 基本問題の Level 1 、発展問題の Level 2 のレベルアップ構成

Level 1 の基本問題は、これまでの公務員試験でたびたび出題されてきた問題です。何回か繰り返して解くことをおすすめします。科目学習の優先順位が低い人でも、最低限ここまではきちんとマスターしておくことが重要です。さらに得点力をアップしたい方は Level 2 の発展問題へ進みましょう。

# 3. 重要事項スピードチェックと見開き2ページ完結の問題演習

各章とも、**重要事項スピードチェック**で基礎力の底上げがはかれるように内容を整理しています。全体の把握、知識の確認・整理に活用しましょう。この内容は、Level 1 、Level 2 の両方に対応しています。また、**Q&A**形式の問題演習では、問題、解答解説および、その問題に対応する キーワードチェック や **PointCheck** を見開きで掲載しています。重要ポイントの理解を深めましょう。

## ● 基本的な学習の進め方

①理解する　②整理する　③暗記する　④演習する

本書の扱う範囲

　どんな勉強にもいえる、学習に必要な4つのポイントは次のとおりです。本書は、この①〜④のポイントに沿って学習を進めていきます。

## ①理解する

　問題を解くためには、必要な知識を得て、理解することが大切です。

## ②整理する

　ただ知っているだけでは、必要なときに取り出して使うことができません。理解したあとは、整理して自分のものにする必要があります。

## ③暗記する　④演習する

　問題に行き詰まったときは、その原因がどこにあるのか、上記①〜④をふりかえって考え、対処しましょう。

# 本書の活用法

## 1. 重要事項スピードチェックで全体像をつかむ

重要事項スピードチェックの キーワードチェック や ミニ演習 で、問題を解くために必要な知識を確認しましょう。関連する **Q&A** のリンクも掲載しています。

## 2. Level 1 ・ Level 2 の Q&A に取り組む

ここからは自分にあった学習スタイルを選びましょう。苦手な論点は、繰り返し問題を解いて何度も確認をすることで自然と力がついてきます。

Level 2 の **Level up Point!** は得点力をつけるアドバイスです。当該テーマの出題傾向や、問題文の目のつけどころ、今後の学習の指針などを簡潔にまとめています。

● 本書を繰り返し解き、力をつけたら、本試験形式の問題集にも取り組んでみましょう。公務員試験では、問題の時間配分も重要なポイントです。

### ➡ 本試験形式問題集

『**本試験過去問題集**』（国家一般職・国税専門官・裁判所職員ほか）

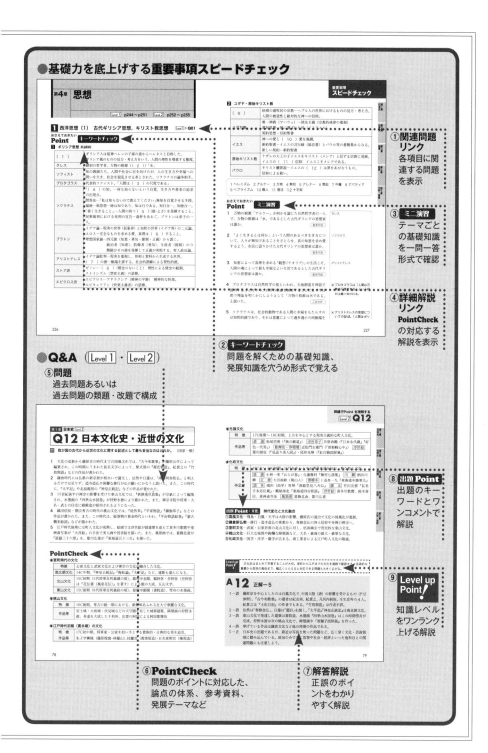

# ● 効率的『出るとこ過去問』学習法 ●

## 1周目

　教養分野の一般知識は、学習範囲が膨大で、一定レベルの基礎知識があることを要求されます。だとすれば、**知識分野の学習は「点数になる範囲」をできるだけ多く見つけ出すことが最初の目標です。**スケジュールを重視して、細かいところはとばし、すでに学習した内容の再確認を目指しましょう。

> 法律・経済などの専門科目のように、最初に内容を理解することは、一般知識の分野では必要ありません。むしろ理解していることが前提なのです。細かい知識をインプットするためにも、全体の流れや科目の体系を過去に学習していなければなりません。そのためにも、本書を利用してスピード感のある学習を心がけてください。興味がある分野は参考資料などに当たって理解を深めるのも楽しいのが一般知識分野ですが、得点にならなければ深い学習も意味がありません。まずは、自分の既習範囲で1問でもプラスできる部分を見つけ出すことです。

## 1. 重要事項スピードチェックの キーワードチェック にトライ

　効率よく作業を進めます。大切なのは覚えている部分を見つけ出して、そこから広げていくことです。

> 知識の学習ですから深く考える時間は不要です。小中学校の夏休みのドリルのように、作業を仕上げる感覚で穴埋め部分をチェックしていきましょう。できるかどうか、知っているかどうかではなく、作業と割り切って処理していきます。

### (1) キーワードチェック の各項目を概観 （3分程度）
　次の3点をテンポよく行ってください。
　① キーワードチェック の内容の構成を確認
　②中心的なテーマと、どのあたりが難しそうかを把握
　③全体を流し読みして、理解できる部分を探す

> 学習範囲を確認して目標設定をする段階です。何を確認し、どこが得点になるかを探します。理解できそうもない部分は、軽く確認する程度でかまいません。

### (2)穴埋め作業 （10〜30分程度）
　はじめから解答欄をみて、知っているかどうかを確認します。
　　①知っている、わかる部分には、書き込みはしません。
　　②まったく知らない用語は、解答を書き込みます。
　　③自信がない、しっかり覚えたい部分は、頭文字だけヒントとして書いておきます。

> 全体像を確認したら、次にやることは「道しるべ」を作っておくことです。作業としてのスピード感が大切です。すべてに頭文字だけ穴埋めしてもいいでしょう。

## 2. 重要事項スピードチェックの ミニ演習 にトライ

ポイントとなる理解を試します。 ミニ演習 が楽にできる部分は得点力があり、ピンとこないところはある程度の努力が必要とされる部分です。

> 絶対正解できる自信がある問題は解答を塗りつぶしましょう。わからない問題には、問題文・解答解説に覚えるポイントを書き込みましょう。

## 3. Level 1 の問題にトライ （問題・解説 1 問あたり 15 分以内が目標）

まずは読む訓練と割り切りましょう。正解をみてもかまいません。むしろ○×を確認してから、どこが間違っているのか、理解が難しいのかを判断する程度で十分です。問題を読んで理解できない場合は、すぐに解説を読んで正誤のポイントを理解するようにしてください。

> はじめは、問題を自力で解くことや、答えの正解不正解は全く考慮しません。また、ここで深く考える必要はありません。大切だとされる知識を「初めて学ぶ」感覚で十分です。問題で学ぶメリットを最大限に生かしましょう。

## 4. Level 1 の キーワードチェック を確認 （10 分程度）

問題の背景や別の視点を キーワードチェック の穴埋めで把握します。問題を解くための、整理の仕方、解法テクニックなどを確認する作業です。暗記が必要な部分は印をしておき、目につくようにします。

## 5. Level 2 の問題の正誤のポイントを確認

Level 1 の問題と同様に読む訓練だと考えて、正誤のポイントを確認するようにしましょう。また、Level 1 の キーワードチェック と同様、暗記用に印をしておきます。

> Level 2 は 1 周目はとばしてもかまいません。ただ、眺めておくだけでも役に立ちます。「なんとなくわかった」レベルで先に進んでも大丈夫です。

# 2周目以降

ここからは、単純に覚える作業です。目を通すだけでキーワードの暗記が補強されていきます。穴埋めや解答にチェックマークを入れて、再確認を進めてください。

> 過去問学習が重要視される公務員試験ですが、一般知識の分野では過去問を数多く解くことが効率的だとは限りません。必要なのは知識を利用して本番の試験で得点することなのです。ここからは知識を広げ、得点力アップを心がけてください。

「ここだけ覚えればいい」「もう忘れない」と感じた問題は切り捨てて、「反復が必要」と感じる問題にチェックをしていきます。

> ここまで本書で学習を進めれば、3 周目は 1 日で全体の確認・復習ができるようになります。一覧性を高め、内容を絞り込んだ本書の利点を生かして、短期間のスピード完成を目指してください。

# 出るとこ過去問　人文科学セレクト 55

# CONTENTS

## 第4章　思想

### 重要事項スピードチェック

## 第5章　文学・芸術

### 重要事項スピードチェック

# CONTENTS

公務員試験

国家一般職
地方上級レベル対応

出るとこ
過去問

16

人文科学

セレクト55

## 1 原始時代〜大和政権

### おさえておきたい
# Point　キーワードチェック

### 1 旧石器時代〜弥生時代

| | 旧石器時代（〜約1万年前） | 縄文時代（〜 B.C.4C） | | 弥生時代（〜 3C） |
|---|---|---|---|---|
| 地質区分 | （ 1 ）…氷河期 | （ 2 ）…大陸から離れ、温暖化 | | |
| 石 器区 分 | 打製石器の使用（原料は黒曜石など） | 細石器（中石器時代） | （ 3 ）石器の使用…石鏃・石皿・石錘などの製作 | |
| 土 器区 分 | なし | 縄文土器（厚手・黒褐色・軟質） | | 弥生土器（薄手・茶褐色・硬質）→高杯・甕・壺などに器型が分化 |
| 生 活住 居 | 狩猟・採集洞穴・テント | 狩猟・採集・漁労・原始農耕（ 4 ）住居に住む | | 水稲耕作の開始周辺に溝を持つ（ 5 ）集落の出現 |
| 遺 跡 | ・（ 6 ）遺跡［群馬県・相沢忠洋が（ 7 ）層内で発見］ | ・三内丸山遺跡［青森］・（ 8 ）貝塚［東京・モースが発見］ | | ・（ 9 ）遺跡［静岡・水田遺構］・（ 10 ）遺跡［佐賀・大規模な環濠集落］ |
| その他 | 化石人骨の発見例あり・浜北［静岡］・（ 11 ）［沖縄］ | アニミズムの風習・土偶(土製人形)の製作（ 12 ）［成人儀礼］や（ 13 ）［埋葬形態］の風習 | | ・木製農具［田下駄］や鉄製農具［鉄鎌］の使用・穂首を刈る（ 14 ）や（ 15 ）倉庫の出現・祭祀用の青銅器の使用…銅剣・銅矛・銅鐸 |

重要事項
# スピードチェック

日本史 第1章

世界史 第2章

地理 第3章

思想 第4章

文学・芸術 第5章

## ❷ 古墳時代

| | | |
|---|---|---|
| 前期（4C） | 丘陵 | ・（　16　）石室や粘土槨を持つ（　17　）の出現…外部に円筒埴輪を置く<br>・副葬品は呪術的 |
| 中期（5C） | 平野 | ・巨大な(17)の出現→例：大仙陵古墳（大阪）…外部に（　18　）埴輪を置く<br>・（　19　）石室も出現、副葬品は軍事的 |
| 後期（6C） | 各地 | ・円墳が多く、数が多い（　20　）の出現…岩橋千塚［和歌山］<br>・装飾古墳の出現…高松塚古墳［奈良］<br>・副葬品は身近な装身具 |

## ❸ 古代の外交

(1)**倭の登場**…『漢書』地理志に小国の成立記事あり

　B.C.1C　前漢の（　21　）郡の海の向こうに倭の100余国の小国あり

(2)**小国の動き**…（　22　）に記載

　　57　奴国王が中国の皇帝（　23　）より「漢委奴国王」の金印を賜る

　　　　→のち福岡県（　24　）で発見

　　2C　倭国の大乱が起こる

(3)**邪馬台国の成立**…陳寿の（　25　）に記載

　　239　女王（　26　）が魏に遣使を送り、金印を賜る。後に壱与が王となる

(4)**大和政権の成立**…倭の五王が宋に遣使

　　391　倭と高句麗との交戦→高句麗好太王の碑文に記載

　　478　倭王武［雄略天皇］の上表文…『宋書』倭国伝に記載

---

1 更新世〔洪積世〕　2 完新世〔沖積世〕　3 磨製　4 竪穴式　5 環濠　6 岩宿　7 関東ローム
8 大森　9 登呂　10 吉野ヶ里　11 港川　12 抜歯　13 屈葬　14 石包丁　15 高床式
16 竪穴式　17 前方後円墳　18 形象　19 横穴式　20 群集墳　21 楽浪
22『後漢書』東夷伝　23 光武帝　24 志賀島　25『魏志』倭人伝　26 卑弥呼

---

おさえておきたい
# Point　ミニ演習

**1**　住居・倉庫・水田跡などで知られる弥生時代後期の静岡県の遺跡は何か。　（重要用語）

登呂遺跡

**2**　紀元57年に倭の奴の国王が、中国皇帝から金印を与えられたことを記す中国の歴史書は何か。　（重要用語）

『後漢書』東夷伝

**3**　『魏志』倭人伝によると、3世紀前半に約30の小国を統合

卑弥呼

した国が日本に存在し、中国に朝貢したとある。この国の女
王の名を答えよ。 　重要用語

4　古墳は中期以降巨大化するが、仁徳天皇陵に見られるよう
な日本独特の形を何というか。 　重要用語

| | |
|---|---|
| 前方後円墳 | |

5　稲作、青銅器や鉄器などの金属器が伝来した弥生時代は、
貧富の差がなかった。 　正誤判断

| | |
|---|---|
| ✕ 弥生時代に入ると貧富の差・身分の差が生じた。 | |

6　大和政権は、政治的身分秩序の氏(うじ)と血縁的結びつきで構成
された集団である姓(かばね)とで構成される氏姓制度によって、豪族
を支配していた。 　正誤判断

| | |
|---|---|
| ✕ 氏と姓の説明が逆である。 | |

# 2 古代国家の成立 　Level 1 ▷ Q01　Level 2 ▷ Q14

おさえておきたい
## Point 　キーワードチェック

### 1 律令国家への道
#### (1)蘇我氏の台頭

| 継体 | 527 | 筑紫国造（　1　）の乱 |
|---|---|---|
| 欽明 | 540 | 大伴金村の失脚 |
| 用明 | 587 | 大臣(おおおみ)の蘇我馬子が大連の（　2　）を滅ぼす |
| 崇峻 | 592 | 馬子が崇峻天皇を暗殺 |

#### (2)推古期の政治…摂政の（　3　）と大臣の蘇我馬子の二頭政治、（　4　）文化の開花

| | 603 | （　5　）…最初の冠位制度 |
|---|---|---|
| | 604 | （　6　）…官人への道徳的訓戒 |
| 推古 | 607 | 遣隋使として小野妹子らを派遣 |
| | 608 | 隋の皇帝（　7　）は答礼使裴世清(はいせいせい)を派遣 |
| | 618 | 隋が滅び、唐が興る |
| 舒明 | 630 | （　8　）らを遣唐使として派遣 |

#### (3)蘇我氏の権勢…馬子の子と孫にあたる蘇我蝦夷・入鹿の台頭

| 皇極 | 643 | 入鹿が山背大兄王(やましろのおおえのおう)を自殺に追い込む |
|---|---|---|

#### (4)大化改新

| | 645 | 中大兄皇子と（　9　）が蘇我氏を滅ぼす（乙巳の変） |
|---|---|---|
| 孝徳 | | ・年号を（　10　）と定め、難波に遷都 |
| | | ・皇太子に中大兄皇子、内臣に（9）、国博士に（　11　）と僧旻(そうみん)を任命 |
| | 646 | （　12　）の発布…公地公民制や班田収授法の施行を示す |

4

## ② 律令国家の形成 ▶p56 ▶p82

### (1)国家体制の構築

| 斉明 | 660 | 朝鮮半島の（ 13 ）の滅亡 |
|---|---|---|
| 天智［中大兄皇子］ | 663 | （ 14 ）…(13)を救おうとしたが唐・新羅に大敗 |
| | 667 | 近江大津宮に遷都 |
| | 670 | （ 15 ）の作成…全国にわたる最初の戸籍 |
| 弘文［大友皇子］ | 672 | （ 16 ）…皇位をめぐる大友皇子と大海人皇子による内乱 |
| 天武［大海人皇子］ | 672 | 飛鳥浄御原宮に遷都し、皇親政治を展開 |
| | 676 | （ 17 ）が朝鮮半島を統一 |
| | 684 | （ 18 ）の制定…新しい身分秩序の完成 |
| （ 19 ） | 690 | 庚寅年籍の作成 |
| | 694 | 都城制を採用した（ 20 ）の造営 …（ 21 ）文化開花 |
| 元明 | 708 | （ 22 ）の鋳造…皇朝十二銭のはじめ |
| | 710 | 平城京に遷都…唐の都（ 23 ）を模す |

### (2)律令の制定

| 近江令 | 天智天皇のとき施行 |
|---|---|
| 飛鳥浄御原令 | 天武天皇のとき制定され、689年（19）天皇のとき施行 |
| （ 24 ）律令 | 701年文武天皇のとき制定施行、（ 25 ）と藤原不比等が中心に編纂 |
| （ 26 ）律令 | 718年制定、757年施行、不比等が中心に編纂 |

---

1 磐井　2 物部守屋　3 聖徳太子（厩戸皇子）　4 飛鳥　5 冠位十二階　6 十七条憲法
7 煬帝　8 犬上御田鍬　9 中臣鎌足　10 大化　11 高向玄理　12 改新の詔　13 百済
14 白村江の戦い　15 庚午年籍　16 壬申の乱　17 新羅　18 八色の姓　19 持統
20 藤原京　21 白鳳　22 和同開珎　23 長安　24 大宝　25 刑部親王　26 養老

---

## おさえておきたい Point ミニ演習

1 聖徳太子の業績には、従来の家柄に基づいた氏姓制度に代わる（ ア ）や天皇への忠誠を誓わせる憲法十七条の制定、世界最古の木造建築（ イ ）の建立や、遣隋使として（ ウ ）を派遣したことなどがある。　空欄補充

ア 冠位十二階
イ 法隆寺
ウ 小野妹子

2 645年の（ ア ）以後、唐を模範とした律令による中央集権国家の体制が形成されていき、701年の（ イ ）の完成によりほぼ仕組みが整った。　空欄補充

ア 大化の改新（乙巳の変）
イ 大宝律令

3 推古天皇が即位し、その摂政として活躍した聖徳太子は、人材登用制度の冠位十二階、役人の心得である十七条憲法を制定したほか、小野妹子らを遣隋使として派遣するなどの政

○当時の豪族間の抗争を鎮めて、中央集権国家の確立を目指して擁立されたのが、

策を行った。　　　　　　　　　　　　　正誤判断

初めての女帝推古天皇である。

4　中大兄皇子は、天武天皇に即位後、初の令である近江令と、初の戸籍である庚午年籍を制定した。　　　　正誤判断

✕ 天武天皇ではなく、天智天皇である。

5　わが国において初めて制定された律・令をともに備える法典は大宝律令であり、律は現在の刑法、令は現在の行政法・民法に該当する。　　　　　　　　　正誤判断

◯ 701年に制定。

6　奈良時代には国内資源の開発が進み、別子の銅山、佐渡の金山など各地の鉱山が開発され、日本初の銭貨として和同開珎が鋳造された。　　　　　　　　正誤判断

✕ 和同開珎は708年（和銅元年）に、日本で鋳造・発行された。別子の銅山、佐渡の金山などが開発されたのは江戸時代。

# 3 奈良時代

Level 1 ▷ Q01　　Level 2 ▷ Q14

**おさえておきたい**
## Point　　キーワードチェック

## 1 律令体制

| | 律令官制 |
|---|---|
| 中　央 | ・二官…（　1　）[祭祀担当] と（　2　）[一般政務担当]<br>・八省…中務・式部・治部・民部・兵部・刑部・大蔵・宮内省があり、（2）の下で政務を担当<br>・一台…（　3　）[風俗の取り締まり、官吏の監察]<br>・五衛府…宮城の警備 |
| 地　方 | ・行政区…畿内 [大和・山城・摂津・河内・和泉] と七道 [東山道・東海道・南海道・西海道・山陽道・山陰道・北陸道]<br>・諸国…国（国司）―郡（郡司）―里（里長）<br>・要地…京：京職、難波：摂津職、九州：（　4　）の設置 |
| 官吏制度 | ・四等官制…長官・次官・判官・主典に区別<br>・官位相当の制…位階に応じた官職に任命される制度<br>・（　5　）…父・祖父の位階に応じて一定の位階につける上級役人の特権制度 |
| 税　制 | ①（　6　）…田地にかかる税、条里制により区画された口分田を戸籍・計帳に基づき班給した<br>②調…特産物　③庸…麻布、歳役の代納　④（　7　）…地方での労役<br>⑤歳役…都での労役　⑥兵役…軍団 [諸国]、衛士 [京]（　8　）[九州の防衛]<br>⑦（　9　）…籾の強制貸し付け　⑧義倉…凶作に備えての粟の貯蓄 |

重要事項
**スピードチェック**

日本史 第1章

世界史 第2章

地理 第3章

思想 第4章

文学・芸術 第5章

| | ・身分制度…良民と賤民の区分あり |
|---|---|
| その他 | ※賤民は（ 10 ）と呼ばれ五分類あり、口分田を与えられた者もいた |
| | ・司法制度…刑は五刑と呼ばれ五段階に分けられ、天皇や皇族に対する罪は |
| | （ 11 ）と呼ばれた |
| | ・交通制度…駅家を設置し、駅鈴を持つ役人が駅馬を利用した |

## 2 平城京の政治

**(1)藤原不比等の政権**…出羽国・大隅国の設置による領域の拡大

718　養老律令の制定

**(2)（ 12 ）の政権**

722　百万町歩開墾計画

723　（ 13 ）…限定付きではあるが墾田の私有地を許可

724　東北経営の拠点とする鎮守府として（ 14 ）を設置

729　(12) の変…不比等の4人の子の策謀により自殺

**(3)藤原四子〔不比等の4人の子ら〕の政権**

729　妹の光明子を（ 15 ）天皇の皇后とする

737　疫病による四子の死

**(4)（ 16 ）の政権**…唐から帰国した玄昉や（ 17 ）を重用

740　藤原広嗣の乱…大宰府で起きたが、鎮圧

**(5)(15) 天皇の政権**…遷都を繰り返し、平城京に戻る

741　国分寺建立の詔…国分寺・国分尼寺を各国に建立

743　（ 18 ）…開墾した墾田の永久私有を許可、大仏造立の詔

**(6)（ 19 ）の政権**…孝謙天皇のとき、恵美押勝と改名して儒教政治を展開

752　大仏開眼供養が（ 20 ）寺で挙行される

757　養老律令の施行、橘奈良麻呂の乱の鎮圧

764　(19) の乱…孝謙上皇信任の（ 21 ）を除こうとして敗死

**(7)(21) の政権**…法王となって仏教政治を展開

769　宇佐八幡宮神託事件…皇位に就こうとした(21)は（ 22 ）や藤原白川らにより追放される。

**(8)（ 23 ）天皇の政権**

784　（ 24 ）に遷都…造営長官藤原種継の暗殺で挫折

794　平安京に遷都

---

1 神祇官　2 太政官　3 弾正台　4 大宰府　5 蔭位の制　6 租　7 雑徭　8 防人　9 出挙
10 五色の賤　11 八虐　12 長屋王　13 三世一身法　14 多賀城　15 聖武　16 橘諸兄
17 吉備真備　18 墾田永年私財法　19 藤原仲麻呂　20 東大　21 道鏡　22 和気清麻呂
23 桓武　24 長岡京

## おさえておきたい
# Point 〔ミニ演習〕

1　人口の増加に対する口分田の不足に対処するため、政府は722年に百万町歩開墾計画、723年に（　ア　）、さらに743年には（　イ　）で開墾を奨励した。　〔空欄補充〕

| ア | 三世一身法 |
|---|---|
| イ | 墾田永年私財法 |

2　聖武天皇は奈良盆地の北端に平城京を築き、710年難波からここに都を移した。平城京は難波京と同じように条里制によって整然と区画されていた。　〔正誤判断〕

✕ 元明天皇は奈良盆地北端に平城京を築き、710年藤原京から都を移した。条里制とは班田の便宜のため、国家の手で整然と区画された田地のこと。

3　聖武天皇は、仏教の力によって社会不安を鎮めようと図り、国分寺建立の詔を発し、国ごとに国分寺を建てて護国の経典を読ませた。　〔正誤判断〕

◯ 国分寺建立の詔は741年。

4　人口の増加によって口分田が不足したため、「墾田永年私財法」が施行されて農民に開墾が奨励され、「百万町歩の開墾計画」が達成された。　〔正誤判断〕

✕ 口分田不足のため、722年百万町歩の開墾計画をたて、翌723年には三世一身法を施行して、農民に開墾を奨励した。

---

# 4 平安時代　　　　　　　　　　　　　Level 1 ▷ **Q02**

## おさえておきたい
# Point 〔キーワードチェック〕

## 1 藤原氏の進出と摂関政治

### (1)藤原北家の台頭

810　藤原（　1　）が蔵人頭［秘書官］に就任
　　　※この頃、令外官として国司の不正を監督する（　2　）や京の治安維持を担う検非違使も設置される

842　藤原（　3　）は承和の変で伴健岑・橘逸勢らの他氏を排斥

858　清和天皇のとき、(3)は実質上の（　4　）［天皇幼少のときの執務代行職］

866　（　5　）の変が起こる…(3)は伴善男らを排斥し、正式に(4)に就任

887　藤原（　6　）は宇多天皇のとき、正式に（　7　）［天皇に代わって職務を代行］に就任→阿衡の紛議が起こる

### (2)天皇親政の復活…（　8　）・村上天皇の親政は延喜・天暦の治と呼ばれる

894　菅原道真が遣唐使の廃止を建言し、実施

901　(8)天皇のとき、藤原時平の讒言で道真は（　9　）に左遷

941　藤原忠平が(7)に就任

958　村上天皇のとき、皇朝十二銭の最後にあたる乾元大宝が鋳造される

969 （　10　）で源高明が失脚し、藤原実頼に権力が集中

(3)摂関政治の隆盛（11C）

①藤原（　11　）の権勢…「氏の長者」としての権力を持ち、天皇家と外戚関係を築く

②藤原（　12　）の権勢…50年間にわたり摂政・関白を務め、平等院鳳凰堂を建立

**2** 荘園の成立と発展　▶p58

(1)初期荘園の成立（8〜9C）

743　墾田永年私財法により自墾地系荘園が発生

9C　政府も直営田を経営…例：公営田［大宰府］、官田［畿内］

902　（　13　）の荘園整理令…効果がなく、これ以降班田の例なし

(2)地方政治の乱れ

①原因…政府が国司に国政を一任

※任国に赴任する国司を（　14　）、赴任せず目代を派遣する国司を（　15　）と呼ぶ

②結果…・田堵などの有力農民が公領の耕作を請け負う

・国司の地位が利権化…成功・重任の横行

・国司の横暴化…尾張国郡司百姓等解（988）で訴えられた（　16　）の例

(3)寄進地系荘園の成立…11世紀中頃一般化

開発領主による領家への寄進→さらに（　17　）と呼ばれる皇族や摂関家に寄進

(4)荘園の独立化

①荘園が不輸の権［租税の免除］や不入の権［（　18　）の立入禁止］を認可される

②荘園公領制の成立…一国が荘園と公領で構成される体制

荘園は名・名田で構成され、名主は年貢・（　19　）・夫役を負担

---

1 冬嗣　2 勘解由使　3 良房　4 摂政　5 応天門　6 基経　7 関白　8 醍醐　9 大宰府
10 安和の変　11 道長　12 頼通　13 延喜　14 受領　15 遥任　16 藤原元命　17 本家
18 検田使　19 公事

---

**3** 院政　▶p58

①背景：後三条天皇の親政

延久の荘園整理令の発布…（　1　）の設置、宣旨枡の制定

②開始：1086年（　2　）天皇が堀河天皇に譲位し、上皇として院に院庁を開設

③機構：・院庁で院司（職員）が執務

・命令…院庁からは院庁下文、上皇からは（　3　）が出された

④時期：(2)・（　4　）・後白河の3代が実質の院政を実施

⑤経済的基盤：荘園と知行国

⑥特徴：仏教の信奉→南都［興福寺］・北嶺［（　5　）］の僧兵が横暴化

**4** 武士の進出

(1)地方武士の反乱

| 年号 | 戦乱名 | 反乱者 | 鎮圧者 | 地域 |
|---|---|---|---|---|
| 939 | 承平・天慶の乱 | （ 6 ） | 平貞盛・藤原秀郷 | 関東 |
| | | 藤原純友 | 源経基・小野好古 | 瀬戸内海・大宰府 |
| 1028 | 平忠常の乱 | 平忠常 | 源頼信 | 上総 |
| 1051~62 | 前九年の役 | 安倍氏 | 源頼義・義家 | 陸奥 |
| 1083~87 | 後三年の役 | 清原氏 | 源義家・藤原清衡 | 陸奥・出羽 |

(2)武士の変遷

| 9C初 | 9C後半 | 10C | 11C後半 | 12C初 |
|---|---|---|---|---|
| 検非違使…<br>京の治安維持 | 追捕使・押領使…<br>盗賊・叛反人の逮捕 | （ 7 ）…<br>宮中の警備 | （ 8 ）…<br>院の警備 | 西面の武士…<br>院の武力補強 |

**5** 平氏政権

(1)成立過程

① （ 9 ）の乱（1156）…後白河天皇と（ 10 ）上皇の対立
　　　　　　　　　　→平清盛や源義朝の力で後白河が勝利し、院政を開始
② （ 11 ）の乱（1159）…平清盛と源義朝の対立
　　　　　　　　　　→清盛と結ぶ藤原通憲が殺されたが、源義朝は滅ぼされる

(2)性格…平清盛は公家的性格（院の近臣）と武家的性格（士の棟梁）が共存
　　　清盛の娘（ 12 ）を高倉天皇の中宮とし、外戚関係を確立

(3)経済的基盤…知行国・荘園・（ 13 ）貿易の利潤［大輪田泊の修築］

---

1 記録荘園券契所　2 白河　3 院宣　4 鳥羽　5 延暦寺　6 平将門　7 滝口の武士
8 北面の武士　9 保元　10 崇徳　11 平治　12 徳子　13 日宋

---

おさえておきたい
# Point　ミニ演習

1　9世紀になると藤原氏の他氏排斥が進み、858年に
（ **ア** ）が臣下で最初の摂政となり、884年には藤原基経
が関白に就任した。この摂関政治は11世紀になり（ **イ** ）
およびその子藤原頼道のとき最盛期を迎えた。　空欄補充

| | |
|---|---|
| ア | 藤原良房 |
| イ | 藤原道長 |

2　桓武天皇は、令外官として、国司の不正を監察する蔵人頭
や、蝦夷征伐のために征夷大将軍を配置した。　正誤判断

× 蔵人頭は嵯峨天皇が設置し
た令外官で、天皇の命を直
接に扱い、手続きの簡素化
と機密保持に貢献した。桓

重要事項
## スピードチェック

日本史 第1章

世界史 第2章

地理 第3章

思想 第4章

文学・芸術 第5章

武天皇が設置した国司の不正を監察する令外官は、勘解由使である。

**3** 藤原氏の摂関政治は、藤原良房・基経父子の折に、全盛期を迎えた。　正誤判断

× 藤原道長・頼通父子の頃である。

**4** 荘園整理令などで力をそがれた藤原氏に代わり、鳥羽上皇が院政と呼ばれる上皇による政治を始めた。　正誤判断

× 院政を始めたのは、白河上皇である。

**5** 承平・天慶の乱の時代、平将門、藤原純友がほぼ同時に反乱を起こし、これらの鎮圧が源平進出のきっかけとなった。　正誤判断

○ 同時期に起こった関東と瀬戸内海の反乱で、鎮圧した側が正統な武士として認められた。

**6** 奈良時代・平安時代を通じて発展した荘園は、大きく（　ア　）系荘園と（　イ　）系荘園とに分類される。　空欄補充

ア 墾田地
イ 寄進地

**7** （　ア　）の乱によって政権を握った（　イ　）は初めて武士政権を行い、太政大臣の地位につき、大輪田泊を整えるなどして（　ウ　）貿易も行った。　空欄補充

ア 平治
イ 平清盛
ウ 日宋

# 5 古代の文化

おさえておきたい
## Point　キーワードチェック

### 1 大陸文化の受容…大和政権の時代
契機…渡来人　例：（　1　）［→西文氏］・阿知使主［→東漢氏］・弓月君［→秦氏］
　　　役割：韓鍛冶部・陶作部・錦織部など技術者集団
内容…①漢字の伝来…5C末～6C初　例：（　2　）古墳［埼玉］出土の鉄剣・（　3　）神社［和歌山］の人物画像鏡
　　②儒教の伝来…五経博士の来日
　　③仏教の伝来…538年説→『（　4　）』『元興寺縁起』が根拠
　　　　　　　　　552年説→『日本書紀』が根拠

### 2 飛鳥・白鳳・天平文化
⑴飛鳥（6C末～7C前後）…飛鳥中心の初の仏教文化（古墳文化＋南北朝文化）
（　5　）［蘇我氏の氏寺］、（　6　）［聖徳太子の建立］、(6)釈迦如来像［鞍作鳥の作品］、中宮寺・広隆寺の半跏思惟像、(6)玉虫厨子
①仏教の研究　聖徳太子の『三経義疏』
②大陸文化の伝来　高句麗の（　7　）が絵の具・紙・墨、百済の勧勒が暦をもたらす

11

⑵**白鳳（7C後半〜8C初）**…藤原京中心の文化（初唐文化の受容）

（ 8 ）東塔、（8）金堂薬師三尊像、興福寺仏頭、（6）金堂壁画、（ 9 ）古墳壁画

①漢詩文の発展：歌人…大津皇子　②和歌の隆盛：歌人…柿本人麻呂

③教育機関：大学［中央］と国学［地方］

⑶**天平（8C中頃）**…平城京中心の貴族文化（盛唐文化の受容）

①鎮護国家による南都六宗の発達、（ 10 ）三月堂・正倉院宝庫、唐招提寺［（ 11 ）

が開祖］金堂、仏像の発達…金銅像の他に（ 12 ）と塑像

②国史地誌の編纂、『古事記』(712)…（ 13 ）が筆録、『日本書紀』(720)…（ 14 ）

親王が中心、『（ 15 ）』(713)…諸国の地誌を編纂

③漢詩集・和歌集の編纂、漢詩集の『（ 16 ）』(751)…撰者未詳、和歌集の『（ 17 ）』

…貧窮問答歌の（ 18 ）や山部赤人らの作品を収集、大伴家持らが編纂

**3　平安時代の文化**　▶p84

|  | 弘仁・貞観文化（9C）晩唐文化の影響 | 国風［藤原］文化（10C~11C中頃） |
|---|---|---|
| 仏教 | ［密教の興隆］<br>①真言宗（東密）、空海［弘法大師］、高野山（ 19 ）寺、教王護国寺<br>②（ 20 ）宗（台密）、最澄［伝教大師］、比叡山（ 21 ）寺<br>［信仰との融合］…（ 22 ）［神と仏の融合］の流行 | ［仏教の日本化］<br>(22)の進展…本地垂迹説<br>［浄土教の発達］<br>①市聖と呼ばれた（ 23 ）、源信の『（ 24 ）』<br>②（ 25 ）思想が流行して発展<br>③往生伝の作成 |
| 美術 | ①自由な伽藍配置　例：（ 26 ）［女人高野］　②一木造の仏像　③（ 27 ）［仏の世界を特異な構図で表す仏画］の発達 | ①阿弥陀堂を持つ大寺の出現…法成寺［藤原道長の建立］、（ 28 ）鳳凰堂［藤原頼通の建立］　②寄木造の仏像（定朝）<br>③来迎図の発生 |
| 文学 | ①勅撰漢詩集の編纂…『凌雲集』『文華秀麗集』<br>②六国史の成立 | ①勅撰和歌集『古今和歌集』<br>②日記文学の発達…紀貫之『（ 29 ）』<br>③女流文学…清少納言『枕草子』、紫式部『源氏物語』 |
| 書道 | 唐様の興隆…（ 30 ）［嵯峨天皇・空海・橘逸勢］ | 和様の発達…三蹟［（ 31 ）・藤原佐理・藤原行成］ |

---

1 王仁　2 稲荷山　3 隅田八幡　4 上宮聖徳法王帝説　5 飛鳥寺　6 法隆寺　7 曇徴

8 薬師寺　9 高松塚　10 東大寺　11 鑑真　12 乾漆像　13 太安万侶　14 舎人　15 風土記

16 懐風藻　17 万葉集　18 山上憶良　19 金剛峯　20 天台　21 延暦　22 神仏習合

23 空也　24 往生要集　25 末法　26 室生寺　27 曼荼羅　28 平等院　29 土佐日記

30 三筆　31 小野道風

## おさえておきたい Point　ミニ演習

正誤判断

**1** 平安中期の国風文化期の文学では、和歌において『万葉集』に次ぐ2番目の勅撰和歌集として『古今和歌集』が編纂される一方で、漢文学、漢詩文も隆盛であり『懐風藻』『文華秀麗集』など作品も多い。

× 『古今和歌集』は最初の勅撰和歌集で国風文化期。『万葉集』『懐風藻』は天平文化期。『文華秀麗集』は弘仁貞観文化期。

**2** 平安前期の弘仁貞観文化期の寺院建築では、山岳修行主義のため、延暦寺や金剛峯寺のように寺の多くが山中に建てられ、伽藍配置は不規則である。現存するものとしては、室生寺の金堂と五重塔、醍醐寺五重塔がある。

○ 山中のため自由な伽藍配置となる。室生寺は、女性も参詣できる真言宗の寺院で「女人高野」と呼ばれる。

**3** 平安前期の弘仁貞観文化期の彫刻では、寄木造の技法が開発され、重量感にあふれた官能的な和様の彫法が完成された。代表作品としては、神護寺薬師如来像や東大寺日光・月光菩薩像がある。

× 弘仁貞観文化期の彫刻は一木造で、神秘的な表現のものが多かった。東大寺の日光・月光菩薩は天平文化の代表作である。

## 6 鎌倉時代

Level 1 ▷ **Q03**　Level 2 ▷ **Q14**

## おさえておきたい Point　キーワードチェック

### 1 鎌倉幕府の成立

1177 鹿ヶ谷の陰謀…藤原成親・俊寛らの平氏打倒計画→失敗
1180 源頼政と以仁王の挙兵→敗死
　　　（ 1 ）［現神戸市］への遷都
　　　伊豆の源頼朝、木曽の源義仲が挙兵
1181 平清盛の死
1183 頼朝が東国の支配権を獲得
1184 一の谷の戦い［摂津］
1185 （ 2 ）の戦い［讃岐］
　　　（ 3 ）の戦い［長門］…平氏の滅亡
1189 頼朝が奥州を平定…奥州藤原氏の滅亡
1192 頼朝が征夷大将軍に就任

13

**2** 鎌倉幕府の機構 ▶p60

(1)職制

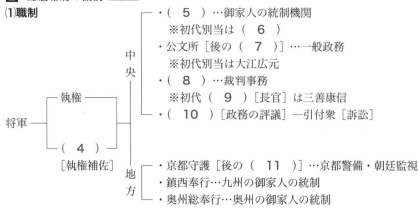

・( 5 )…御家人の統制機関
　※初代別当は ( 6 )
・公文所[後の ( 7 )]…一般政務
　※初代別当は大江広元
・( 8 )…裁判事務
　※初代 ( 9 )[長官]は三善康信
・( 10 )[政務の評議]—引付衆[訴訟]

・京都守護[後の ( 11 )]…京都警備・朝廷監視
・鎮西奉行…九州の御家人の統制
・奥州総奉行…奥州の御家人の統制

将軍—執権—
　　（ 4 ）
　　[執権補佐]

中央

地方

(2)**経済的基盤**…( 12 )[将軍家の荘園]、関東御分国[将軍家の知行国]
(3)**御家人制度**　御恩…( 13 )[所領支配の保障]・新恩給与[所領の付与]を行う

将軍 ←主従関係→ 御家人

　　　　　（ 14 ）…京都大番役・鎌倉番役を行う
(4)**守護と地頭**　守護…一国一人、任務：( 15 )[大番催促、叛反人、殺害人の逮捕]
　　　　　　　地頭…公領・荘園ごとに配置、( 16 )や地頭請によって荘園進出

**3** 執権政治の展開 ▶p61 ▶p83

| 初代時政 | 2代将軍頼家を暗殺し、執権となる（1203） |
|---|---|
| 2代（ 17 ） | ・公暁が3代将軍（ 18 ）を暗殺<br>・（ 19 ）（1221）<br>　経過：西面の武士を置き、（ 20 ）上皇が中心となって幕府打倒の反乱を起こす<br>　結果：3上皇の配流、京都に(11)を設置、平家没収領などに（ 21 ）地頭を設置 |
| 3代（ 22 ） | ・連署・評定衆の設置（1225）<br>・藤原[摂家]将軍のはじめ（1226）…藤原頼経<br>・（ 23 ）の制定（1232）→追加法は式目追加と呼ばれる<br>　内容：頼朝以来の先例と道理を成文化<br>　目的：公正な裁判基準 |
| 5代時頼 | ・宝治合戦（1247）…三浦泰村を滅ぼす<br>・（ 24 ）将軍のはじめ（1252）…宗尊親王が就任 |

| 8代（ 25 ） | ・蒙古襲来［（ 26 ）と呼ぶ］…フビライの元軍による日本攻撃<br>文永の役（1274）→九州の警備にあたる（ 27 ）の設置<br>弘安の役（1281）…暴風雨によって元軍は再び敗退 |
| --- | --- |
| 9代貞時 | ・（ 28 ）が起こる（1285）<br>　経過：内管領の平頼綱が有力御家人の安達泰盛を滅ぼす<br>　結果：（ 29 ）［北条氏嫡流の当主］専制政治の進展<br>・（ 30 ）の発布（1297）…御家人の所領の売却・質入れ地の無償返却、質入れ・売買の禁止→しかし御家人窮乏は続く |

1 福原（京）　2 屋島　3 壇ノ浦　4 連署　5 侍所　6 和田義盛　7 政所　8 問注所　9 執事
10 評定衆　11 六波羅探題　12 関東御領　13 本領安堵　14 奉公　15 大犯三カ条
16 下地中分　17 義時　18 源実朝　19 承久の乱　20 後鳥羽　21 新補　22 泰時
23 御成敗式目（貞永式目）　24 皇族　25 時宗　26 元寇　27 異国警固番役　28 霜月騒動
29 得宗　30 永仁の徳政令

おさえておきたい
# Point　ミニ演習

1　1185年、平氏一門が滅亡した戦いを何というか。
（重要用語）

壇ノ浦の戦い

2　鎌倉幕府の中心組織である3大機関とは、侍所、政所と、あともう1つは何か。
（重要用語）

問注所

3　1232年北条泰時により制定された体系的な最初の武家法を何というか。
（重要用語）

御成敗式目（貞永式目）

4　鎌倉時代、土地支配において力を持つようになった地頭は、荘園領主らと対立するなどしたため、地頭請や（ ア ）などの解決が図られた。
（空欄補充）

ア　下地中分
荘園を地頭と荘園領主で折半することをいう。

5　鎌倉時代に成立した封建制度は土地を仲立ちとする主従関係で、それまでの土地を保障してもらう本領安堵や新たな土地をもらう新恩給与の御恩に対し、御家人は戦時の軍役や京都大番役や鎌倉番役などの奉公を行うしくみであった。
（正誤判断）

○ 鎌倉幕府は、将軍と御家人との間で土地を媒介とした主従関係を築き、御恩と奉公の関係によって結ばれていた。

6　後白河上皇による承久の乱後、鎌倉幕府は京都に京都守護を設置し、朝廷や公家を監視するとともに、反乱軍の所領を没収し、多くの新補地頭を設置した。
（正誤判断）

✕ 承久の乱は後鳥羽上皇が起こした反乱で、乱後、京都守護ではなく六波羅探題が設置されている。

7 執権北条時政は、執権を補佐するための連署や幕府意思決定の最高機関たる評定の構成員である評定衆を設けたほか、武士の成文法である武家諸法度を制定した。 正誤判断

× 北条時政は初代執権で、鎌倉時代に制定された武士の成文法は御成敗式目である。連署や評定衆の設置、御成敗式目の制定を実施したのは、北条泰時である

8 元寇後、窮乏する御家人を救済するため、鎌倉幕府は徳政令を発布したが、かえって世の中は混乱した。 正誤判断

○ 売却や質入れした御家人の所領を取り戻せることなどを規定したが、御家人の窮乏は続いた。

# 7 南北朝の動乱と室町幕府

## おさえておきたい Point キーワードチェック

### 1 南北朝の動乱

| 1316 | （ 1 ）の決定…持明院統と（ 2 ）統の2つの統が交互に天皇位に就く<br>→後醍醐天皇の就任 |
|---|---|
| 1324 | 14代執権（ 3 ）のもと、内管領長崎高資が政治を掌握<br>正中の変…後醍醐による討幕計画 |
| 1331 | （ 4 ）…後醍醐による再度の討幕計画<br>→後醍醐は隠岐に配流され、光厳天皇就任 |
| 1333 | 足利尊氏が六波羅探題を、（ 5 ）が鎌倉を攻略→鎌倉幕府の滅亡 |
| 1334 | （ 6 ）の開始…後醍醐による天皇親政、綸旨の乱発 |
| 1335 | 中先代の乱…尊氏の挙兵 |
| 1336 | 尊氏は京都で（ 7 ）天皇を擁立<br>→後醍醐は吉野に逃れ、南北朝が対立<br>（ 8 ）［尊氏の施政方針］の制定 |
| 1338 | 室町幕府の成立…尊氏が征夷大将軍に |
| 1350 | 観応の擾乱…尊氏と弟（ 9 ）の対立 |
| 1392 | 南北朝の合体…3代義満の仲介 |

### 2 室町幕府
### (1)政治の変遷

| 初代尊氏 | 1352 | 守護が荘園・公領の年貢の半分を徴収する（ 10 ）を公布［近江・美濃・尾張］ |
|---|---|---|
| 3代義満 | 1378 | 花の御所［京都の将軍邸］の造営 |
| | 1391 | （ 11 ）の乱…山名氏清を滅ぼす |
| | 1399 | 応永の乱…（ 12 ）を滅ぼす |

重要事項
**スピードチェック**

日本史 第1章

世界史 第2章

地理 第3章

思想 第4章

文学・芸術 第5章

| 6代（ 13 ） | 1438<br>1441 | （ 14 ）の乱…鎌倉公方足利持氏を滅ぼす<br>嘉吉の乱…播磨の守護赤松満祐が(13)を殺害 |
|---|---|---|
| 8代義政 | 15C中頃<br>1467 | 鎌倉公方が古河公方と堀越公方に分裂<br>応仁の乱（〜77）…管領（ 15 ）と（ 16 ）山名持豊の対立<br>→将軍継承問題［義視と義尚の対立］と畠山や斯波の家督争い→京都荒廃 |

［**室町幕府の機構**］

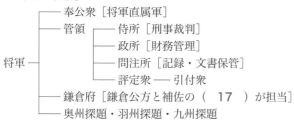

将軍 ┬ 奉公衆［将軍直属軍］
　　　├ 管領 ┬ 侍所［刑事裁判］
　　　│　　　├ 政所［財務管理］
　　　│　　　├ 問注所［記録・文書保管］
　　　│　　　└ 評定衆 ── 引付衆
　　　├ 鎌倉府［鎌倉公方と補佐の（ 17 ）が担当］
　　　└ 奥州探題・羽州探題・九州探題

※ 三管領…細川・斯波・畠山が交代に就任
　（ 18 ）…侍所の長官［(16)］に山名など4氏が交代に就任

**(2)外交の変遷**

①中国［銅銭の輸入］

| 1342 | 元に天竜寺船派遣 |
|---|---|
| 1368 | 朱元璋が明を建国 |
| 1404 | 日明貿易の開始…明の（ 19 ）禁圧要求のため（ 20 ）貿易を実施<br>→朝貢形式のため4代義持のとき中断したが、6代(13)で復活 |
| 1523 | 寧波の乱…堺商人と結ぶ細川氏と博多商人と結ぶ（ 21 ）氏の対立 |
| 1551 | (21)氏の滅亡により貿易断絶 |

②琉球

| 1429 | （ 22 ）が三山を統一し、琉球王国を設立→琉球船による中継貿易を展開 |
|---|---|

③朝鮮［木綿の輸入］

| 1392 | （ 23 ）が李氏朝鮮を建国 |
|---|---|
| 14C末 | 日朝貿易の開始…対馬の宗氏の介在、通信符の使用 |
| 1419 | （ 24 ）…朝鮮の対馬襲撃→貿易は一時中断 |
| 15C中頃 | 朝鮮に三浦の開港と倭館を設置 |
| 1510 | 三浦の乱→貿易の衰退 |

④蝦夷ヶ島

| 14 C | 津軽の安藤氏の勢力拡大→道南十二館の建設 |
|---|---|
| 1457 | （　25　）の反乱…蠣崎氏が鎮圧し、道南の支配者に |

### (3)経済的基盤
①（　26　）…直轄地で年貢・公事・夫役を課す
②段銭・棟別銭…田畑や家屋に課税
③関銭・（　27　）…関所や港に課した通行税
④倉役・酒屋役…土倉・酒屋への営業税　⑤日明貿易の利潤

---

1 両統迭立　2 大覚寺　3 北条高時　4 元弘の変　5 新田義貞　6 建武の新政　7 光明
8 建武式目　9 足利直義　10 半済令　11 明徳　12 大内義弘　13 義教　14 永享
15 細川勝元　16 所司　17 関東管領　18 四職　19 倭寇　20 勘合　21 大内　22 尚巴志
23 李成桂　24 応永の外寇　25 コシャマイン　26 御料所　27 津料

---

おさえておきたい
# Point　ミニ演習

**1**　日明貿易の際、公私の船を区別するために用いられたもの
を何というか。　（重要用語）

勘合（符）

**2**　京都を主戦場に全国の守護大名が2派に分かれ戦い、戦国
時代の発端となった戦乱は何か。　（重要用語）

応仁の乱

**3**　後醍醐天皇は建武の新政を行ったが、綸旨で行う土地保障
など、武士は不満を持つようになり、3年足らずで崩壊した。
（正誤判断）

〇中先代の乱で北条時行が鎌倉を占拠し、足利尊氏がこれを鎮圧した後、反旗を翻して後醍醐天皇は京都を追われる。

**4**　足利尊氏は南北朝を合一し、室町幕府の基礎を築いた。また、倭寇の対策を通じて宋と正式に国交を結び、日宋貿易を行い、京都北山に金閣を建てて北山文化を開花させた。
（正誤判断）

✕南北朝合一を実現したのは足利義満である。また、足利義満が始めたのは日明貿易（勘合貿易）である。足利尊氏は、室町幕府初代将軍である。

**5**　室町幕府8代将軍足利義政の折、後継者問題などをめぐって山名氏と細川氏が対立し、京都での11年にわたる紛争である応仁の乱が起きた。以降、戦国時代と呼ばれ、実力で上の者を倒す下剋上という風潮が広まることとなる。
（正誤判断）

〇将軍継承争いに加えて、畠山・斯波の家督争いが重なり、京都で11年にわたって続いた大乱。

6　足利尊氏が建武の新政を倒すと、光明天皇を即位させて新たに（　ア　）を立て、他方で、追い出された形の（　イ　）は、吉野に（　ウ　）を立てた。以後60年余りにわたる争乱の時期を（　エ　）時代という。　空欄補充

| ア | 北朝 |
| イ | 後醍醐天皇 |
| ウ | 南朝 |
| エ | 南北朝 |

7　室町時代、地方では、（　ア　）の権限が強くなり、地頭を吸収して（　イ　）となっていった。荘園領主の年貢を請け負う（　ウ　）や年貢の半分までを軍事費用として徴収する（　エ　）令による権限を持つようになった。　空欄補充

| ア | 守護 |
| イ | 守護大名 |
| ウ | 守護請 |
| エ | 半済 |

# 8 中世の仏教と文化　Level 2 ▷ Q12,Q15

おさえておきたい
## Point　キーワードチェック

### 1 平安末期の文化（11C中頃〜12C）

| 特　色 | 文化の地方化と庶民化 |
|---|---|
| 仏　教 | 浄土教の全国への広がり→地方阿弥陀堂の建築…例：（　1　）金色堂［平泉］ |
| 美　術 | 絵巻物の発展…例：『源氏物語絵巻』、『（　2　）』［応天門の変を描く］、『信貴山縁起絵巻』、『鳥獣戯画』［動物の擬人化］ |
| 文　学 | ・軍記物語…『将門記』［将門の乱を描く］、『（　3　）』［前九年の役を描く］<br>・『（　4　）』の編纂…後白河法皇が民間の流行歌謡である今様を集めたもの<br>・説話集の出現…例：『今昔物語』 |

### 2 鎌倉文化
#### (1)鎌倉仏教 ▶ p85

| 宗　派 | 開　祖 | 主要著書 | 教　え | 中心寺院 |
|---|---|---|---|---|
| 浄土宗 | （　5　） | 『選択本願念仏集』 | 専修念仏 | 知恩院［京都］ |
| 浄土真宗<br>（一向宗） | （　6　） | 『教行信証』、<br>唯円の『歎異抄』 | （　7　）説を唱える | 本願寺［京都］ |
| 時宗 | 一遍 | 『一遍上人語録』<br>（弟子の作） | （　8　）による布教 | 清浄光寺<br>［神奈川］ |
| 日蓮宗（法華宗） | 日蓮 | 『（　9　）』 | 題目を唱える | 久遠寺［山梨］ |
| 禅宗　臨済宗 | 栄西 | 『興禅護国論』 | 坐禅と（　10　）で悟りに達する | 建仁寺［京都］ |
| 禅宗　（　11　） | 道元 | 『正法眼蔵』 | 只管打坐<br>［ひたすら坐禅］ | （　12　）<br>［福井］ |

| 旧仏教 | 法相宗：貞慶　華厳宗：（ 13 ）［別名：明恵］ |
| | 律宗：叡尊と（ 14 ）［北山十八間戸の建立］ |
| （ 15 ）神道 | 度会家行が唱える |

## (2)鎌倉文化の特徴

宋・元の影響、公武二元文化、庶民的性格

| 学問 | ・北条実時が（ 16 ）を建設<br>・有職故実の学の隆盛 | 建築 | ・［大仏様］東大寺南大門、［（ 17 ）］<br>円覚寺舎利殿<br>・［折衷様］観心寺金堂 |
| 禅宗 | ・蘭渓道隆が建長寺を、（ 18 ）<br>が円覚寺を建立 | 彫刻 | ・（ 19 ）・快慶による東大寺南大<br>門金剛力士像 |
| 文芸 | ・和歌集…藤原定家らが『（ 20 ）』<br>を編纂、源実朝の『金槐和歌集』<br>・随筆…吉田兼好の『徒然草』、鴨長<br>明の『方丈記』<br>・軍記物語…琵琶法師による『平家<br>物語』の語り<br>・歴史書…『（ 21 ）』［鎌倉幕府<br>の歴史をつづる］ | 絵画 | ・（ 22 ）［個人の肖像画］の発達<br>…藤原隆信の『源頼朝像』<br>・絵巻物…竹崎季長が描かせた<br>『（ 23 ）』 |
| | | 書 | ・尊円入道親王による青蓮院流の創<br>始 |
| | | 工芸 | ・加藤景正による瀬戸焼の発展、甲<br>冑や刀剣で各工が出現 |

1 中尊寺　2 伴大納言絵巻（詞）　3 陸奥話記　4 梁塵秘抄　5 法然　6 親鸞　7 悪人正機
8 踊念仏　9 立正安国論　10 公案　11 曹洞宗　12 永平寺　13 高弁　14 忍性　15 伊勢
16 金沢文庫　17 禅宗様　18 無学祖元　19 運慶　20 新古今和歌集　21 吾妻鏡　22 似絵
23 蒙古襲来絵巻（詞）

## 3 室町文化　▶p78

### (1)南北朝文化（14C中頃）

歴史書・軍記物語の発達

| 歴史書 | 南朝側の立場　（ 1 ）の『神皇正統記』<br>公家の立場　『増鏡』<br>幕府の立場　『梅松論』 | 軍記物語 | 南朝側の立場に立つ『太平<br>記』 |
| | | 連歌 | 二条良基の『菟玖波集』 |

### (2)北山文化（5C初）

3代義満による武家と公家の折衷文化

| 仏教 | ・臨済宗の興隆…夢窓疎石が足利尊氏の帰依を受ける<br>・五山十刹の制の完成…五山の上に（ 2 ）寺を置く<br>京都五山…天竜・相国・建仁・東福・万寿寺<br>鎌倉五山…建長・円覚・寿福・浄智・浄妙寺 |

重要事項
# スピードチェック

日本史 第1章
世界史 第2章
地理 第3章
思想 第4章
文学・芸術 第5章

| 建　築 | （　3　）寺金閣が代表 |
|---|---|
| 文　学 | 五山文学の隆盛、五山版の印刷 |
| 水墨画 | 明兆・如拙・周文による基礎の確立 |
| 能　楽 | 大和猿楽四座の発展→観世座の観阿弥・世阿弥父子による猿楽能の大成<br>世阿弥が能の理念書『（　4　）』を著す |

⑶**東山文化（15C後半）**…8代義政による諸文化を融合した枯淡幽玄な文化

| 仏　教 | ・（　5　）と呼ばれる禅宗諸派の広がり［一休宗純らを輩出］<br>・浄土真宗［一向宗］…講の結成と御文による（　6　）の布教、一向一揆の頻発<br>・日蓮宗［法華宗］…日親による布教→法華一揆の頻発 |
|---|---|
| 文芸<br>学問 | ・連歌…（　7　）による正風連歌の確立、山崎宗鑑が俳諧連歌の確立<br>・和歌…東常縁による古今伝授の整備<br>・小歌…歌集『閑吟集』の編纂<br>・御伽草子の発展…例：『一寸法師』『ものぐさ太郎』<br>・神道…吉田兼倶による唯一神道の完成 |
| 建　築 | 書院造の発達→例：（　8　）寺銀閣・東求堂同仁斎 |
| 絵　画 | （　9　）が水墨画を大成、大和絵で土佐派・狩野派が発達 |
| 茶　道 | （　10　）の成立…村田珠光が創出し、武野紹鴎が継承し、（　11　）が完成 |

---

1 北畠親房　2 南禅　3 鹿苑　4 風姿花伝〔花伝書〕　5 林下　6 蓮如　7 宗祇　8 慈照
9 雪舟　10 侘茶　11 千利休

## おさえておきたい
# Point ミニ演習

**1** 　運慶・快慶が作った金剛力士像が南大門に安置されている寺は何か。　重要用語 / 東大寺

**2** 　鎌倉時代初期栄西が伝えた坐禅により自力で悟りを開こうとする考え方で、室町時代には五山・十刹の制により発展した禅宗の一派は何か。　重要用語 / 臨済宗

**3** 　吉田兼好、鴨長明は、政権移行の混乱期に、人の生き方・考え方を随筆で表現したが、鎌倉幕末に代表作を著したのはどちらか。　重要用語 / 吉田兼好　『方丈記』は鎌倉前期で、100年後に『徒然草』が著される。

**4** 　鎌倉時代の仏教は法然が開いた浄土真宗や、親鸞が開いた浄土宗など念仏を唱えるものや、南無妙法蓮華経を唱える日 / × 法然が開いたのは浄土宗、親鸞が開いた浄土真宗、そ

蓮宗、室町時代に至り、正式に幕府の保護を受けた曹洞宗などがあった。 正誤判断

して、鎌倉幕府・室町幕府の保護を受けたのは臨済宗である。

5　曹洞宗は道元によって開かれ、その教えは阿弥陀仏を信じていれば極楽浄土に往生できるという他力本願の考え方であり、公家や武士の間に広まった。 正誤判断

✕ 法然の開いた浄土宗の説明である。

6　浄土真宗は親鸞によって中国の宋より伝えられたもので、その教えは坐禅によって自力で悟りを開こうとする考えであり、幕府の上級武士に広まった。 正誤判断

✕ 坐禅によって自力で悟りを開こうとする考えは栄西の臨済宗の説明である。

7　北山文化期の芸能では、郷村のなかで成長してきた田楽や猿楽が集成され、特に観阿弥・世阿弥の父子が幕府の保護を受けるに至って中央でも重視されるようになり、格調の高い能楽として大成された。 正誤判断

◯ 観阿弥・世阿弥父子は、能の脚本である謡曲を数多く書くとともに、世阿弥は能の真髄を述べた『風姿花伝』（花伝書）などの理論書も残した。

# 9 中世の社会・経済

Level 1 ▷ Q04

## おさえておきたい Point キーワードチェック

### 1 鎌倉時代の社会・経済

**⑴農業**

肥料［（　1　）や草木灰など］の利用と、鉄製農具・牛馬耕・二毛作などの普及

**⑵商工業**

①工業者の同業組合である（　2　）の出現

②定期市の開催…月3回の定期市は（　3　）と呼ばれた

**⑶貨幣・経済**

①貨幣…宋銭の輸入

②遠隔地取引のための為替が登場

③（　4　）［高利貸］や（　5　）［商品の保管・輸送］といった商人の出現

**⑷ 武家社会の変容**

①御家人の窮乏

理由：貨幣経済の進展、（　6　）相続での所領細分化、元寇後の負担と不十分な恩賞

対策：（　7　）（1297）…御家人の土地売買禁止や所領の無償返還などを定めた法令

②（　8　）制の崩壊…（8）が庶子を支配する体制が崩れる

③悪党［非御家人などの新興武士］の横行

重要事項
## スピードチェック

日本史 第1章

世界史 第2章

地理 第3章

思想 第4章

文学・芸術 第5章

**2 室町時代の社会・経済** ▶p62

(1)農業

二毛作の全国的普及、稲の品種改良（例：早稲・中稲・晩稲）、商品作物の栽培、水車や下肥の利用

(2)漁業

①上方中心に網による漁法が発達　②製塩…（　9　）式塩田の一般化

(3)商業

①（2）の発達…例：（　10　）の油座、北野神社の麹座

②定期市の発達…六斎市の出現　③連雀商人などの行商人の出現

④常設店舗である（　11　）の一般化

(4)貨幣・経済

①貨幣…（　12　）を主とする明銭の輸入

②（　13　）・酒屋といった金融業者や商人のほか、売買を行う問屋、陸上輸送業者である（　14　）・（　15　）が出現

③悪銭の横行…（　16　）の実施→貨幣流通の円滑化のため（16）令を発令

**3 地域社会の動き** ▶p62

(1)一揆

| 1428 | （　17　）の徳政一揆 | 近江坂本の馬借の蜂起が原因 |
|---|---|---|
| 1429 | 播磨の土一揆 | 守護赤松氏家臣の国外退去を要求 |
| 1441 | （　18　）の徳政一揆 | 「代始めの徳政」を要求 |
| 1485 | （　19　）の国一揆 | 畠山政長・義就の争いが契機→（　20　）・農民が蜂起し、8年間の自治支配 |
| 1488 | 加賀の一向一揆 | 一向宗門徒が（　21　）を滅ぼし、1世紀もの自治支配 |
| 1532 | 法華一揆 | 報復措置として、日蓮宗の寺院が焼き討ちされる（　22　）（1536）が起こった |

(2)惣の構造

①構成員　指導者：おとな・沙汰人、一般：名主・百姓

②共有地　用水、土地は（　23　）と呼ばれた

③村会議　（　24　）と呼ばれ、規約である（　25　）や警察・裁判権を行使する地下検断を決定した

---

1 刈敷　2 座　3 三斎市　4 借上　5 問丸　6 分割　7 永仁の徳政令　8 惣領　9 揚浜
10 大山崎　11 見世棚　12 永楽通宝　13 土倉　14・15 馬借・車借（順不同）　16 撰銭
17 正長　18 嘉吉　19 山城　20 国人　21 富樫政親　22 天文法華の乱　23 入会地
24 寄合　25 村掟〔惣掟〕

**1** 鎌倉時代には月3回開かれる三斎市の実施や常設店の見世棚などがおこるなど、宋銭などを用いての商業が発達した。

〔正誤判断〕

○ 常設の見世棚は中心都市に発生しはじめた。応仁の乱後、三斎市から六斎市に変わる。

**2** 室町時代の手工業は、国内需要の増加や対明貿易の盛況とともに発達し、京都では西陣織が起こった。

〔正誤判断〕

○ 応仁の乱後の京都、西軍の本陣付近で、明から輸入した生糸を原料に西陣織が始められた。

**3** 荘園や公領の年貢の半分を軍費調達のため徴発する権限を室町幕府が守護に与えたことなどから、守護の力が強くなり、荘園や公領の年貢徴収を守護に請け負わせる守護請がさかんに行われた。

〔正誤判断〕

○ 室町時代には守護に多くの権限が与えられ、鎌倉時代の地頭請に代わり守護請によって、一定の年貢納入と荘園支配を請け負った。

**4** 室町時代は商業が発達して商品流通がさかんになり、輸送機関としての廻船・馬借が増え、また、為替も利用された。

〔正誤判断〕

○ 為替（割符）は鎌倉期後半に遠隔地取引・決済のために登場し室町期にも発達する。

**5** 一揆には主に経済的な要求をする（ **ア** ）、政治的な要求をする（ **イ** ）、宗教的な要求をする（ **ウ** ）とがある。馬借が徳政を求めて起こしたことに始まる（ **エ** ）は代表的な一揆である。

〔空欄補充〕

**ア** 土一揆（徳政一揆）
**イ** 国一揆
**ウ** 一向一揆
**エ** 正長の土一揆

# 🔟 織豊政権

Level 1 ▷ **Q05**

おさえておきたい
**Point** キーワードチェック

## ❶ 戦国大名による分国支配

①喧嘩両成敗や連座制を規定した分国法の制定
　例：今川氏の『今川仮名目録』、（ **1** ）氏の『甲州法度之次第』、伊達氏の『（ **2** ）』、北条氏の『早雲寺殿廿一箇条』
②城下町への家臣の集住

## ❷ 都市の発達

①城下町　例：府中［今川氏］、小田原［北条氏］
②門前町　寺社の門前に形成された町　例：宇治・山田［伊勢神宮］、長野［（ **3** ）］
③寺内町　一向宗寺院中心に形成された町　例：越前（ **4** ）、摂津石山
④港　町　例：堺［（ **5** ）による自治支配］、博多［年行司による自治支配］

## 3 織田信長の統一事業 ▶p64

### (1)統一への流れ

| | |
|---|---|
| 1560 | （ 6 ）の戦で今川義元を破る |
| 1568 | （ 7 ）を将軍に奉じて入京 |
| 1570 | 姉川の戦…浅井長政・朝倉義景を破る |
| 1571 | （ 8 ）を焼き討ち |
| 1573 | （7）を追放し、室町幕府滅亡 |
| 1575 | 長篠の戦で（ 9 ）を破る |
| 1576 | （ 10 ）城の構築 |
| 1580 | 石山戦争終結…一向一揆の鎮圧 |
| 1582 | （ 11 ）で明智光秀に殺される |

### (2)信長の政策

① （ 12 ）検地の実施…土地台帳の提出方式
② （ 13 ）令による商業取引の自由化
③堺の直轄化
④京都周辺の関所の撤廃

## 4 豊臣秀吉の天下統一 ▶p64

### (1)統一完成

| | |
|---|---|
| 1582 | 山崎の戦で明智光秀を破る |
| 1583 | 賤ヶ岳の戦で柴田勝家を破る |
| 1584 | 小牧・長久手の戦で徳川家康と和睦 |
| 1585 | 関白に就任<br>四国の長宗我部氏を平定 |
| 1586 | 太政大臣、豊臣の姓を賜る |
| 1587 | 九州の島津氏を平定 |
| 1588 | （ 14 ）の公布…兵農分離の実施 |
| 1590 | 小田原攻め［北条氏を平定］<br>奥州の伊達政宗らを平定し、天下統一を完成 |

### (2)経済的基盤

① （ 15 ）と呼ばれた直轄地　② 主要都市の直轄
③ 重要鉱山［例：（ 16 ）金山、生野銀山］の直轄→天正大判の鋳造

### (3)組織

徳川家康らの（ 17 ）と石田三成らの（ 18 ）が政務に参加

### (4)秀吉の政策

・太閤検地（1582 〜 90）

①単位の統一：京枡に統一

②石高を定め、石盛［単位面積当たりの石高を定めること］を行う

③（　19　）の原則で検地帳に記載、年貢は二公一民

・キリスト教対策

　①（　20　）（1587）…宣教師の国外退去を命じたが不徹底

　②サン＝フェリペ号事件（1596）→26聖人殉教が起こる

・身分制度

　①（14）（1588）

　②（　21　）（1591）：人掃令ともいわれ、士農工商身分を制度的に確立

・対外政策

　①朱印状の下付により貿易を独占

　②朝鮮出兵…本陣は名護屋

　③（　22　）（1592）：李舜臣らの抵抗、慶長の役（1597）：秀吉の死により撤兵

---

1 武田　2 塵芥集〔じんかいしゅう〕　3 善光寺　4 吉崎　5 会合衆　6 桶狭間　7 足利義昭　8（比叡山）延暦寺
9 武田勝頼　10 安土　11 本能寺の変　12 指出〔さしだし〕　13 楽市・楽座　14 刀狩令　15 蔵入地
16 佐渡　17 五大老　18 五奉行　19 一地一作人　20 バテレン追放令　21 身分統制令
22 文禄の役

---

## おさえておきたい Point ミニ演習

1　次のA〜Eで織田信長に関するものを答えよ。

A．鉄砲を有効に活用し、武田勝頼に勝利した。

B．城下町に楽市楽座令を出し、商業を自由化した。

C．農民一揆防止のため、1588年刀狩を実施した。

D．1592年、1597年の二度にわたり朝鮮に出兵した。

E．足利義昭を京都から追放し、室町幕府を滅ぼした。　適語選択

| A | 長篠の戦 |
|---|---|
| B | 楽市楽座令：商業自由化 |
| E | 1573年足利義昭追放 |

2　戦国大名は、自らの分国を支配するため、領内で守らせる独自の法規である（　ア　）を制定したり、自己申告制による（　イ　）を実施したりするなどの工夫を行った。　空欄補充

| ア | 分国法 |
|---|---|
| イ | 指出検地 |

3　信長の全国統一事業は、家臣（　ア　）の謀反により挫折したが、後を継いだ秀吉がこれを完成した。秀吉は（　イ　）によって一地一作人の原則や、石高制による年貢の徴収を行ったので、土地所有者や管理者が複数存在する（　ウ　）が消滅した。また、（　エ　）で農民一揆の防止や兵農分離を徹底し、（　オ　）で身分制度を確立した。（　カ　）でキリ

| ア | 明智光秀 |
|---|---|
| イ | 太閤検地 |
| ウ | 荘園 |
| エ | 刀狩（刀狩令） |
| オ | 身分統制令（人掃令） |
| カ | バテレン追放令（伴天連追放令） |

重要事項
## スピードチェック

日本史 第1章
世界史 第2章
地理 第3章
思想 第4章
文学・芸術 第5章

スト教を弾圧したものの、布教は貿易船で来航する宣教師が行うことが多く、南蛮貿易への関心も高かった当時は、あまり効果をあげられなかった。 空欄補充

4 16世紀、キリスト教がフランシスコ＝ザビエルによって伝来すると、イエズス会宣教師らによって宣教師養成学校のセミナリオ、神学校の南蛮寺などが建てられた。 正誤判断

5 織田信長は、鉄砲を用いて長篠の戦いを行ったほか、商業の自由化のために楽市楽座を行い、宗教ではキリスト教を保護するなどの政策を行った。 正誤判断

6 信長と秀吉は二人とも、仏教勢力に対抗するため、キリスト教を保護し各地に南蛮寺を建立した。 正誤判断

7 信長が兵農分離の「身分統制令」を発布したのに対し、秀吉は「刀狩令」を発して身分統制を行った。 正誤判断

8 検地は信長も行ったが、秀吉はそれをさらに進め石高制に基づく税制を作った。 正誤判断

9 信長は「楽市楽座令」を出したが、秀吉は再び市・座に対する課税を行った。 正誤判断

× 宣教師らが宣教師養成のために開校したのはコレジオで、セミナリオは神学校である。また、南蛮寺は当時の教会堂で、キリシタン寺とも呼ばれた。
○ 信長は仏教弾圧を行う一方、キリスト教を保護した。
× 秀吉ははじめキリスト教の布教を認めていたが、後にとりしまるようになった。
× 身分統制令（人掃令）は秀吉によって出された。
○ 信長は申告制の指出検地。
× 秀吉も楽市楽座を推進した。

## 11 江戸幕府政治の展開
Level 1 ▷ Q06

おさえておきたい
## Point キーワードチェック

### 1 江戸初期の政治

| 家康 ◎天下統一 | 関ヶ原の戦で石田三成に勝利（1600）家康が征夷大将軍に就任（1603） |
|---|---|
| 2代秀忠 ◎武断政治の励行 | 方広寺鐘銘事件を機に（ 1 ）が勃発（1614） |
| 3代家光 ◎幕府体制の確立 | 武家諸法度に（ 2 ）が加わる（1635） |
| 4代（ 3 ）◎文治政治へ転換 | 慶安の変［由井正雪の乱］を機に末期養子の禁を緩和（1651）江戸で（ 4 ）［振袖火事］が起こる（1657） |

| 5代綱吉<br>◎元禄時代 | 側用人（　5　）による政治<br>勘定奉行（　6　）による貨幣改鋳<br>生類憐みの令（1685）…極端な動物殺生禁止令<br>湯島聖堂の設立…大学頭に林信篤を任命 |
|---|---|
| 6代家宣<br>◎正徳の治 | 儒学者（　7　）による政治<br>閑院宮家の創設…朝幕関係の融和策<br>朝鮮使節の待遇簡素化 |
| 7代家継 | （　8　）（1715）の発令…金銀の海外流出防止 |

## 2 江戸幕府の職制と基盤

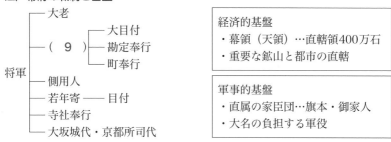

```
          ┌─ 大老
          │            ┌─ 大目付
          ├─（　9　）─┼─ 勘定奉行
          │            └─ 町奉行
  将軍 ─┤─ 側用人
          ├─ 若年寄 ── 目付
          ├─ 寺社奉行
          └─ 大坂城代・京都所司代
```

経済的基盤
・幕領（天領）…直轄領400万石
・重要な鉱山と都市の直轄

軍事的基盤
・直属の家臣団…旗本・御家人
・大名の負担する軍役

## 3 幕府の諸統制　▶p66

| 大名 | ①大名区分…親藩［紀伊・尾張・（　10　）など］・譜代・外様<br>②武家諸法度（1615）…大名統制令　→改易・減封・転封処分の断行<br>③（　11　）（1615）…大名の居城を1カ所とする法令 |
|---|---|
| 朝廷 | ①（　12　）（1615）…朝廷統制令　→紫衣事件で沢庵らを処分<br>②京都所司代による監視と（　13　）による幕府の朝廷操作<br>③領地…禁裏御料と呼ばれ、3万石に限定 |
| 寺社 | ①寺社奉行による監視<br>②（　14　）（1665）の発令…寺院統制令　→本末制度の確立（本山・末寺の組織）<br>③諸社禰宜神主法度（1665）の制定…神社統制令 |
| 農民 | ① 体系…領主→郡代・代官→村方三役→本百姓・水呑百姓<br>　　　　　　　　　　　　　　└─→名主・組頭・百姓代<br>② 制度…五人組［相互監視制度］、村請制の導入<br>③ 統制令　（　15　）（1643）…本百姓解体の防止<br>　　　　　　分地制限令（1673）…分割相続の制限令<br>　　　　　　田畑勝手作の禁…作付制限令<br>④ 税…（　16　）［本年貢］、小物成［雑税］、国役［国単位の負担］、（　17　）［公用交通への人馬提供］ |

重要事項
スピードチェック

日本史 第1章
世界史 第2章
地理 第3章
思想 第4章
文学・芸術 第5章

1 大坂の役　2 参勤交代　3 家綱　4 明暦の大火　5 柳沢吉保　6 荻原重秀　7 新井白石
8 海舶互市新例〔正徳新令〕　9 老中　10 水戸　11 一国一城令　12 禁中並公家諸法度
13 武家伝奏　14 諸宗寺院法度　15 田畑永代売買禁止令　16 本途物成　17 伝馬役

## 4 幕政の改革

| 享保の改革…8代吉宗による改革、町奉行に（　1　）を登用 |
|---|
| ①倹約令　②上げ米…1万石につき100石献上、参勤交代半減　③足高の制…目的：人材の登用　④新田開発　⑤（　2　）[年貢率の固定制]の採用…検見法[年貢率の変動制]の廃止　⑥甘藷の栽培　⑦実学奨励…漢訳洋書の輸入緩和　⑧相対済し令…金銀貸借訴訟の簡素化　⑨（　3　）の制定…幕府の法令　⑩目安箱の設置…小石川養生所の設立が実現　⑪享保の飢饉（1732） |
| 田沼時代…老中田沼意次の政治［10代家治］ |
| ①専売の開始…座の設置　②（　4　）の積極的公認…運上・冥加の徴収　③新田開発…手賀沼・印旛沼の干拓　④賄賂政治　⑤長崎貿易の転換…俵物の輸出　⑥蝦夷地の開発　⑦浅間山の大噴火　⑧天明の飢饉（1782）…一揆、村方騒動の勃発 |
| 寛政の改革…老中（　5　）による改革［11代家斉］ |
| ①旧里帰農令　②囲米…1万石につき50石を義倉・社倉に貯蔵　③人足寄場の設置（江戸石川島）　④七分積金…町入用の節約　⑤（　6　）…旗本・御家人の札差からの借金を破棄　⑥寛政異学の禁…聖堂学問所[のち（　7　）]で朱子学以外の教授禁止　⑦『海国兵談』の著者（　8　）や洒落本作家の山東京伝を処罰　⑧倹約令　⑨藩政改革…細川重賢（熊本）・上杉治憲（米沢）・佐竹義和（秋田）らによる改革 |
| 大御所時代（文化・文政時代）…11代家斉の放漫政治［12代家慶］ |
| ①関東取締出役の設置…無宿者・博徒の横行への対処　②天保の飢饉（1832）　③（　9　）[大坂町奉行所元与力]の乱、生田万の乱[越後柏崎]の勃発 |
| 天保の改革…老中水野忠邦による改革［12代家慶］ |
| ①倹約令　②人情本作家為永春水の処罰　③（　10　）…強制的帰農策　④株仲間の解散　⑤棄捐令　⑥（　11　）…江戸・大坂10里四方の直轄領化→忠邦失脚　⑦藩政改革…調所広郷[薩摩]・村田清風[長州] |

## 5 幕末の動き ▶p68

| 将軍継嗣問題 | ①原因…13代家定の死去<br>②経過…一橋派［松平慶永］と南紀派［（　12　）］の対立<br>③結果…（12）の大老就任、徳川慶福を14代家茂に擁立 |
|---|---|
| 条約勅許問題 | ①原因…日米修好通商条約の無勅許調印<br>②経過…（　13　）による反対派の弾圧→吉田松陰らの処刑<br>③結果…桜田門外の変（1860）で（12）暗殺 |

29

| 公武合体 の動き | ①（　14　）［孝明天皇の妹］の降嫁→老中安藤信正が坂下門外の変で襲撃 される、②島津久光による文久の改革の断行 |
|---|---|
| 尊王攘夷 の激化と 一掃 | ①（　15　）［英人殺傷事件］の勃発→薩英戦争に進展 ②長州藩外国船砲撃事件→（　16　）で報復される ③八月十八日の政変…薩長や急進派公家の三条実美を京都から追放 ④新撰組による池田屋事件を機に長州藩が（　17　）を起こし、京都を攻 める→幕府による長州征討 |
| 討幕運動 | ①（　18　）の調印［坂本竜馬らの仲介］　②第2次長州征討の失敗 ③大政奉還（1867）…15代（　19　）が徳川政権を返上 同時に討幕の密勅が薩長にくだる→王政復古の大号令により新政権が樹立 |

1 大岡忠相　2 定免法　3 公事方御定書　4 株仲間　5 松平定信　6 棄捐令　7 昌平坂学問所
8 林子平　9 大塩平八郎　10 人返し令〔人返しの法〕　11 上知令　12 井伊直弼
13 安政の大獄　14 和宮　15 生麦事件　16 四国艦隊下関砲撃事件
17 禁門の変〔蛤御門の変〕　18 薩長同盟　19 慶喜

## おさえておきたい
# Point　ミニ演習

1　江戸時代の大名とは石高1万石以上の支配地を与えられた
者で、徳川氏の一門である親藩、関ヶ原の戦い以前から徳川
氏に臣従していた（　ア　）大名、それ以後臣従した（　イ　）
大名の3つの別があった。　空欄補充

| ア | 譜代 |
|---|---|
| イ | 外様 |

2　江戸時代初期の統制策について適語を補充せよ。
①大名統制策：一国一城令、（　ア　）の発布。
　→3代将軍徳川家光が寛永令で（　イ　）を制度化。
②朝廷統制策：（　ウ　）を発布。京都所司代での監視。
③寺院統制策：（　エ　）を発布。
　→（　オ　）制度で庶民を管理。
④神社統制策：（　カ　）を発布。
⑤農民統制策：（　キ　）を発布。　空欄補充

| ア | 武家諸法度 |
|---|---|
| イ | 参勤交代 |
| ウ | 禁中並公家諸法度 |
| エ | 諸宗寺院法度 |
| オ | 寺請 |
| カ | 諸社禰宜神主法度 |
| キ | 慶安の御触書 |

3　江戸時代の失政と改革について適語を補充せよ。
原因：5代将軍（　ア　）が貨幣改鋳の実施や生類憐みの令
を発するなど財政難となる。
改革：
①儒学者（　イ　）の政治（正徳の治）
　良質の貨幣に改鋳する、（　ウ　）による長崎貿易の制限

| ア | 徳川綱吉 |
|---|---|
| イ | 新井白石 |
| ウ | 海舶互市新例 |
| エ | 徳川吉宗 |
| オ | 上米 |
| カ | 公事方御定書 |
| キ | 田沼意次 |

②8代将軍（　**エ**　）の政治（享保の改革）

　大名に対して米の献上を求める（　**オ**　）、足高の制、相対済し令、裁判の基準等を定める（　**カ**　）の制定、目安箱、新田開発など

③老中（　**キ**　）の政治

　（　**ク**　）を積極的に奨励し、営業税の（　**ケ**　）・冥加の増収を図る、長崎貿易を奨励し（　**コ**　）を輸出

④老中（　**サ**　）の政治（寛政の改革）

　社倉や義倉と呼び、米や金を備蓄する（　**シ**　）、七部積金、旧里帰農奨励令、旗本・御家人の借金を帳消しにする（　**ス**　）、人足寄場、出版・思想統制など

⑤老中（　**セ**　）の政治（天保の改革）

　人返しの法、株仲間の（　**ソ**　）、三方領地替え、上知令など

〔空欄補充〕

| | |
|---|---|
| **ク** | 株仲間 |
| **ケ** | 運上 |
| **コ** | 俵物（ナマコ、アワビ、フカヒレの乾物） |
| **サ** | 松平定信 |
| **シ** | 囲米 |
| **ス** | 棄捐令 |
| **セ** | 水野忠邦 |
| **ソ** | 解散 |

**4**　桜田門外で大老（　**ア**　）が暗殺されると幕府は激しく動揺し、公武合体により難局を切り抜けようとしたが、これも失敗に帰した。やがて薩長連合の成立で倒幕運動が高まる中、15代将軍慶喜は内戦回避のため前土佐藩主山内豊信の勧告を受け入れ、朝廷に（　**イ**　）の上表を提出した。〔空欄補充〕

| | |
|---|---|
| **ア** | 井伊直弼 |
| **イ** | 大政奉還 |

**5**　公武合体論に寄っていた薩摩藩は、生麦事件を原因としてイギリスと戦争をし、尊王攘夷論を唱える長州藩も下関を攻撃されるなど、ともに諸外国の強さを実感したことから、攘夷をあきらめ、倒幕と新政府の立ち上げを目的に薩長同盟を締結した。〔正誤判断〕

○ 正確には、開国や幕府打倒、新政府樹立を構想する内容ではないが、同盟によって両藩の幕府との対決姿勢は明確になり、明治維新に直結する流れを作ることとなった。

**6**　15代将軍徳川家茂が、朝廷に政権を返上する大政奉還を行ったことで、江戸時代は幕を閉じた。〔正誤判断〕

× 15代将軍は徳川慶喜。家茂は14代将軍で、大政奉還の前年、長州征伐の最中に大阪城で死去し、慶喜が引き継いだ。

## 12 江戸時代の社会・経済

おさえておきたい
### Point 〔キーワードチェック〕

**1** 農業の発達

(1)土地の拡大

　①治水灌漑技術の進歩…箱根用水・見沼代用水の開削

　②新田開発…町人請負新田の増加

⑵**農業技術の進歩**

　①農具の発達…備中鍬［耕作具］、（　1　）［脱穀具］、唐箕・千石簁［選別具］、踏車・
　　（　2　）［揚水具］の利用

　②肥料…干鰯や油粕などの金肥を使用

　③農書…（　3　）の『農業全書』、（　4　）の『広益国産考』『農具便利論』

⑶**商品作物の生産**　四木［桑・楮・茶・漆］や三草［麻・藍・紅花］

## 2　諸産業の発達

| 漁業 | ①上方漁法［網漁］の全国伝播→上総九十九里浜の地引網<br>②捕鯨の発達　③（　5　）［いりこ・ほしあわび・ふかのひれ］の輸出 |
|---|---|
| 製塩業 | （　6　）式塩田の普及 |
| 鉱山業 | ［金山］佐渡、［銀山］大森・生野、［銅山］足尾、［鉄］砂鉄の採集による<br>（　7　）精錬の実施 |

## 3　手工業の多様化

⑴**経営形態**

　農村家内工業［いざり機の使用］→問屋制家内工業→工場制手工業［別名（　8　）］

⑵**特産物の成立**

　①織物…京都の（　9　）、河内木綿、奈良晒

　②製紙…美濃紙・（　10　）奉書紙

　③陶磁器…京焼・九谷焼・瀬戸焼

　④漆器…能登の（　11　）塗、会津塗

　⑤醸造…伏見・灘の酒、野田・銚子の醤油

## 4　交通の整備

⑴**五街道**［東海道・中山道・甲州道中・日光道中・（　12　）］**の整備**

　①道中奉行の管理　②一里塚、脇街道、関所の設置

⑵**宿駅**

　①問屋場…書状や荷物を継ぎ送る（　13　）の業務を行う

　②宿泊施設…［大名］本陣・脇本陣、［一般］旅籠屋

⑶**水上交通**

　①（　14　）による水路開発…富士川・高瀬川の開削

　②南海路［江戸〜大坂］に（　15　）・樽廻船が就航

　③（　16　）による東廻り・西廻り海運の整備

重要事項
# スピードチェック

日本史 第1章

世界史 第2章

地理 第3章

思想 第4章

文学・芸術 第5章

## 5 商業と金融

| 流通 | ①問屋商人が同業者の仲間を組織し、営業権を独占…問屋仲間の連合組織として江戸に（ 17 ）、大坂に（ 18 ）がある→幕府は運上・（ 19 ）といった営業税を取り株仲間を公認<br>②小売商人の活躍…例：振売・棒手振 |
|---|---|
| 管理 | ①蔵物の管理…（ 20 ）［蔵屋敷の蔵物の出納］、掛屋［蔵物代金の保管］、（ 21 ）［旗本らの蔵米の取扱い］の介在<br>②納屋物［商人が扱う商品］の取引の活発化…大坂（ 22 ）の米市場 |
| 金融 | ①三貨の鋳造…金座［小判などの計数貨幣］、銀座［丁銀、豆板銀などの（ 23 ）貨幣］、銭座［寛永通宝など銅銭］の設置<br>②東の（ 24 ）遣いと西の（ 25 ）遣い→両替商の活躍<br>③藩札［藩領内で通用した紙幣］の流通 |

1 千歯扱（せんばこき）　2 竜骨車　3 宮崎安貞　4 大蔵永常　5 俵物　6 入浜　7 たたら
8 マニュファクチュア　9 西陣織　10 越前　11 輪島　12 奥州道中　13 継飛脚
14 角倉了以（すみのくらりょうい）　15 菱垣廻船（ひがきかいせん）　16 河村瑞賢（ずいけん）　17 十組問屋（とくみどいや）　18 二十四組問屋（にじゅうよくみどいや）　19 冥加（みょうが）
20 蔵元　21 札差（ふださし）　22 堂島　23 秤量　24 金　25 銀

## おさえておきたい
# Point　ミニ演習

正誤判断

1　江戸時代には備中鍬や千歯扱などの農具の充実も図られ、干鰯や油粕などの肥料も生まれ、農業がさらに発展した。

○ 備中鍬や千歯扱は江戸時代中期に開発・改良され、肥料の活用も江戸時代に始まった。

2　江戸時代中期になると、商品生産では、問屋制家内工業による経営形態がいっそう発達した。一部では、マニュファクチュア（工場制手工業）経営もみられるようになり、織物業、醸造業、鋳物業などの分野に及んだ。

○ 18世紀には、問屋商人が原料や器具を農民に前貸し製品を買い上げる問屋制家内工業が、19世紀には、労働者を工場に集める工場制手工業が始まる。

3　幕府による統一貨幣の発行という基本政策を実現するために、天領内に限らずにすべての金、銀、銅山が幕府直轄とされ、諸藩による鉱山開発は鉄山および炭田にとどめられた。

✗ 諸藩で鉱山開発が行われ、すべての金・銀・銅山が幕府直轄というのは誤り。

4　商品の大量輸送に伴って水運が急速に発達した。まず大坂－江戸間に菱垣廻船、樽廻船と称する定期船が往来し、次いで奥羽、北陸の物資を江戸や大坂に送るために東廻り航路と西廻り航路が開かれた。

○ 海上運送だけでなく、河川や運河による大量輸送も発達している。

# 13 近世の文化

## おさえておきたい
# Point キーワードチェック

## 1 桃山文化（16C後半）▶p78
新興大名や豪商による豪華・壮大な文化

| 建　築 | 巨大な城郭建築…例：（ 1 ）城［信長の居城］、大坂城、聚楽第 |
|---|---|
| 絵　画 | 障壁画…金箔地に青・緑を彩色する（ 2 ）中心　例：唐獅子図屏風<br>［（ 3 ）作］、智積院襖絵（長谷川等伯作） |
| 芸　能 | ①（ 4 ）が茶道を確立　②（ 5 ）によって女（阿国）歌舞伎が誕生 |
| 南蛮文化 | ①南蛮屏風の作成　②（ 6 ）による活字印刷術の伝来［キリシタン版］ |

## 2 江戸初期（寛永期）の文化 ▶p78

| 学問 | 朱子学の発展…藤原惺窩が啓蒙、門人（ 7 ）は家康に登用 |
|---|---|
| 建築 | ①霊廟建築の流行…例：（ 8 ）造の日光東照宮<br>②書院造の変容…例：桂離宮などの（ 9 ）造 |
| 絵画<br>工芸 | ①装飾画…例：（ 10 ）の『風神雷神図屏風』<br>②本阿弥光悦らによる楽焼の発展<br>③磁器生産…有田焼で（ 11 ）が赤絵を完成 |

## 3 元禄文化（17C末〜18C初）▶p79
武士や有力町人による上方中心の現実・実証主義文化

| 儒学の興隆 | 朱子学 | ①京学…（7）の孫（ 12 ）が湯島聖堂の大学頭に→正徳の治で<br>（ 13 ）が信任<br>②南学…南村梅軒によって開かれ、垂加神道を説いた山崎闇斎らが出現 |
|---|---|---|
| | （ 14 ） | 知行合一を唱え、朱子学を批判…中江藤樹や門人熊沢蕃山らが説く |
| | 古学 | ①聖学…『聖教要録』を著した（ 15 ）が説く<br>②堀川学…伊藤仁斉・東涯父子が説き、古義堂を開く<br>③古文辞学…『政談』を著した（ 16 ）が創始 |
| 諸学問 | | ①暦学…渋川春海（安井算哲）が（ 17 ）暦を作成→天文方就任<br>②和算…関孝和による代数の発達<br>③本草学…（ 18 ）が『大和本草』を著す<br>④国学…『万葉集』研究の契沖や北村季吟が中心 |

34

重要事項
**スピードチェック**

日本史 第1章

世界史 第2章

地理 第3章

思想 第4章

文学・芸術 第5章

| 美術 | ①大和絵…（ 19 ）が宗達の画法を取り入れ、琳派を創始<br>②浮世絵…（ 20 ）が『見返り美人図』などの版画を創始<br>③京焼…色絵を完成した（ 21 ）が祖<br>④友禅染…宮崎友禅が創始 |
|---|---|
| 文学芸能 | 特徴：上方の町人文芸が中心<br>①俳諧…『おくのほそ道』の（ 22 ）が正風俳諧を確立<br>②浮世草子…『好色一代男』『日本永代蔵』の（ 23 ）の台頭<br>③脚本…『曽根崎心中』らの世話物の（ 24 ）を輩出<br>④人形浄瑠璃…義太夫節を創始した（ 25 ）による語り<br>⑤歌舞伎…江戸の市川団十郎や上方の坂田藤十郎が人気 |

## 4 化政文化（18C末～19C初） ▶ p79

中小商工業者による江戸中心の町人文化

| 国学の発達 | 日本古代思想を追求した賀茂真淵(かものまぶち)の登場<br>→『古事記伝』の（ 26 ）により発達→平田篤胤(ひらたあつたね)の（ 27 ）神道 |
|---|---|
| 洋学（医学）の発達 | ①漢訳洋書の輸入緩和→青木昆陽らにより蘭学が発達→前野良沢・（ 28 ）が『解体新書』を翻訳<br>②天文方の設置…（ 29 ）による全国の測量→蛮書和解御用の設置<br>③私塾の発達…（ 30 ）の鳴滝塾、緒方洪庵の適塾 |
| 儒学と教育 | ①朱子学の発達…［幕府］昌平坂学問所、［藩］藩学の設立<br>②懐徳堂（大坂）の設立、石田梅岩の心学の発達 |
| 思　想 | ①［尊王思想の発達］水戸学の発達→宝暦事件・明和事件が起こる<br>②［封建社会批判］（ 31 ）の『自然真営道』、経世論の発達 |
| 文　学 | ①洒落本の山東京伝、滑稽本の十返舎一九や（ 32 ）『浮世風呂』、人情本の為永春水、読本の（ 33 ）『南総里見八犬伝』の活躍<br>②川柳や狂歌［大田南畝の活躍］の流行 |
| 美　術 | ①浮世絵の発達→（ 34 ）による錦絵の創作→美人画の喜多川歌麿や東洲斎写楽の登場、葛飾北斎や（ 35 ）『東海道五十三次』らの風景画<br>②西洋画の流入［写生画］円山応挙や呉春、（ 36 ）による銅版画の創始 |

| 1 安土 | 2 濃絵 | 3 狩野永徳 | 4 千利休 | 5 出雲阿国 | 6 ヴァリニャーニ | 7 林羅山 | 8 権現 |
|---|---|---|---|---|---|---|---|

1 安土　2 濃絵　3 狩野永徳<sup>か のうえいとく</sup>　4 千利休　5 出雲阿国　6 ヴァリニャーニ　7 林羅山　8 権現
9 数寄屋　10 俵屋宗達　11 酒井田柿右衛門　12 林信篤　13 新井白石　14 陽明学
15 山鹿素行（やまが そこう）　16 荻生徂徠（おぎゅうそらい）　17 貞享　18 貝原益軒（かいばらえきけん）　19 尾形光琳　20 菱川師宣（ひしかわもろのぶ）
21 野々村仁清　22 松尾芭蕉　23 井原西鶴　24 近松門左衛門　25 竹本義太夫
26 本居宣長（もとおりのりなが）　27 復古　28 杉田玄白　29 伊能忠敬　30 シーボルト　31 安藤昌益
32 式亭三馬　33 滝沢〔曲亭〕馬琴　34 鈴木春信　35 歌川広重　36 司馬江漢

## おさえておきたい Point　ミニ演習

正誤判断

**1**　桃山文化は、武家と公家による文化と地方的庶民文化が成長し、また、新興商人層との結びつきも強固な枯淡幽玄の芸術文化である。

× 室町時代、8代足利義政による、諸文化を融合した東山文化に関する記述。

**2**　桃山文化は、現実肯定的な要素を多く持ち、封建支配者上層とその奉仕者が文化の担い手であるが、その一方、町衆文化とも呼ばれる。

○ 天下統一の平和のもと、大名や豪商、都市の富裕な町衆を中心とした、活気のある雄大で開放的な文化である。

**3**　江戸時代には2つの文化が大きく花開いている。その1つは上方中心の派手で現実主義的な文化である化政文化、他方は、江戸を中心とする粋で軽妙な文化である元禄文化である。

× 化政文化と元禄文化が逆転している。

**4**　朱子学は林羅山が幕府に登用されて以来、江戸時代を通じて官学に位置づけられたが、それはその学風が知と行を一体として実践を重んじ封建的身分制を肯定するなど、幕藩体制維持にふさわしい内容であったからである。

× 知行一体として実践を重んじるのは陽明学。中江藤樹によって確立された陽明学は幕府に圧迫された。朱子学は主知主義。

**5**　山鹿素行や伊藤仁斎を中心とする古学派は、朱子学、陽明学を批判して直接、孔子・孟子の古典に基づくことを主張するもので、古典の研究を重視するその学問方法は後の国学の勃興に刺激を与えた。

○ 国学は、古学派の手法を採用するが、神道とも結びつき、儒教到来以前の日本本来の精神を探求した。

**6**　元禄文化の担い手が、主として大名などの上級の武士であったのに対し、化政文化では、その主な担い手は、町人や下級武士であった。

× 元禄文化では、武士、有力町人、民衆にいたる多彩な文化が誕生した。

**7**　元禄文化では歌舞伎や浄瑠璃などの演劇が隆盛を極めたのに対し、化政文化では演劇はそれほどふるわず、『南総里見八犬伝』のような読本などの文学が文化の中心を占めていた。

○ 化政文化は江戸町人文化。化政期の歌舞伎では、鶴屋南北の『東海道四谷怪談』

重要事項
# スピードチェック

日本史 第1章

世界史 第2章

地理 第3章

思想 第4章

文学・芸術 第5章

8 元禄文化では、芭蕉の俳句にみられるような「枯淡」「閑寂」といった感覚が文化の基調をなしていたが、化政文化では、むしろ「洒落」「滑稽」という風潮が強く支配していた。

× 元禄文化は、武士や有力町人中心の現実・実証主義の文化で、上方由来の「粋」が好まれた。

9 美術に関しては、元禄時代には、尾形光琳の「燕子花図屏風」にみられるように、狩野派の絵画が主流を占めていたが、民間絵師の手になる風俗画も数多くみられ、これが化政文化に隆盛を極めた浮世絵版画に結びつくことになる。

× 元禄期、尾形光琳は俵屋宗達の影響を受け琳派を創始。室町時代から続く狩野派では、江戸初期に狩野探幽が幕府の御用絵師として二条城障壁画などを手がける。

10 鈴木春信は美人画家として知られ、当時世上に評判の高かった女性をモデルにして肖像画風の優れた作品を描いた。

× 美人画の第一人者は喜多川歌麿。鈴木春信は錦絵を完成した絵師で、華奢であどけない女性を描いた。

11 葛飾北斎は風景画家として名声を博し、また西洋画の遠近法を大胆にとり入れるなど、さまざまな手法を駆使して斬新な作品を残した。

○ 北斎は、ゴッホなどの印象派の画家にも影響を与えた、世界的な浮世絵画家。

# 14 近世の外交

Level 1 ▷ **Q07**

おさえておきたい
## Point  キーワードチェック

### 1 ヨーロッパ人の来航と南蛮貿易

| 背景 | 大航海時代によるヨーロッパのアジア進出 |
|---|---|
| 経過 | 1543　ポルトガル人が（　1　）に漂着し、鉄砲が伝来→戦法や築城法に変化<br>1549　（　2　）会のザビエルが鹿児島に来航し、キリスト教が伝来<br>1584　スペインが（　3　）に来航 |
| 結果 | キリスト教の普及（理由：南蛮貿易の振興）<br>①伝道施設…南蛮寺［教会堂］、コレジオ［宣教師養成学校］、（　4　）［神学校］<br>②キリシタン大名の登場…例：大友義鎮・有馬晴信・大村純忠<br>③（　5　）の派遣（1582）…ローマ教皇のもとに派遣された少年使節 |
| 反面 | 秀吉によるバテレン追放令（1587）の発令 |

### 2 江戸初期の外交

| ポルトガル | 拠点：中国のマカオ<br>日本への生糸［白糸］の輸出で巨利<br>→幕府は（　6　）制度を設け、利益独占を排除 |
|---|---|

| スペイン | 1596　サン＝フェリペ号事件<br>1610　徳川家康が田中勝介らをスペイン領メキシコに派遣<br>1613　慶長遣欧使節…伊達政宗が（　7　）を派遣 |
|---|---|
| オランダ | 1600　（　8　）号が豊後に漂着<br>　　→ヤン＝ヨーステンと（　9　）［三浦按針］が幕府の外交貿易の顧問に<br>1609　（3）に商館建設 |
| イギリス | 1613　（3）に商館建設<br>※蘭・英人は紅毛人と呼ばれた |

## 3 鎖国

| 1612 | 幕府、直轄領に禁教令 | 1633 | （　10　）以外の海外渡航禁止 |
|---|---|---|---|
| 1613 | 幕府、全国に禁教令 | 1635 | 日本人の海外渡航・帰国を禁止 |
| 1616 | 外国船来航を（3）・長崎に制限 | 1637 | 天草四郎時貞を中心に（　11　）一揆 |
| 1623 | 英が退去 | 1639 | ポルトガル船の来航禁止 |
| 1624 | スペイン船来航禁止 | 1641 | オランダ商館を長崎出島に移し鎖国完成 |

1 種子島　2 イエズス〔耶蘇〕　3 平戸　4 セミナリオ　5 天正遣欧使節　6 糸割符
7 支倉常長　8 リーフデ　9 ウィリアム＝アダムズ　10 奉書船　11 島原・天草

## 4 鎖国下の貿易・通商

| 長崎貿易 | ・オランダ…①商館を出島に置き、中国産の生糸などをもたらす<br>　　　　　　②オランダ商館長が（　1　）を提出し、海外の事情を説明<br>・清…①（　2　）に居住　②幕府は銀・銅などを輸出し、輸入額を制限 |
|---|---|
| 朝　鮮 | ・朝鮮との講和…対馬藩主の宗氏と朝鮮が己酉約条を締結（1609）<br>・朝鮮使節の来航…（　3　）の来日 |
| 琉球王国 | ・薩摩藩による琉球王国の征服…薩摩と清の二元支配<br>・（　4　）［国王の代替わりごと］と慶賀使［将軍の代替わりごと］の来日 |
| 蝦夷地 | ・（　5　）藩の進出…（5）氏がアイヌとの交易独占権を得る（1604）<br>　　→商場知行制度の確立<br>・（5）藩のアイヌ支配…契機：（　6　）の戦いの勝利（1669）<br>　　→和人商人による場所請負制度の確立 |

重要事項
# スピードチェック

日本史 第1章

世界史 第2章

地理 第3章

思想 第4章

文学・芸術 第5章

## 5 列強の接近

| 1786 | 最上徳内が蝦夷地・千島を探査 |
|---|---|
| 1792 | 露の（ 7 ）が根室に来航［大黒屋光太夫の送還］ |
| 1798 | （ 8 ）の千島探査 |
| 1804 | 露のレザノフが長崎に来航 |
| 1807 | 幕府は全蝦夷地を直轄し松前奉行が支配 |
| 1808 | （ 9 ）の樺太探査、長崎で英船による（ 10 ）事件が起こる |
| 1811 | 千島でゴローニン事件が起こる |
| 1825 | （ 11 ）［無二念打払令］の発令 |
| 1837 | 米船による（ 12 ）事件が起こる<br>→（ 13 ）や高野長英がこれを批判したが、蛮社の獄によって処罰される |
| 1842 | アヘン戦争の結果を知り、薪水給与令を発令 |

## 6 開国

| 1844 | 蘭国王の開国勧告を拒否 |
|---|---|
| 1846 | 米の（ 14 ）が浦賀に来航…開国を要求 |
| 1853 | 米の（ 15 ）が浦賀に来航…老中阿部正弘の挙国一致策、台場の建設 |
| 1854 | 米と日米和親条約の締結…（ 16 ）・箱館の開港<br>露と日露和親条約の締結…（ 17 ）の来航 |
| 1856 | 米総領事（ 18 ）の着任…老中堀田正睦との交渉 |
| 1858 | 日米修好通商条約の締結…大老井伊直弼が無勅許調印<br>①4港の開港　②自由貿易　③協定関税…関税自主権を失う　④（ 19 ）の<br>承認［治外法権］　⑤安政の五カ国条約へと進展［米・蘭・露・仏・英］ |
| 1859 | 貿易の開始…主な相手国：（ 20 ）<br>主な輸出品：（ 21 ）<br>主な輸入品：毛織物・綿織物 |
| 1860 | 在郷商人との直接取引が増加し、五品江戸廻送令を発令<br>→輸出が急増　金銀比価の違いで金の大量流出<br>条約批准…勝海舟らが（ 22 ）で太平洋横断 |

---

1 オランダ風説書　2 唐人屋敷　3（朝鮮）通信使　4 謝恩使　5 松前　6 シャクシャイン
7 ラ（ッ）クスマン　8 近藤重蔵　9 間宮林蔵　10 フェートン号　11 異国船打払令
12 モリソン号　13 渡辺崋山　14 ビッドル　15 ペリー　16 下田　17 プ（ゥ）チャーチン
18 ハリス　19 領事裁判権　20 イギリス　21 生糸　22 咸臨丸

正誤判断

1 江戸時代初期、朱印船貿易による東南アジアへの日本人の
渡航が活発であったが、幕府がキリシタン弾圧を強める中、
天草地方で島原の乱が起きると、幕府は鎖国を完成させ、オ
ランダ・清・朝鮮・琉球、そして蝦夷以外との交易を中止した。

○オランダと清は長崎（直轄
地）、朝鮮は対馬藩、琉球
は薩摩藩、蝦夷は松前藩が
貿易窓口となった。

2 ヤソ会の宣教師は九州のキリシタン大名、大村・高山・松
浦の三領主に勧めて少年使節をローマ法皇のもとへ派遣し、
日本におけるキリスト教の布教を誇示したが、少年使節の帰
国後間もなく「宣教師追放令」が出され日本から強制退去さ
せられた。

× 1582年、大友・有馬・大
村の三大名は、イエズス会
員バリニャーノの提案で、
天正遣欧少年使節を派遣し
た。

3 徳川家康は日本に漂着したイギリス人W．アダムズらを通
じ、イギリス、オランダの東洋進出の事情を知り、これらが
通商第一主義であることから両国と通商関係を結び、平戸に
商館設置を認めた。

○リーフデ号が豊後に漂着
し、W．アダムズ、ヤン＝
ヨーステンが幕府の外交顧
問となった。

4 徳川秀忠は東南アジアとの貿易を望み、明やシャムなどと
書簡を交換して親善を図る一方、朱印船制度を設けて積極的
に貿易を行ったが、朝鮮とは豊臣秀吉の出兵が根強く尾を引
いたため、国交を開くことができなかった。

× 秀忠から家光の治世で鎖国
は完成する。また、対馬藩
主の宗氏が朝鮮と己酉条約
を結んでいる。

5 老中阿部正弘は、ペリーの要求に応じて日米和親条約を結
び、横浜、長崎2港の開港、領事の駐在、相互的な最恵国待
遇などを取り決めた。

× 日米和親条約で開港した港
は下田・箱館の2港。片務
的な最恵国待遇であった。

6 大老井伊直弼は、勅許を待たずに日米修好通商条約に調印
し、彼の外交政策の反対派に対し安政の大獄を起こしたが、桜田
門外で水戸・薩摩の浪士に暗殺された。

○4港を開港し、協定関税・
領事裁判権という不平等条
約を締結した。

# 15 明治時代

Level 1 ▷ **Q08,Q09** Level 2 ▷ **Q13**

## 1 明治初期の情勢

### (1)戊辰戦争（1868～69）

①背景：王政復古の大号令（1867）…摂政・関白の廃止、三職の設置

②契機：（ 1 ）において慶喜の辞官納地が決定

③経過：鳥羽・伏見の戦い→江戸開城→奥羽越列藩同盟の解体→箱館（　2　）の戦いで榎本武揚らが降伏

### (2)新政府の機構

| 方針 | ①（　3　）…国策の基本を示す　②政体書の制定による組織の整備<br>③（　4　）の掲示…民衆政策 |
|---|---|
| 四民平等 | ①族籍を華族・士族・卒・平民に改編<br>②士族の解体→「士族の商法」の失敗<br>　（　5　）…秩禄奉還の法を定め、さらに金禄公債証書を与えて全廃、廃刀令の公布<br>③不平士族の反乱…例：（　6　）による佐賀の乱（1874）、西郷隆盛を首領とする西南戦争（1878） |
| 地租改正 | ①田畑永代売買の禁令を撤廃<br>②地価を決定して（　7　）を交付し、所有権を確認<br>③地租改正条例の公布（1873）…地価の（　8　）％を地租として地主が金納<br>④地租改正反対一揆の勃発→地租2.5％へ |
| 制度改革 | ①（　9　）（1869）により知藩事を任命<br>②（　10　）（1871）の断行…御親兵を募り、藩制を全廃<br>③太政官制の復活…三院制を採用<br>④兵制改革…徴兵告諭→徴兵令（1873）→血税一揆の勃発<br>⑤警察制度…警視庁を設置し、邏卒を巡査へ |
| 殖産興業 | ①工部省［鉱山・鉄道など］と（　11　）省［農産など］による官営模範工場の設置…（　12　）製糸場［群馬］<br>②各事業の整備…鉄道施設［東京―横浜間］、（　13　）による郵便制度の発足、岩崎弥太郎の三菱による海運業の発展<br>③北方開発…北海道に（　14　）を設置し、札幌農学校を開校→屯田兵制度による防備<br>④金融制度…（　15　）（1871）、円・銭・厘の新硬貨と不換紙幣の発行→国立銀行条例制定（1872）［（　16　）中心］ |
| 文明開化 | ①西洋思想の流入…［思想］天賦人権思想の提唱、［啓蒙書］福沢諭吉の『西洋事情』、（　17　）訳の『西国立志編』、［啓蒙団体］森有礼らが（　18　）を組織<br>②教育…文部省が設置され、（　19　）が公布（1872）→のちアメリカ式の教育令公布（1879）、東京大学の設立（1877）<br>③宗教…神道国教化→神仏分離令が公布、仏教を攻撃する（　20　）の風潮、大教宣布の詔、神社制度、祝祭日制定<br>④生活…日刊新聞の創刊、旧暦を廃して太陽暦を採用 |

## (3)初期の国際関係 ▶p72 ▶p80

| 中国 | 日清修好条規の締結（1871）→琉球漁民殺害事件により（ **21** ）を行う（1874） |
|---|---|
| 琉球 | 尚泰を藩王として琉球藩を設置→沖縄県を設置し、（ **22** ）を実施（1879） |
| 朝鮮 | 西郷・板垣らの征韓論→（ **23** ）事件を機に日朝修好条規を締結（1876） |
| ロシア | 千島・樺太交換条約の締結（1875）による樺太の放棄 |

条約改正

| 年代 | 外　相 | 事　柄 |
|---|---|---|
| 1872 | 岩倉具視 | 岩倉使節団による予備交渉 |
| 1878 | 寺島宗則 | 税権回復→英・独の反対で失敗 |
| 1882〜87 | （ **24** ） | 極端な欧化政策の実施〔（ **25** ）で舞踏会を実施〕外国人判事の任用で失敗 |
| 1888 | 大隈重信 | 外国人判事の大審院任用で失敗 |
| 1891 | （ **26** ） | 法権と税権の一部回復を英が同意→大津事件で挫折 |
| 1894 | 陸奥宗光 | 英との間に（ **27** ）を締結し、法権と税権の一部回復を実現 |
| 1899 | (26) | (27)の発効 |
| 1911 | （ **28** ） | 関税自主権の完全回復 |

> 1 小御所会議　2 五稜郭　3 五箇条の御誓文　4 五榜　5 秩禄処分　6 江藤新平　7 地券
> 8 3　9 版籍奉還　10 廃藩置県　11 内務　12 富岡　13 前島密　14 開拓使　15 新貨条例
> 16 渋沢栄一　17 中村正直　18 明六社　19 学制　20 廃仏毀釈　21 征台の役〔台湾出兵〕
> 22 琉球処分　23 江華島　24 井上馨　25 鹿鳴館　26 青木周蔵　27 日英通商航海条約
> 28 小村寿太郎

## ② 自由民権運動と立憲国家の展開 ▶p70
### (1)自由民権運動

| 契　機 | ・（ **1** ）を板垣退助らが提出（1874）<br>・土佐で片岡健吉が（ **2** ）を結成→大阪で愛国社が結成 |
|---|---|
| 政府の対応 | ・大阪会議により、立憲政体樹立の詔が出され、元老院・大審院・地方官会議が新設される→政府は（ **3** ）・新聞紙条例により言論を弾圧（1875） |
| 運動の拡大 | ・（ **4** ）を結成し、国会開設を請願（1880）→政府は集会条例で規制 |
| 国会開設の公約 | ・開拓使官有物払下げ事件が勃発→明治十四年の政変…大隈重信が罷免され、（ **5** ）によって1890年に国会を開設すると公約<br>・政党の結成…例：板垣退助の自由党、大隈重信の（ **6** ）、福地源一郎の立憲帝政党 |

| 激化事件 | ・福島事件（1882）の勃発…県令（　7　）は河野広中らを検挙<br>・（　8　）（1884）…農民が困民党や借金党を組織して蜂起<br>・大阪事件（1885）…朝鮮政府を倒そうとした大井憲太郎らを逮捕 |
|---|---|
| 再結集 | ・星亨らによる大同団結の提唱→（　9　）運動が起こる（1887）<br>・政府は（　10　）の公布（1887）…民権派を東京から追放 |

## (2)立憲国家の成立

| 年代 | 憲法制定の経過 |
|---|---|
| 1876 | 元老院が憲法草案編纂に着手 |
| 1881 | 各地の民権派は憲法私案の（　11　）を作成 |
| 1882 | 伊藤博文が渡欧し、ドイツ憲法を学ぶ |
| 1884 | 貴族院の土台作りとなる（　12　）が制定 |
| 1885 | 内閣制度の創設…初代首相は伊藤で、宮内省は内閣の外に設置 |
| 1886<br>〜88 | 伊藤を中心にドイツ人顧問の（　13　）の指導で憲法を起草 |
| 1888 | 天皇の最高諮問機関である（　14　）で審議 |
| 1889 | 大日本帝国憲法発布…黒田清隆首相<br>・天皇が定める（　15　）憲法<br>・天皇主権で、天皇は元首として広範な天皇大権を持つ<br>・内閣は天皇の輔弼機関、帝国議会は天皇の協賛機関<br>・軍隊の（　16　）権は独立して、天皇直属にあった<br>皇室制度を定める皇室典範の制定<br>仏の（　17　）の指導による民法作り→民法典論争が起こる |

## (3)帝国議会の成立

帝国議会…衆議院と貴族院からなり、衆議院議員選挙法も成立

| 初期議会 | 1890 | ・第1回総選挙…民党が過半数を占め、政府は（　18　）を表明 |
|---|---|---|
| | 1891 | ・第一議会…山縣有朋内閣→自由党の一部を切り崩して予算成立 |
| | 1892 | ・第二議会…松方正義内閣 |
| | 1892<br>〜94 | ・第2回総選挙…（　19　）内相らの選挙干渉<br>→民党優勢の結果となり、松方内閣は第三議会終了後に退陣<br>・第四・五・六議会［第2次伊藤内閣］…自由党に接近し、天皇の詔書もあり、予算案を可決 |
| 議会の進展 | 第2次松方内閣 | 政府と進歩党が提携→地租増徴問題が起こる |
| | 第3次伊藤内閣 | 自由党と進歩党が結束し（　20　）を結成 |
| | 大隈重信内閣 | 日本初の政党内閣（内相に板垣をすえた隈板内閣） |
| | 第2次山縣内閣 | ・(20)と提携、地租増徴案可決、文官任用令の改正、軍部大臣現役武官制の採用、治安警察法の公布<br>・(20)が発展し、伊藤が（　21　）を設立（1900） |

## 3　日清・日露戦争　▶ p80

### (1) 朝鮮問題

（　1　）（1882）：親清派の大院君によるクーデター→閔妃一族は親清派に転換

甲申事変（1884）：（　2　）らの独立党［親日］のクーデター失敗

（　3　）の締結（1885）：日清両国の朝鮮からの撤兵…［全権］日本：伊藤、清：李鴻章

### (2) 日清戦争

背景：朝鮮が穀物の対日輸出を禁じる防穀令を発布、（　4　）が［脱亜論］を発表

経過：農民反乱の（　5　）が契機→議会も協力し日本の圧倒的勝利

結果：下関条約の締結…①清は朝鮮の独立を承認　②（　6　）・台湾・澎湖諸島の割譲
　　　　　　　　　　③賠償金２億両の支払い　④４港の開港

影響：（　7　）が起こる…露・仏・独が（6）の返還を要求し、日本は受諾

中国分割：独は膠州湾、露は（6）の（　8　）・大連、英は九竜半島・威海衛、仏は広
　　　　　州湾を租借→米も門戸開放を提議

　　　　　（　9　）の乱（1900）…「扶清滅洋」、清も同調し北清事変へ
　　　　　→列国は（9）を鎮圧し、清と（　10　）を結ぶ

### (3) 日露戦争

背景：露の南下策→国内で日英同盟論と日露協商論が対立→日英同盟協約の締結（1902）

経過：露の根拠地（8）の陥落→奉天の占領→日本海海戦の勝利

講和：米大統領セオドア＝ルーズヴェルトの斡旋によりポーツマス条約の締結（1905）
　　　　① 韓国への日本の指導権承認　②（8）・大連の租借権、長春以南の鉄道と権益の
　　　　譲渡　③樺太南半分の割譲　④沿海州・カムチャッカの漁業権の承認

影響：賠償金が拒否されたため、暴動事件である（　11　）が起こる

### (4) 日露戦争後の国際関係

①韓国

| 1904 | 第１次日韓協約…日本が財政・外交の顧問 |
|---|---|
| 1905 | 第２次日韓協約…日本が外交権掌握、保護国化→伊藤が長官の（　12　）を設置 |
| 1907 | 第３次日韓協約…ハーグ密使事件を機に内政権も掌握 |
| 1909 | 伊藤がハルビン駅頭で（　13　）に暗殺される |
| 1910 | （　14　）により植民地化→朝鮮総督府の設置 |

②中国

| 1911 | 三民主義の（　15　）が辛亥革命を起こす |
|---|---|
| 1912 | 中華民国が成立し、清朝滅亡 |

③満州

| 1906 | 関東都督府の設置→半官半民の（ 16 ）の設立 |
| 1919 | 関東庁・関東軍の設置 |

④欧米

| 1905 | 米と桂・タフト協定を結ぶ…日本の韓国保護国化を承認 |
| 1905 | 第2次日英同盟協約 |
| 1907 | 第1次日露協約締結 |

### 4　産業革命と資本主義の発展

**(1)松方財政（1881〜85）** 大蔵卿松方正義によるデフレ政策

大隈財政の破たん→不換紙幣の整理、官営事業の払下げ→（ 17 ）を設立し、銀兌換の銀行券を発行

**(2)産業革命の進展**

器械製糸の導入（座繰製糸の衰退）→ガラ紡の発明→大阪紡績会社の設立→綿糸の輸出高が輸入高を超える→豊田佐吉が国産力織機を発明

**(3)資本主義の成立**

企業勃興→日清戦争の巨額賠償金で（ 18 ）を確立（1897）→資本主義の成立・恐慌

**(4)資本主義の発達**

官営（ 19 ）が操業開始（1901）→民間鉄道を買収し（ 20 ）を公布→財閥の成長

**(5)社会運動の発生**

19世紀後半労働問題・ストライキの発生→（ 21 ）『日本之下層社会』→高野房太郎らが労働組合期成会を結成（1897）→（ 22 ）が直訴に及んだ足尾鉱毒事件→幸徳秋水らが（ 23 ）を結成→（ 24 ）により幸徳らが死刑となる（1910）

---

1 壬午事変　2 金玉均　3 天津条約　4 福沢諭吉　5 東学党の乱〔甲午農民戦争〕
6 遼東半島　7 三国干渉　8 旅順　9 義和団　10 北京議定書　11 日比谷焼打ち事件
12 統監府　13 安重根　14 韓国併合条約　15 孫文　16 南満州鉄道株式会社　17 日本銀行
18 金本位制　19 八幡製鉄所　20 鉄道国有法　21 横山源之助　22 田中正造　23 平民社
24 大逆事件

---

おさえておきたい
## Point　ミニ演習
正誤判断

**1** 版籍奉還によって、藩主は土地と人民を国家に返上することとなり、続く廃藩置県によって、藩主は知藩事となって各府県を統治した。

× 廃藩置県によって府と県が設置されると、旧藩主の知藩事は罷免され中央政府から府知事・県令が派遣された。

**2**　満20歳以上の男性に兵役の義務を定める徴兵令を発布した1873年、政府は土地所有者に地価の3%を現金で納入させる地租改正を実施した。小作農が地主に支払う小作料も現金で支払うこととなり、その負担の重さから各地で農民一揆が起きたため、2.5%に税率を引き下げた。

**✕** 小作農の小作料支払は現金ではなく、農作物の現物納であった。地主・自作農には当初、地価の3%の地租が課された。

**3**　政府が士族の特権を排除する政策を進めたために士族の不満が募り、板垣退助や西郷隆盛らは、武力で朝鮮を開国させるという征韓論を政府に提案したが却下されてしまい、下野した板垣は民撰議院設立の建白書を政府に提出し自由民権運動の中心的存在となり、西郷は西南戦争を起こしている。

**○** 江藤新平による佐賀の乱、西郷隆盛を首領とする西南戦争などの不平士族の反乱が起きている。

**4**　1875年、日本とロシアとの間で樺太千島交換条約を締結し、樺太を日本が、千島全島をロシアがそれぞれ領有することとした。

**✕** 樺太全島をロシア領、千島全島を日本領とした。

**5**　条約改正では多くの人物が活躍したが、陸奥宗光は徹底した欧化主義を貫くことで条約改正を果たそうとして国民からの批判を受け、時を同じくして発生したフェートン号事件で条約改正の世論も高まると辞職した。

**✕** 陸奥宗光ではなく、井上馨に関する記述。また、フェートン号事件ではなくノルマントン号事件である。

**6**　自由民権運動は、征韓論に反対して下野した板垣退助、大隈重信らが中心となって始まり、藩閥専制政府を批判して国会開設を説くものであったが、政権獲得運動の面も強く、民衆参加のない士族中心の要求運動であった。

**✕** 板垣退助は征韓論争に敗れて下野したが、大隈重信は明治十四年の政変で下野している。

**7**　自由民権運動が高まりをみせた頃、北海道開拓使官有物払下げ事件が起こり政変に発展したが、このとき民権派は政府と政商の結託を攻撃するとともに国会開設の必要を高唱し、政府は10年後の国会開設を公約した。

**○** 事件による明治十四年の政変で大隈重信が罷免され、国会開設の勅諭により国会開設が公約された。

**8**　「大日本帝国憲法」に先立って制定された「華族令」は、将来の国会の開設に備えて華族を強化し、貴族院の主力を形成することを目的としたものであった。

**○** 後に、公爵・侯爵の全員と、伯爵・子爵・男爵の互選で、貴族院議員が選出された。

**9**　第1回衆議院議員選挙は、選挙資格が満25歳以上の男女で、直接国税15円以上を納付する者に限られた制限選挙であった。

**✕** 25歳以上の男子、直接国税15円以上を納付する者に限られていた。

10　第一回帝国議会は1890年11月に開会されたが、時の首
　　相は黒田清隆、外相は大隈重信であった。

> ✕ 第一回帝国議会の時の首相
> は第3代山縣有朋。黒田清
> 隆は、伊藤博文に次ぐ第2
> 代で、憲法制定時の首相。

# 16 第一次世界大戦から第二次世界大戦へ　　　Level 1 ▷ Q10

## おさえておきたい Point　キーワードチェック

### 1　政党政治の成立と展開 ▶p74

#### (1)桂園時代から政党内閣の成立

| | |
|---|---|
| 第2次西園寺公望 | 陸軍2個師団の増設要求を拒否して総辞職 |
| 第3次（　1　） | （　2　）・犬養毅らが第一次護憲運動を起こす→約50日で総辞職 [大正政変] |
| 山本権兵衛 | 政党の影響力拡大に努める→（　3　）事件で退陣 |
| 第2次大隈重信 | 第一次世界大戦に参戦（1914）→中国に（　4　）を認めさせる |
| （　5　） | 米と石井・ランシング協定を締結、ロシア革命を機にシベリア出兵 |
| （　7　） | 富山県から起こった（　6　）により（5）内閣は総辞職 「平民宰相」と呼ばれ、本格的政党内閣を成立 |

#### (2)政党政治の発達

| | |
|---|---|
| 第2次山本権兵衛 | 関東大震災（1923）の処理により摂政宮を狙撃する虎ノ門事件が起こり、総辞職 |
| 清浦奎吾 | 護憲三派[憲政会など]による第二次護憲運動が展開される |
| （　8　） [政党内閣復活] | 普通選挙法の成立（1925）…納税資格なし、25歳以上の男子に選挙権 （　9　）の成立（1925）…国体の変革や私有財産の否認を目的とする者への弾圧法 |
| 若槻礼次郎 | 憲政会総裁→金融恐慌の処理に失脚して退陣 |
| 田中義一 | 立憲政友会総裁→こののち憲政会[のち立憲民政党]と政友会の二大政党時代を迎える（憲政の常道） |

### 2　第一次世界大戦後の外交政策 ▶p75

#### (1)ワシントン体制の成立

パリ講和会議（1919）

①ヴェルサイユ条約の締結（1919）

　日本が中国（　10　）省の独利権を継承

　→中国の（　11　）運動や朝鮮の三・一独立運動が起こる

②国際連盟の成立（1920）…米大統領（　12　）の提唱

ワシントン会議（1921 〜 22）

③四カ国条約（1921）…米英日仏の太平洋の平和維持に関する条約、日英同盟の廃棄

④九カ国条約（1922）…中国問題に関する条約、日本は（ 10 ）省の権益返還

⑤ワシントン海軍軍縮条約（1922）…主力艦保有率を規定

## ⑵中国政策の転換

①（ 13 ）外相による協調外交の推進

［中国］第一次国共合作（1924）→（ 14 ）が北伐開始

［日本］若槻内閣の時、中国に対し不干渉主義

②田中義一内閣による強硬外交への転換

（ 15 ）（1927 〜 28）…北伐の阻止と日本人居留民の保護が目的

満州某重大事件（1928）…奉天郊外で（ 16 ）を爆殺

③浜口雄幸内閣による協調外交の復活

ロンドン海軍軍縮条約の締結（1930）…補助艦保有率を規定

→軍部から（ 17 ）問題が起こり、浜口首相は狙撃される

## ⑶軍部の台頭

①満州事変（1931 〜 33）の勃発

［原因］張学良と国民政府の接近

［契機］（ 18 ）［奉天郊外で満鉄爆破］（1931）…国際連盟はリットン調査団派遣

→若槻内閣は不拡大方針、関東軍は無視

［経過］上海事変→満州国の建国宣言［（ 19 ）執政］

→満州国承認をしぶった犬養内閣は五・一五事件で崩壊し、日満議定書を締結

［国際的孤立］リットン報告書による国際連盟の満州国承認撤回勧告→国際連盟脱退へ

②ファシズムの成立

血盟団事件…井上準之助と団琢磨を暗殺

五・一五事件（1932）…犬養首相は暗殺され、政党内閣崩壊

滝川事件［滝川幸辰］や（ 20 ）の天皇機関説問題…自由な政治思想への圧力

（ 21 ）（1936）…陸軍皇道派によるクーデター［北一輝の影響］

---

1 桂太郎　2 尾崎行雄　3 シーメンス　4 二十一カ条の要求　5 寺内正毅　6 米騒動　7 原敬
8 加藤高明　9 治安維持法　10 山東　11 五・四　12 ウィルソン　13 幣原喜重郎
14 蔣介石　15 山東出兵　16 張作霖　17 統帥権干犯　18 柳条湖事件　19 溥儀
20 美濃部達吉　21 二・二六事件

---

## ③ 三大恐慌

### ⑴大戦景気（1915 〜 18）

［原因］第一次世界大戦交戦国の需要

［内容］輸出が超過し、船成金が誕生→中小工場の増大

### ⑵戦後恐慌（1920）

［原因］列強の回復、戦時中からの過剰生産

重要事項
スピードチェック

日本史 第1章

世界史 第2章

地理 第3章

思想 第4章

文学・芸術 第5章

[内容] 輸入超過となり株式暴落と中小企業の没落→関東大震災による大打撃
### (3)金融恐慌 (1927)
[背景] 震災手形の処理問題から取付け騒ぎが起こる
[内容] 鈴木商店の倒産と（　1　）銀行の休業
　　　→若槻内閣総辞職のあと、田中内閣が（　2　）[支払猶予令] を出し鎮静化
### (4)昭和恐慌 (1930〜31)
[背景] 浜口内閣による財政の緊縮と産業の合理化→金 [輸出] 解禁
[原因] ニューヨークの株式暴落を端とする世界恐慌の波及
[内容] 輸出の減少、正貨の流出、失業者の増大→農業恐慌も起こる
[対策] 重要産業統制法によるカルテルの容認、金輸出再禁止
### (5)管理通貨制度
[内容] 円の兌換停止、低為替による輸出の増大→新興財閥の台頭
[影響] 列強の対応…米はニューディール政策、英はブロック経済圏を取る

## ４ 日中戦争と第二次世界大戦
### (1)日中戦争
[背景]
①塘沽停戦協定 (1933) による満州事変の終結
②広田弘毅内閣による軍の内閣への介入…軍部大臣現役武官制復活
③（　3　）(1936)…張学良が蒋介石を監禁→抗日民族戦線の結成
[契機]
（　4　）(1937)…北京郊外で日中両軍が衝突
[経過]
①第2次上海事変→第2次国共合作が成立
②日独伊三国防共協定の締結 (1937) [枢軸の結成]
③南京の占領→東亜新秩序の建設を目的とする近衛声明の発表
④重慶を脱出した（　5　）による新国民政府の樹立 (1940)
### (2)統制の強化
[思想統制]
①国民精神総動員運動 (1937) の展開
②自由主義思想弾圧事件…例：矢内原事件
[経済統制]
①（　6　）の制定 (1938)…政府が戦争に必要な物資・労働力を動員できる法令
②国民徴用令 (1939)…国民を強制的に動員できる法令
③大日本産業報国会の結成 (1940)…労使一体での国策への協力
④切符・配給制の実施
### (3)第二次世界大戦の開始
①満州におけるソ連軍との衝突…張鼓峰事件 (1938)・ノモンハン事件 (1939) の勃発
②第二次世界大戦の開始 (1939)→日本政府の不介入の方針
③（　7　）首相による新体制運動…南進政策の推進と日独伊三国同盟の締結、上意下達

の機関の（　8　）の結成
④皇民化政策…創氏改名の強制
⑤日米交渉挫折…野村吉三郎と米の（　9　）国務長官
⑥日ソ中立条約

**(4)太平洋戦争**

①（　10　）内閣による太平洋戦争の開始（1941）→ミッドウェー海戦の敗北（1942）
②学徒出陣や勤労動員の実施→大東亜会議の開催→本土爆撃・学童疎開の開始
③終戦…沖縄戦敗北→ドイツ降伏→原爆投下→ソ連対日参戦→（　11　）を受諾し降伏

**(5)戦争処理会談**

| 1943 | カイロ宣言（米・英・中）：対日戦遂行処理案（満州の返還と朝鮮独立を宣言） |
|---|---|
| 1945 | （　12　）協定（米・英・ソ）：対独処理案とソ連参戦や千島譲渡を約束<br>(11)：米・英・ソが参加、日本の無条件降伏を米・英・中国の名で勧告 |

---

1 台湾　2 モラトリアム　3 西安事件　4 盧溝橋事件　5 汪兆銘　6 国家総動員法
7 近衛文麿　8 大政翼賛会　9 ハル　10 東条英機　11 ポツダム宣言　12 ヤルタ

---

おさえておきたい
# Point　ミニ演習

1　普選運動は、デモクラシー思潮を代表する大衆運動として
　盛り上がったが、1925年普通選挙法が成立したのはどの内
　閣の時であったか。　（重要用語）

加藤高明内閣

2　五・一五事件で射殺された首相は誰か。　（重要用語）

犬養毅

3　大正初期、第3次桂太郎内閣は、第1次護憲運動の勢いに
　押されて総辞職すると、その後組閣した第1次山本権兵衛内
　閣は、虎ノ門事件で総辞職となった。後に山本権兵衛は第2
　次内閣を組閣するも、シーメンス事件で退陣することとなり、
　続いた清浦奎吾内閣が超然主義を唱えたため、第2次護憲運
　動が起きている。　（正誤判断）

✕山本権兵衛内閣の退陣理由
　が入れ替わっている。第1
　次山本内閣はシーメンス事
　件で、第2次山本内閣が虎
　ノ門事件で退陣している。

4　第一次世界大戦が勃発すると、日本はドイツに宣戦し、中
　国の青島および天津を占領した。さらに翌年、孫文を大総統
　とする中華民国政府に対して遼東半島のドイツ利権の継承・
　華北・内蒙古の権益の承認などを内容とする二十一カ条の要
　求を突きつけた。　（正誤判断）

✕日英同盟を理由にドイツに
　宣戦した日本は、青島、赤
　道以北のドイツ領南洋諸
　島の一部を占領し、翌年、
　二十一カ条の要求を袁世凱
　政府につきつけた。

5　ロシア革命によってソヴィエト政権が発足すると、原内閣
　はオーストリア軍の救出を名目に連合国とともにシベリアに

✕寺内内閣が、チェコスロバ
　キア軍救援の名目でシベリ

重要事項
## スピードチェック

日本史 第1章
世界史 第2章
地理 第3章
思想 第4章
文学・芸術 第5章

出兵したが、革命派の抵抗にあって失敗に終わったため、日本はアメリカやイギリスとともに撤兵した。　[正誤判断]

**6**　原敬首相の暗殺後、内閣を引き継いだ高橋是清は、第一次世界大戦後に鈴木商店の破産とこれに融資していた台湾銀行の危機から始まった金融恐慌に際し、モラトリアムを行うとともに日本銀行の非常貸出を行い、恐慌を鎮静させた。　[正誤判断]

**7**　アメリカ大統領ハーディングの提議によって開催されたワシントン会議では、ワシントン海軍軍縮条約のほかに、中国の主権尊重・領土保全と門戸開放・機会均等を約束する九か国条約が結ばれ、日本もこれに調印した。　[正誤判断]

**8**　第一次大戦から第二次大戦へ
第一次世界大戦：大隈内閣の時にヨーロッパで勃発。
　→日本は（　**ア**　）を理由に参戦。
　→（　**イ**　）政府に21カ条要求、ドイツ権益を継承。
　→ロシアでは（　**ウ**　）が勃発し、シベリア出兵に伴い国内で（　**エ**　）発生。
　→戦後、不景気の連鎖で、大陸侵略への流れに。
満州事変：南満州鉄道爆破事件を契機に勃発し、日本の大陸侵略が本格化
　→軍部は満州国を建国するも、当時の首相である（　**オ**　）がこれを認めず、1932年（　**カ**　）事件が発生し、軍国主義の傾向が強まる。
日中戦争：北京郊外で起きた盧溝橋事件を契機に勃発。
　→戦争の長期化に伴い、労働力・物資への統制を強める（　**キ**　）法制定。
第二次世界大戦：ドイツのポーランド侵攻で勃発。
　→日本は日独伊三国軍事同盟を締結し、東南アジアへの南下政策をとる。
　→アメリカやイギリスが危機感を持ち、（　**ク**　）という対日経済封鎖実施。
（　**ケ**　）戦争：（　**コ**　）内閣は日米決戦を念頭に準備を進め、真珠湾攻撃を契機に勃発。
（　**サ**　）受諾：（　**シ**　）・長崎への原爆投下など大きな被害。日本の無条件降伏で終戦。　[空欄補充]

---

ア出兵を行っている。大戦終了後も駐兵を続けたため、列国から非難をあびた。

**×** 若槻内閣は、鈴木商店に対する巨額の不良債権をかかえた台湾銀行の救済に失敗し辞職。後の田中内閣がモラトリアムを発し、日本銀行から巨額の救済融資を行い、恐慌を沈静化させた。

**○** ワシントン会議では、四カ国条約・海軍軍縮条約のほかに、中国の主権尊重・門戸開放・機会均等を内容とする九カ国条約も締結された。

---

ア　日英同盟
イ　袁世凱
ウ　ロシア革命
エ　米騒動
オ　犬養毅
カ　五・一五
キ　国家総動員
ク　ＡＢＣＤ包囲陣(包囲網)
ケ　太平洋
コ　東条英機
サ　ポツダム宣言
シ　広島

## おさえておきたい
# Point　キーワードチェック

**1** 戦後政治の展開 ▶p76

**(1)占領政策の管理機構**

**(2)民主化政策**

| | | |
|---|---|---|
| 1945 | 新選挙法成立…（ 3 ）の賦与、農地改革、（ 4 ）［労働三法の1つ］公布、五大改革指令 | <政権>　幣原喜重郎 |
| 1946 | 天皇の人間宣言、労働関係調整法公布、日本国憲法公布、公職追放令 | ↓（ 5 ） |
| 1947 | 二・一ゼネスト中止指令、教育基本法と（ 6 ）公布、労働基準法公布 | ↓片山哲 |
| 1948 | 政令201号で公務員は争議権を喪失、（ 7 ）で東条らに判決、経済安定九原則実施を指令 | ↓芦田均 |

**(3)サンフランシスコ体制**

| | | |
|---|---|---|
| 1950 | （ 8 ）が勃発し、ＧＨＱの指令で警察予備隊結成 | <政権> |
| 1951 | サンフランシスコ平和条約が調印され、日本の主権回復→日米安全保障条約 | |
| 1952 | （ 9 ）が結ばれ、米軍に基地を提供、破壊活動防止法の公布 | （5） |
| 1954 | MSA協定で防衛庁が新設、（ 10 ）が発足、米軍基地反対闘争が激化 | |
| 1955 | 保守合同により自由民主党結成→自由民主党と社会党の二大政党による（ 12 ）体制が確立 | （ 11 ） |
| 1956 | （ 13 ）の調印により日ソ国交正常化、→日本の（ 14 ）加盟が実現 | |

**(4)国際社会への復帰**

| | |
|---|---|
| （ 15 ） | 日米新安保条約が調印され、60年安保闘争が激化（1960） |
| 池田勇人 | 「寛容と忍耐」を提唱 |
| 佐藤栄作 | （ 16 ）を結び、日韓国交正常化（1965）、ベトナム戦争で米の北爆開始、小笠原諸島返還（1968）、沖縄返還協定締結→沖縄返還（1972） |

## 2 戦後の経済と現代の政治

### (1)戦後処理と高度経済成長

| | |
|---|---|
| 財閥解体 | 財閥の資産の凍結→持株会社整理委員会の発足→（ **17** ）［カルテル・トラストの禁止］・過度経済力集中排除法［巨大企業の分割］の公布（1947） |
| インフレ進行 | 金融緊急措置令により預金封鎖→（ **18** ）方式を採用し、復興金融金庫による重点融資 |
| 税制の大改革 | 経済安定九原則の実行を指令→（ **19** ）＝ラインで単一為替レートが設定→（ **20** ）勧告による税制改革 |
| 経済の復興 | （8）による特需景気→IMF・世界銀行に加盟→（ **21** ）景気→1956年『経済白書』…「もはや戦後ではない」 |
| 高度成長と技術革新 | 貿易の自由化→池田内閣が所得倍増計画を提唱→IMF8条国に移行、OECDに加入し資本の自由化が義務づけ→いざなぎ景気によりGNP世界第2位の経済大国へ→消費革命の進行［三種の神器→3Cへ］ |
| 経済大国への道 | 円切り上げにより、1973年（ **22** ）へ移行→G5の（ **23** ）で円高が加速（1985）→バブル景気の中、竹下内閣が消費税を創設（1989）→日米貿易摩擦が激化 |

### (2)現代の政治

| 主な内閣総理大臣 | 主な事柄 |
|---|---|
| （ **24** ） | （ **25** ）を発し、日中国交正常化（1972）、第1次石油危機（1973） |
| 三木武夫 | 第1回先進国首脳会議［サミット］開催、（ **26** ）事件で（24）が逮捕 |
| 福田赳夫 | 日中平和友好条約の締結（1978） |
| （ **27** ） | 電電・専売公社・国鉄の民営化 |
| 竹下登 | リクルート事件で退陣、消費税創設（1989） |
| 海部俊樹 | 湾岸戦争勃発、東西のドイツが統一（1990） |
| 宮沢喜一 | 国際平和協力法［（ **28** ）］の成立（1992） |
| 細川護熙 | 非自民連立政権→55年体制崩壊（1993）、小選挙区比例代表並立制導入 |
| 村山富市 | 自・社・さ連立政権、阪神淡路大震災、地下鉄サリン事件（1995） |
| 橋本龍太郎 | 民主党結成（1996）、社会党が社民党に党名変更、山一証券倒産（1998） |
| 小渕恵三 | 周辺事態関連法公布、中央省庁改革関連法成立（2001年から実施） |
| 小泉純一郎 | 同時多発テロ発生（2001）、日朝平壌宣言（2002）、武力攻撃事態対処法・イラク復興支援特措法公布（2003）、郵政民営化（2005） |
| 安倍晋三 | 教育基本法全面改正（2006）、防衛省昇格、年金記録問題（2007） |
| 福田康夫 | 北海道洞爺湖サミット、リーマン・ブラザーズ破綻（2008） |

| 麻生太郎 | 世界金融危機（2008） |
|---|---|
| 鳩山由紀夫 | 政権交代、普天間基地移設問題（2009） |
| 菅直人 | 東日本大震災（2011） |

---

1 極東委員会　2 マッカーサー　3 婦人参政権　4 労働組合法　5 吉田茂　6 学校教育法
7 東京裁判〔極東国際軍事裁判〕　8 朝鮮戦争　9 日米行政協定　10 自衛隊　11 鳩山一郎
12 55年　13 日ソ共同宣言　14 国際連合　15 岸信介　16 日韓基本条約　17 独占禁止法
18 傾斜生産　19 ドッジ　20 シャウプ　21 神武　22 変動為替相場制　23 プラザ合意
24 田中角栄　25 日中共同宣言　26 ロッキード　27 中曽根康弘　28 PKO協力法

## おさえておきたい Point ミニ演習

**1** 1951年に開かれた連合国との太平洋戦争に対する講和を
取り決めた会議名を答えよ。　　　　　　　　(重要用語)

**2** 戦後から現代へ　　　　　　　　　　　　(空欄補充)
①敗戦後の日本の民主化
　（　ア　）を最高司令官とする連合国軍最高司令官総司令部
の改革。
　→婦人参政権実現、（　イ　）・財閥解体による経済の民主化、
　　労働三法制定、教育改革など
②戦後直後の世界と日本
　新たな国際機関、（　ウ　）の設置、冷戦の始まり
　（　エ　）戦争の勃発：日本に（　オ　）隊→自衛隊へ
③日本の国際社会への復帰
　1951年　（　カ　）講和会議にて国際復帰を果たす（第3次
　　　　　吉田茂内閣）
④外交
　1951年　日米安全保障条約（第3次吉田茂内閣、1960年新
　　　　　安保へ）
　1956年　（　キ　）調印（鳩山一郎内閣）→（ウ）加盟
　1965年　（　ク　）条約（佐藤栄作内閣）
　1972年　（　ケ　）返還（佐藤内閣）
　　　　　（　コ　）（田中角栄内閣）
　1978年　（　サ　）条約（福田赳夫内閣）

**3** 次の空欄に適切な年代を語群から選べ。
　（　ア　）年代―東京オリンピック―カラーテレビ、乗用車、

---

**サンフランシスコ講和会議**

| ア | マッカーサー |
|---|---|
| イ | 農地改革 |
| ウ | 国際連合 |
| エ | 朝鮮 |
| オ | 警察予備 |
| カ | サンフランシスコ |
| キ | 日ソ共同宣言 |
| ク | 日韓基本 |
| ケ | 沖縄 |
| コ | 日中共同声明 |
| サ | 日中平和友好 |

| ア | 1960 |
|---|---|
| イ | 1950 |

ルームクーラーの3つが「3Ｃ」と呼ばれ、急速に普及した。

（　イ　）年代―朝鮮戦争―白黒テレビ、電気洗濯機、電気冷蔵庫の3つが「三種の神器」と呼ばれ、急速に普及した。

（　ウ　）年代―石油危機―ファミリーレストラン、外資系のファーストフード店が急増した。

（　エ　）年代―バブル経済の崩壊―ＩＴ革命が発展し、パソコンが急激に普及する。

（　オ　）年代―消費税の導入―電電・専売公社・国鉄が民営化し、NTT、JT、JRとなった。

【語群】

1950、1960、1970、1980、1990　　　　　（適語選択）

| ウ | 1970 |
|---|---|
| エ | 1990 |
| オ | 1980 |

第1章 日本史

第2章 世界史

第3章 地理

第4章 思想

第5章 文学・芸術

# Q01 律令制度

**問** わが国における律令制度成立期に関する次の記述のうち、妥当なものはどれか。

(国税専門官)

1 　大宝律令は、唐の律令を模範として整えられたもので、律、令ともに完備した法典であった。律は刑法で、令は行政法や民法など広い範囲の規定を含み、日本では特に令が重んじられた。また、律令の補足・改正を行う格や、施行細則である式がたびたび出された。

2 　律令国家における官制のうち、中央については、神祇の祭祀を司る神祇官と一般政務を司る太政官、さらに、太政官の下に8省が置かれるなど整備されたが、地方については整備されなかった。

3 　大和政権を構成していた畿内の有力豪族たちは、官吏登用試験を受験して合格しなければ律令国家の官吏となることができなかった。古代の任官制は有能な人材を登用することを目的の一つにしており、上級官人に特権は与えられず、その位階が世襲されることはなかった。

4 　律令制の下で、農民の生活の保障を目的とする班田収授法が作られた。班田収授を実施するために、条里制により田地を整然と区画してすべての田地を口分田とし、戸籍を作成して6歳以上の男女には口分田を班給した。口分田は死ぬまで耕作でき、売買も許されていた。

5 　律令体制下における公民は、物納の租・庸・調と、労役としての雑徭・歳役・兵役など、重い負担を負っていた。さらに、政府は、強制的に貸し付け租税の一種とすることを当初からの目的として、春に稲を貸し付け、秋に利息を加えて徴収する出挙の制度をつくった。

---

おさえておきたい
## Point 　キーワードチェック

### ◉天智天皇の政治

近江大津宮に遷都後、( 1 )は即位し天智天皇となり、668年に最初の令となる近江令を、670年に最初の戸籍となる庚午年籍を作成した。天皇の死後、大海人皇子（天智天皇の弟）と大友皇子（天智天皇の子）が、王位継承をめぐり争った（663年、( 2 )の乱）。これに勝利した( 3 )が天武天皇として即位する。

### ◉天武天皇の政治

飛鳥浄御原宮に遷都し、即位した天武天皇は、684年に( 4 )の姓を制定し、皇室に関係の深い者を上位に置くなど、豪族の官僚化を推し進め、天皇の絶対性を強調した。

### ◉大宝律令

701年、文武天皇の命で、刑部親王・( 5 )ら19人によって、律6巻・令11巻からなる大宝律令が制定された。初めて律（刑法）・令（行政法・民法）ともに備わった法典である。

## (1)官制

中央は、神祇官（神々の祭祀を司る）、太政官（一般政務を司る）と太政官の下に置かれた八省で構成される（二官八省）。

地方は、全国を畿内・七道に分け、その下に国・郡・里が設けられ、（　6　）（中央から派遣）、郡司・里長（地方豪族を任命）を設置した。

## (2)班田収授法

6年ごとに作成される戸籍に基づいて、6歳以上の男女に（　7　）を班給した。

## (3)租税・兵役

人々には、租（田地に課す税）、庸（布）、調（特産物）、（　8　）（国司の命による労役）、出挙（種籾の強制貸付）などの租税が課されたほか、成年男子3人～4人に1人の割合で兵士として徴兵され、諸国の軍団での兵役や、衛士（京内や宮廷など）・（　9　）（九州北部）などの兵役の義務も負った。

**出題 Point：政治**　謀略と暗殺の政変

①厩戸皇子（聖徳太子）の血脈断絶…蘇我入鹿は斑鳩宮を攻撃し山背大兄王を自殺させ上宮王家滅亡。

②安和の変…藤原氏の謀略で醍醐天皇の皇子・源高明を大宰府に左遷。藤原氏に権力集中。

③源氏将軍の途絶…源頼家・実朝の暗殺で、鎌倉幕府は北条氏の執権政治に移行。

④嘉吉の乱…有力守護大名を強圧政治で抑え込む足利義教を、守護・赤松満祐が謀殺。

⑤将軍継嗣問題…井伊直弼が大老となり徳川慶福（家茂）を推す南紀派が一橋派に勝利。

---

1 中大兄皇子　2 壬申　3 大海人皇子　4 八色　5 藤原不比等　6 国司　7 口分田
8 雑徭　9 防人

---

# A01　正解一1

1－正　大宝律令は、701年刑部親王や藤原不比等によって完成された。718年には養老律令も制定され、律令による政治の仕組みも整った。

2－誤　律令官制では地方の整備も行われた。全国は畿内と七道に行政区分され、国・郡・里が置かれ、国司・郡司・里長が任じられた。重要地である京には左・右京職、難波には摂津職、九州北部には大宰府が設置された。

3－誤　律令制では蔭位の制によって五位以上の子と三位以上の孫は一定の位階に就くことができた。同時に官位相当の制により位階に応じた官職に就くことができたため、上級貴族によって官位は独占された。

4－誤　班田収授法においては、家屋やその周囲の土地の私有は認められたが、口分田は売買できなかった。

5－誤　出挙については公私の別があり、公出挙はもともと貧民救済の目的であったが、次第に強制的となり、租税化した。

# Q02 荘園

問 次の史料は日本史における政治上の出来事を述べたものである。この時期に関する記述として、妥当なものはどれか。 (地方上級)

この後三条院位の御時、……延久の記録所とてはじめてをかれたりけるは、諸国七道の所領の宣旨官符もなくて公田をかすむる事、一天四海の巨害なりときこしめしつめてありけるは、すなはち宇治殿の時一の所の御領御領とのみ云ひて、庄園諸国にみちて受領のつとめたへがたしなど云ふを、きこしめしもちたりけるにこそ。

1 律令制の再建期であり、蔵人頭や検非違使などの令外官が設置され、また国司交代の不正を正すため、勘解由使が設けられた。
2 自墾地系荘園の成立時で、開墾地の私有が認められたため有力貴族や大寺社は逃亡農民や浮浪人を取り込み、積極的に墾田を開発した。
3 摂関政治から院政への移行期で、地方では開発領主が中央の有力者に所領を寄進して領家や本家と仰ぎ、それらの土地は租税が免除される荘園となった。
4 院政の最盛期であり、院は膨大な荘園を所有して天皇家の経済的基盤は強固になったが、知行の制度は崩壊した。
5 武士団の形成期で、武士が武力を背景に荘園内で土地を分割して領主権を分け合う下地中分が行われるなど、武士の荘園領主化が進んだ。

## おさえておきたい Point キーワードチェック

### ◉後三条天皇の親政と院政のはじまり

#### (1)後三条天皇の親政
藤原氏を外戚としない後三条天皇が親政を行い、( 1 ) 令を発布し、記録荘園券契所による荘園の審査をし、藤原氏など有力者の財力の基盤である荘園を整理して、力を抑えた。

#### (2)院政のはじまり
1086年、( 2 ) は天皇の位を譲位し、上皇として政治を行う院政を開始した。院庁から院宣や院庁下文を出し、政治を行った。白河上皇、鳥羽上皇、( 3 ) 上皇の順に、院政は約100年にわたって続けられ、藤原氏の権威は衰退した。

### ◉荘園の変化と発達

#### (1)公地制の崩壊
人口増加と土地荒廃で口分田が不足したため、長屋王は732年に ( 4 ) を定め、開墾者は3代、荒廃田の再開発は1代の間、土地私有を認める。しかし、期限が終わる頃には土地は荒廃したため、743年に ( 5 ) が定められ、律令制の基本である公地制は崩壊した。

⑵**墾田地系荘園（初期荘園）**

　皇親・貴族・寺社・地方豪族は、浮浪や逃亡した農民を使い開拓する（　6　）荘園や、すでに開墾された荘園を買得し既墾地系荘園を大規模に所有するようになる。

⑶**寄進地系荘園**

　8〜9世紀に発達した墾田地系荘園は、貴族・寺社などが直接経営していたが、10世紀以降、班田収授法の実施が困難となり、国司からの圧迫を受けた。そこで、国司の圧迫を免れるために、（　7　）の権（免租）や不入の権（国司から派遣される検田使）を持つ権門勢家に名目上寄進するようになった。こうした荘園を寄進地系荘園という。

●**鎌倉時代の荘園**

　鎌倉時代になると、荘園の支配権をめぐり、先祖代々土着する荘園領主と、幕府が任じた（　8　）とがしばしば対立した。承久の乱後は地頭による荘園侵略も始まり、荘園領主は、一定の年貢を領主に納入させる代わりに地頭に荘園の経営を任せる「地頭請」や、収益の高い土地（下地）を地頭と半分ずつ支配する「（　9　）」を受けることになっていった。

---

1 延久の荘園整理　2 白河天皇　3 後白河　4 三世一身法　5 墾田永年私財法　6 自墾地系
7 不輸　8 地頭　9 下地中分

---

# A02　正解ー3

　この史料は慈円の『愚管抄』で、1069年後三条天皇が延久の荘園整理令を出し、記録荘園券契所を設置したことが書かれている。

1－誤　8世紀末の桓武天皇の時に勘解由使が、9世紀前半の嵯峨天皇の時に蔵人頭や検非違使は令外官として設置されている。

2－誤　自墾地系荘園の成立は、743年の墾田永年私財法の公布後の8〜9世紀で、初期荘園が発生した頃である。

3－正　開発領主が所領を寄進して成立した荘園を寄進地系荘園といった。また租税が免除される特権は不輸の権と呼ばれ、荘園の独立化が促進された。

4－誤　院政は、後三条天皇のあとを受けた白河天皇が、1086年堀河天皇に譲位して始まった。

5－誤　下地中分は鎌倉時代の地頭の荘園侵略に対して荘園領主がとった対策で、荘園内の土地を半分にして領主権を分け合うことを指す。

# Q03 鎌倉幕府

問 鎌倉時代に関する次の記述のうち、妥当なものはどれか。 （地方上級）

1 1192（建久3）年、鎌倉幕府を開いた源頼朝は国司任免権によって全国の国衙領、荘園を実質的に支配し、公家たちは経済基盤を失って朝廷を中心とする政権を維持することができなくなった。

2 1221（承久3）年の承久の乱で圧倒的勝利をおさめた幕府は、六波羅探題を設置して朝廷の監視や西国の支配に当たらせる一方、上皇方の所領を没収して新たに地頭を任命し、幕府の支配が飛躍的に進んだ。

3 1232（貞永1）年に制定された御成敗式目は最初の武家法であるが、律令や公家法を参考にしており、武士階級ばかりでなく公家にまで適用された。

4 1274（文永11）年の文永の役と、1281（弘安4）年の弘安の役で元軍が襲来した元寇を契機に、幕府は評定衆や引付衆を設置し、北条氏の下で執権政治は安定・隆盛期を迎えた。

5 1297（永仁5）年、幕府は徳政令を出して御家人の救済を図り、将軍と御家人の間に御恩や奉公による強固な主従関係が確立した。

---

おさえておきたい
## Point キーワードチェック

### ●鎌倉幕府の組織と特徴

### ⑴鎌倉幕府の組織

将軍－執権（補佐）

[中 央]
- 侍 所（1180） … （ 1 ）統制（別当 和田義盛）
- 公文所（1184）→政所（1191）… 一般政務（別当 大江広元）
- （ 2 ）（1184） … 訴訟・裁判（執事 三善康信）

[地 方]
- 守護（諸国）・地頭（荘園や公領）の設置（1185）
- （ 3 ）（後に六波羅探題）・鎮西奉行・奥州総奉行

### ⑵経済基盤

関東御領（将軍家の荘園）、（ 4 ）（将軍家の知行国）などがあった。

### ⑶封建制度と守護・地頭

① 幕府支配の特色

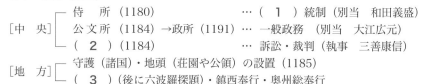

御恩（（ 5 ）、新恩給与＝土地）

将 軍 ──────────────→ 御家人

奉公（戦時の軍役、平時の京都大番役、鎌倉番役）

鎌倉幕府は、将軍と御家人との間で土地を媒介とした主従関係を築き、御恩と奉公の関係によって結ばれていた。

問題でPoint を理解する

Level 1 **Q03**

日本史 第1章

世界史 第2章

地理 第3章

思想 第4章

文学・芸術 第5章

②守護と地頭

守護は各国に任命され、(a)朝廷を警護する京都大番役の催促、(b)謀反人逮捕、(c)殺害人逮捕にあたる（（ **6** ））。地頭は公領・荘園ごとにおかれ、(a)年貢の徴収・納入、(b)土地の管理・治安維持を職務とし、地頭請や下地中分により土地支配を進めた。

●北条氏の執権政治

| 初代 | 時政 | ・合議制の設置（有力な御家人による合議）<br>・比企能員を滅ぼし、2代将軍頼家を暗殺、3代実朝を擁立して執権政治の基礎 |
|---|---|---|
| 2代 | 義時 | ・3代将軍源実朝が暗殺されたため、京から（ **7** ）将軍を採用した。<br>・承久の乱（1221年）：（ **8** ）が倒幕を企てたが、1カ月で幕府側が勝利 |
| 3代 | 泰時 | ・連署・評定衆の設置<br>・（ **9** ）（1232年）：頼朝以来の先例や道理、御家人と所領に関する規定 |
| 5代 | 時頼 | ・引付衆の設置<br>・皇族将軍の設置 |
| 8代 | 時宗 | ・元寇（文永の役（1274年）・弘安の役（1281年））<br>・元寇の結果、御恩である領地を得られず、御家人の生活は窮乏した。 |
| 9代 | 貞時 | ・得宗専制政治：北条氏惣領と御内人に幕政が独占され、御家人の不満が高まる<br>・（ **10** ）：困窮する御家人を救済するも、御家人の窮乏は続く |

1 御家人　2 問注所　3 京都守護　4 関東御分国　5 本領安堵　6 大犯三カ条　7 摂家
8 後鳥羽上皇　9 御成敗式目　10 永仁の徳政令

# A**03** 正解―2

1 －誤　源頼朝は、1185年諸国に守護を、荘園・公領には地頭を任命する権利を得たが、国司の任免権は朝廷が握っており、朝廷と幕府の二元支配体制となっていた。

2 －正　1221年承久の乱は後鳥羽上皇らが中心となり起こされた。勝利した幕府は、仲恭天皇を廃した上、後鳥羽・順徳・土御門の3上皇を配流した。また没収した所領に任命された地頭の給与には新補率法が適用されたため、新補地頭と呼ばれ、それ以外の地頭は本補地頭として区別された。

3 －誤　御成敗式目（貞永式目）は北条泰時によって制定された最初の武家法である。当初は公家法や本所法が効力を持っていたが、幕府勢力の発展でそれらの法にも影響を与えた。

4 －誤　1274年の文永の役の後、九州警備のため設置されたのは異国警固番役。評定衆は1225年に、引付衆は1249年にすでに設置されている。また元寇後は得宗家の専制政治となり、執権政治は衰退した。

5 －誤　この永仁の徳政令でも御家人の窮乏化は止まらなかった。また御恩と奉公による主従関係は、すでに源頼朝の時代に確立している。

# Q04 中世の社会・経済

1 武家社会では地頭請や下地中分が行われて、荘園内での地頭の権限が強まった。地頭は国人一揆を結成して地域ごとに団結し、守護と対立する一大勢力となっていった。

2 貨幣の需要が増し、年貢の銭納や為替の利用も進んだ。貨幣は永楽通宝などの明銭が使用されたが、粗悪な私鋳銭も出回ったため、撰銭が行われた。

3 商工業者が城下町などに集住するようになって楽市・楽座の下で自由な商取引が行われた。それとともに従来の門前町、寺内町がすたれて、堺・博多などの港町が繁栄した。

4 農村では地縁的な結合である惣ができ、本百姓の中から村方三役を選んで村落の自治を強化した。

5 他力本願を唱える浄土系仏教への信仰が庶民や武士に浸透していった。この派の仏教は将軍の帰依を受けて発展し、東山文化の基盤となり、優れた仏教美術が生まれた。

---

## おさえておきたい
# Point キーワードチェック

### ◉室町時代の産業・経済
#### (1)農業
　二毛作や（　1　）が全国に広まり、畿内では米・麦・そばの三毛作も行われた。
#### (2)商業
　応仁の乱以降に、月6回開かれる（　2　）が行われたほか、行商人として、連雀商人（連雀＝木製の入れ物を背負い販売）、振売（呼び売りをする）、大原女（炭や薪を売る）、桂女（鮎を売る）らが活躍した。また、高利貸の（　3　）・土倉、卸売商人の問屋、運送業を営む馬借・車借などもこの時代の商業を支えた。
　当時、用いられた貨幣は宋銭・明銭（永楽通宝など）であったが、悪銭が流通したことから（　4　）（取引の際、良質の銭を選ぶこと）が私的に行われ、経済を混乱させたため、幕府や戦国大名は撰銭による経済の混乱を避けるために基準を示す(4)令を制定した。
#### (3)都市の発達
　門前町（宇治山田、長野）、城下町（小田原、山口）、寺内町（吉崎、石山）、港町（堺、博多）などが発達したほか、堺（会合衆が指導者）、博多（年行司が指導者）、京都（月行事が指導者）などは、（　5　）都市として一層発展した。

### ◉惣村の発達と一揆
#### (1)惣村
　惣村（惣）と呼ばれる農民たちの自治的な共同体が発達した。惣村は、おとな（乙名）・沙汰人・番頭などと呼ばれる代表者の下に発展し、（　6　）による協議で村掟などを決定して運営され、年貢を惣で請け負う地下請も広まった。

(2)一揆

①土一揆

　惣を基盤として発生した一揆で、年貢の減免以外にも徳政の発令を求める（　7　）一揆なども頻発した。代表的な土一揆に、近江の馬借の蜂起を契機に始まった正長の徳政一揆（1428）や、播磨の土一揆（1429）、嘉吉の徳政一揆（1441）などがある。

②国一揆

　国人と呼ばれる地方土着の武士を中心として土民と手を組み蜂起した一揆で、領主を排除するなどの政治的要求を主とする。山城の国一揆（1485～93）が著名で、（　8　）氏を追放して8年にわたる自治的支配を実現した。

③一向一揆

　一向宗門徒による一揆で、宗教的要求によるものを指す。守護の富樫政親を排除して一向門徒と国人による約1世紀にわたる自治を実現した（　9　）の一向一揆（1488～1580）が代表的である。

**出題 Point：政治**　争乱とその後の展開

①**保元の乱**…院政末期、崇徳上皇が弟・後白河天皇に敗れ、天皇側の平清盛ら武士が台頭。
②**承久の乱**…鎌倉幕府打倒のため挙兵した後鳥羽上皇が敗退。朝廷は衰退し幕府優位に。
③**観応の擾乱**…室町幕府を興した足利尊氏と弟の直義との内紛で、室町将軍の地位確立。
④**島原・天草一揆**…キリシタンらの一揆を鎮圧後、幕府はポルトガルと国交断絶。鎖国体制へ。
⑤**西南戦争**…西郷隆盛を擁した最大で最後の不平士族反乱。武力反乱が終結し民権運動へ。

1 牛馬耕　2 六斎市　3 酒屋　4 撰銭　5 自治　6 寄合　7 徳政　8 畠山　9 加賀

# A04　正解ー2

1 －誤　地頭による荘園侵略のためその対策として地頭請や下地中分が行われたのは鎌倉時代で、室町期では守護による荘園侵略が活発化した。また国人一揆とは、地頭ではなく在地の有力武士である国人たちが結成した一揆を指す。

2 －正　撰銭によって円滑な流通が阻害されたため、幕府や戦国大名は良銭と悪銭の交換比率を定めた撰銭令をしばしば発令した。

3 －誤　寺社の門前に形成された門前町や一向宗の道場を中心に建設された寺内町は戦国時代に港町や宿場町とともに繁栄している。

4 －誤　本百姓とは、江戸時代検地帳に記載された高持百姓を指しており、村方三役と同様に江戸時代村政にあたった農民で、名主・組頭・百姓代があった。

5 －誤　他力本願を唱える浄土系仏教とは浄土真宗（一向宗）を指している。室町時代に将軍の帰依を受けて発展したのは臨済宗で、北山文化において五山文学の繁栄をもたらした。

# Q05 織豊政権

**問** 織豊政権に関する次の記述のうち、妥当なものはどれか。 (地方上級)

1　織田信長は、足利義昭を将軍職に就け、自らは副将軍となって室町幕府を支えたが、本
　能寺の変で死亡した。その後、豊臣秀吉が足利義昭を将軍職から追放して、室町幕府は滅
　びた。

2　織田信長は、経済を発展させるため、近畿、中国、四国の各地方で楽市・楽座を行って
　商工業の独占的組織であった座を解体したが、海外との交易拠点であった堺は直轄地とせ
　ず従来どおり自治に任せた。

3　豊臣秀吉が、織田信長の行った指出検地を継続し、全国の土地の石高を確定した結果、
　農民が負担する年貢の基準や諸大名に対し統一的な軍役を課すための基準ができたほか、
　一地一作人の原則が定まった。

4　豊臣秀吉は、惣無事令に反したとして北条氏を小田原攻めで滅ぼした後、全国統一をな
　し遂げ、独裁制の強い政治を行ったが、晩年は徳川家康などを五大老に、石田三成などを
　五奉行に定めた。

5　豊臣秀吉は、南蛮貿易を奨励したが、後に、ポルトガルの植民地政策に恐れを感じ、キ
　リスト教宣教師を国外追放にするとともに、鎖国令を発して海外貿易と日本人の渡航を禁
　止した。

---

おさえておきたい
## Point　**キーワードチェック**

◉**織田信長の統一事業**

⑴**統一の流れ**

　1560年（桶狭間の戦い、（　**1**　）を破る）、1568年（足利義昭を15代将軍とし入京）

　1570年（姉川の戦い、浅井長政・朝倉義景を破る）、1571年（延暦寺焼き討ち）

　1573年（将軍足利義昭を追放、室町幕府滅亡）、1575年（長篠の戦い、（　**2**　）を破る）

　1580年（石山本願寺を屈服させ、一向一揆鎮圧）、1582年（本能寺の変）

⑵**織田信長の政策**

　①土地政策：すでに戦国大名が行っていた自己申告制の（　**3**　）検地を実施した。

　②経済政策：楽市・楽座、（　**4**　）の廃止、撰銭令の公布を行う一方、自治都市堺を征服。

　③宗教政策：仏教弾圧を行う一方、キリスト教を保護した。

◉**豊臣秀吉の統一事業**

⑴**統一の流れ**

　1582年（山崎の戦いで明智光秀を破り、検地を始める）、1583年（大坂城築城）

　1585年（関白に就任し、四国を平定）、1586年（太政大臣に就任、豊臣姓を賜る）

　1587年（九州を平定）、1588年（刀狩令）

第1章
日本史

第2章
世界史

第3章
地理

第4章
思想

第5章
文学・芸術

1590年（小田原攻めで北条氏を平定、奥州平定→全国統一）

## (2)豊臣秀吉の政策

### ①土地農民政策

(a)太閤検地（天正の石直し）

石盛をして（　5　）制を確立し、一地一作人として、農民に田畑の所有権を認める一方、年貢の負担を義務づけた。結果、兵農分離の基礎が定まるとともに、（　6　）制が完全に崩壊し、大名知行制の基礎を確立した。

(b)刀狩令（1588年）

農民から武器を没収することで、農民一揆の防止と農民を農業に専念させることを目的とした。

(c)身分統制令（人掃令）

武士の農民・町人化を禁止、農民の町人化を禁止することを命じ、兵農分離・農商分離をさらに進め、士農工商の基礎を築いた。

### ②経済政策：織田信長と同様の政策を行ったほか、天正大判などを作る。

### ③宗教政策：（　7　）令（1587年）を出し、宣教師を国外追放とした。しかし、南蛮貿易を積極的に進めたため、禁教令は不徹底に終わった。

### ④外交政策：（　8　）の役、慶長の役と2度にわたり朝鮮出兵（秀吉の死去で撤兵）

---

1 今川義元　2 武田勝頼　3 指出　4 関所　5 石高　6 荘園　7 バテレン追放　8 文禄

---

# A05　正解ー4

1－誤　1573年足利義昭を将軍職から追放して室町幕府を滅亡させたのは織田信長で、信長は1582年に配下の明智光秀にそむかれて本能寺の変で敗死した。

2－誤　信長は美濃加納・安土山下町などで楽市令（楽市・楽座）を実施しており、各地では行っていない。また信長は自治都市堺を武力で屈服させて直轄領としている。

3－誤　指出検地とは領主に土地台帳を提出させて土地収納高を把握する検地で信長などが行った。それに対し、秀吉の行った太閤検地は奉行などが派遣されて調査する直接検地で村ごとの石高が定められ、石高制が確立した。

4－正　惣無事令とは秀吉の戦国大名に下した戦闘の停止と領地の確定を秀吉に委任させる命令で、その違反を理由に1590年北条氏政を滅ぼし、さらに伊達政宗ら東北の諸大名も屈服させて全国統一を完成した。

5－誤　秀吉は1587年宣教師の国外追放を定めたバテレン追放令は出しているが、鎖国令は江戸時代に入ってからで、秀吉は出していない。

# Q06 江戸初期の政治

**問** 江戸幕府初期の統治政策に関する次の記述のうち、妥当なものはどれか。 （国家一般）

**1** 大名を徳川氏との親疎によって、親藩、譜代、外様に分け、親藩や譜代を全国の要所に置いた。外様に対しては遠国に配置するなど、幕府に対する大名の反抗を防止する一方、一国一城令も定めて、居城以外の城を破壊させ、その軍事力を弱めた。

**2** 武家諸法度は、5代将軍綱吉の時に定められ、大名の妻子を人質として江戸に住まわせ、江戸と領国を1年交代で往復させる参勤交代を義務づけた。江戸滞在中の諸経費は石高に応じて幕府が負担したが、領国との往復の費用はすべて藩で賄わねばならず、藩財政を圧迫した。

**3** 幕府は、朝廷に対して外様大名と結びつかないように、経済的には十分すぎるほどの保障をする一方、武家伝奏を通じて、京都守護職が朝廷を日常的に監視し、違反している場合は禁中並公家諸法度に照らし厳罰に処した。

**4** 幕府や藩の財政は農民の年貢で支えられているため、年貢確保と農民維持のための勧農策に努めた。太閤検地以後、改めて領内全体の検地を行い、年貢負担者の掌握や村域を確保するとともに、村の責任で年貢を完納させる村請制をとった。

**5** 寺社は、寺社奉行により監視され、寺社法度で統制されていたが、一方で宗派ごとに組織をつくらせ、すべての人々を寺社のいずれかに所属することとした。寺社を経済的に支える寺社請制度を設けたことから、寺社の宗教的活動は活発となった。

---

## おさえておきたい
# Point　キーワードチェック

### ◉大名統制
#### ⑴大名の分類

将軍との親疎で、親藩（徳川氏一門）、（　1　）（三河以来の徳川氏の家臣）、外様（関ケ原の戦い以降に徳川氏に従った大名）に分け、親藩・（1）を要地に、外様を遠隔地に配置した。

#### ⑵大名への統制令

①一国一城令：戦力と軍事拠点を削減し、領地の大名の居城を1つにさせる。

②（　2　）：2代秀忠の元和令に始まる大名統制令で、将軍の代替わりごとに発布された。
　3代家光による寛永令では（　3　）が制度化された（大名は妻子が住む江戸と国元とを1年交代で往復し、財力を弱める効果を狙った）。

### ◉朝廷・寺社統制
#### ⑴朝廷統制

（　4　）を制定したほか、武家伝奏（公家から選ばれた朝廷と幕府の連絡を担当）と、（　5　）による監視・統制を行った。幕府の法度が朝廷の勅許に優先することを示した紫衣事件も起きている。

第1章
日本史

第2章
世界史

第3章
地理

第4章
思想

第5章
文学・芸術

## (2)寺院統制

寺社奉行の監視にとどまらず、諸宗寺院法度を出し、仏教寺院全体を統制した。また、（　6　）制度によって宗門改めを実施し、寺社を利用して民衆統制とキリスト教の禁圧を行った。

## (3)神社統制

諸社禰宜神主法度を発布し、統制した。

### ●農民統制

#### (1)村の様子

村方三役（名主《庄屋・肝煎》・組頭・百姓代）を中心とする自治組織による統制を行い、（　7　）という連帯責任制や年貢を村の責任で納入させる村請制を導入した。農民は、本百姓（自作農）と水呑百姓（小作農）に分類された。

#### (2)農民統制法

田畑永代売買禁止令（田畑売買の禁止）、分地制限令（分割相続による田畑の細分化を防止）、田畑勝手作の禁令（指定作物以外の栽培を禁止）などの政策と、（　8　）によって、農民の日常生活に及ぶ制約を課した。

---

1　譜代　2　武家諸法度　3　参勤交代　4　禁中並公家諸法度　5　京都所司代　6　寺請
7　五人組　8　慶安の御触書

---

# A06　正解―4

1―誤　1615年の一国一城令は、幕府が諸大名すべてに対し出した法令で、外様大名に限ったものではない。

2―誤　武家諸法度は、1615年2代将軍秀忠の時に定められ、1635年3代将軍家光の時に参勤交代の制度が整備された。また領国との往復の費用に限らず江戸の滞在中の諸経費も含め参勤交代の費用は全額藩が負担した。

3―誤　武家伝奏とは朝幕間の事務連絡にあたる公家を指す。京都守護職ではなく、京都所司代と連携して朝廷に対し大きな影響力を持った。京都守護職は幕末の文久の改革において京都所司代の上に設置された京の治安維持にあたる役職。

4―正　太閤検地により、一地一作人の原則で検地帳に記載されたため、それぞれの土地に対する年貢負担者が確立することになった。

5―誤　1665年諸宗派の僧侶全員を統制する目的で諸宗寺院法度が出され、同年神社・神職に対しても諸社禰宜神主法度が制定された。また寺請制度はキリスト教を根だやしにするため、一般民衆が必ずどこかの寺院に檀家として所属するもので、神社には関係がない。

# Q07 江戸末期の政治

**問** 次の文は江戸時代末期の状況について述べたものであるが、下線部分ア～オに関する記述として、妥当なものはどれか。 (地方上級)

　日本では、文化・文政時代の放漫な政治が、享楽的、営利的な風潮を強め、天保年間に入ると、凶作が続いて大飢饉となった。その頃、アメリカが太平洋に進出し、**ア**イギリスやロシアが清国に勢力を伸ばすなど、日本を取り巻く国際情勢も大きく変動していた。幕府はこのような内外の情勢を背景に**イ**天保の改革を行い、これと前後して諸藩においても**ウ**藩政改革が行われた。思想面にも新たな展開が見られ、封建制度の矛盾を批判する思想が生まれてきた。特に**エ**尊王論や**オ**開国思想は、近代への胎動を感じさせるものであった。

**1** ア──清国がイギリス、ロシアと不平等条約を結んで開国を余儀なくされたことが伝わると、幕府は異国船打払令を出して鎖国体制を守ろうとした。

**2** イ──水野忠邦は、佐渡金山、生野銀山など主要な鉱山や江戸・大坂周辺の地を直轄する上知令を出したが、大名や旗本の反発を招いて失脚した。

**3** ウ──幕末期に雄藩として活躍することとなる西南の大藩では、藩政を掌握してきた門閥層が改革の主導権を握り、専売制を廃止して近代工業を育成し、財政再建に成功した。

**4** エ──尊王論は『大日本史』の編纂を通して形成された水戸学などで主張されたもので、幕末には攘夷論と結びついて尊王攘夷論として説かれ、討幕運動にも影響を与えた。

**5** オ──渡辺崋山や高野長英らの蘭学者は、幕府に『オランダ風説書』を提出して海外事情を説き、西洋諸国との交易による富国策を唱えた。

---

## おさえておきたい
## Point キーワードチェック

### ◉江戸後期の外交と開国

1808年　（　**1**　）号事件（イギリス船が長崎に侵入）

1825年　異国船打払令（無二念打払令）を発布

1837年　（　**2**　）号事件（漂流民送還のため来航したアメリカ船を撃退）

1839年　蛮社の獄（（2）号事件を批判した蘭学者の渡辺崋山と高野長英を処罰）

1842年　薪水給与令（（　**3**　）で清が敗北、外国船砲撃を止め薪水・食糧を給付）

1853年　アメリカ・ペリー来航、ロシア・プ（ゥ）チャーチン来航（開国を要求）

1854年　日米和親条約の締結（老中（　**4**　）とペリーが締結。下田・箱館を開港、開国）

1858年　日米修好通商条約締結（大老井伊直弼とハリスが締結。関税自主権の欠如・領事裁判権の容認など、日本にとっての不平等条約。蘭・英・仏・露とも締結）、（　**5**　）（条約への批判者として吉田松陰ら100人余りを処刑）

1860年　桜田門外の変（尊王攘夷派の浪士らが、井伊直弼を暗殺）

問題でPointを理解する
Level 1 **Q07**

日本史 第1章

世界史 第2章

地理 第3章

思想 第4章

文学・芸術 第5章

● 天保の改革（12代家慶の老中水野忠邦）
① （ 6 ）の法：農民が村を離れて江戸に住むことを禁止
② （ 7 ）の解散：物価の安定を図り、株仲間による商品の流通の独占を禁止
③三方領知替え：川越藩救済のための転封策　→領民の反対によって断念
④上知令：江戸・大坂周辺を直轄地にする法令　→大名らの反発によって断念

● 尊王攘夷と倒幕
(1)尊王論
　儒教思想に基づく尊王論は、王の徳による支配を尊ぶ王政主義である。江戸末期に武士に広まったのは、水戸藩主（ 8 ）らが展開した水戸学によるといわれるが、これは幕藩体制下で天皇の権威を国家統合に活用する主張で、直接、倒幕論と結びつくものではなかった。
(2)尊王攘夷論
　攘夷論は尊王論と同じく江戸末期に浸透した思想で、頻繁な外国船来航に対抗して、外国人（夷人）の排斥を主張したものである。これが開国による政治的混乱にあたって、尊王思想と結びつき、開国反対・幕政批判の尊王攘夷運動に展開していった。

1 フェートン　2 モリソン　3 アヘン戦争　4 阿部正弘　5 安政の大獄　6 人返し
7 株仲間　8 徳川斉昭

# A07 正解ー4

1ー誤　清国がアヘン戦争でイギリスに敗れて、1842年南京条約によって開国を余儀なくされたことが伝わり、同年日本は異国船打払令を緩和して薪水給与令を出し、漂着した外国船に燃料や食糧を与えることとした。

2ー誤　1843年の上知令は江戸・大坂周辺の大名・旗本領のみを直轄領としようとしたもので、佐渡金山や生野銀山はすでに幕府直轄となっていた。

3ー誤　幕末の西南の雄藩では藩政改革が行われ、薩摩藩では黒砂糖、長州藩では紙・ろう、肥前藩では陶磁器の専売制を強化して財政再建に成功した。

4ー正　『大日本史』は第2代水戸藩主徳川光圀によって作り始められた歴史書で、明治期に完成する。水戸学は尊王を基本とする大義名分論に立ち、第9代藩主斉昭のときに初めて「尊王攘夷」の語が使用される。

5ー誤　『オランダ風説書』は長崎出島のオランダ商館長が幕府に提出した海外事情報告書。渡辺崋山は『慎機論』、高野長英は『戊戌夢物語』によって幕府の鎖国政策を批判したため、1839年の蛮社の獄で逮捕され処罰された。

# Q08 自由民権運動

**問** 明治初年から大日本帝国憲法発布に至るまでの時期に関する次の記述のうち、妥当なものはどれか。　　　　　　　　　　　　　　　　　　　　　　　　　　（国税専門官）

1　明治維新の改革で、士族の多くは、秩禄処分などによりかつての身分的な特権を喪失し、経済的にも困窮したために不満を強めていった。この不満の高まりを背景に、板垣退助らは政府批判を行い、民撰議院設立の建白書を提出した。

2　自由民権運動は士族を中心に進められ、政社が生まれ国会期成同盟が結成されるなど、各地で様々な展開をみせた。しかし、士族や文化人のみの運動にとどまり、農民や商工業者を含んだものとなるには至らなかった。

3　政府は、自由民権運動に対し、集会条例などで言論の統制・弾圧を行った。その一方で、政府は国会開設の勅諭を出し、大隈重信を中心に国会開設の準備を、伊藤博文を中心に憲法制定の準備を進めた。

4　自由民権運動が進む中、各地で民間の憲法草案である「私擬憲法」が作成された。政府は、憲法制定に当たり君主制の強いイギリスの憲法を模範としつつも、私擬憲法のいくつかの案を取り入れた。

5　大日本帝国憲法が発布されたことにより、わが国はアジアで初めての近代的立憲国家となった。この憲法で、天皇は国の元首として位置づけられ、広範な天皇大権を有するとされたが、召集権や解散権などの議会に対する権限は持たないものとされた。

## おさえておきたい Point　キーワードチェック

### ●四民平等と士族の反乱

#### (1)四民平等

封建的身分制度を廃止、華族・士族・平民と改め、士族の身分的優位はなくなった。また、（　1　）支給廃止などの処分で士族の生活は困窮し、さらに（　2　）で特権の象徴であった帯刀も禁止され、士族の不満が高まった。ここで征韓論（鎖国政策を続ける朝鮮を武力開国する案）が内治優先を理由に却下されると、不平士族が反旗を翻した。

#### (2)士族の反乱

江藤新平が佐賀の乱を起こしたのを契機に、秋月の乱など士族の反乱が続き、1877年には西郷隆盛を中心とした（　3　）が起こるが、徴兵令による近代式軍隊によって鎮圧された。

### ●自由民権運動

| | 民権派の活動 | 政府の対応 |
|---|---|---|
| 1874 | （　4　）の建白書を提出<br>土佐に立志社創設（板垣退助ら） | |
| 1875 | 大阪に愛国社結成 | 立憲政体樹立の詔を布布（元老院等設置） |

| 1880 | 国会期成同盟<br>（国会開設請願書を提出） | 讒謗律・新聞紙条例の制定（言論の弾圧）<br>（　5　）の制定（集会結社言論の弾圧） |
|---|---|---|
| 1881 | 開拓使官有物払下げ事件が問題化<br>自由党結成（総理：（　6　）） | 明治十四年の政変（参議の大隈重信罷免）<br>国会開設の勅諭（1890年、開設を公約） |
| 1882 | 立憲改進党結成（総理：（　7　））<br>福島事件（福島県自由党員の蜂起） | 立憲帝政党結成（福地源一郎ら） |
| 1884 | 群馬事件・加波山事件・秩父事件<br>（自由党員らを交えた蜂起事件） | |
| 1885 | 大阪事件（旧自由党員が首謀） | 内閣制度を創設（初代総理：（　8　）） |
| 1886 | 大同団結運動（旧自由党員星亨ら） | |
| 1887 | 三大事件建白運動 | 保安条例制定（民権運動の高揚を抑止） |
| 1889 | | 大日本帝国憲法制定（ロエスレルらの助言で（　9　）憲法を模範に作成） |
| 1890 | 第一回衆議院議員選挙(→直接国税15円以上納める満25歳以上男子のみ選挙権)<br>第一回帝国議会開会（衆議院・（　10　）の二院制、衆院予算先議以外は両院対等) | |

1 秩禄　2 廃刀令　3 西南戦争　4 民撰議院設立　5 集会条例　6 板垣退助　7 大隈重信
8 伊藤博文　9 ドイツ　10 貴族院

# A08 正解－1

1－正　1873年征韓論争に敗れた板垣退助・西郷隆盛・江藤新平らが辞職する明治六年の政変が起こった。この後、彼らは士族の不満を背景に政府批判の運動を始め、板垣らは民撰議員設立の建白書を提出して自由民権運動の口火をきった。

2－誤　1880年に国会期成同盟が結成される前には、士族だけでなく運動は都市の商工業者にも広まった。また1881年に結成された自由党は地方農村を基盤としており、地主や農民に指示されるなど自由民権運動は国民的な運動となっていった。

3－誤　1881年開拓使官有物払下げ事件を機に政府は大隈を罷免し、同時に国会開設の勅諭を出して1890年までに国会を開設すると公約した。

4－誤　伊藤は、ヨーロッパでベルリン大学のグナイスト、ウィーン大学のシュタインからドイツ流の憲法理論を学んだ。帰国後、ドイツ人顧問ロエスレルの助言を得て憲法草案の起草にあたり、1889年大日本帝国憲法（明治憲法）が発布された。

5－誤　大日本帝国憲法において天皇は、統治権のすべてを握る総らん者であり、広範な天皇大権を持っていた。議会については、議会の召集、開会、閉会、停会、衆議院の解散の権利を有していた。

# Q09 条約改正

**問** 不平等条約の改正に関する次の記述のうち、妥当なものはどれか。 （国家一般）

1 明治政府は欧米諸国と対等・平等の国際関係をつくるため、不平等条約を改めようと特命全権大使を三条実美、副使を木戸孝允・西郷隆盛とする遣外使節団を欧米に派遣したが、条約改正の公証は最初の訪問国アメリカ合衆国で不成功に終わった。

2 伊藤内閣が条約改正達成のために、欧化政策を取り、鹿鳴館で外交団と日本の上流階級による舞踏会を開いたことは、国民に理解され、政府はその後の条約改正交渉を有利に進めることができた。

3 井上馨外相は領事裁判権を撤廃する代わりに、外国人を被告とする裁判には外国人の大審院判事を採用することを認めるという改正案で欧米諸国の合意を得ることができ、改正案どおり調印された。

4 陸奥宗光外相は日本の国力の充実を背景に相互対等を原則として交渉を進め、領事裁判権の撤廃と関税自主権の一部回復、最恵国待遇の相互平等を内容とする日英通商航海条約の調印に成功した。

5 関税自主権の一部回復だけでは貿易上の不利は完全に解消されず、歴代の外相は交渉を継続してきたが、第一次世界大戦で連合国側として参戦したことから、欧米諸国の理解が得られ、戦後小村寿太郎が首相のときに完全に回復された。

---

## おさえておきたい
# Point キーワードチェック

### ●開国と条約締結

1853年 米：ペリーが浦賀に来航 …老中阿部正弘の挙国一致策、台場の建設
1854年 米：日米和親条約の締結 …下田・（　1　）の開港
　　　　露：日露和親条約の締結 …プ（ゥ）チャーチンの来航
1856年 米：総領事ハリスの着任 …老中堀田正睦との交渉
1858年 米：日米修好通商条約の締結 …大老井伊直弼が無勅許調印
　　　　①4港の開港（神奈川・長崎・新潟・兵庫）、②自由貿易、③（　2　）関税（関税自主権を失う）、④（　3　）権の承認（居留民に関する事実上の治外法権）、⑤安政の五カ国条約（米をはじめに、蘭・露・仏・英とも条約締結）

### ●明治政府による条約改正

| 外相・外務卿 | 内　　容 |
|---|---|
| 岩倉具視 | 条約改正の予備交渉を目標に、使節団を派遣するも交渉不成立。 |
| 寺島宗則 | 税権回復についてアメリカは賛成するもイギリスやドイツの反対で失敗。 |
| 井上　馨<br>初代外務大臣 | （　4　）政策と（　5　）号事件への批判。<br>※欧米諸国の歓心を買うため鹿鳴館を造り、外国人判事任用案にも批判 |

問題でPoint を理解する
Level 1 **Q09**

日本史 第1章
世界史 第2章
地理 第3章
思想 第4章
文学・芸術 第5章

| | が続出、外務大臣を辞任。 |
|---|---|
| 大隈重信 | 外国人判事の大審院任用問題への批判、大隈へのテロ事件で交渉中止。 |
| 青木周蔵 | 日英交渉が進展するも、日本人警官のロシア皇太子襲撃（（　6　）事件）で交渉中止、外務大臣を辞任。 |
| 陸奥宗光 | 1894年、（　7　）通商航海条約により領事裁判権の撤廃と関税自主権の一部回復に成功。 |
| 小村寿太郎 | 1911年、日米通商航海条約により、関税自主権の完全回復に成功。 |

**出題Point：外交**　諸外国とのパワーバランス

①蒙古襲来…服属拒否を理由に元・高麗軍が博多に進攻。暴風雨に助けられ撃退。
②勘合貿易…勘合を持つ従属国（日本）と明国との朝貢貿易。明から銅銭・生糸を輸入。
③朝鮮出兵…明国征服と李氏朝鮮服属のために秀吉が出兵。一方で朱印船貿易も。
④鎖国政策…原則国交断絶だが、例外は出島（オランダ）、唐人屋敷（清）、通信使（朝鮮）。
⑤開国条約…軍艦によるペリーの脅しに屈し条約締結。米・英・露・蘭と和親条約。

1 箱館　2 協定　3 領事裁判　4 欧化　5 ノルマントン　6 大津　7 日英

# A09 　正解―4

1－誤　この使節団の大使は岩倉具視で、岩倉（遣外）使節団と呼ばれ、木戸・大久保・伊藤らが副使として加わり、国内で征韓論を唱えた西郷は入っていない。欧米を回ったが、視察にとどまり、改正の予備交渉はできなかった。

2－誤　伊藤内閣の時の井上馨外務卿（のち外相）は改正交渉促進のため極端な欧化主義を取ったが、政府内外から批判が強まり、井上は交渉を中止して外相を辞任した。

3－誤　大審院への外国人判事の任用を認める改正交渉を行ったのは、井上外相のあとを受けた大隈重信外相で、そのことが発覚すると、大隈は対外硬派団体の玄洋社の一青年に襲われて負傷し、改正交渉は中断した。

4－正　これに先立って青木周蔵外相の時、イギリスがロシアのアジア進出を機に、条約改正に応じる態度を示していたが、1891年の大津事件で辞任したため中断した。

5－誤　関税自主権の完全回復は、1911年の小村寿太郎外相の時で、1914年に日本が第一次世界大戦に参戦した後ではない。

# Q10 大正の政治

**問** 20世紀前半のわが国の動きに関する次の記述のうち、妥当なものはどれか。(国家一般)

1　原敬内閣はもっぱら貴族院や軍部の意見を取り入れて、衆議院の政党勢力を軽視したので、国民の間に憲政擁護運動が起こり退陣に追い込まれた。この後、立憲改進党の尾崎行雄が総理大臣になった。

2　第一次世界大戦で中立を保ったわが国は、欧米列強がアジア方面に力を割く余裕がないのを好機として辛亥革命で混乱している中国に干渉し、清朝の皇帝であった溥儀を迎えて「満州国」をつくり上げた。

3　ロシア革命が起こり共産主義国であるソビエト連邦が建国されると、国内への共産主義の波及を恐れたわが国は、米英両国と反共産主義を内容とするロンドン条約を結び、アメリカ合衆国とともに、サハリン南部に出兵した。

4　第一次世界大戦後、日本は国際連盟の常任理事国となったが、中国進出を計画していたため、ワシントン海軍軍縮条約や不戦条約に調印しなかった。このため、欧米列強は日本との協調を不可能と考え、日本を国際連盟から除名した。

5　第二次護憲運動の後成立した加藤内閣は、普通選挙に対する国民の要望を受けて普通選挙法を成立させ、25歳以上の男子のすべてが衆議院議員の選挙権を持つこととした。

---

おさえておきたい
**Point**　**キーワードチェック**

### ●大正政治史

| 第3次<br>桂太郎内閣 | ・桂園時代:明治末・大正初頭にかけ桂太郎と( 1 )が交互に組閣。藩閥・軍隊・官僚を後ろ盾にした政権で、国民の間に不満。<br>・第1次護憲運動:大正天皇即位で新しい政治への期待。立憲政友会の( 2 )らを中心に「閥族打破・憲政擁護」をスローガンに展開。<br>・大正政変:桂内閣退陣(1913)。 |
|---|---|
| 第1次<br>山本権兵衛内閣 | ・官僚制度の見直し・政党の影響力強化に尽力したが、海軍高官とドイツのシーメンス社との贈収賄事件(シーメンス事件)により退陣。 |
| 第2次<br>大隈重信内閣 | ・第1次世界大戦に参戦、中国に( 3 )の要求を出す(1915)。 |
| 寺内正毅内閣 | ・アメリカと石井・ランシング協定を締結(1917)。中国権益を承認させ、( 4 )出兵を行ったが、米騒動により引責辞任。 |
| 原敬内閣 | ・初めての本格的な政党内閣(議会内で多数を占める政党によって組織した内閣)であったが、普通選挙法には消極的だったため、暗殺。 |
| 第2次<br>山本権兵衛内閣 | ・関東大震災の処理。虎の門事件(摂政宮の襲撃事件)で退陣。 |

問題でPoint を理解する

Level 1 Q10

日本史第1章

世界史第2章

地理第3章

思想第4章

文学・芸術第5章

| 清浦圭吾内閣 | ・貴族院を基盤に組閣（（　5　）内閣）。憲政会（加藤高明）・政友会（高橋是清）・革新倶楽部（犬養毅）の護憲三派による（　6　）運動で辞任。 |
| 加藤高明内閣 | ・1925年、普通選挙法と治安維持法を制定。 |

## ●第1次世界大戦
### ⑴日本の参戦と中国関係
　東アジアの権益強化のため、（　7　）同盟を理由に日本はドイツに宣戦布告、山東省を占領する。大隈内閣は対華二十一カ条の要求を中国の（　8　）政府につきつけ、寺内内閣はアメリカと石井・ランシング協定で対中国特殊権益を承認させた。
### ⑵ロシア革命と日本
　1917年のロシア革命に対し、米・英・仏など連合国は（　9　）軍救援を名目に軍を派遣、日本も寺内内閣がシベリア出兵を断行した。
### ⑶戦後の国際社会
　ヴェルサイユ条約でドイツの山東省の権益を日本が引き継ぐが、中国では反日の五・四運動、朝鮮では反植民地支配の三・一運動が起こる。1920年に設立した国際連盟では日本が常任理事国となり、（　10　）会議（四カ国条約《日英同盟破棄》、九カ国条約《石井・ランシング協定破棄》などを締結）、ロンドン海軍軍縮会議で戦後の体制が構築される。

1 西園寺公望　2 尾崎行雄　3 二十一カ条　4 シベリア　5 超然　6 第2次護憲　7 日英
8 袁世凱　9 チェコスロバキア　10 ワシントン

## A 10　正解－5

1－誤　立憲政友会の尾崎行雄らによって憲政擁護運動（第一次護憲運動）が展開されたのは1912年のことで、これによって大正政変が起こり、第3次桂太郎内閣が崩壊した。原敬は1918年に平民宰相として初めて本格的政党内閣を組織した時の総理大臣。

2－誤　1914年、日本は第一次世界大戦には日英同盟を理由に、ドイツに宣戦。翌年中国に対し、二十一カ条の要求をつきつけ、承認させている。清朝が倒れた辛亥革命は1911年に起こっており、満州国の建国は1932年。

3－誤　ロシア革命の波及を恐れた日本は、チェコスロバキア軍救援の目的で列強とともにシベリアに出兵した。

4－誤　日本は協調外交の際、ワシントン海軍軍縮条約や不戦条約に調印している。また満州事変の際、リットン調査団の報告に基づき、国連が日本の満州国承認の撤回を求める勧告案を採択したため、1932年国際連盟を脱退した。

5－正　1925年の普通選挙法の成立によって納税資格が撤廃された。男女20歳以上に選挙権が与えられるようになったのは、1945年の幣原喜重郎内閣の時。

# Q11 第二次大戦後の外交政策

問 第二次世界大戦後のわが国の内閣とその外交政策A〜Dとの組み合わせとして妥当なものはどれか。
（国家一般）

鳩山内閣　　　昭和29年12月〜31年12月
岸内閣　　　　昭和32年2月〜35年7月
佐藤内閣　　　昭和39年11月〜47年7月
田中内閣　　　昭和47年7月〜49年12月

A　日ソ両国間の戦争を終結する日ソ共同宣言に調印した。この結果、ソ連の反対がなくなったためわが国の国際連合への加盟が実現した。

B　わが国と大韓民国との国交正常化を図るため、日韓基本条約を締結した。また沖縄の施政権返還をうたった日米共同声明を発表し、沖縄の本土復帰を実現した。

C　サンフランシスコ平和条約と同時に調印された日米安全保障条約の不備を改め、アメリカ合衆国の日本防衛義務を明確にし、条約の期限を10年とする日米相互協力および安全保障条約（新安保条約）に調印した。

D　中華人民共和国との国交回復に努め、日中共同声明によって国交を正常化した。この結果、わが国と中華民国との国交は断絶した。

| | A | B | C | D |
|---|---|---|---|---|
| 1 | 鳩山 | 佐藤 | 岸 | 田中 |
| 2 | 鳩山 | 岸 | 佐藤 | 田中 |
| 3 | 田中 | 佐藤 | 岸 | 鳩山 |
| 4 | 田中 | 鳩山 | 佐藤 | 岸 |
| 5 | 佐藤 | 岸 | 田中 | 鳩山 |

## おさえておきたい Point キーワードチェック

◉戦後の国際社会
⑴国際連合発足と冷戦の始まり
　1945年、（　1　）カ国の原加盟国で国際連合が設置される一方、アメリカを中心とする資本主義国家陣営（西側陣営）と、（　2　）を中心とする社会主義国家陣営（東側陣営）の冷戦が始まる。
⑵中国と朝鮮
　①中国
　　戦後、（　3　）率いる中国共産党と蒋介石率いる中国国民党が内戦を開始、1949年、共産党軍が勝利し、中華人民共和国が成立。敗れた国民党は（　4　）に逃れ、中華民

問題でPoint を理解する
Level 1 **Q11**

日本史 第1章

世界史 第2章

地理 第3章

思想 第4章

文学・芸術 第5章

国を存続。

②朝鮮

戦後、北緯38度線で米ソが分割占領し、1948年、北に朝鮮民主主義人民共和国、南に大韓民国が成立。1950年、北緯38度線の侵犯を契機に朝鮮戦争が勃発し、日本では、（　5　）（後に保安隊→自衛隊）が設置され、経済は特需景気を迎える。

### ⑶日本の国際社会復帰から現代

| | |
|---|---|
| 1951 | サンフランシスコ平和条約締結により、日本占領終了（第3次吉田茂内閣）。→同時に、（　6　）条約も締結 |
| 1956 | 日ソ共同宣言調印→（　7　）加盟（鳩山一郎内閣） |
| 1960 | 新安保条約調印（（　8　）内閣→安保闘争で総辞職） |
| 1965 | 日韓基本条約締結（（　9　）内閣） |
| 1969 | 日米共同声明発表→沖縄返還協定調印（佐藤内閣、72年に沖縄返還実現） |
| 1972 | 日中共同声明を発表し、日中国交正常化（（　10　）内閣） |
| 1973 | 石油危機（第4次中東戦争が要因→これまで続いた高度経済成長が終了）※50〜60年代の好景気（神武景気・岩戸景気・オリンピック景気・いざなぎ景気） |
| 1978 | 日中平和友好条約締結（福田赳夫内閣） |

1 51　2 ソ連　3 毛沢東　4 台湾　5 警察予備隊　6 日米安全保障　7 国際連合
8 岸信介　9 佐藤栄作　10 田中角栄

# A11 正解─1

A　1956 年、鳩山一郎内閣の時、日ソ共同宣言は成立。北方領土については平和条約締結後のこととされたが、ソ連が日本の国連加盟支持の態度を取ったため、日本の国際連合加盟が実現した。

B　佐藤栄作内閣は、1965 年日韓基本条約を締結し、韓国との国交を樹立。また1969 年の佐藤・ニクソン会談で沖縄返還が合意され、1971 年沖縄返還協定が調印されて翌年返還が実現した。

C　1960 年新安保条約が調印されて、アメリカの日本防衛義務が明文化された。岸信介内閣は衆議院で条約批准の採択を強行すると、激しい安保闘争が展開された。条約批准案は参議院の議決を経ずに自然成立し、その後岸内閣は総辞職した。

D　1972 年田中角栄首相は自ら訪中して日中共同宣言を発表し、日中国交正常化を実現した。日中平和友好条約の締結は 1978 年の福田赳夫内閣の時。

# Q12 日本文化史・近世の文化

**問** 我が国の古代から近世の文化に関する記述として最も妥当なのはどれか。 （国家一般）

**1** 大化の改新から藤原京の時代までの国風文化では、『古今和歌集』が藤原公任によって編集され、この時期にうまれた仮名文字によって、紫式部の『源氏物語』、紀貫之の『竹取物語』などの作品が書かれた。

**2** 鎌倉時代には仏教の新宗派が相次いで誕生し、法然や日蓮は、「南無阿弥陀仏」と唱えるだけでは足りず、造寺造仏や困難な修行が仏の願いにかなうと説いた。また、この時代に、『太平記』や北畠親房の『神皇正統記』などの作品が書かれた。

**3** 15世紀後半の禅宗の影響を受けた東山文化では、『新撰菟玖波集』が宗祇によって編集され、水墨画の『四季山水図巻』が狩野永徳により描かれた。また、禅宗寺院や将軍・大名・武士の住宅に寝殿造が採用されるようになった。

**4** 織田信長・豊臣秀吉の時代の桃山文化では、『徒然草』『平家物語』『御伽草子』などの作品が書かれた。また、この時代は、絵巻物の黄金時代といわれ、『平治物語絵巻』『蒙古襲来絵詞』などが描かれた。

**5** 江戸時代後期には町人文化が成熟し、絵画では浮世絵が最盛期を迎えて喜多川歌麿や東洲斎写楽が「大首絵」の手法で美人画や役者絵を描いた。また、風景画では、葛飾北斎が『冨嶽三十六景』を、歌川広重が『東海道五十三次』を描いた。

## PointCheck

### ●室町時代の文化

| 特徴 | 公家文化と武家文化および禅宗の文化が融合した文化。 |
|---|---|
| 南北朝文化 | 14C中期。『神皇正統記』『梅松論』『太平記』など。連歌も盛んになる。 |
| 北山文化 | 15C初期（3代将軍足利義満の頃）。鹿苑寺金閣、観阿弥・世阿弥（世阿弥は『花伝書（風姿花伝）』を著す）による能の大成、五山文学。 |
| 東山文化 | 15C後期（8代将軍足利義政の頃）。慈照寺銀閣（書院造）、雪舟の水墨画。 |

### ●桃山文化

| 特　徴 | 16C後期。秀吉の統一期における、新鮮味あふれる壮大で華麗な文化。 |
|---|---|
| 作品等 | 安土城・大坂城・伏見城などの天守閣を有した城郭建築、障壁画の狩野永徳、茶道を大成した千利休、出雲の阿国による阿国歌舞伎 |

### ●江戸時代初期（寛永期）の文化

| 特　徴 | 17C初中期。将軍家・公家を担い手とする貴族的・古典的な美を追及。 |
|---|---|
| 作品等 | 朱子学興隆（藤原惺窩・林羅山）、桂離宮（数寄屋造）・日光東照宮（権現造） |

問題でPoint を理解する

Level 2 **Q12**

日本史 第1章

世界史 第2章

地理 第3章

思想 第4章

文学・芸術 第5章

## ●元禄文化

| 特　徴 | 17C後期〜 18C初期。上方を中心とする現実主義的な町人文化。 |
|---|---|
| 作品等 | 俳　諧 松尾芭蕉（『奥の細道』）　浮世草子 井原西鶴（『日本永代蔵』『好色一代男』）　歌舞伎・浄瑠璃 近松門左衛門（『曽根崎心中』）　浮世絵 菱川師宣（『見返り美人図』）・尾形光琳（『紅白梅図屏風』） |

## ●化政文化

| 特　徴 | 18C末〜 19C初期。江戸を中心とする洒落や通を好む、粋な町人文化。 |
|---|---|
| 作品等 | 俳　諧 小林一茶『おらが春』・与謝蕪村『蕪村七部集』　川　柳 柄井川柳　狂　歌 大田南畝（蜀山人）　滑稽本 十返舎一九『東海道中膝栗毛』　読　本 滝沢（曲亭）馬琴『南総里見八犬伝』　脚　本 竹田出雲『仮名手本忠臣蔵』・鶴屋南北『東海道四谷怪談』　浮世絵 喜多川歌麿、鈴木春信、東洲斎写楽　風景画 葛飾北斎、歌川広重 |

**出題 Point：文化**　**時代変化と文化融合**

①**国風文化**…飛鳥・白鳳・天平は大陸の影響。藤原氏の進出で文化の国風化が進展。

②**鎌倉新仏教**…修行・造寺造仏の密教から、専修念仏の浄土信仰や坐禅の禅宗へ。

③**室町文化**…武家・公家折衷の北山文化に対し、枯淡幽玄で庶民的な東山文化。

④**桃山文化**…巨大な城郭や絢爛な障壁画など、大名・豪商の雄大・豪華な文化。

⑤**化政文化**…国学・洋学・儒学が広まる。商工業者による江戸町人文化の隆盛。

**Level up Point!**　文化史はまとめて学習することが大切。室町から江戸までの文化を連続で確認する。芸術的な意義から庶民の風俗まで、幅広くとらえると対応できる問題も大きく広がる。

# A**12** 正解－5

1－誤　藤原京を中心としたのは白鳳文化で、中国大陸（唐）の影響を受けるもの（P12参照）。『古今和歌集』の選者は紀友則、紀貫之、凡河内躬恒、壬生忠岑の4人。紀貫之は『土佐日記』の作者でもある。『竹取物語』は作者不詳。

2－誤　法然は「専修念仏」、日蓮は「題目」を説く。『太平記』『神皇正統記』は南北朝文化。

3－誤　東山文化で発達した建築は書院造。水墨画『四季山水図巻』はこの時期雪舟が完成。狩野永徳は次の桃山文化で、障壁画や『唐獅子図屏風』を作った。

4－誤　挙げている作品は鎌倉文化など他の時期の作品である。

5－正　日本史の出題であるが、最近は写真を使った問題など、広く深く文化・芸術領域に踏み込んでいる。政治のみでなく思想や社会・経済といった他科目との関連問題にも注意しよう。

# Q13 近代の日中関係史

問 近代における日中関係の歴史に関する記述として、正しいものはどれか。 （国家一般）

1 壬午事変や甲申事変により清国の朝鮮への影響が低下した機をとらえて、日本は、朝鮮での足場を確実なものにするために日朝修好条規を締結するとともに、清国とは天津条約を結び関係の修復を図った。

2 東学党の乱をきっかけに朝鮮半島の支配権をめぐって勃発した日清戦争は日本の圧倒的勝利に終わり、戦後締結された下関条約により、清国は朝鮮の独立を認め、また、山東半島、台湾などの日本への租借を認めた。

3 欧米勢力が第一次世界大戦のため中国における戦力を縮小した時期をとらえて、日本は第一次国共合作により成立した中華民国政府に対し二十一ヵ条の要求を出し、租借地とされていた旅順、大連の日本国領土への帰属を認めさせた。

4 血盟団事件をきっかけに関東軍が満州一帯で大規模な軍事行動を展開したことに対し、時の平沼内閣はこれを抑えようとしたが、関東軍は清国の廃帝を立てて満州国を建国した。

5 盧溝橋における衝突の後、中国と日本は長期戦に突入したが、日本政府は事態を打開するために蒋介石の国民政府に代わる政府を立てようと企て、南京に国民政府の要人汪兆銘〈おうちょうめい〉を主席とする独立政府を樹立したが、失敗に終わった。

## PointCheck

### ●明治初期の外交政策

| | |
|---|---|
| 対　清 | 日清修好条規（1871）、征台の役（1874）：琉球漁民の殺害事件を契機に台湾出兵 |
| 対　露 | 樺太・千島交換条約（1875）：樺太全土はロシアに、千島全土は日本の領土に |
| 対朝鮮 | 日朝修好条規（1876）：江華島事件を契機に締結した朝鮮にとって不平等条約 |
| 対琉球 | 琉球処分（1879）：沖縄県の設置を強行 |

### ●日清戦争と日露戦争

**⑴日清戦争**

近代化を進めた明治政府は、朝鮮政策をめぐり清国と対立した。1894年、朝鮮で東学党の乱（甲午農民戦争）を契機にさらに対立を深め、日清戦争が始まった。

**⑵下関条約**

日清戦争は日本の勝利に終わり、1895年、下関条約（清は朝鮮の独立を承認し、遼東半島・台湾・澎湖諸島を日本へ割譲し、賠償金を支払う）を締結した。

**⑶三国干渉**

清国の敗北により、列強（ドイツ・ロシア・イギリス・フランスなど）は中国に進出。な

問題でPoint を理解する
Level 2 Q13

第1章
日本史

第2章
世界史

第3章
地理

第4章
思想

第5章
文学・芸術

かでも南満州へ進出の機会をうかがっていたロシアは、日本の中国進出を嫌い、ドイツ・フランスとともに遼東半島を清に返還するように求めた（三国干渉）。了承した日本はロシアへの不満を募らせた。

⑷義和団事件と日本の対応

　1899年から列強の進出に対して、清国で「扶清滅洋」を唱える義和団を中心に、外国人排斥運動が展開した（義和団事件）。翌年、清国政府が宣戦布告を行うも、列国に鎮圧された（北清事変）。

　この後もロシアによる中国での南下政策が続いたため、日本国内では日露協商論（ロシアの中国侵略を認めるかわりに、日本の韓国支配を認めさせる）と日英同盟論（ロシアの進出を懸念するイギリスと同盟を結び、ロシアから韓国での権益を守る）が対立したが、1902年に日英同盟を締結した。

⑸日露戦争

　日英同盟締結後、日本政府はロシアと交渉を進めたが、1904年に決裂し、日露戦争が始まった。翌年、日本が勝利し、アメリカ大統領セオドア・ルーズベルトの幹旋を受け、ポーツマス条約（ロシアは韓国への日本の指導権を承認、南樺太を割譲、賠償金支払いはなし）が締結された。

**Level up Point!**　日本史だけではおさえきれない部分が日中関係史にはある。特に、帝国主義世界の各国の背景は欠かせない。世界史の分野で中国通史を学習する時に、室町・江戸・明治期の中国大陸との関係を同時に確認すること。

# A13　正解―5

1－誤　日朝修好条規によって朝鮮を開国させていたが、壬午事変で朝鮮は日本から離れて清国に依存しはじめていた。甲申事変で悪化した日清関係を打開するために、日本は清とのあいだで天津条約を結んだ。

2－誤　日清戦争後の下関条約では、清国の朝鮮独立を認め、遼東半島・台湾・澎湖諸島を日本にゆずり、賠償金2億テールを日本に支払い、沙市・重慶・蘇州・抗州の4港を開くことが内容であった。

3－誤　中華民国は1912年に孫文を臨時大総統にして成立した。二十一カ条の要求は袁世凱政府につきつけられた。その内容は、山東省のドイツ利権の継承・南満州および東部内蒙古の権益強化・日中合弁事業の承認などであった。

4－誤　柳条湖事件を中国軍のしわざとして、日本は軍事行動を開始し、満州事変が起きた。時の若槻内閣は不拡大方針をとっていたが、閣内不一致もあり総辞職し、犬養内閣が組閣した。関東軍は満州を占領し、清国最後の帝の溥儀を執政として満州国を建国させた。

5－正　国民政府軍との戦いが長期戦の可能性が出てくると、近衛首相は国民政府の汪兆銘を主席とする新国民政府を南京に樹立させた。しかし、この政府は弱体であったため、この政権によって戦争を終結させる攻略は失敗に終わった。

# Q14 法制史

問　近代法成立以前の日本の法典についての記述として、正しいものはどれか。(国家一般)

1　「近江令」は天智天皇の時代に白村江の敗戦を機に、中央集権的律令国家を建設するため、隋の制度を模範として制定、施行されたもので、その後の天武、持統朝、さらに奈良時代を通じて約1世紀に及ぶ律令国家の基本法典となった。

2　「弘仁格式」は桓武天皇の時代に、平安遷都を機に社会構造の著しい変化に適応するため、従来の律令に代わる新しい法体系として制定されたもので、以後鎌倉幕府成立までの約4世紀にわたって国家の基本法典となった。

3　「御成敗式目」は北条泰時の時代に制定された武家法最初の成文法で、承久の乱後に激増した御家人と荘園領主や西国農民との紛争を処理し、幕府の御家人支配を安定させることを目的とした裁判規範であった。

4　元和の「武家諸法度」は徳川家康が関ヶ原の戦いで覇権を握った年に、豊臣氏の弱体化と大名統制を目的として制定したもので、特にこの際に制度化された参勤交代の制および私的貿易の禁止は、大名の権力および財力の弱体化、反抗防止のための政策としてきわめて有効であった。

5　「公事方御定書」は徳川家光の時代に、幕府の司法制度確立のために編纂され、広く一般に公布されたもので、別名「御定書百箇条」とも呼ばれており、明治時代に至るまで永く江戸幕府の刑法の根本として裁判の基準とされた。

## PointCheck

### ●律令制度
#### (1)律令

　日本の律令制は、隋・唐の統治制度にならって制定された、8〜10世紀の国家の基本法制度で、律は刑罰法令、令は主に行政法・民法を定めたものである。具体的に制定されたのは近江令から養老律令までで、平安中期までには実質的な効力を失うが、形式的には養老律令は明治維新まで存続する。

#### (2)格式

　格式は、律令を補完する法令や解釈規定である。格は律令の修正・補足規定で、式は律令の施行細則を意味する。しかし、基本法である律令が改正されることがないため、格式が特別法として制定され、実際には格式が実定法として機能していた。たとえば、班田収授法は大宝律令に基づき、三世一身法や墾田永年私財法は格の形式で制定された。

#### (3)律令の制定

　　①近江令：天智天皇の命で藤原鎌足が編纂したとされる
　　②飛鳥浄御原：天武天皇のとき制定され、689年持統天皇のとき施行
　　③大宝律令：701年文武天皇のとき制定施行、刑部親王と藤原不比等が中心に編纂

問題でPointを理解する
Level 2 Q14

日本史 第1章

世界史 第2章

地理 第3章

思想 第4章

文学・芸術 第5章

④養老律令：718年制定、757年施行、不比等が中心に編纂（桓武天皇の時に改正）

⑤令義解：833年淳和天皇の命で編纂された令（大宝令・養老令）の解釈書

⑥令集解：9世紀に編纂された養老令の解説書（惟宗直本の私撰、法的効力なし）

### ⑷三代格式

弘仁格式は嵯峨天皇が藤原冬嗣に、貞観格式は清和天皇が藤原氏宗に、延喜格式は醍醐天皇が藤原時平に、それぞれ命じて編纂させた。

### ◉御成敗式目

1232年に北条泰時により制定された武家社会最初の成文法で、頼朝以来の先例や道理と武士社会での慣習・道徳に基づく。御家人の権利義務や所領に関する規定が多く、適用範囲は武家社会に限られた。

**Level up Point!**　法令の形式・名称の違いは重要である。室町時代までは「式目」、つまり律令格式に由来する形式だが、戦国時代の武家法から「法度」となる。家康の定めた禁中並公家諸法度は、初めて天皇を法規の中に規定したもので、武家主体の国家を明確にするものである。

# A14  正解ー3

1－誤　天智天皇は白村江の戦い後、国防の強化をはかるとともに、最初の令である「近江令」を定めた。天武・持統朝では飛鳥浄御原令が施行された。その後、大宝律令、養老律令と続き、令は変わっていった。

2－誤　「弘仁格式」は嵯峨天皇の時代に、701年からの数多い格式を利用しやすいように官庁ごとに集録したものである。この格式は、のちの貞観格式・延喜格式とともに、三代格式とよばれた。延喜式は施行細則としてもっとも整備されたものである。

3－正　「御成敗式目」は、北条泰時によって制定され、広く御家人に示された。頼朝以来の先例、道理と呼ばれた武士社会での慣習・道徳にもとづいて、御家人同士や御家人と荘園領主とのあいだの紛争を公平にさばく基準を示した。武家の最初の体系的法典となった。

4－誤　元和の「武家諸法度」は、徳川家康が徳川秀忠の名で発布したものである。学問と武道に励むこと、居城は修理であっても報告すること、新規の築城の禁止、許可なく結婚してはならないなど大名を厳しく統制した。以後、将軍代替わりに発布され、少しずつ修正された。

5－誤　「公事方御定書」は徳川吉宗の時代に、大岡忠相らが編纂にあたり、裁判や刑罰の基準を定め、連座制を緩めた。「御定書百箇条」とも呼ばれた。

# Q15 仏教史

**問** わが国の各時代における仏教の政治へのかかわりに関する次の記述のうち、妥当なものはどれか。
(地方上級)

**1** 大和朝廷では、伝来した仏教の受入れに熱心だった蘇我氏が物部氏との政争に敗れたが、この頃即位した推古天皇は、物部氏の勢力を抑えるため仏教興隆政策を推進し、律令を制定して中央集権国家の基礎を固めた。

**2** 平安時代の院政期には、有力寺院が荘園領主として勢力を拡大し、僧兵らを編成して朝廷に強訴を企てた。これを抑えるため、院は北面の武士に平氏などを登用し、武士の中央政界進出の素地をつくった。

**3** 鎌倉時代には、幕府の支配力が弱く戦乱が続き、従来の南都六宗に代わって仏教の新しい宗派が興った。なかでも密教の真言宗は、古来の山岳信仰と結びついて武士の間に広まり、幕府の思想的支柱となった。

**4** 室町時代には、禅宗の曹洞宗が足利将軍家の帰依を受けて隆盛をみせ、政治にも参画した。浄土宗系では一向宗が地方への布教に成功して一揆を起こすまでになったが、室町幕府によって鎮圧されて大きな勢力にはならなかった。

**5** 江戸時代には、幕府は年貢収納を確実にする手段として、すべての農民をいずれかの寺院の檀家とし移転を禁止する寺請制度を実施した。この結果、寺院は経済的には安定したが、幕府の庶民支配の末端を担わされることとなった。

# PointCheck

## ●奈良時代の仏教

奈良時代の仏教は鎮護国家としての教説として発展し、唐からは鑑真が来日して唐招提寺を建立した。官寺（国によって建てられ維持された寺）を中心に南都六宗が形成された。行基は畿内各地に橋や道を築造、修築し、多くの人々が行基の説法に従った。行基は当初弾圧を受けたが後に東大寺造立に参加した。

## ●平安時代の仏教

平安時代の仏教は、山岳信仰とも結びついて現世利益を求めて呪術的な実践を行う加持祈祷が盛んに行われるようになった。また、入唐した最澄や空海によって新しい仏教が伝来し、教説や修行の体系化が進められた。

### ①最澄

遣唐使に随行して入唐し、帰国後、日本天台宗を開いた。すべての人は等しく仏になれると最澄は考え、「一切衆生悉有仏性」（生きとし生けるものはすべて仏となる可能性を持っている）と主張した。

### ②空海

問題でPointを理解する
Level 2 Q15

日本史 第1章

世界史 第2章

地理 第3章

思想 第4章

文学・芸術 第5章

　入唐して密教を学び、帰国後、高野山の金剛峰寺を建立し、真言宗を開いた。空海は、身に印を結び、口に真言を唱え、心に仏を思い描くことで大日如来と融合し、現に生きているこの身のままで仏の知を悟ることができる（即身成仏）と説いた。真言宗は真言密教と呼ばれる。

## ● 鎌倉（新）仏教

| 宗派 | 開祖 | 主著 | キーワード | 中心寺院 |
|---|---|---|---|---|
| 浄土宗 | 法然 | 選択本願念仏集 | 専修念仏 | 知恩院 |
| 浄土真宗 | 親鸞 | 教行信証<br>（唯円『歎異抄』） | 悪人正機説 | 本願寺 |
| 時宗 | 一遍 | 一遍上人語録<br>（弟子の著作） | 踊念仏 | 清浄光寺 |
| 日蓮宗 | 日蓮 | 立正安国論 | 題目・折伏 | 久遠寺 |
| 臨済宗 | 栄西 | 興禅護国論 | 坐禅・公案 | 建仁寺 |
| 曹洞宗 | 道元 | 正法眼蔵 | 只管打坐 | 永平寺 |

**Level up Point !**　民衆の思想というだけでなく、日本の歴史には仏教の組織や体制が深く関わってくる。また、寺を利用した農民統制や、学問・芸術の発展も進められた。時代によってとらえ方が異なる、各宗派の位置づけを理解することが重要。

# A15　正解－2

1－誤　大和朝廷では、仏教受容をめぐり、それを推進する蘇我氏と反対する物部氏とが対立するようになった。しかし、蘇我馬子が物部守屋をほろぼして政権を独占した。推古天皇は聖徳太子を摂政として、聖徳太子が蘇我馬子と協力して国政の改革にあたった。

2－正　院政期、大寺院は多くの荘園を所有し、下級の僧侶を僧兵として組織して、神木や神輿を先頭にたてて朝廷に強訴を行った。これに対し貴族は、武士を用いて警護や鎮圧にあたらせた。これが武士の進出を招く結果となった。

3－誤　奈良時代に政治と結びついて腐敗した仏教の革新の動きが平安時代にあった。空海は渡唐し密教を学び、帰国後真言宗を開いた。真言宗は山中での修行を重んじ、古くからの山岳崇拝を結びついて、修験道の源となった。

4－誤　室町時代、禅宗の五山派は将軍・守護などの保護を受けてさかんに活動をしたが、幕府の衰退とともにおとろえた。浄土宗は、朝廷との結びつきを深めて京都での勢力を拡大し、さらに東国への布教活動を広げていった。

5－誤　江戸幕府は、キリスト教を根絶やしにするため、寺請制度をもうけて一般民衆を檀家に所属させ、キリシタンでないことを証明させ、宗門改めを実施した。

Level 1　p142～p163　Level 2　p164～p171

# 1 古代文明（～ギリシア・ローマ）

Level 2 ▷ Q12

## おさえておきたい
## Point　キーワードチェック

### 1 四大文明 ▶ p164

大河流域に展開した青銅器文明

**(1)メソポタミア文明（前3000年頃～）**

①都市国家：系統不明の（　1　）人が建設　（　2　）文字発明

②文化：太陰暦一週七曜

③統一：前18 c 頃 古バビロニア王国（都：バビロン）

　　　（　3　）王＝（3）法典編纂…「目には目を、歯には歯を」

**(2)エジプト文明（前3000年頃～）**

①古代エジプト人中心の王朝興亡

②文化：太陽暦、測地術

③展開：古王国…クフ王のピラミッド

　　　　新王国…アメンホテプ4世の宗教改革・アマルナ美術

④王（　4　）は太陽神の化身

⑤文字：（　5　）に刻まれた神聖文字（ヒエログリフ）はシャンポリオンが解読

**(3)インダス文明（前2300年頃～）**

①展開：（　6　）など計画的に建設された都市文明

②文字：印章などに刻まれたインダス文字は未解読

**(4)黄河文明（前5000年頃　国家形成は前2000年頃～）**

①展開　黄河中下流域に新石器農耕（きび・あわ栽培）

②文化：仰韶文化（前5000年頃～）：彩陶→（　7　）文化（前2000年頃～）：黒陶

壁で囲んだ集落（邑）誕生　文字はまだ→夏（？）→殷（甲骨文字・青銅器使用）

※長江流域でも黄河と同時期から稲作農耕文化が展開

**(5)アメリカ大陸のインディオ文明**

ユカタン半島：マヤ文明、メキシコ：アステカ王国、アンデス：インカ帝国

### 2 オリエント・西アジア史の展開 ▶ p165

**(1)前18 c 頃～**：インド＝ヨーロッパ系の（　8　）小アジア（現トルコ）に建国

　　　　　　　　　製鉄技術利用して強大化→後にオリエントに鉄器普及

**(2)前12 c 頃～**：地中海東岸にセム系3民族の活動

　　　　　　　　　フェニキア人→海上貿易・（　9　）のもとになる文字

　　　　　　　　　アラム人→陸上（隊商）貿易

　　　　　　　　　ヘブライ人→イェルサレム中心、バビロン捕囚を経てユダヤ教信仰確立

重要事項
## スピードチェック

日本史 第1章

世界史 第2章

地理 第3章

思想 第4章

文学・芸術 第5章

(3)前6 c：インド＝ヨーロッパ系ペルシア（イラン）人の（　10　）朝がオリエント統一
中央集権体制確立→各州サトラップ（知事）派遣　「王の目・王の耳」による監察
（　11　）信仰…光明・善神アフラ＝マズダと暗黒・悪神の二元論

(4)前330：マケドニアの（　12　）大王の東方遠征で(10)朝征服
①ギリシアとオリエント融合の大帝国 → ギリシア風の（　13　）文化が普及
②アレクサンドリアのムセイオン（研究所）中心に自然科学発達
　…エウクレイデス（数学）、アルキメデス（物理）、彫刻『ミロのヴィーナス』
　　→影響：インドの（　14　）（仏像制作）日本へ

(5)大王の死後分裂：マケドニア・シリア・エジプト→ローマにより滅亡

(6)大王死後のイラン：セレウコス朝シリア→（　15　）（中国名「安息」）（前３c～後３c）
　→（　16　）朝（後３c～651）…(11)の国教化　聖典『アヴェスター』
　ヘレニズムなど諸文化融合→正倉院にも影響

### 3　古代インド史の展開

(1)インダス文明衰亡後
①インド＝ヨーロッパ系の（　17　）が西北部のパンジャーブに侵入（前1500）
②自然崇拝の多神教信仰（後のバラモン教の源流）＝聖典『（　18　）』
　→(17)がガンジス川流域に定着→バラモン教と（　19　）（後のカースト制の源流）
　［バラモン（司祭）、クシャトリヤ（武人・貴族）、ヴァイシャ（庶民）、シュードラ（隷属民）］
　→(19)否定の新宗教（前５c）…仏教（ガウタマ＝シッダールタ創始　中道の八正道による解脱）、ジャイナ教（ヴァルダマーナ創始　不殺生・苦行による解脱）

(2)統一国家の展開
①マウリヤ朝（前４c末～前２c初）の（　20　）
　ほぼ全インド統一（仏教保護、セイロン島布教、石柱碑・磨崖碑）
②クシャーナ朝（１～３c）のカニシカ王（仏教保護）
　すべての人の救済めざす（　21　）普及、仏教美術（仏像）(14)（中国～日本にも影響）
　※クシャーナ朝と同時期南部では（　22　）朝がローマと海上貿易
③グプタ朝（４～６c）
　純インド風仏教美術（グプタ美術、アジャンター石窟、中国僧法顕ナーランダ僧院来訪）
　民衆には（　23　）（バラモン教に諸信仰融合、シヴァ神・ヴィシュヌ神など多神教）
　浸透、サンスクリット文学（『シャクンタラー』）、二大叙事詩『（　24　）』『ラーマーヤナ』
④ヴァルダナ朝（７c前半）：仏教保護（中国僧玄奘来訪）

---

1 シュメール　2 楔形　3 ハンムラビ　4 ファラオ　5 ロゼッタ石　6 モヘンジョ＝ダロ〔またはハラッパー〕　7 竜山　8 ヒッタイト　9 アルファベット　10 アケメネス　11 ゾロアスター教　12 アレクサンドロス〔アレクサンダー〕　13 ヘレニズム　14 ガンダーラ美術　15 パルティア　16 ササン　17 アーリヤ人　18 ヴェーダ　19 ヴァルナ制　20 アショーカ王　21 大乗仏教　22 アーンドラ〔サータヴァーハナ〕　23 ヒンドゥー教　24 マハーバーラタ

**4** **古代中国史（～春秋戦国）の展開**

⑴**殷（前17〜11ｃ）**

　確認できる最古の王朝、黄河中流域に成立、後期の都跡（殷墟）から解明

　青銅器と（　1　）文字（占いの記録）を使った祭政一致の神権政治

⑵**周（西周）（前11ｃ〜前770）**

　渭水盆地（都：鎬京）→殷を滅ぼす、統治制度＝（　2　）→一族・功臣に領地を与えて
世襲の諸侯とし貢納・軍役を課す、血縁原理→しだいに諸侯の自立化進行

⑶**春秋戦国時代（前770〜前403〜前221）**

　西周の滅亡で周が東遷（東周《前770〜前256》　都：洛邑）

　　春秋末期　　　　　　　　　　　　＜諸子百家＞

　　・鉄製農具・牛耕農法　　　　　　儒家（徳治主義）：孔子・孟子・荀子

　　・（　3　）貨幣（刀銭や布銭）　墨家（兼愛・非攻）：墨子

　　　　　　　　　　　　　　　　　　道家（無為自然）：老子・荘子

　　　　　　　　　　　　　　　　　　法家（法治主義）：商鞅・韓非

　　　　　　　　　　　　　　　　　　縦横家（外交）：蘇秦・張儀

**5** **古代ギリシア史の展開**

⑴**エーゲ文明（前30〜12ｃ）**：青銅器文明

　①（　4　）文明＝クノッソス中心、②ミケーネ文明＝本土 ギリシア人

⑵**暗黒時代（前12〜8ｃ）**←ギリシア人（ドーリア人）侵入

　末期にポリス（都市国家）成立…城砦（アクロポリス）と公共広場（　5　）からなる

　①ポリスの成員：市民は土地所有・武具自弁の兵士が原則

　②ギリシア人の同胞意識：自ら（　6　）と称す、オリンポス12神信仰

⑶**植民活動（前8ｃ〜）**：地中海・黒海周辺にもポリス建設

⑷**アテネの政治体制変遷**

　①王政から貴族政‥重装歩兵で活躍した富裕な平民が政治参加を要求

　②ソロンの改革（前6ｃ初）→（　7　）政治

　③ペイシストラトスの非合法政権→僭主政治

　④民主政…クレイステネスが（　8　）〔オストラシズム〕で独裁を阻止（前6ｃ末）

　　ペルシア戦争（前500〜449）でポリスの勝利、無産市民も活躍し戦後政治参加実現

　　→前5ｃ後半（　9　）時代（全市民参加の民会　男子のみ参政権　奴隷制）

　　→ペルシア再来に備えたデロス同盟盟主アテネとスパルタの対決へ

　　（　10　）戦争（前431〜404）→アテネの敗北

　⑤衆愚政治…民主政治の腐敗

　⑥マケドニア王国のギリシア支配（前338）

第1章
日本史

第2章
世界史

第3章
地理

第4章
思想

第5章
文学・芸術

## 6 古代ローマ史の展開

### (1) 古代ローマ王政

前8cラテン人の都市国家ローマ成立

### (2) 貴族共和政（前6c）

系統不明の（ 11 ）の王追放して共和政成立

共和政の機能…元老院（法律裁可）と複数のコンスル（執政官）らが国政担当

イタリア半島征服で重装歩兵で活躍した平民が参政要求

十二表法（前5c）＝初の成文法

リキニウス＝セクスティウス法（前4c）＝コンスルの一人は平民から

### (3) 民主共和政

（ 12 ）法（前3c）＝平民会の決定は元老院の裁可なく国法とする

（ 13 ）戦争（前3〜2c）

　　↓（フェニキア人の商業都市カルタゴ征服）

対外拡大→戦争を担った中小農民没落

　　　　　　有力者は奴隷制大農場〔（ 14 ）〕経営

グラックス兄弟の改革→自作農再建失敗

内乱の一世紀：スパルタクスの乱

　第1回（ 15 ）カエサル独裁

　第2回（15）プトレマイオス朝エジプト滅亡（クレオパトラ自殺）

### (4) 帝政（ 16 ）政（前1c）

オクタヴィアヌスが元老院から「尊厳者」の称号

最盛期「ローマの平和」 南インドと貿易

五賢帝時代（1〜2c） トラヤヌス帝期に帝国最大領

（ 17 ）（哲人皇帝）…中国の史書に登場

軍人皇帝乱立・隷属的小作人〔（ 18 ）〕使用の大所領自立化→帝国動揺

### (5) 帝政（専制君主政）

ディオクレティアヌス帝創始（3c）

コンスタンティヌス帝…キリスト教公認（ミラノ勅令）、（ 19 ）へ遷都（330）

（ 20 ）…キリスト教国教化、死後東西に分裂（395）

---

1 甲骨　2 封建制度　3 青銅　4 クレタ　5 アゴラ　6 ヘレネス　7 財産　8 陶片追放
9 ペリクレス　10 ペロポネソス　11 エトルリア人　12 ホルテンシウス　13 ポエニ
14 ラティフンディア　15 三頭政治　16 元首　17 マルクス＝アウレリウス＝アントニヌス
18 コロヌス　19 コンスタンティノープル　20 テオドシウス帝

おさえておきたい
# Point  ミニ演習

**1**　ギリシアのポリスは、前5世紀の（　**ア**　）朝とのペルシア戦争後、アテネ・スパルタ間の（　**イ**　）戦争をはじめとする不毛の抗争に突入、衰退の一途をたどる。代わって前4世紀にギリシア世界を制覇したのがマケドニアで、（　**ウ**　）大王の時に東方遠征に乗り出すと（ア）朝を滅ぼし、ヘレニズム世界を形成した。　〔空欄補充〕

| | |
|---|---|
| **ア** | アケメネス |
| **イ** | ペロポネソス |
| **ウ** | アレクサンドロス |

**2**　共和政移行後のローマでは、前287年の（　**ア**　）の制定まで200年以上にわたり身分闘争の時代が続いた。民主共和政が完成すると、カルタゴとのポエニ戦争を皮切りに地中海制覇が始まり、前30年（　**イ**　）によるエジプト征服で地中海統一は完成した。　〔空欄補充〕

| | |
|---|---|
| **ア** | ホルテンシウス法 |
| **イ** | オクタヴィアヌス |

**3**　メソポタミアでは十進法が発明され、楔形文字が使われた。　〔正誤判断〕

✕メソポタミアでは六十進法が発明された。

**4**　エジプト文明はティグリス・ユーフラテス川流域に成立した。　〔正誤判断〕

✕ティグリス・ユーフラテス川流域に成立したのはメソポタミア文明である

**5**　文字と青銅器の使用は四大文明に共通している。　〔正誤判断〕

◯

**6**　インダス文明では神聖文字が用いられた。　〔正誤判断〕

✕神聖文字が用いられたのはエジプト文明。

**7**　占いの記録を残すために、亀の甲や獣の骨に刻まれた文字は甲骨文字と呼ばれ、漢字のもとになった。　〔正誤判断〕

◯

**8**　周は黄河流域にまで勢力を伸ばし、一族や家臣に土地を与えて各地の支配をまかせた。　〔正誤判断〕

◯周の統治政策を封建制という。

**9**　殷や周では、高度な技術で貨幣をはじめさまざまな鉄器が盛んに作られた。　〔正誤判断〕

✕殷の時代に鉄器は用いられていない。

**10**　殷では天命を受けた王が支配し、政治や祭りなど重要なことは占いによって決めた。　〔正誤判断〕

◯殷で行われたこうした政治を神権政治と呼ぶ。

# 2 中世ヨーロッパ史（〜15世紀）  Level 1 ▷ Q01

おさえておきたい
## Point  キーワードチェック

### 1 西ヨーロッパ世界の成立 ▶p142

**⑴インド＝ヨーロッパ系ゲルマン民族の大移動（375〜）**
→ローマ帝国侵入：（帝国東西分裂395）
①移動のきっかけ：（ 1 ）（匈奴の末裔？）の圧迫で西ゴート族がドナウ川渡河
②建国：ゲルマン人傭兵隊長（ 2 ）により西ローマ帝国滅亡後旧領内に諸部族国家
（例）西ゴート族→イベリア半島、ヴァンダル族→北アフリカ、（ 3 ）族→イングランド、ロンバルド→北イタリア

**⑵フランク王国の発展**
①フランク族がライン川渡河（北仏）
②メロヴィング朝：創始者クローヴィス→カトリックに改宗しローマ教会との提携密に
（ 4 ）の戦い（732）→イスラム勢力（ウマイヤ朝）撃退
③（ 5 ）朝：功績あったカール＝マルテルの子小ピピン→ローマ教皇の支持を得る
ロンバルド撃退して教皇に北伊の地を寄進（→教皇領の起源）
小ピピンの子＝カール大帝が領土拡大→ローマ教皇レオ3世から（ 6 ）の帝冠（800）
→西ヨーロッパ世界の成立（ゲルマン・ローマ・キリスト教の3要素融合）
文化復興（カロリング＝ルネサンス）

**⑶フランク王国の分裂（9c）**
カール大帝死後の2条約（ヴェルダン条約・メルセン条約）→現在の仏・独・伊の原型
ドイツ：東フランク王（ 7 ）→ローマ教皇から帝冠（962）＝神聖ローマ帝国の起源

**⑷ノルマン人の民族移動（9〜12c）**
ノルマン人はゲルマンの一派でヴァイキングと呼ばれる
①ロシア：ルーシ→ノヴゴロド国、南下して（ 8 ）建国（9c）
②北仏：首長ロロ→ノルマンディー公国（10c）
③イングランド：カヌートの支配、（ 9 ）の征服→ノルマン朝（11c）
④南伊・シチリア島：両シチリア王国（12c）
※東方からアジア系マジャール人、南方からイスラム勢力の侵入も相次ぐ

**⑸封建社会の成立（9〜11c）**
①封建制度：領主（諸侯・騎士）相互間の領地の授受を媒介にした主従関係
←ローマの恩貸地制とゲルマンの従士制が起源
②荘園制度：領主が所領（荘園）への国王の干渉を絶ち（不輸不入権）、不自由な身分の
農民（（ 10 ））に領主（ 11 ）を行使→直営地での労働地代（賦役）・農民保有
地の収穫物に対する生産物地代（貢納）・教会十分の一税負担
③農業上の技術革新（11〜12c）…耕地を三分して春・秋・休閑地のローテーション
（ 12 ）、有輪犂→農業生産増大

**⑹カトリック教会の発展**
①ローマ教会：西欧キリスト教会の首座→カトリック教会（首長＝ローマ教皇）

②コンスタンティノープル教会：ビザンツ皇帝が支配→ギリシア正教会
③カトリック教会の堕落：司教・修道院長の大土地所有・聖職売買
　教会刷新運動（11c〜）：クリュニー修道院などが運動の担い手
　聖職叙任権闘争→（　13　）（1077）：神聖ローマ皇帝がローマ教皇に謝罪
　→ヴォルムス協約（1122）で教皇優位の決着→（　14　）のとき教皇権絶頂（13c初）

## 2 東ヨーロッパ世界の成立

①東ローマ（　15　）帝国（395〜1453）　西ローマ滅亡後は唯一正統なローマ帝国
　（　16　）（6c）：古代ローマ帝国の復興企図（『ローマ法大全』・聖ソフィア聖堂）
　　　　　　　　　　以後領土縮小・公用語はギリシア語
　レオン3世の（　17　）（726）でローマ教会と対立（ギリシア正教会）
　→セルジューク朝侵入（11c）→第4回十字軍で一時滅亡・十字軍兵士による（　18　）
　建国（13c初）→再興→オスマン帝国により滅亡（1453）
②東ヨーロッパの動向　スラヴ民族中心に2つのキリスト教文化圏
　(a) 東部・南部（バルカン半島）：ビザンツ帝国が影響（ギリシア正教文化圏）
　　東スラヴ族（ロシア人）：キエフ公国の（　19　）がギリシア正教導入（10c末）
　　→モンゴル（キプチャク＝ハン国）の支配（13〜15c）→ロシアの自立：モスクワ
　　大公国イヴァン3世が滅亡したビザンツ帝国継承し「（　20　）」の称号使用（→16
　　cイヴァン4世正式使用）
　　南スラヴ族：セルビア人・クロアティア人・ブルガール人（アジア系でスラブ化）
　(b) 西部：神聖ローマ帝国の影響（カトリック文化圏）
　　アジア系（　21　）人：ハンガリー王国→16世紀にオスマン帝国の占領
　　西スラヴ族（チェック人：ベーメンに建国後神聖ローマの支配、ポーランド人：
　　（　22　）朝最盛期）

---

1 フン族　2 オドアケル　3 アングロ＝サクソン　4 トゥール・ポワティエ間
5 カロリング　6 (西)ローマ皇帝　7 オットー1世　8 キエフ公国
9 ノルマンディー公ウィリアム　10 農奴　11 裁判権　12 三圃制　13 カノッサの屈辱
14 インノケンティウス3世　15 ビザンツ　16 ユスティニアヌス　17 聖像禁止令
18 ラテン帝国　19 ウラディミル1世　20 ツァーリ　21 マジャール　22 ヤゲヴォ〔ヤゲロー〕

---

## 3 西ヨーロッパ世界の変動 ▶p143

### ⑴7回の十字軍遠征（1096〜1270）

イスラム勢力セルジューク朝のビザンツ侵入
ローマ教皇（　1　）クレルモン公会議で聖地奪回提唱（1095）
［第1回（1096〜）］聖地奪還成功→イェルサレム王国建国
［第3回（1189〜）］イスラム側サラディンの反撃
［第4回（1202〜）］教皇（　2　）提唱→商圏拡大をねらう
　（　3　）の野望で聖地でなくコンスタンティノープル占領（ビザンツ帝国一時滅亡）
影響：結果的に遠征は失敗し教皇の権威低下、（　4　）の没落、王権の伸張、北イタリ

重要事項
## スピードチェック

日本史 第1章

世界史 第2章

地理 第3章

思想 第4章

文学・芸術 第5章

ア商人の（　5　）拡大、ビザンツ・イスラム文化の流入

(2)**中世都市の繁栄（11〜12世紀）**

①原因：貨幣経済普及・東方貿易による商業活発化

②特徴：自治都市（独の自由都市・伊のコムーネは自治権強い）、商工業者の同業組合（　6　）＝自由競争禁止、組合員が市政参加→手工業者の同職（6）は親方のみ正会員

③都市同盟：北海・バルト海周辺諸都市の（　7　）同盟…盟主リューベリック

南独：アウグスブルク（銀山）…大富豪（　8　）

(3)**封建社会の動揺・崩壊**

①教皇権の衰退：14世紀の3事件…アナーニ事件（仏王が教皇を幽閉《1303》）、教皇のバビロン捕囚＝70年余り教皇庁が南仏の（　9　）に移転、教会大分裂（40年余り教皇並立）

→ウィクリフ（英）（　10　）（ベーメン）の教会批判相次ぐ

②荘園制の動揺：貨幣経済浸透で地代の金納化・（　11　）流行（14世紀半ば）で待遇改善→農民の経済的地位向上、（　12　）解放も進行、領主層（諸侯・騎士）の困窮→支配再強化→農民反乱：ジャックリーの乱（仏）、（　13　）（英）ともに14世紀後半百年戦争中

(4)**各国の情勢**

英仏イベリア半島は中央集権化、独伊は分裂状態

| イギリス |
| --- |
| ノルマン朝 |
| プランタジネット朝 |
| 1215　貴族がジョン王に（　14　）を認めさせる |
| 1265　シモン＝ド＝モンフォールの議会 |
| 1295　エドワード1世の模範議会（身分制議会）　エドワード3世→仏王位継承主張↓ |
| 1339〜1453　英仏間で（　15　）←毛織物工業のフランドルがからむ |
| 1455〜85　大貴族間で（　16　）→貴族没落 |
| チューダー朝　絶対主義確立 |

| フランス |
| --- |
| カペー朝（10〜14c） |
| ↓　当初王権弱体 |
| ↓　フィリップ2世 |
| ↓　フィリップ4世（三部会） |
| ↓　次第に王権拡大 |
| ↓　断絶 |
| ヴァロワ朝 |
| シャルル7世勝利 |

| ドイツ（神聖ローマ帝国） |
| --- |
| 皇帝のイタリア政策 |
| ↓⇒大空位時代（13c） |
| ↓ |
| 1356　皇帝カール4世（　17　）発布　諸侯支配の（　18　）割拠 |
| 15c〜　皇帝位はハプスブルク家の世襲に |

| イベリア半島 |
| --- |
| アラゴンと（　19　）が王子・王女の結婚で合併→スペイン王国（1479）　グラナダ陥落で（　20　）完了（1492） |

| イタリア |
| --- |
| 分裂　・外国の干渉　・教皇党と皇帝党の対立 |

93

**4** 中世ヨーロッパ文化

⑴**キリスト教**（　21　）：ギリシア哲学の手法で体系化（トマス・アクィナス『神学大全』）

⑵**学問研究の大学**：ボローニャ大学（法学）、パリ大学・オックスフォード大学（神学）

⑶**騎士道文学**：『ローランの歌』『アーサー王物語』

⑷**教会建築**：ロマネスク式（11ｃ～）：ピサ大聖堂

　　　　　　　（　22　）式（12ｃ～）：ケルン大聖堂、ノートルダム寺院

---

```
1 ウルバヌス2世　2 インノケンティウス3世　3 ヴェネツィア商人　4 諸侯・騎士
5 東方貿易　6 ギルド　7 ハンザ　8 フッガー家　9 アヴィニョン　10 フス
11 黒死病〔ペスト〕　12 農奴　13 ワット＝タイラーの乱　14 大憲章〔マグナ＝カルタ〕
15 百年戦争　16 バラ戦争　17 金印勅書（皇帝選出を7人の諸侯＝選帝侯に委ねる）
18 領邦　19 カスティリヤ　20 レコンキスタ　21 神学　22 ゴシック
```

おさえておきたい
**Point**　ミニ演習

空欄補充

1　キリスト教は（　ア　）帝がミラノ勅令で初めて公認し、
　（　イ　）帝の392年国教化された。その後教皇を首長とす
　るローマ教会と東ローマ皇帝を背景とするコンスタンティノ
　ープル教会が勢力を二分するが、726年東ローマ皇帝レオ3
　世が（　ウ　）を出すと東西両教会の対立は決定的となり、
　1054年正式に分離した。

| ア | コンスタンティヌス |
|---|---|
| イ | テオドシウス |
| ウ | 聖像禁止令 |

2　十字軍は（　ア　）公会議において教皇（　イ　）が聖地
　回復を唱え開始されたが、第4回に代表されるように、その
　裏に経済的要求があったことも見逃すことはできない。十字
　軍の結果、（　ウ　）・ジェノヴァ・ピサなどの海港都市が東
　方貿易で栄え、同時に内陸都市も商業で栄えるようになった。
　また、遠征の開始で教皇権は絶頂に向かったが、これが失敗
　に帰すると教皇の権威は失墜し、代わって王権が伸長した。

| ア | クレルモン |
|---|---|
| イ | ウルバヌス2世 |
| ウ | ヴェネツィア |

---

# **3** イスラム史（～オスマン・ムガル）

Level2 ▷ **Q13**

おさえておきたい
**Point**　キーワードチェック

## **1** イスラム教の成立　▶p166

⑴**イスラム教**

　7世紀初アラビア半島のメッカ（中継貿易都市）で（　1　）のムハンマドが唯一神アッ
ラーの啓示を多神教信仰の住民（セム系アラブ人）に広める。聖典『コーラン』

⑵メディナへの移住

　（　2　）（聖遷）：622年＝イスラム暦（　3　）元年←メッカの大商人による迫害

⑶ジハード（聖戦）

　メッカを奪還し異教徒との戦闘→ムハマンド没（632）までにアラビア半島制圧

**2　ムハンマド以降のイスラム世界の拡大（〜アッバース朝）** ▶p166

⑴正統カリフ時代（632〜661）

　信徒間でカリフ（ムハンマドの「後継者・代理人」）を選出。（　4　）まで4代続く

　ジハード→シリア・エジプト・イラク、（　5　）（642）でイランのササン朝事実上征服

⑵ウマイヤ朝（661〜750）

　カリフ（4）殺害後ウマイヤ家がカリフ位世襲、アラブ人の特権的支配　都：ダマスクス

　ジハード→中央アジア・唐、イベリア半島まで、（　6　）でフランク王国に敗北（732）

　→2派に分裂（　7　）…歴代カリフを認める多数派

　　　　　　　シーア派…（4）（ムハンマドの娘婿）と子孫のみを正統な後継者とする少

　　　　　　　数派（現イランの国教）

⑶アッバース朝（750〜1258）：アラブ人の特権なくし支配上ムスリムの平等実現

　反ウマイヤ勢力（アラブ人の特権的支配に不満の勢力・シーア派）を結集したアッバース

家がウマイヤ家打倒←カリフ位世襲　都は（　8　）。

　ジハード：続くが領土は縮小。最盛期5代カリフ（　9　）（位786〜809）

　イベリア半島：ウマイヤ家一族が（　10　）創始。

　中央アジア：（　11　）（751）を機に中国の製紙法伝来。

### ウマイヤ朝とアッバース朝の支配の違い

| | ウマイヤ朝（アラブ帝国）→アラブ人の特権的支配 | | アッバース朝（イスラム帝国）→ムスリムの平等実現 | |
|---|---|---|---|---|
| | アラブ人 | 非アラブ人 | イスラム教徒 | 非イスラム教徒 |
| 免税・特権 | 官職・年金・免税の特権享受 | 特権なし | ジズヤ免除 官職はイラン人に | 特権なし |
| ハラージュ（土地税） | × | ○ | ○ | ○ |
| ジズヤ（人頭税） | × | ○ | × | ○ |

### 3　各地のイスラム諸王朝の興亡

　背景：10世紀以降アッバース朝衰退←地方軍事勢力台頭：トルコ人の軍人奴隷＝（　12　）

　　　　新たにイスラム化した周辺諸民族（トルコ人・イラン人・ベルベル人）の国家建設進

　　　　む

①エジプト　カイロを都に3王朝

　シーア派（　13　）（10〜12世紀）（カリフ名乗る）→アイユーブ朝（12〜13世紀）（創

始者サラディンは第３回十字軍撃退）→トルコ系（13）（13〜16世紀）

　10世紀：（10）・（13）・アッバース朝がカリフ名乗って鼎立

②エジプト以西の北アフリカ〜イベリア半島

　ベルベル人の２王朝：（　14　）（11〜12世紀）（→ガーナ王国征服・内陸アフリカの

　イスラム化）→ムワッヒド朝（12〜13世紀）

　ナスル朝（グラナダ王国）…イベリア半島最後のイスラム王朝　アルハンブラ宮殿で有

　名→（　15　）により滅亡（1492）

③西アジア〜中央アジア

　イラン人の２王朝（９〜10世紀）：サーマン朝→シーア派のブワイフ朝…バグダードの

　アッバース朝カリフより実権奪う　（　16　）（軍人官僚に徴税権付き土地を分与）開

　始→後に広く普及

　トルコ人の王朝：（　17　）（11〜12世紀）…バグダードに入城→ブワイフ朝打倒

　アッバース朝カリフから政治権力者「（　18　）」の称号をうける（→以後のスンナ派

　王朝で使用）

　シリア・小アジアへ進出（→十字軍遠征のきっかけ）＝小アジアのトルコ化・イスラム

　化（→オスマン帝国誕生）

　モンゴル人の王朝：（　19　）（イラン・イラク）←フラグがアッバース朝滅ぼす（1258）

　（イスラム世界の中心：バグダードからカイロへ）…途中でイラン統治の必要からイス

　ラム教を国教に

　トルコ系（　20　）朝（14〜16世紀）…（20）がチャガタイ＝ハン国から自立、(19)

　倒す→アンカラの戦いでオスマン帝国撃破、明への遠征途中に病死。都：中央アジアの

　（　21　）

④インド

　10世紀以降北インドのイスラム化←アフガニスタンのガズナ朝・ゴール朝侵入

　奴隷王朝（インド初のイスラム王朝）13世紀〜16世紀初まで５つのイスラム王朝

　（　22　）…都：デリー

---

1 預言者　2 ヒジュラ　3 太陰暦　4 アリー　5 ニハーヴァンドの戦い
6 トゥール・ポワティエ間の戦い　7 スンナ派　8 バグダード　9 ハールーン＝アッラシード
10 後ウマイヤ朝　11 タラス河畔の戦い　12 マムルーク　13 ファーティマ朝
14 ムラービト朝　15 レコンキスタ　16 イクター制　17 セルジューク朝　18 スルタン
19 イル＝ハン国　20 ティムール　21 サマルカンド　22 デリー＝スルタン朝

---

**4** **16世紀中心に繁栄したイスラム3王朝**

①（　1　）（16初〜18世紀）

　ティムール朝滅亡直後にイランに成立したシーア派国教とするイラン人王朝　君主は伝

　統的称号「シャー（王）」使用

　＜最盛期＞アッバース１世…新都（　2　）建設　スンナ派のオスマン帝国・ムガル朝

　　　　　　に対抗

重要事項
スピードチェック

日本史 第1章
世界史 第2章
地理 第3章
思想 第4章
文学・芸術 第5章

②オスマン帝国（1299～1922）…トルコ人が建国した世界帝国
　＜領土拡大＞　小アジア（現・トルコ）に建国→（ティムールの攻撃で一時滅亡・再興）
　　　　　　　　　→バルカン半島：（　3　）滅亡（1453）都をイスタンブールと改称→シ
　　　　　　　　　リア・エジプト：マムルーク朝滅亡（1517）ハンガリーも併合
　　　　　　　　（　4　）（キリスト教徒の子弟を改宗させ訓練）＝軍事的貢献
　＜最盛期＞　16世紀（　5　）…地中海域まで制圧
　　　　　　　神聖ローマ皇帝カール5世に圧力→ウィーン包囲・フランスなどに
　　　　　　　（　6　）（外国人の通商・領事裁判権など認める特権）付与
　＜統治の特徴＞　非ムスリム・非トルコ系諸民族にも従来の信仰を認め自治を許す
　＜衰退＞　レパントの海戦敗北（1571）後も勢力維持　17世紀末以降ハンガリーなど
　　　　　　を失い領土縮小
③ムガル帝国（1526～1858）…インドで最後・最大のイスラム国家
　＜創始者＞　ティムール朝の子孫バーブル　都：デリー
　＜最盛期＞　3代（　7　）（位1556～1605）…（　8　）を廃止しヒンドゥー教徒
　　　　　　　と融和　都：アグラ
　　　　　　　4代シャー＝ジャハーン…アグラに愛妃の廟（　9　）建立（イスラム建
　　　　　　　築の代表）
　　　　　　　6代アウラングゼーブ（位1658～1707）…南部除き最大領土実現　（　8　）
　　　　　　　を復活し異教徒弾圧→ヒンドゥー教のラージプート族・（　10　）（ナー
　　　　　　　ナク創始のヒンドゥー教改革派）・ヒンドゥー教のマラータ同盟が反発・
　　　　　　　衰退へ

**5** イスラム文化
①アラビア語・イスラム教を中心に各地の諸文化融合
　16世紀初カイロで完成した「（　11　）」
　固有の学問＝言語・神学・法学・歴史学
　外来の学問＝数学（ゼロの観念）・化学（アルカリ・アルコールなどの語源）・医学・哲
　学（ギリシア哲学継承発展）（例）イブン＝シーナー（イラン系医学・哲学者）　イブ
　ン＝ルシュド（コルドバ生まれの哲学者）→中世ヨーロッパ哲学に大きな影響
②偶像崇拝禁止のため美術彫刻発達せず
　装飾模様（　12　）・細密画（ミニアチュール）発達　モスク（礼拝堂）（ドーム・尖塔）
③都市的性格強い
　イスラム商業圏拡大→14世紀旅行家（　13　）『三大陸周遊記』（イベリア半島～中国）

---

1 サファヴィー朝　2 イスファハーン　3 ビザンツ帝国　4 イェニチェリ　5 スレイマン1世
6 カピチュレーション　7 アクバル　8 ジズヤ　9 タージ＝マハル　10 シク教徒
11 千夜一夜物語〔アラビアンナイト〕　12 アラベスク　13 イブン＝バットゥータ

重要用語

1　タラス河畔の戦いによって唐からイスラムに伝えられた技法とは何か。

製紙法

2　地中海の制海権を握るなど、オスマン帝国の最盛期を現出したのは誰か。

スレイマン1世

3　1526年建国されたインドの統一イスラム国家の名称は何か。

ムガル帝国

---

# 4 中国通史（秦漢～明清）

Level 1 ▷ **Q02**

おさえておきたい
**Point** キーワードチェック

## 1 秦（前221～前206）

始皇帝が中国を初めて統一（皇帝は清まで）　　　　　　　　　都：咸陽（現・西安）

| 創始者 | 始皇帝 |
|---|---|
| 最盛期 | ①中央集権化…法治主義思想統制→（　1　）、地方統治→（　2　）、統一貨幣（半両銭）<br>②対外対策…北方の遊牧民族（　3　）強大化→万里の長城修築（戦国期の長城つなぐ） |
| 衰亡 | 始皇帝死後　農民反乱（　4　） |

## 2 漢（前漢）（前202～後8） ▶ p144

前漢・後漢は紀元前後約400年間続く　　　　　　　　　　　都：長安（現・西安）

| 創始者 | 高祖（　5　）①秦とは異なる地方統治→（　6　）（郡県制と封建制の併用）<br>　　　　　②対外劣勢…（3）の冒頓単于に和睦 |
|---|---|
| 最盛期 | （　7　）（位前141～前87）←先帝が一族の反乱（　8　）を鎮圧<br>①中央集権化…地方統治→全土に（2）、儒学を官学に（→清代まで儒教は歴代王朝の統治理念）　官吏任用（　9　）（地方長官が有徳者を官吏に推薦）<br>②対外拡大…（3）討伐、大月氏に（　10　）を派遣→西域との連絡　（東）衛氏朝鮮征服→（　11　）など設置<br>③財政難打開…均輸・平準法　（　12　）専売 |
| 文化 | 歴史書…（　13　）の『史記』（紀伝体＝帝王・個人の伝記を柱にした記述形式：中国史書の基本形） |
| 滅亡 | 中央で宦官や外戚（皇后の親族）対立　地方で豪族台頭→外戚の王莽が帝位を奪う |

重要事項
スピードチェック

日本史 第1章

世界史 第2章

地理 第3章

思想 第4章

文学・芸術 第5章

**3 新（後8〜23）**

王莽の（ 14 ）を理想とする復古政治→農民反乱（ 15 ）などにより滅亡

**4 漢（後漢）（25〜220）**

西方ローマとも交流した豪族連合王朝　　　　　　　　　　都：洛陽（現在も同名）

| 創始者 | 劉秀（ 16 ）　豪族の支持で漢を再興　日本からも使節（倭奴国） |
|---|---|
| 東西交流 | （1〜2世紀）西域都護班超が（ 17 ）を大秦国（ローマ帝国か？）へ派遣、一方大秦王安敦の使者海路到着 |
| 文化 | 儒学（ 18 ）（経典の字句解釈）成立、製紙法完成　班固の『漢書』（紀伝体） |
| 滅亡 | 中央で宦官・外戚の対立　地方で豪族割拠　張角率いる農民反乱（ 19 ）→魏により滅亡 |

**5 魏晋南北朝（220〜589）**

北方民族の侵入や豪族の割拠

＜時代の社会動向＞

　豪族が強大化　魏に始まる官吏任用制（ 20 ）（中正官が人物を9等級に評価し等級に応じた官職任命）→豪族の門閥貴族化（世襲・高級官職独占）　江南の開発進行

＜王朝興亡史の確認＞

```
三国時代        晋の統一        五胡　五胡十六国  南北朝時代
(220〜280)     (280)          ↓               (439〜589)        中国統一
魏  曹丕  →   西晋  −八王の乱 ↓華北侵入−(北) (23)      西魏 北周 →隋
蜀  劉備  一時中国統一  一族の内乱                       東魏 北斉 → ↑
呉  孫権                     東晋 −(南)  宋 斉 梁  陳 → ↑
                            (317〜420)
```

五胡…北方系（ 21 ）（ 22 ）羯とチベット系氐・羌。五胡の侵入で華北は五胡十六国の分裂へ。
南北朝時代…華北を統一した鮮卑系拓跋氏の（ 23 ）など5王朝（北朝）、江南（長江下流域）の建康を都に4王朝（南朝）の併存。

| 各王朝の統治政策 | 豪族強大化や流民増大→魏の屯田制　西晋の（ 24 ）（大土地制限と農民への土地支給）　北魏の孝文帝（位471〜499）：三長制（村落組織）、（ 25 ）（成年男女へ土地支給）（→隋唐へ継承） |
|---|---|
| 文化 | ①仏教普及（僧法顕の渡印、雲崗・敦煌・竜門の石窟）、（ 26 ）完成（北魏の寇謙之が大成、太平道に老荘思想などが融合）②貴族文化　六朝（呉〜陳まで江南6王朝）文化　詩文・画・書中心 |
| 隣接地域 | 朝鮮半島　高句麗、新羅、百済　日本　邪馬台国（卑弥呼）魏へ使い |

## 6 隋 (581 〜 618) ▶p144

南北朝を収拾して中国を再統一 都：大興（現・西安）

| 創始者 | 楊堅（文帝）→南朝の陳を滅ぼし中国統一（589）<br>①北朝の制度継承　土地＝均田制　税＝租庸調　兵＝（ 27 ）（兵農一致）<br>②貴族勢力打破→官吏任用（ 28 ）（試験による選考）開始（→清末まで） |
|---|---|
| 2代目 | （ 29 ）<br>①大運河建設（華北と江南結ぶ）　②（ 30 ）遠征に失敗→反乱→滅亡 |

1 焚書坑儒　2 郡県制　3 匈奴　4 陳勝呉広の乱　5 劉邦　6 郡国制　7 武帝
8 呉楚七国の乱　9 郷挙里選　10 張騫　11 楽浪郡　12 塩・鉄・酒　13 司馬遷　14 周
15 赤眉の乱　16 光武帝　17 甘英　18 訓詁学　19 黄巾の乱　20 九品中正
21・22 匈奴・鮮卑　23 北魏　24 占田・課田法　25 均田制　26 道教　27 府兵制
28 科挙制　29 煬帝　30 高句麗

## 7 唐 (618 〜 907) ▶p144

律令制度を整備して東アジア世界の中心に 都：長安（現・西安）

| 創始者 | 李淵（高祖） |
|---|---|
| 2代目 | 李世民（太宗）…前期の繁栄期（貞観の治）　律（刑法）令（行政法）制度整備<br>大領土　太宗〜高宗　[←（ 1 ）・百済・高句麗征服] |
| 唐代前期の<br>統治制度 | ①中央官制…三省（中書省・門下省・尚書省）六部（吏・戸・礼・兵・刑・工）<br>②地方統治…州県制<br>③周辺民族は（ 2 ）を通じて間接支配　④農民支配の仕組み |

＜国家による農民支配と変容＞

| 7世紀前半　太宗 | 均田制<br>（均等公有地支給） | 租庸調<br>（穀物等で均等納税） | 府兵制<br>（兵農一致） |
|---|---|---|---|
| 8世紀前半　玄宗 | ↓崩壊 | ↓ | ↓ |
| 　　安史の乱 | 荘園制<br>（大土地私有拡大） | （ 3 ）（780）<br>（夏秋2回資産に応じ納税） | 募兵制<br>（兵農分離） |

＜唐代中期以降の変容＞
　①中期の繁栄期…玄宗（開元の治）
　②玄宗末期に辺境防備司令官（ 4 ）の安禄山らが反乱（ 5 ）（755 〜 763）
　　　→トルコ系（ 6 ）の援助でようやく鎮圧、以後（6）が国内にも割拠→衰退
　③重税・外征による農民没落→諸制度の変容
＜唐代の経済＞
　茶・綿花・甘蔗など商品作物栽培　陶磁器・絹織物生産　飛銭（為替手形）　陸上貿易でイ
　ラン系（ 7 ）、海上貿易でアラブ人活躍　広州に（ 8 ）（外国貿易事務）

<文化>

　貴族的…詩文（李白・杜甫・白居易・韓愈・柳宗元）
　　　　　画（呉道玄）書（顔真卿）
　国際的…外来宗教（6教＝ゾロアスター教　景教＝ネス
　　　　　トリウス派キリスト教　マニ教　イスラム教）
　　　　　仏教（中国僧玄奘・義浄渡印）

唐の対外関係

国名 …通商の国　**国名** …服属国
**国名** …一時的な服属および
　　　　　戦ったことのある国

### 8　五代十国（907 ～ 960）

節度使割拠の分裂期：貴族が没落・新興地主が台頭

| 唐末 | 塩闇商人指導の農民反乱（　9　）（9世紀末）→節度使朱全忠により滅亡（907） |
|---|---|
| 五代十国 | ①節度使の割拠　華北5王朝（五代）華中・華南に10王朝（十国）<br>②社会の大変化　小作人（　10　）を使う新興地主が台頭 |

### 9　宋（北宋）（960 ～ 1127）　▶p145

文治主義による独裁　　　　　　　　都：開封

| 創始者 | 趙匡胤（太祖）<br>次の太宗→節度使削減・科挙制＝（　11　）（皇帝試問）設置→新興地主の官僚化（官戸）・皇帝独裁強化 | モンゴル系契丹族<br>遼（契丹）…契丹文字<br>北京周辺の（　13　）を奪って中国北辺支配→二重統治体制・北宋を圧迫 |
|---|---|---|
| 対外政策 | 遼と（　12　）結ぶ（1004）：北宋は兄、遼は弟（君臣関係でない）、遼に銀・絹贈る | |
| 財政再建・富国強兵策 | （　14　）青苗法・均輸法・市易法・募役法・保甲法・保馬法 | チベット系タングート族<br>西夏…西夏文字<br>西北方から宋を圧迫 |
| 衰亡 | 新法巡る官僚（新法党・旧法党）対立（党争）→金の攻撃で滅亡（　15　）（1126 ～ 27） | |

### 10　宋（南宋）（1127 ～ 1279）

経済活発　　　　　　　　都：臨安（現・杭州）

| 創始者 | 高宗<br>北宋滅亡後江南に逃れ南半分で宋を再建 | ツングース系女真族<br>金…女真文字<br>中国東北地方→北宋滅ぼし華北占領 →二重統治体制<br>女真族は猛安・謀克（軍事・行政） |
|---|---|---|
| 対外政策 | 華北を制する金の臣下に | |
| 宋代の経済 | 江南は稲作　紙幣（交子・会子）・銅銭（宋銭　日本へも輸出）商人・手工業者組合（行・作）（　16　）産の陶磁器有名 | |

| 宋の文化 | 火薬・羅針盤・印刷術の実用化<br>①中国的　官僚（士大夫）が担い手　儒学<br>＝宋学・朱子学：宇宙の原理・人間の本性の<br>探求　大義名分論　朱熹（南宋）<br>歴史書…（　17　）の『資治通鑑』（編年体）<br>文学…唐宋八大家（欧陽脩　蘇軾）<br>絵画…院体画・文人画<br>②庶民的　宋詞（韻文） |
|---|---|

1 西突厥（とっけつ）　2 都護府　3 両税法　4 節度使　5 安史の乱　6 ウイグル　7 ソグド人　8 市舶司
9 黄巣の乱　10 佃戸　11 殿試　12 澶淵（せんえん）の盟　13 燕雲十六州　14 王安石の新法
15 靖康の変　16 景徳鎮　17 司馬光

## 11　元（1271〜1368）

モンゴル系民族が中国全土を支配　　　　都：大都（現・北京）

| モンゴル<br>帝国 | 初代（　1　）…モンゴル諸族統一（1206）→<br>ホラズム・西夏征服　2代オゴタイ＝ハン以降：<br>金（華北）征服、（　2　）の戦いで独に脅威、<br>フラグの遠征→アッバース朝滅亡（1258） | 一族で4ハン国<br>○キプチャク＝ハン国<br>（ロシア）<br>○チャガタイ＝ハン国<br>（中央アジア）<br>○オゴタイ＝ハン国<br>（モンゴル西北）<br>○（　3　）（西アジア）<br>途中でイスラム教に改<br>宗 |
|---|---|---|
| 元の創始者 | （　4　）日本・ジャワ・ヴェトナム遠征、南宋<br>滅亡→全土支配 | |
| モンゴル人<br>第一主義 | （モンゴル人・色目人＝西域出身・漢人＝旧金治<br>下・南人＝旧南宋治下）（　5　）の一時廃止 | |
| 陸海の東西<br>交流 | 駅伝制（陸）マルコ＝ポーロ（伊）モンテ＝コ<br>ルヴィノ（初のカトリック布教）旅行家（　6　）<br>らが大都到着　イスラム暦もとに授時暦作成 | |
| 文化 | 庶民的（演劇＝元曲　小説）チベット仏教普<br>及　パスパ文字作成 | |
| 衰退 | 相続争い・紙幣（　7　）乱発による物価騰貴<br>など→農民反乱（　8　）→モンゴル高原へ退<br>却 | |

## 12　明（1368〜1644）▶p145

江南から登場、久々に漢族の王朝　　　　　　　　　　　　都：南京→途中から北京

| 創始者 | （　9　）（洪武帝、太祖）←紅巾の乱の指導者　都：南京 |
|---|---|
| 皇帝独裁<br>確立 | ①中書省廃止→（　10　）を皇帝直属に（永楽帝が内閣大学士置く）<br>②明律・明令 |

重要事項
## スピードチェック

日本史 第1章

世界史 第2章

地理 第3章

思想 第4章

文学・芸術 第5章

| | ③農村支配→賦役黄冊（戸籍・租税台帳）魚鱗図冊（土地台帳）<br>地方行政＝（　11　）、兵制＝衛所制（兵農分離）や六諭で教訓浸透 |
|---|---|
| 対外拡大 | 3代目永楽帝（位1402〜24）←靖難の変で2代目建文帝を追放　都を<br>北京へ　日本（室町）との勘合貿易　モンゴルへの遠征<br>（　12　）の南海遠征→アフリカ東岸まで |
| 衰亡 | 16世紀　モンゴル系オイラート・韃靼と倭寇の侵入（北虜南倭）政治腐敗<br>（宦官官僚の党争）・財政窮乏→農民反乱（　13　）で滅亡 |

## 🔢 清（1616〜1912）

ツングース系女真族が全土支配、最後の王朝　　　　　　　　　　　都：北京

| 創始者 | （　14　）（後金の太祖）中国東北地方　独自の軍事組織＝（　15　） |
|---|---|
| 後金から<br>清へ | 2代目太宗 |
| 中国本土<br>支配 | 3代目順治帝　明の降将呉三桂の協力で北京へ（1644）<br>→李自成の乱平定 |
| 最盛期 | 康熙帝(位1661〜1722)＝2つの反清勢力：呉三桂ら漢人武将の（　16　）<br>と鄭氏台湾を平定　ロシアと国境確定（　17　）条約<br>雍正帝（位1722〜35）＝ロシアと国境画定（キャフタ条約）（　18　）<br>設置→後に内閣に代わる最高機関に　キリスト教布教禁止←典礼問題<br>乾隆帝（位1735〜95）＝最大領土←東トルキスタン平定（新疆）　周辺<br>諸族を藩部に→（　19　）が統治 |
| 清の中国<br>統治 | 皇帝独裁完成　漢族を威圧（辮髪強制・禁書・文字の獄）・懐柔（高官の満<br>漢併用制　漢人学者を動員して編纂『康熙字典』『古今図書集成』『四庫全<br>書』など）で支配 |
| 明清の<br>経済・社会 | 長江下流域で商品作物（綿花・桑・甘蔗）栽培→米作の中心：長江中流域へ<br>遠隔地商人（山西商人 新安商人）各地に互助機関（会館・公所）<br>銀の大量流通→銀納の税制：明代後半に（　20　）（諸税を一括銀納）<br>→清代（雍正帝）に地丁銀制（地銀＝土地税に一本化） |
| 明清の文化 | 儒学（明代中期の陽明学：知行合一　明末清初の（　21　）：古典の文献<br>学的研究）<br>実学（農業・薬学・産業技術）<br>イエズス会宣教師（マテオ＝リッチ）による西欧文化紹介（明末〜）<br>小説：明代『（　22　）』『（　23　）』『西遊記』『三国志演義』など<br>　　　　清代『紅楼夢』 |

※清末＝19世紀以降の中国史はP122参照

| 1 チンギス=ハン 2 ワールシュタット〔リーグニッツ〕 3 イル=ハン国 4 フビライ=ハン |
|---|
| 5 科挙制 6 イブン=バットゥータ 7 交鈔 8 紅巾の乱〔白蓮教徒の乱〕 9 朱元璋しゅげんしょう |
| 10 六部 11 里甲制 12 鄭和 13 李自成の乱 14 ヌルハチ 15 八旗 16 三藩の乱 |
| 17 ネルチンスク 18 軍機処 19 理藩院 20 一条鞭法いちじょうべんぽう 21 考証学 22 水滸伝 |
| 23 金瓶梅 |

## おさえておきたい Point　ミニ演習　重要用語

1　前漢の武帝により匈奴を挟撃する目的で大月氏に派遣されたのは誰か。

> 張騫

2　玄宗治世の晩年に起こった唐代の内乱は何か。

> 安史の乱

3　租庸調制に代わり明代まで続いた税制とは何か。

> 両税法

4　大都を訪れフビライ=ハンに仕え、帰国後『東方見聞録』を著したのは誰か。

> マルコ=ポーロ

5　明末に来朝し、『坤輿万国全図』を作製したイエズス会宣教師は誰か。

> マテオ=リッチ

# 5 ルネサンス～ヨーロッパ近代国家　　Level 1 ▷ Q03

## おさえておきたい Point　キーワードチェック

### 1 ルネサンス（14～16世紀）

北イタリア都市〔（　1　）→ローマ〕→全ヨーロッパへ
基本思想＝（　2　）　古代の古典を研究して神中心でなく人間中心の世界観を追求
　　　　　　　　　　→人間性・合理性・写実性（実験観察）・現実性
①イタリア=ルネサンス…（1）から始まりそこで華々しく展開
　＜背景＞　　（　3　）で都市繁栄→大商人が芸術保護：（1）の大富豪
　　　　　　（　4　）、ローマでは教皇の保護　政治的混乱→有能な人材登用
　　　　　　古代ローマの遺産　ビザンツ帝国から古典学者亡命
②西欧（北方）ルネサンス…16世紀　王侯貴族の保護　※イタリアより広い層に浸透
③技術と科学　ルネサンスの三大発明＝（　5　）（すべて中国起源）
　　　　　　（　6　）（ポーランド）の地動説＝教会の世界観否定

| | 文学 | （　7　）『神曲』（イタリア語トスカナ方言）、ボッカチオ『デカメロン』 |
|---|---|---|
| イタリア | 絵画 | ボッティチェリ『ヴィーナスの誕生』<br>レオナルド＝ダ＝ヴィンチ『最後の晩餐』（以上フィレンツェ出身）<br>ミケランジェロ『（　8　）』（ローマ・システィナ礼拝堂祭壇画）<br>ラファエロ |
| | 建築 | ブラマンテ：サン＝ピエトロ大聖堂の設計 |
| | 政治 | マキャヴェリ（フィレンツェ）『君主論』（現実的な政治論） |
| | 科学 | ガリレオ＝ガリレイ：望遠鏡観測で地動説を支持 |
| ネーデル<br>ラント | 政治 | （　9　）（人文主義者）『愚神礼賛』（王侯・教会批判） |
| | 絵画 | ファン＝アイク兄弟：油絵　ブリューゲル：農民絵画 |
| ドイツ | 絵画 | デューラー：版画 |
| | 科学 | ケプラー：天文学 |
| フランス | 文学 | ラブレー『ガルガンチュアとパンタグリュエル』<br>モンテーニュ『随想録（エッセー）』 |
| スペイン | 文学 | セルバンテス『ドン＝キホーテ』 |
| イギリス | 文学 | チョーサー『カンタベリ物語』、シェークスピア『ハムレット』<br>トマス＝モア『（　10　）』（囲い込み批判） |

## 2 大航海時代（15～16世紀）

西ヨーロッパを中心に世界の一体化始まる

＜新航路開拓の背景＞

①アジア産香辛料を直接求めたい←オスマン帝国の圧迫

②国王の財政的欲求（スペイン・ポルトガル→レコンキスタの延長）

③アジアへの関心高まり←（　11　）の『東方見聞録』

④地球球体説や羅針盤の普及

＜探険航海＞

ポルトガルは東回りでアジアへ　スペインは西回りでアジアへ（結局アメリカ探険）

①ポルトガル：バルトロメウ＝ディアス→アフリカ南端（喜望峰）

　　　　　　　ヴァスコ＝ダ＝ガマ→インドの（　12　）へ（1498）＝インド航路開拓

②スペイン

　　コロンブス（伊：ジェノバ出身）：地球球体説の（　13　）と親交＝女王イサベルの支
　　　　　　援で西回りでアジアへ→カリブ海のサンサルバドル島（1492）＝当時ヨー
　　　　　　ロッパで未知の「アメリカ」（アメリゴ＝ヴェスプッチに由来）大陸探検

　　マゼラン：西回りで（　14　）→初の世界周航成功（1519～22）（マゼラン自身はフ
　　　　　　ィリピンにて戦死）

＜大航海の結果＞

ポルトガル＝アジア各地に拠点：インドのゴア、東南アジアのマラッカ、中国の（　15　）
　　　　　　→アジアとの香辛料貿易拡大して繁栄（都：リスボン）

※（　16　）はスペイン領に（マゼランの航海）

スペイン＝ラテンアメリカ征服→先住民インディオの文明破壊：コルテスがアステカ王国
（メキシコ）・ピサロがインカ帝国（アンデス）滅ぼす（16世紀前半）→金銀独
占して繁栄　労働力不足補うため（　17　）の「輸入」開始

※（　18　）はポルトガル領に（カブラルの航海）

＜大航海の影響＞

①商業革命＝地球的規模で商業拡大・商業の中心：北伊諸都市→大西洋都市へ

②価格革命＝南米からの金銀流入→物価騰貴・商工業活性化・固定地代に頼る封建領主没落

## ③ 宗教改革（16世紀）

独・スイス・英でローマ教皇・教会の権威を否定する改革運動

①ドイツの宗教改革

| 改革者 | ルター　教皇レオ10世の（　19　）販売（サン＝ピエトロ大聖堂の修築の<br>ため）を批判［『（　20　）』発表（1517）］→後に教会・教皇の権威否定→<br>神聖ローマ皇帝カール５世と対立→諸侯・都市・農民支持　有力諸侯の保護<br>下で（　21　）完成 |
|---|---|
| 影響 | (a) 社会改革めざす農民反乱＝（　22　）（1524〜25）→ルターは諸侯<br>　　を支持して弾圧<br>(b) 諸侯間の対立→（　23　）（1555）でルター派公認、諸侯にカトリッ<br>　　ク・ルター派の選択権（カルヴァン派や個人の信仰はだめ） |

②スイスの宗教改革

| 改革者 | カルヴァン（フランス出身）（　24　）での改革・神政治（1540年代）<br>予定説（魂の救済は神が予定）をもとに禁欲的労働の励行説く→新興市民（商<br>工業者・富裕農民）層に普及 |
|---|---|

③イギリスの国教会成立

| 推進者 | 国王（　25　）　自らの離婚問題を教皇が不承認→（　26　）（1534）＝<br>カトリックから離脱・国王がイギリス国教会の首長に・修道院廃止（領地没<br>収）→絶対主義の確立へ<br>その後女王メアリ１世がカトリックの一時的復活　（　27　）の統一法<br>（1559）→イギリス国教会確立（カトリックの儀礼残る） |
|---|---|

④反（対抗）宗教改革＝カトリック側の改革

(a)（　28　）（16世紀半ば）：教皇の至上権確認・異端取り締まり→宗教裁判

(b) イエズス会によるカトリック布教

| 宗教戦争 | （新旧両派の対立）…ユグノー戦争（仏）→ナントの勅令で終結　オランダ<br>独立戦争　三十年戦争（独）→ウェストファリア条約で終結 |
|---|---|

重要事項
# スピードチェック

日本史 第1章

世界史 第2章

地理 第3章

思想 第4章

文学・芸術 第5章

| カトリック（旧教） | | 教皇が最高権威　教会の儀礼と善行による救済 |
|---|---|---|
| プロテスタント（新教） | ルター派 | 信仰義認説→信仰のみが救済への道<br>聖書が信仰の拠り所 |
| | カルヴァン派 | ルターの教えを継承発展<br>予定説→禁欲的労働の励行 |
| | イギリス国教会 | 英国王が教会の首長<br>カトリックの儀礼とカルヴァン派の教義の折衷 |

1 フィレンツェ　2 人文主義〔ヒューマニズム〕　3 東方貿易　4 メディチ家
5 火薬・羅針盤・活版印刷術　6 コペルニクス　7 ダンテ　8 最後の審判　9 エラスムス
10 ユートピア　11 マルコ＝ポーロ　12 カリカット　13 トスカネリ　14 モルッカ諸島
15 マカオ　16 フィリピン　17 黒人奴隷　18 ブラジル　19 贖宥状〔免罪符〕
20 九十五カ条の論題　21 新約聖書のドイツ語訳　22 ドイツ農民戦争
23 アウグスブルクの宗教和議　24 ジュネーヴ　25 ヘンリ8世　26 首長法
27 エリザベス1世　28 トリエント公会議

**4** ヨーロッパ絶対主義（16〜18世紀） ▶p146

①絶対主義…王権の強い政治体制＝中世封建国家から近代国民国家への過渡期の主権国家
　(a) 王権を支える2つの組織＝（　1　）と（　2　）（仏が典型的）
　(b) 王権を支持する2つの階層＝貴族（封建諸侯没落）と大商人（国内市場統一望む）
　(c) 経済政策＝植民地獲得＋（　3　）（金銀獲得や貿易差額により国富を増やす）
　　　…仏のコルベール（ルイ14世）が典型例　絶対主義の下でも商工業一層発達
　　→ギルドとは異なる問屋制度や工場制手工業（（　4　））が成立＝資本主義の芽生え
　(d) 王権正当化の理論＝王権神授説
②各国の動向…16〜17世紀に西欧（西・蘭・英・仏）、18世紀に東欧（独・墺・露）

| スペイン | カスティリヤとアラゴン合体後レコンキスタ完了（イベリア半島からイスラム勢力追放）（1492）→16世紀絶対主義確立　王家は（　5　）家：カルロス1世（世紀前半）・フェリペ2世（世紀後半）＝ラテンアメリカの金銀独占＋アジアの香辛料貿易も独占←一時（　6　）、オスマン帝国を（　7　）（1571）で破って西地中海制圧　広大な領地をカトリックで統治→新教徒反発（オランダ独立戦争、英と対立） |
|---|---|
| オランダ | ［ネーデルラント（スペイン領）の北部］　カルヴァン派（商工業市民層）がスペインの支配に反発→オランダ独立戦争（1568〜1609）…カトリックの多い南部離脱→北部7州が（　8　）を結成・オラニエ公ウィレム中心に結束→独立達成（総督の下で共和政）…正式には（　9　）（1648）で国際的承認<br><17世紀前半>　都アムステルダム中心に繁栄…中継貿易・毛織物工業→アジアとの貿易＝（　10　）設立　英蘭戦争（17世紀後半）に敗北・衰退 |

| | |
|---|---|
| | **＜文化＞** 絵画：（　11　）（市民生活 油絵） 国際法：（　12　）『海洋自由論』『戦争と平和の法』（←三十年戦争の惨状） |
| **イギリス** | バラ戦争後成立したチューダー朝で16世紀絶対主義確立：ヘンリ8世の子エリザベス1世（世紀後半）＝イギリス国教会確立 第1次（　13　）盛ん→毛織物工業発達 →ジェントリ（騎士の流れ汲む地主層）成長＋アジアとの貿易＝（10）設立（1600） 17世紀初成立したステュアート朝で絶対主義続く→ピューリタン革命（1642〜49） |
| **フランス** | 宗教戦争ユグノー戦争（ユグノーとはカルヴァン派）（1562〜98）→ブルボン朝のアンリ4世が（　14　）（1598）で終結（→カルヴァン派公認）<br>＜17世紀絶対主義確立＞ ルイ13世（前半）＝三部会停止<br>＜絶頂期＞ ルイ14世（位1643〜1715）「朕は国家なり」 重商主義政策推進…財務総監（　15　）主導 三十年戦争に介入→ブルボン家優位に 豪華な（　16　）式ヴェルサイユ宮殿建設 ルイ14世治世末から衰退へ（　17　）（1701〜13）でスペインにブルボン家誕生（仏・西の合併は禁止）（14）廃止による経済悪化＋財政難→18世紀末フランス革命 |

---

1・2 常備軍・官僚　3 重商主義（政策）　4 マニュファクチュア　5 ハプスブルク
6 ポルトガル併合　7 レパントの海戦　8 ユトレヒト同盟　9 ウェストファリア条約
10 東インド会社　11 レンブラント　12 グロティウス　13 囲い込み〔エンクロージャー〕
14 ナントの勅令　15 コルベール　16 バロック　17 スペイン継承戦争

---

| | |
|---|---|
| **ドイツ** | 神聖ローマ帝国は分裂状態 帝国の一員のプロイセンとオーストリアが強大化<br>＜三十年戦争＞（1618〜48） 諸国介入の宗教戦争→旧教国（　1　）が新教側を支援＝政治戦争に（右図参照）→（　2　）で終結（1648）<br>＜結果＞ (a) 諸侯の完全自立→神聖ローマ帝国の事実上解体（名目上は1806年まで存続） (b) スイス・オランダの独立国際承認　(c)（　3　）公認　(d) ドイツ国土荒廃 |
| **プロイセン** | プロイセン公国（ドイツ騎士団領に起源）<br>＋ブランデンブルク（ベルリン中心）<br>18世紀 墺と対決しながら絶対主義確立 王家は（　4　）家<br>フリードリヒ＝ヴィルヘルム1世（世紀前半）軍国主義確立←（　5　）（地主貴族）が将校・官僚として支える（農場では多数の農奴の存在）<br>絶頂期＝（　6　）（位1740〜86）啓蒙専制君主＝啓蒙思想（彼は思想家ヴォルテールと親交）に基づき国王自らが近代化を推進「君主は |

＜三十年戦争の構図＞

英　デンマーク　スウェーデン
蘭　　　　　　　［グスタフ＝アドルフ］
カトリック
仏　　　新教諸侯
旧教国　　　VS

神聖ローマ皇帝　旧教諸侯
傭兵隊長［ヴァレンシュタイン］の活躍　　スペイン

| | （ 7 ）である」　オーストリア継承戦争（1740〜48）でオーストリアからシュレジエン獲得して強国に、次の七年戦争（1756〜63）でも勝利　ロココ式（ 8 ）宮殿建設 |
|---|---|
| オーストリア | 支配者ドイツ人のほか、チェック人（ベーメン）・マジャール人（ハンガリーをオスマン帝国から奪う）など支配する多民族国家<br>18世紀絶対主義確立　マリア＝テレジア（ハプスブルク家相続）…オーストリア継承戦争に敗北後プロイセンに対抗上（ 9 ）と提携（外交革命）→七年戦争へ　ヨーゼフ2世　啓蒙専制君主 |
| ロシア | モスクワ大公イヴァン4世…皇帝専制の基礎（「ツァーリ」と称す）<br>コサックの首領イェルマークのシベリア征服進行<br>18世紀絶対主義確立　ピョートル1世（位1682〜1725）…近代化<br>北方戦争で北欧の大国（ 10 ）破ってバルト海に新都ペテルブルク建設　清と国境画定（ 11 ）条約（1689）エカチェリーナ2世（18世紀後半）啓蒙専制君主　ポーランド分割に参加　ラクスマンを根室へ（通商要求）　農奴制強化→農民反乱（ 12 ）発生 |
| ポーランド | 選挙王制のために衰退→普墺露によるポーランド分割（18世紀後半）→（ 13 ）の抵抗むなしく消滅 |

③西欧諸国の植民活動（16〜18世紀）

| ポルトガル（16世紀） | アジア貿易（香辛料貿易）の拠点：ゴア（インド）マラッカ（東南アジア）マカオ（中国）<br>アメリカ大陸：ブラジルの植民地化 |
|---|---|
| スペイン（16世紀） | ラテンアメリカ植民地化（金銀の独占）アジア：フィリピン植民地化（マニラ） |
| オランダ（17世紀） | アジア貿易（香辛料貿易）の拠点：ジャワの（ 14 ）<br>モルッカ諸島からイギリス勢力追放＝（ 15 ）　中継地としてアフリカ南端（ 16 ）　アメリカ大陸：植民地建設するが英蘭戦争で敗れて衰退（ニューアムステルダム→英領ニューヨーク） |
| フランス（17〜18世紀） | インドの拠点：ポンディシェリ・シャンデルナゴル<br>北米：カナダ・（ 17 ）獲得→七年戦争で英に敗れ北米領土喪失 |
| イギリス（17〜18世紀） | インドの拠点：ボンベイ・マドラス・カルカッタ<br>北米：ヴァージニアに始まる13植民地建設 |
| 英仏植民地戦争（17〜18世紀） | 七年戦争（1756〜63）後英勝利で決着<br>インド：（ 18 ）の戦い（1757）→英がインド支配の覇権<br>北米：（ 19 ）（1755〜63）→（ 20 ）（1763）で英勝利＝仏からカナダ・（17）獲得 |

（次頁の図に続く）

前頁より続く表

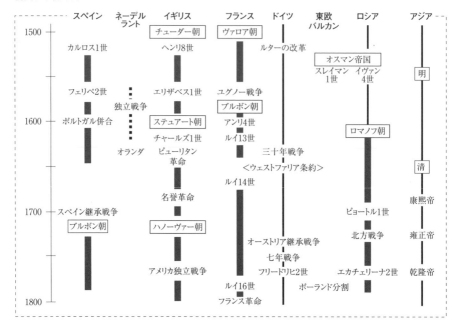

1 フランス　2 ウェストファリア条約　3 カルヴァン派　4 ホーエンツォレルン　5 ユンカー
6 フリードリヒ2世　7 国家第一の下僕　8 サンスーシ　9 フランス　10 スウェーデン
11 ネルチンスク　12 プガチョフの乱　13 コシューシコ　14 バタヴィア
15 アンボイナ事件　16 ケープ植民地　17 ルイジアナ　18 プラッシー
19 フレンチ=インディアン戦争（七年戦争時のアメリカ植民地戦争の呼称）　20 パリ条約

## おさえておきたい Point　ミニ演習

1　フランス絶対主義はルイ14世の時代に絶頂期を迎えた。
幼くして即位したため、当初は（　ア　）が宰相となり執政
したが、彼の死とともに親政を開始。財務長官に（　イ　）
を登用し典型的な重商主義を行わせる一方、（　ウ　）の造営・
文芸の奨励を行い、フランスはヨーロッパの中心となった。

| ア | マザラン |
| イ | コルベール |
| ウ | ヴェルサイユ宮殿 |

（空欄補充）

2　次の説明に該当する人物を答えよ。
（重要用語）

1. ギリシア半島を制圧して東方遠征を開始し、インダス川
流域まで大帝国を形成した。この結果、ギリシア文化とオ
リエント文化が融合したヘレニズム文化が形成された。

1. アレクサンドロス大王

2. 13世紀に陸路中国に入り、元のフビライに仕え、帰国後
には『東方見聞録』を残した。

2. マルコ=ポーロ

3. 14世紀に当時の公用語であったラテン語ではなく、トスカナ語で『神曲』を著し、ルネサンスの先駆者とされる。

4. アフリカ大陸の南端を経由してインドのカリカットに到達した。

5. アメリカの古代文明であったアステカ帝国を滅ぼした。

6. アメリカはアジアとは別の大陸であることを証明した。

7. アジアを目指して出航してバハマ諸島に達したが、ここをインドであると信じた。

8. スペイン王の命で出帆し、フィリピンに到達、その艦隊は世界周航を果たした。

9. 1517年にドイツで「95カ条の論題」を発表し、カトリック教会が販売していた贖宥状の効力を否定して宗教改革を開始した。

10. 予定説を唱えてスイスで宗教改革を展開した。予定説においては勤労と節約を説き、近代資本主義社会が発達する際に商工業者の倫理を形成した。

11. レパントの海戦でオスマン帝国を破り、ポルトガルを一時的に併合してスペイン絶対王政の最盛期を現出した。

12. イギリス絶対王政の最盛期を現出し、東インド会社を設立して積極的な海外進出が図られた。また、統一法を制定してイギリス国教会制度を確立した。

---

3. ダンテ

4. ヴァスコ=ダ=ガマ

5. コルテス

6. アメリゴ=ヴェスプッチ

7. コロンブス

8. マゼラン

9. ルター

10. カルヴァン

11. フェリペ2世

12. エリザベス1世

---

## **6** 欧米の諸革命と国民国家の成立　Level 1 ▷ **Q04**　Level 2 ▷ **Q14**

### おさえておきたい **Point** キーワードチェック

17世紀 イギリス革命（＝ピューリタン革命＋名誉革命）
→18世紀後半〜イギリス産業革命（→欧米諸国へ）
→18世紀末 アメリカ独立革命・フランス革命

### **1** イギリス革命（17世紀）▷ p148

| 背景 | ステュアート朝のジェームズ1世・（　1　）の専制政治＝イギリス国教強制・不当な課税など→商工業者（毛織物工業）・（　2　）（地主層）・ヨーマン（独立自営農民）が議会を拠点に国王（イギリス国教会）に反発<br>※カルヴァン派（ピューリタン）が多い |
|---|---|
| 展開 | ①チャールズ1世の専制→議会：（　3　）提出（1628）＝国王の不当逮捕監禁や議会の同意なき課税禁止 →国王議会解散<br>②スコットランド反乱を機に王党派（親国王）と議会派（反国王）対立・内戦へ→議会派が王党派破る：議会派内部が分裂→（　4　）率いる独立派が長老派を追放・国王チャールズ1世を処刑（ピューリタン革命1642〜49） |

| | |
|---|---|
| | ③以後11年間国王のいない共和政：（4）の指導：重商主義政策＝（　5　）（1651）（イギリスの港におけるオランダ商船出入り禁止）→3回の英蘭戦争で海上権奪う（　6　）征服<br>④（4）の独裁への不満→王政復古（処刑された国王の子チャールズ2世）　国王の専制も復活（フランスと通じる）→議会：2つの法（　7　）で対抗<br>⑤専制やまず→議会内トーリー党（保守的→のち保守党）・ホイッグ党（進歩的→のち自由党）協同で現国王ジェームズ2世を追放、オランダ総督夫妻ウィリアム3世・メアリ2世を新国王夫妻に＝無血革命実現→議会が（　8　）（←新国王夫妻が承認した「権利の宣言」の法文化＝王権に対する議会の優位）制定（名誉革命1688〜89） |
| 結果 | 絶対主義打倒・議会主権の立憲政治実現　アン女王治世でスコットランド合併→大ブリテン王国（1707）　ハノーヴァー朝：ジョージ1世治世のウォルポール首相（18世紀前半）の下で責任内閣制開始…「国王は（　9　）」<br>※大地主に有利な選挙制度改革は19世紀前半から |

## 2 アメリカ独立革命（独立戦争）（18世紀後半）　▶p148

近代史上初の植民地独立＋産業・信仰の自由実現した市民革命

| ＜イギリス本国・欧州の動き＞ | ＜13植民地側の動き＞ |
|---|---|
| 七年戦争で植民地獲得するも戦費の負担 | →重商主義強化・植民地への課税 |
| 印紙法（1765） | ←「（　10　）」を唱えて反対、課税撤回に |
| （　11　）（1773） | ←ボストン茶会事件で抵抗 |
| レキシントンの戦い（1775）で武器接収 | ←独立戦争開始、植民地民兵が反撃・勝利 |
| （←仏西蘭が植民地側に参戦） | |
| （←露など5カ国が武装中立同盟形成） | 『コモンセンス』が世論形成→独立宣言（1776） |
| ヨークタウンの戦い（1781）で英軍降伏 | |
| パリ条約（1783）で英が独立承認 | アメリカ合衆国憲法制定（1787） |
| | 初代大統領ワシントン就任（1789） |

＜イギリス13植民地建設＞（17世紀初〜18世紀前半）
　（北部）ニューイングランド←信仰の自由求めて英から渡った（　12　）（1620）
　（南部）大農場経営（プランテーション）（　13　）（18世紀）や綿花（19世紀）栽培←黒人奴隷　自治の気運強い
＜独立への背景＞
　七年（フレンチ＝インディアン）戦争後戦費・植民地（カナダ・ルイジアナ獲得）維持費のため本国による植民地への重商主義・課税政策強化→植民地側反発
　独立戦争（1775〜83）　植民地側劣勢→途中から独立へ傾く←トマス・ペインの『コモンセンス』

<独立宣言>（1776）トマス＝（ 14 ）らが起草　社会契約説や（ 15 ）の革命権取り込む

　植民地側に有利な国際環境…フランス（ラファイエットの活躍）など参戦＋ロシアのエカチェリーナ2世提唱の（ 16 ）結成　独立達成　パリ条約（1783）で英が承認

<アメリカ合衆国憲法制定>（1787）三大原則は（ 17 ）

## ③ フランス革命（1789〜99）　▶p168

徹底した、しかも国民国家の理念を明確にした市民革命

<革命前の政治・社会体制>（ 18 ）…絶対主義のもと身分制と領主制が依然機能

<矛盾の深まり> ①国家財政悪化→（ 19 ）への援助でなお悪化　②国王側の課税画策に対する特権身分反発　③第三身分の不満　中産市民（商工業者）経済的実力向上→政治参加不可・経済の自由なし（重商主義のため）　法律家ジャーナリスト→アメリカ独立戦争の影響で啓蒙主義普及・現体制批判

<革命の発端>　国王ルイ16世の財政改革に反発した貴族の要求で（ 20 ）招集（1789）→第三身分が政治の舞台へ→第三身分の議員が（ 21 ）の成立宣言→特権身分も合流

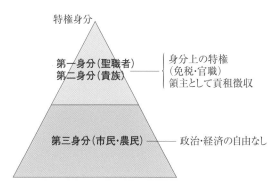

特権身分

第一身分（聖職者）
第二身分（貴族）———身分上の特権
（免税・官職）
領主として貢租徴収

第三身分（市民・農民）———政治・経済の自由なし

---

1 チャールズ1世　2 ジェントリ　3 権利の請願　4 クロムウェル　5 航海法
6 アイルランド　7 審査法[1]・人身保護法[2]　8 権利の章典　9 君臨すれども統治せず
10 代表なくして課税なし　11 茶法[3]　12 ピルグリム＝ファーザーズ〔巡礼始祖〕
13 タバコ　14 ジェファーソン　15 ロック　16 武装中立同盟
17 連邦主義・人民主権・三権分立　18 アンシャン＝レジーム　19 アメリカ独立戦争
20 三部会　21 国民議会

---

※1　公職にある者はイギリス国教徒に限定（王政復古後は国王は仏と通じてカトリック容認に傾く）
※2　不当な逮捕監禁禁止
※3　植民地での茶の独占販売権を東インド会社に付与→植民地商人反発

<フランス革命の流れ>

| | |
|---|---|
| 王政 | 1789年 5月　三部会　→6月　国民議会 |
| | 1789年 7月14日　①バスティーユ牢獄襲撃 |
| | 　　　　8月　議会：②封建的特権の有償廃止　③（　1　）制定 |
| | 　　　　10月　パリ民衆のヴェルサイユ行進で国王・議会パリへ　経済の自由実現へ |
| | 1791年　憲法→立憲王政実現　立法議会　④ヴァレンヌ逃亡事件 |
| 共和政 | 1792年 4月　ジロンド派対オーストリア宣戦 |
| | 　　　　8月　⑤8月10日事件→王権停止 |
| | 　　　　9月　（　2　）→王政廃止・共和政成立 |
| | 1793年 1月　裁判で元国王ルイ16世処刑→⑥英中心に（　3　）結成 |
| | 　　　　6月　→⑦山岳派独裁（恐怖政治）開始 |
| | 　　　　　　　⑧封建的貢租の無償廃止　革命暦・メートル法制定 |
| | 1794年 7月　（　4　）で山岳派独裁終わり |
| | 1795年　憲法→二院制議会・⑨総裁政府　政治的不安定 |
| | 1796年　　財産共有めざすバブーフの陰謀 |
| | 1799年　　ブリュメール18日のクーデター→ナポレオン実権 |

立憲王政検討

立憲王政

(a) 政治体制　絶対主義→立憲王政→共和政成立→山岳派独裁→不安定→ナポレオン登場
(b) 議会（上年表中■内の順）　議会内で革命推進…ジロンド派・ジャコバン派（山岳派）
(c) 主な出来事（丸数字は上年表内の数字に対応）
①パリ民衆による革命の開始　②身分上の特権（免税など）の廃止　③人間の自由・平等、国民主権、私有財産の不可侵などを規定　④国王一家が王妃の実家オーストリアへ逃亡画策失敗→共和政の気運高まる　⑤民衆たちがパリの王宮襲撃　⑥革命の急進化を危惧した英（首相ピット）中心に諸国が対仏軍事同盟を結成（革命中数度）　⑦内外の反革命に対抗して革命を防衛しようとジャコバン（山岳）派が実施→ロベスピエールらが公安委員会・革命裁判所を拠点に反革命派弾圧（ギロチンで処刑）　⑧農民の土地所有を実現　⑨独裁防止のため5人の総裁に権力分散　以後左右両派の対立などから軍人に秩序安定の期待が高まる

## 4　イギリス産業革命（18世紀後半〜1830頃）と世界

| 背景 | 資本蓄積：国内で（　5　）の発達・海外での貿易＝（　6　）市場：七年戦争勝利までに植民地拡大　労働力：産業革命と並行して（　7　）進行 |
|---|---|
| 展開 | （　8　）での技術革新：織布ジョン・ケイの飛び杼（1733）→紡績ハーグリーヴズ・アークライト・クロンプトンの紡績機（1760〜70年代）→カートライトの（　9　）（1785蒸気機関応用）→綿製品世界市場へ→機械工業・鉄工業　ワットの蒸気機関（1765）（←ニューコメンの排水ポンプ改良）→輸送手段に応用　アメリカ人フルトンの蒸気船　スティーブンソンの蒸気機関車（1814）→実用鉄道完成　貿易港リヴァプール・木綿工業都市（　10　）間（1830） |

---

| | |
|---|---|
| 結果 | 工場生産による機械制大工業→資本主義確立　産業資本家台頭→第1回選挙法改正（1832）で参政権　穀物法・航海法廃止（1840年代）で（　11　）実現　熟練手工業者没落→機械打ち壊し（ラダイト）運動で抵抗　女性・年少者労働問題に他国への波及（1830年代以降）英「世界の工場」→仏（七月王政下で）・米（西部開拓と並行して）・独（国家統一と並行して） |

**5 ナポレオンの制覇（1799～1815）…フランス革命の理念を普及・国民意識を覚醒**

①ナポレオン登場　コルシカ島出身の革命派軍人→革命中のイタリア遠征（1796～97）で功績→（　12　）中（ロゼッタ石発見）に帰国→ブリュメール18日のクーデター（1799）で統領政府たて独裁権握る（自ら第一統領）

②内政：社会秩序の安定・革命の成果保障←（　13　）制定（1804）　国民投票で皇帝に（第一帝政1804）

③外征：広大なナポレオン帝国形成←トラファルガーの海戦では英に敗北、（　14　）（1805）で墺・露撃破、神聖ローマ帝国も消滅、普は（　15　）で領土半減

④国民意識（ナショナリズム）高揚　大陸封鎖令（1806）（対英経済封鎖）→各地で反仏ナショナリズム高揚：普＝フィヒテ「ドイツ国民に告ぐ」＋シュタイン・ハルデンベルクの改革で（　16　）などの近代化

⑤失脚へ　大陸封鎖令違反のロシアへの遠征（1812～13）失敗→普・墺・露連合軍に敗れ（ライプチヒの戦い）→退位エルバ島流刑→百日天下→ワーテルローの戦いで敗退→セントヘレナへ流刑（1815）

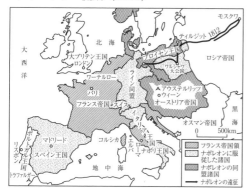

---

1 人権宣言　2 国民公会　3 （第1回）対仏大同盟　4 テルミドールのクーデター
5 毛織物工業　6 三角〔奴隷〕貿易[1]　7 第2次囲い込み〔エンクロージャー〕[2]
8 木綿工業　9 力織機　10 マンチェスター　11 自由貿易（主義）　12 エジプト遠征
13 ナポレオン法典[3]　14 アウステルリッツの戦い　15 ティルジット条約　16 農民解放

※1　西欧（日用品・武器）→アフリカ（黒人奴隷）→アメリカ（砂糖）→西欧
※2　穀物生産目的　※3　フランス人の民法典

**6** **ウィーン体制とその動揺（19世紀前半）** ▶p169

(1)ウィーン会議（1814〜15）

　墺のメッテルニヒが司会　ナポレオン後のヨーロッパ秩序協議→基本原則：（　**1**　）（革命前の王朝・領土を正統）と勢力均衡→保守反動のウィーン体制（1815〜48）…アレクサンドル1世（露）提唱の（　**2**　）や英・普・墺・露・（途中から仏）の軍事同盟＝四（五）国同盟が支える　独：神聖ローマ帝国は復活せず→普・墺など30余国・自由市で構成の（　**3**　）成立

(2)ウィーン体制の流れ

　フランス革命とナポレオン戦争で広まった自由・国民主義
　→保守反動のウィーン体制を崩す

| | | アメリカ・独・墺ほか | フランス | イギリス |
|---|---|---|---|---|
| 1810〜1820 | 動揺 | (独) 学生：ブルシェンシャフト×<br>(伊) カルボナリ×<br>(露) デカブリストの乱×<br>ラテンアメリカ諸国独立○（西ポから）<br>米（　**4**　）(1823) 欧州介入反対<br>ギリシアの独立○（オスマン帝国から） | 第一帝政（〜15）<br>復古王政（ブルボン朝）<br>ルイ18世<br>シャルル10世<br>↓反動政治 | 自由主義改革進展<br>審査法廃止・<br>旧教徒解放法 |
| 1830 | 破綻 | ベルギー独立○（オランダから）<br>ポーランドの独立運動× | 七月革命（1830）○<br>（オルレアン家ルイ＝フィリップ新王に）<br>七月王政（1830〜48）<br>↓ | 第1回選挙法改正<br>↓<br>（　**5**　）運動× |
| 1848 | 崩壊 | 独・墺で三月革命→メッテルニヒ亡命○<br>独のフランクフルト国民議会で統一<br>協議→（　**7**　）による統一×<br>ハンガリー・北伊・ベーメン民族運動× | （　**6**　）(1848) ○<br>（ルイ＝フィリップ亡命）<br>第二共和政（48〜52）<br>ルイ＝ナポレオン大統領に | 穀物法・航海法廃止<br>『共産党宣言』発表 |

表中の○＝成功　×＝失敗

(a) 19世紀前半の思想・文化傾向…（　**8**　）＝感情・民族・個性を重視　（　**9**　）（独歴史学派経済学関税同盟結成尽力）

(b) 産業革命進展に伴う労働者の増大…社会主義思想　（　**10**　）工場法制定に尽力

マルクス・エンゲルス『共産党宣言』発表（1848）　仏：二月革命後の臨時政府には
ルイ＝ブランら社会主義者が入閣→（　**11**　）など実施→その後閣外に

## 7　欧米の国民国家の建設（19世紀半ば〜後半）　▶p152

| | |
|---|---|
| イギリス<br>ヴィクトリア時代 | ①経済的繁栄<br>②政治的安定　保守党の（　**12**　）と（　**13**　）のグラッドストンら指導<br>③海外アングロサクソン系植民地を自治領に→カナダ・オーストラリア・南アなど　※アイルランドは20C |
| アメリカ合衆国の<br>発展 | ①ナポレオン戦争中の米英戦争で経済的自立<br>　フランス革命とナポレオン戦争に（　**14**　）<br>②領土拡大（ルイジアナ→フロリダ→テキサス→カリフォルニア）<br>　→西部開拓　ジャクソン（西部出身大統領）　インディアン抑圧<br>③西部の新州獲得巡り南北対立→南北戦争（1861〜65）<br>　リンカン大統領就任→南部：アメリカ連合国形成<br>　連邦を離脱・戦争へ<br>　戦中リンカン：（　**15**　）（西部農民向け）制定<br>　奴隷解放宣言（1863）<br>　ゲティスバーグ演説<br>④北部勝利→再統一<br>　奴隷制廃止<br>　（　**16**　）開通（1869）によりアメリカ経済急成長 |
| フランス | ①ルイ＝ナポレオン大統領→クーデター・国民投票で皇帝ナポレオン3世に<br>　第二帝政（52〜70）<br>②積極的外征→メキシコ出兵失敗で威信低下<br>　→（　**17**　）で敗北・ナポレオン3世退位<br>　第三共和政（1870〜1940）<br>③パリ＝コミューン（1871）<br>　対独講和の臨時政府に反対したパリ市民の自治政府<br>　→2カ月で終了 |
| イタリア王国<br>（1861・71〜） | ①カルボナリ・青年イタリアによる民族運動<br>②サルデーニャ王国（カブール首相）によるイタリア統一<br>　→イタリア統一戦争（1859）で墺からロンバルディア獲得<br>　→青年イタリアの（　**18**　）が征服したシチリア・ナポリ併合<br>　イタリア王国（1861）<br>　（　**19**　）戦争でヴェネツィア獲得（1866）　普仏戦争の際にローマ教皇領占領（1870）→ローマに遷都（1871）<br>③「未回収のイタリア」残る→墺と係争 |

| | |
|---|---|
| ロシアの改革と南下 | ①ウィーン体制では皇帝専制のもと保守反動政治<br>②（ **20** ）敗北後遅れ痛感→皇帝アレクサンドル2世（ **21** ）（1861）発布［→資本主義発展に道］ポーランド反乱で再び反動政治<br>③都市知識人（インテリゲンツィア）：農村共同体のもと社会主義建設めざす啓蒙活動→ナロードニキ運動失敗<br>④オスマン帝国の弱体化・諸民族の自立→東方問題<br>［露の南下政策］ギリシア独立戦争・エジプト＝トルコ戦争で成功→クリミア戦争（1853～56）で失敗→露土戦争（1877～78）で勝利→（ **22** ）条約で南下阻止＝墺が（ **23** ）の行政権得てバルカン進出 |
| ドイツ帝国 | ①経済統一が先行（英に対抗）（ **24** ）結成（1833）<br>　→（4）による統一の流れ<br>②プロイセン王国（ビスマルク首相）によるドイツ統一<br>　→（19）戦争で普中心の北ドイツ連邦成立（1867）<br>　［→排除された墺はハンガリーに自治権与えオーストリア＝ハンガリー帝国に］→普仏戦争中に南独が合併＝ドイツ帝国（1871～1918）<br>③帝国の仕組み<br>　普国王（ヴィルヘルム1世）が皇帝に、ビスマルクが帝国宰相に<br>　男子普通選挙の帝国議会より皇帝・宰相の権力絶大<br>④仏から（ **25** ）を得て資本主義急成長 |

---

1 正統主義　2 神聖同盟　3 ドイツ連邦　4 モンロー宣言　5 チャーティスト　6 二月革命
7 小ドイツ主義　8 ロマン主義　9 リスト　10 ロバート＝オーウェン　11 国立作業場設置
12 ディズレーリ　13 自由党　14 中立　15 自営農地法〔ホームステッド法〕
16 大陸横断鉄道　17 普仏戦争　18 ガリバルディ 19 普墺　20 クリミア戦争
21 農奴解放令　22 ベルリン　23 ボスニア・ヘルツェゴヴィナ　24 ドイツ関税同盟
25 アルザス＝ロレーヌ

# おさえておきたい Point　ミニ演習

1　イギリスではチャールズ1世の専制に対し、1628年議会が（ **ア** ）を可決。しかし、王はこれを守らずその結果1642年ピューリタン革命が勃発、独立派のクロムウェルが王を処刑し共和政を樹立した。その後王政復古により再び反動政治化すると、1688年（ **イ** ）が起こり、王の娘メアリとその夫オランダ総督ウィリアムがイギリスに迎えられた。翌年、議会は（ **ウ** ）を決議し、ウィリアム夫妻もこ

| | |
|---|---|
| ア | 権利の請願 |
| イ | 名誉革命 |
| ウ | 権利の宣言 |

れを承認して王位についた。

空欄補充

**2** フランスでは、1789年に175年ぶりに三部会が招集され
たが、議決方法をめぐり第三身分が分離団結、革命へと発展
した。1793年になると、革命のイニシアティブはジロンド
派を追放した（　**ア**　）派へと移り、急進的政策を次々強行
したが、翌年（　**イ**　）で打倒された。このような不安定な
政治情勢下、（　**ウ**　）が登場し一時はヨーロッパ大陸を制
覇したが、1815年ワーテルローの戦いで大敗しセントヘレ
ナへ流され、彼の時代は終わりを告げた。

空欄補充

**ア**　ジャコバン
**イ**　テルミドールのクーデタ
**ウ**　ナポレオン

**3** 次の説明に該当する人物を答えよ。

重要用語

1. イギリスのピューリタン革命の中心となって国王チャール
ズ1世を処刑して共和政を実施した。
2. プロイセン宰相としてオーストリア、フランスを打倒して
ドイツ帝国樹立の中心となった。ドイツ帝国宰相としてフラ
ンスの孤立化をはかる外交政策を展開し、ドイツ・イタリ
ア・オーストリアの間に三国同盟を形成、ロシアとは再保障
条約を締結した。
3. 1861年から始まった南北戦争に際し、奴隷開放宣言を発し
た。
4. アメリカ独立戦争で植民地側の司令官として活躍、アメリ
カ初代大統領となった。
5. 1823年にラテンアメリカ諸国の独立を支持して、ヨーロッ
パ大陸とアメリカ大陸の相互不干渉を提唱した。

1. クロムウェル

2. ビスマルク

3. リンカン

4. ワシントン

5. モンロー

**4** 次の文章の正誤を判断せよ。

正誤判断

1. イギリスではクロムウェルが中心となって国王チャールズ1
世を処刑した名誉革命が起こった。

2. 名誉革命の後、イギリスでは『権利の請願』が発布され、
議会が国王に優越する立憲君主体制が樹立された。

3. アメリカ独立戦争の際には、ロックが起草した『独立宣言』
が発表された。

4. リンカンがゲティスバークの演説で「人民の、人民による、
人民のための政治」というデモクラシーの本質を示す言葉を
唱え、独立への世論を高めた。

5. アメリカはフランスの参戦にも助けられパリ条約でミシシ
ッピ以東のルイジアナをイギリスから獲得して独立した。

× クロムウェルが中心となっ
て国王を処刑したのはピュ
ーリタン革命（1649）で
ある。

× 名誉革命（1789）の後に
発布されたのは『権利の章
典』。

× 『独立宣言』はロックの主
張を取り入れたが起草者は
トマス＝ジェファーソン。

× リンカンは南北戦争の際に
ゲティスバーク演説をした
大統領である。

○

重要事項 スピードチェック

日本史 第1章
世界史 第2章
地理 第3章
思想 第4章
文学・芸術 第5章

6. フランス革命前には、貴族や聖職者が第一身分、商工業者が第二身分、農民が第三身分とされるアンシャンレジームとよばれる体制がとられていた。

× 第一身分が聖職者、第二身分が貴族、その他商工業者も農民もすべて第三身分である。

7. フランス革命はヨーロッパ諸国の干渉を招いて対外戦争が勃発した。

○

8. フランス革命では人間の自由平等や所有権の神聖不可侵を明記した『人権宣言』が採択された。

○

# 7 欧米列強の海外進出とアジア・アフリカ  Level 1 ▷ **Q05,Q06**  Level 2 ▷ **Q15**

## おさえておきたい Point 【キーワードチェック】

### **1** 欧米列強の帝国主義政策（19世紀後半）

(1)帝国主義（1870年代以降）

資本主義の著しい発展［第二次産業革命＝石油・電力、重工業中心→（　1　）段階］と農業不況（安価な農作物の南北米・露から流入）→国家による対外膨張政策（資本の輸出先としての植民地）→列強の世界分割・再分割（戦争）

(2)欧米諸国の動向（19世紀後半〜20世紀初）

| ＜イギリス＞ | ＜フランス＞ | ＜ドイツ＞ |
|---|---|---|
| 米・独急追→「世界の工場」動揺<br>↓<br>保守党ディズレーリ内閣<br><br>3C政策<br>（　2　）（75）<br>インド帝国成立（77）<br>エジプト保護国化（82）<br>植民地相ジョセフ＝チェンバレン→ファショダ事件・南ア戦争<br><br>労働党成立（1906）<br>※アイルランド自治は持ち越し | 第三共和政<br>（1870〜1940）<br>露への資本輸出<br>仏領インドシナ成立<br>（1887）<br><br>政情不安定<br>↓<br>反ユダヤ主義あおる<br>（　3　）事件<br>（1894〜99） | 資本主義急成長<br>（カルテル＝企業連合）<br><br>ビスマルク→カトリック勢力を文化闘争で弾圧、社会主義者鎮圧法、保険制度、保護関税<br>↓<br>（　4　）（1890）を機にヴィルヘルム2世の世界政策<br><br>西アジア→3B政策<br>アフリカ |

120

<table>
<tr><td>

＜ロシア＞

仏資本導入→（　5　）建設

資本主義急成長（1890年代）
　　　　　　　↓

皇帝ニコライ２世の対外進出

ロシア第一次革命（1905）

（　6　）最中 ペテルブルクの労働者中心
　　　　　　　　　　血の日曜日事件

労働者ソヴィエト結成　　↓

皇帝十月宣言で国会（　7　）開設と憲法

制定→革命弾圧・ストルイピンの反動

</td><td>

＜アメリカ＞

南北戦争後資本主義急成長

（トラスト＝企業合同）

↓以後反トラスト法制定

フロンティア消滅（1890）

以降ラテンアメリカへ進出→（　8　）政策

マッキンレー大統領　米西戦争（1898）

ジョン＝ヘイの門戸開放宣言

セオドア＝ルーズベルト大統領

</td></tr>
</table>

※アイルランド（1801年イギリスに合併）問題

　アイルランド人（カトリック）はイギリス人（プロテスタント）地主の小作人の地位に甘んじてきた。旧教徒解放法(1829)で宗教問題が、アイルランド土地法(19世紀後半3回)で土地問題が解決したが、アイルランド自治法（1914）は戦争のため実施延期に。

## 2 アジア・アフリカの状況（19世紀初〜 20世紀初）▶p150 ▶p170

欧米列強の植民地化とそれに対する動き

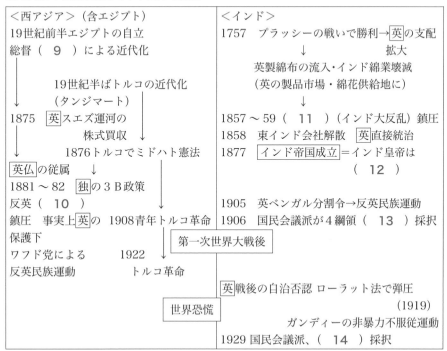

<table>
<tr><td>

＜西アジア＞（含エジプト）

19世紀前半エジプトの自立

総督（　9　）による近代化
│
　　　　　　19世紀半ばトルコの近代化
　　　　　　　（タンジマート）
│
1875　[英]スエズ運河の
　　　　　　　株式買収　↓
│
　　　　　1876トルコでミドハト憲法

[英仏]の従属　　↓

1881〜82　[独]の３Ｂ政策

反英（　10　）

鎮圧　事実上[英]の　1908青年トルコ革命

保護下

ワフド党による　　　1922

反英民族運動　　　　トルコ革命

</td><td>

1757　プラッシーの戦いで勝利→[英]の支配
　　　　　　　　　↓　　　　　　　拡大

英製綿布の流入・インド綿業壊滅

（英の製品市場・綿花供給地に）
　　　　　　　　　↓

1857〜59（　11　）（インド大反乱）鎮圧

1858　東インド会社解散　[英]直接統治

1877　[インド帝国成立]＝インド皇帝は
　　　　　　　　　　　　（　12　）

1905　英ベンガル分割令→反英民族運動

1906　国民会議派が４綱領（　13　）採択

</td></tr>
</table>

第一次世界大戦後

世界恐慌

[英]戦後の自治否認 ローラット法で弾圧
　　　　　　　　　　　　　　　（1919）

　　　　　ガンディーの非暴力不服従運動

1929 国民会議派、（　14　）採択

<東南アジア>
西（スペイン）：フィリピン
英：海峡植民地（シンガポール・マラッカ）
蘭：ジャワなどインドネシア
仏：ナポレオン3世のインドシナ出兵
（　15　）だけ植民地化されず
　　　　　　　　　1887仏領インドシナ
英：ビルマ・ヒマラヤ
フィリピン：米西戦争で西→米領
ヴェトナム：東遊運動（日本に学べ）
インドネシア：サレカット＝イスラムの自治要求

---

1 独占資本主義　2 スエズ運河の株式買収[1]　3 ドレフュス　4 ビスマルク辞任
5 シベリア鉄道　6 日露戦争[2]　7 ドゥーマ[3]　8 カリブ海　9 ムハンマド＝アリー
10 アラービ＝パシャの乱　11 セポイ〔シパーヒー〕の反乱[4]　12 英国王〔ヴィクトリア女王〕
13 英貨排斥・スワデーシ〔国産品愛用〕・スワラージ〔自治〕・民族教育
14 プールナ＝スワラージ〔完全独立〕　15 タイ

※1　スエズ運河はフランス人技師レセップスがエジプト王と連携して完成（1869）
※2　早期講和を求める日露両国は米の仲介でポーツマス条約締結（1905）
※3　議員の選出法が非民主的で大地主の意向のみ反映
※4　セポイは英東インド会社のインド人傭兵

---

<中国（清）>　アヘン戦争から列強の中国分割
英の三角貿易で中国から銀流出
1840～42 アヘン戦争敗北→（　1　）
　　　　　　5港開港、公行(特権商人組合)の廃止、香港割譲
英：武力で自由貿易強制　　　　　↓
附属条約で領事裁判権（不平等条約）　半植民地化開始

1851
　↓キリスト教的宗教結社（　2　）の洪秀全の指揮
太平天国の乱：「（　3　）」掲げ反清反乱
　土地均分（天朝田畝制度）　辮髪・纏足廃止
1856～60 アロー戦争敗北　→天津条約（1858）
　英：アロー号事件口実
　仏：フランス人宣教師殺害口実
　露：不参戦だが黒竜江以北・沿海州を得て南下
　北京条約（1860）11港開港・（　4　）・九竜南部割譲・外国公使北京駐在
1864　太平天国鎮圧　　　　　　　↓半植民地化進行

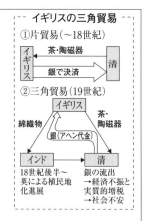

**イギリスの三角貿易**

①片貿易（～18世紀）

イギリス ←茶・陶磁器― 清
イギリス ―銀で決済→ 清

②三角貿易（19世紀）

イギリス
綿織物　茶・陶磁器
銀(アヘン代金)
インド → 清
18世紀後半～
英による植民地
化進展
銀の流出
→経済不振と
実質的増税
→社会不安

↑
漢人地主義勇軍（郷勇）：曾国藩・李鴻章ら指揮、外国人指揮の常勝軍

1860 ～ 90年代
（　5　）：富国強兵の近代化　鉱山開発・鉄道・海軍建設…漢人官僚推進
　基本方針：（　6　）→改革の限界　　　　　　　　　　　　↓
　　　　　　　　　　　　　　　　　　　　　のちに軍閥に
1894 ～ 95　日清戦争敗北→下関条約（朝鮮独立、台湾・遼東半島割譲→三国干渉）
1898 ～　　　列強の中国分割進行
　　　　　　（完全な植民地ではなく借款供与・鉄道建設・鉱山採掘・租借地獲得の形で）
1898　　　　変法運動：立憲君主制めざす政治改革
　　　　　　光緒帝が康有為らを登用→西太后の弾圧
1900 ～ 01　義和団（宗教結社）事件→北京議定書
　　　　　　「（　7　）」掲げ排外運動→列強の出兵・鎮圧－半植民地化決定的
　　　　　　革命運動：清打倒めざす　華僑・留学生・民族資本家中心
　　　　　　↓　1905　孫文、東京で（　8　）結成
1911 ～ 12　辛亥革命→中華民国　袁世凱に臨時大総統の地位譲り宣統帝退位→清滅亡
第一次世界大戦後
1919　反帝国・反軍閥の大衆運動 ＝（　9　）

---

＜太平洋＞
オーストラリア→クックの探険で18世紀後半に
　　　　　　　　英領植民地：先住民アボリジニーを圧迫
　　　　　　　　　　　ゴールドラッシュ（1851）→移民増加→英の自治領に（1901）
ニュージーランド→ 英領植民地 →英の自治領に（1907）
ビスマルク諸島・マーシャル諸島： 独領植民地 （19世紀末）
米 ：マッキンリー大統領（　10　）（1898）で勝利
　　→プエルトリコ（カリブ海）のほか、グアム・フィリピン獲得
　　同年（　11　）も併合→ジョン＝ヘイの門戸開放宣言（1899・1900）＝中国分
　　割参入
　　（　12　）建設（1904 ～ 14）→カリブ海・太平洋結ぶ

---

＜アフリカ＞
19世紀後半　探検家リビングストン（英）・（　13　）（米）の探険
→ベルリン会議（1884 ～ 85）→アフリカ分割急展開
ベルギー ：コンゴ（1885）
英 ：アフリカ縦断政策＝（　14　）政策の一環
　　（北から）スエズ運河の株式買収（1875）→エジプト
　　（アラービ＝パシャの反乱鎮圧後1882）→スーダン（1899）

第1章
日本史

第2章
世界史

第3章
地理

第4章
思想

第5章
文学・芸術

（南から）（ 15 ）植民地→南ア戦争（1899〜1902）でブール人２国（ 16 ）
　　　　併合→南アフリカ連邦（1910）＝英の自治領に
[仏]：アフリカ横断政策 アルジェリア→チュニジア→サハラ砂漠
[英仏]：衝突事件＝（ 17 ）（1898）→仏が譲歩
[独]：カメルーン・東アフリカ・南西アフリカ
[独仏]：衝突事件＝（ 18 ）（1905・11）→独が譲歩（仏領に）
20世紀初頭（ 19 ）帝国とリベリア共和国残して分割→（19）帝国も伊の植民地に
　　　　　　　　　　　　　　　　　　　　　　　　　　　　　　　（1936）

---

1 南京条約　2 上帝会　3 滅満興漢　4 キリスト教布教の自由〔外国人の内地旅行の自由〕
5 洋務運動　6 中体西用　7 扶清滅洋　8 中国同盟会　9 五・四運動　10 米西戦争
11 ハワイ　12 パナマ運河　13 スタンリー（コンゴ探険）　14 ３Ｃ　15 ケープ
16 トランスヴァール共和国・オレンジ自由国　17 ファショタ事件　18 モロッコ事件
19 エチオピア

---

おさえておきたい
# Point　ミニ演習
重要用語

1　アヘン戦争でのイギリスと清の講和条約は何か。

南京条約

2　日清戦争後、康有為らが中心となって行われた政治改革運
　動を何というか。

変法自強運動

3　1917年、ロシア三月革命により倒れた王朝は何か。

ロマノフ王朝

## 8 第一次世界大戦前夜～第二次世界大戦   Level 1 ▷ Q06～Q08

おさえておきたい
### Point   キーワードチェック

**1 第一次世界大戦前夜の国際関係** ▶p154

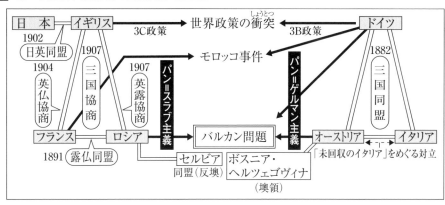

(1)三国同盟と三国協商の対立　第一次世界大戦の基本対立
　　①三国同盟（1882）：独・伊・オーストリア（墺）
　　　　　　　　　　　　ビスマルク（独）主導で対仏包囲戦略から結成
　　②三国協商（1907～）：（3つの二国間関係の総称）英・仏・露
　　（　1　）（1891～1894）←独：ビスマルク辞任・皇帝ヴィルヘルム2世の親政（1890～）
　　　　　　　　　　　　　　　（独露再保障条約更新せず）
　　　　　　　　　　　　　　3B政策（→バルカン・西アジア＝バグダード鉄道）推進
　　　日英同盟（1902）←英は露の南下に対抗「光栄ある孤立」放棄
　　（　2　）（1904）←英（3C政策）が独（3B政策）に対抗
　　（　3　）（1907）←日露戦争後露はバルカンに→独と対抗
(2)バルカン半島の緊張←青年トルコ革命に乗じ墺が（　4　）併合（セルビア人多数）（1908）
　　2回のバルカン戦争（1912・1913）　　　　　　　　　↓
　　バルカン同盟（反墺）vsオスマン帝国 ――――――→露と結ぶ隣国の（　5　）反発
　　領土分配めぐり内部分裂→（　6　）敗北　　　　　　↓
　　→（6）・トルコは三国同盟へ接近→パン＝ゲルマン主義（墺）vs（　7　）（露セルビア）

### 2 第一次世界大戦（1914～1918）

| 開戦 | （　8　）事件（1914年6月）（墺帝位継承者がセルビア人に暗殺される）<br>→墺のセルビア宣戦（同盟結ぶ諸国の一斉参戦） |
|---|---|
| 構図 | 連合国（三国協商側）英・仏・露・日・米　伊（途中～三国同盟破棄）<br>同盟国（三国同盟側）独・墺・ブルガリア・トルコ |

|  | 社会主義政党も戦争支持、植民地も含めた総力戦、新兵器（戦車・毒ガス・飛行機） |
|---|---|
| 展開 | 1914年　独：（西部）マルヌの戦いで仏軍に阻止　（東部）タンネンベルクの戦いで露軍撃破　日：独領 山東半島・南洋諸島占領 |
|  | 1915〜16年　独：（西部）ヴェルダン攻撃・ソンムの戦い　伊：（　9　）側で参戦　日：中国（袁世凱）に二十一カ条の要求（1915） |
|  | 1917年　米：（　10　）大統領　独の（　11　）に対抗して連合国側で参戦　ロシア革命 |
|  | 1918年　（　12　）発表　露：独と（　13　）結び戦線離脱 |
|  | 独：キール軍港の水兵反乱 →ドイツ革命（皇帝亡命）→ドイツ共和国成立 →休戦条約 |
|  | 英：インドに自治約束　西アジアで二枚舌外交（→アラブ人の協力＝フサイン・マクマホン協定、ユダヤ人の協力＝バルフォア宣言） |

**③ ロシア革命（1917）**

ロシア第一次革命（1905）：日露戦争中　→ロシア（三月・十一月）革命：第一次大戦中

①三月革命（1917年3月）

　第一次世界大戦での連敗→皇帝専制への不満→首都ペテルブルクでの労働者・兵士の暴動、各地で（　14　）結成→皇帝ニコライ2世退位＝（　15　）朝打倒

②二重権力（十一月革命まで）

　臨時政府（戦争継続）：立憲民主党→社会革命党のケレンスキー首相

　(14)：ボリシェヴィキ、戦争反対、レーニンの（　16　）発表後勢力増大

③十一月革命（1917年11月）

　ボリシェヴィキのレーニン・トロツキーが臨時政府打倒→世界初の社会主義国家樹立

④ロシアのソヴィエト新政権

　平和に関する布告（無併合・無賠償・民族自決の和平呼びかけ）・土地に関する布告（地主の土地没収・農民分配）（1917年11月）→憲法制定議会（社会革命党最多数）を解散＝ボリシェヴィキ（後にロシア共産党）一党独裁樹立（1918年1月）→ (13) で独と単独講和（1918年3月）…ポーランド・ウクライナ・フィンランドなど広大な領土失う

⑤反革命・外国干渉への対応

　国内各地で反革命反乱＋列強（革命の波及恐れる）の干渉戦争（1918〜22）［日本は（　17　）］

　→ソヴィエト政権の対応

　　(a) チェカ（非常委員会）による反革命取り締まり・赤軍による反撃で撃退

　　(b) 世界革命推進のため（　18　）結成（1919）（本部モスクワ）

　　(c) 経済危機乗り切りのため（　19　）（1918〜21）実施

⑥経済再建

　戦時共産主義（1918〜21）（企業の徹底国有化・農産物の強制徴発）→資本主義的要素一部認める　新経済政策〔NEP〕（1921〜28）（小企業の私的営業・余剰穀物の自由販売）→スターリンの指導で第1次五カ年計画（1928〜32）＝社会主義計画経済

⑦ソ連の成立（1922）

ソヴィエト政権承認→ドイツが初（ラパロ条約1922）

ロシア・ウクライナ・白ロシア・ザカフカースが連合してソヴィエト社会主義共和国連邦（ソ連）成立（1922）（1991まで）→国際承認　西欧諸国相次ぐ（米は1933）

---

1 露仏同盟　2 英仏協商　3 英露協商　4 ボスニア・ヘルツェゴヴィナ　5 セルビア
6 ブルガリア　7 パン＝スラヴ主義　8 サライェヴォ　9 連合国　10 ウィルソン
11 無制限潜水艦作戦　12 十四カ条　13 ブレスト＝リトフスク条約　14 ソヴィエト
15 ロマノフ　16 四月テーゼ　17 シベリア出兵　18 コミンテルン〔第三インターナショナル〕
19 戦時共産主義

---

## 4 戦後の国際秩序と欧米諸国（1920年代）▶p155

ヴェルサイユ体制で相対的安定（敗戦国は不満）

「十四カ条」…大戦末期に米大統領（　1　）が発表→パリ講和会議（1919）の基本原則

秘密外交廃止　海洋の自由　軍縮　国際平和機構（→国際連盟設立へ）

①ヴェルサイユ体制

---

戦後のヨーロッパを中心にした国際秩序（←独との講和条約＝ヴェルサイユ条約）

基本原則＝（　2　）・国際協調→限界も浮き彫りに

(a) ソヴィエト政権排除（→途中から承認）

(b) 敗戦国（独・墺・ブルガリア・トルコ）に重い負担→国際協調に限界

　独：海外植民地放棄　徴兵制禁止・ラインラント非武装など軍備削減　莫大な賠償金
　→ヴェルサイユ体制打破唱える（　3　）の台頭ゆるす（世界恐慌以降）

　墺：独との合併禁止

(c) （2）はヨーロッパのみ適用：旧墺（オーストリア＝ハンガリー帝国）・独・露領から中東欧の新興国成立→120余年ぶりに独立した　（　4　）・バルト三国・チェコスロヴァキア・セルブ＝クロアート＝スロヴェーヌ〔（後に（　5　）と改称）〕など、旧オスマン帝国領の西アジア→英仏の（　6　）に

　アジア・アフリカの独立認めず→民族運動高揚

　中華民国：二十一カ条の要求取り消し・旧独の山東利権返還拒否される　→北京から全国へ（　7　）運動（1919）※朝鮮では（　8　）独立運動（1919）

(d) 国際協調への努力　十四か条に基づき国際連盟成立（1920）（本部ジュネーヴ）→提唱した米（孤立主義）不参加やソ連・敗戦国途中から参加

②ワシントン体制

---

戦後の東アジア・太平洋を中心にした国際秩序→日本の中国進出阻止

ワシントン会議（1921～22）…ワシントン海軍軍縮条約→主力艦保有制限

（　9　）→太平洋の現状維持　日英同盟破棄

（　10　）→中国の主権尊重領土保全　日本の山東利権放棄

＜軍縮の流れ＞　ワシントン海軍軍縮条約（1922）→〔→ロカルノ条約（1925　西欧の安全保障）〕→米仏首脳提案の（　11　）（ケロッグ＝ブリアン協定　武力による紛争解決否定1928）→ロンドン軍縮会議（1930　補助艦保有制限）

③欧米諸国の1920年代

| |
|---|
| アメリカ：戦後（　**12**　）国に（←武器・物資の生産輸出）→空前の繁栄（→世界恐慌へ）<br>　　　　共和党が3代大統領を輩出　（　**13**　）（1924）→独の経済再建に寄与<br>　　　　女性参政権（1920）　大衆文化（自動車・ラジオ・映画・ジャズ）<br>イギリス：戦中・戦後選挙法改正→女性選挙権　労働党躍進→（　**14**　）首班の労働<br>　　　　党内閣　アイルランド問題　アルスター（イギリス系住民の多い北アイルラ<br>　　　　ンド）を除き英連邦内自治領として（　**15**　）（1922）（→エールの名で完<br>　　　　全独立1937）<br>フランス：前半は強硬外交：独の賠償支払い遅延口実にルール占領（1923〜25）後半<br>　　　　は協調外交…ブリアン外相の活躍<br>ドイツ（共和国）：大戦直後急進派・スパルタクス団（共産党の中核組織）のベルリン<br>　　　　蜂起鎮圧　→（　**16**　）憲法（1919）（主権在民・男女普通選挙・労働者の<br>　　　　団結権団体交渉権など民主的）→社会民主党のエーベルト初代大統領（〜<br>　　　　25）に<br>　　　　ルール出兵に生産停止で抵抗して破局的インフレ→シュトレーゼマン首相に<br>　　　　よる（　**17**　）発行・(13)受け入れ<br>　　　　※ヤング案（1929）賠償総額削減→経済再建へ<br>　　　　（　**18**　）（1925）（独西部国境現状維持・安全保障）（シュトレーゼマン外交）<br>　　　　→国際連盟加盟（1926）＝国際環境安定へ<br>イタリア：戦勝国ながら領土獲得不充分でヴェルサイユ体制に不満→ムッソリーニ率<br>　　　　いるファシスト党（暴力で社会改革・強硬外交）…（　**19**　）で政権獲得<br>　　　　（1922）→一党独裁（1926）（国内）ローマ教皇と和解＝ローマ市内ヴァ<br>　　　　チカン市国は独立国（1929）（外交）フィウメ併合・（　**20**　）の保護国化<br>ソ連：レーニンの死（1924）→　社会主義建設方法をめぐる対立：スターリン（一国社<br>　　　　会主義論）がトロッキー（世界革命論）抑えて独裁権掌握→スターリンの独裁<br>　　　　（1930年代〜53の死まで）…多数の幹部粛清<br>　　　　社会主義計画経済…第1次五カ年計画（1928〜32）　重工業建設　農業の機械<br>　　　　化・集団化→コルホーズ（集団農場）・ソフホーズ（国営農場） |

| |
|---|
| 1 ウィルソン　2 民族自決　3 ナチス　4 ポーランド　5 ユーゴスラヴィア　6 委任統治領<br>7 五・四　8 三・一　9 四カ国条約　10 九カ国条約　11 不戦条約　12 債権　13 ドーズ案<br>14 マクドナルド　15 アイルランド自由国　16 ヴァイマル〔ワイマール〕　17 レンテンマルク<br>18 ロカルノ条約　19 ローマ進軍　20 アルバニア |

**5** **世界恐慌とファシズムの台頭（1929〜1930年代）→第二次世界大戦への流れ形成**
(1)ニューヨーク・ウォール街の株価大暴落（1929年10月）→世界恐慌へ　▶ p156
　＜原因＞工業生産過剰　農業不況　株投機熱　貿易伸び悩みなど

第1章
日本史

第2章
世界史

第3章
地理

第4章
思想

第5章
文学・芸術

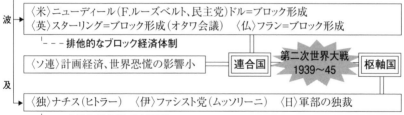

世界恐慌(ニューヨーク、ウォール街で株暴落　1929)

〈米〉ニューディール(F.ルーズベルト、民主党)ドル=ブロック形成
〈英〉スターリング=ブロック形成(オタワ会議)　〈仏〉フラン=ブロック形成

⌐--- 排他的なブロック経済体制

〈ソ連〉計画経済、世界恐慌の影響小　→　連合国 ─ 第二次世界大戦 1939〜45 ─ 枢軸国

〈独〉ナチス(ヒトラー)　〈伊〉ファシスト党(ムッソリーニ)　〈日〉軍部の独裁

⌐--- 全体主義体制・対外進出

(2)各国の恐慌対応

国内市場・植民地ある「持てる国」(米英仏)

| |
|---|
| アメリカ：恐慌発生時のフーヴァー大統領：有効な対策打てず→民主党（　1　）ニューディール実施＝政府が経済に介入→国民の購買力向上・生産回復はかる<br>　　　(a)（　2　）(AAA)(作付け制限・農産物価格引き上げ)・全国産業復興法(NIRA)(生産統制)・テネシー川流域開発公社(TVA)・ワグナー法(労働者の権利拡大)・金本位制停止<br>　　　(b) 善隣外交→貿易拡大　ソ連と国交 |
| イギリス：マクドナルド(労働党党首)：失業保険の給付削減で内閣倒れる(1931)→挙国一致内閣＝金本位制停止・オタワ連邦会議で英連邦にスターリング=ブロック(関税ブロック)形成→（　3　）主義崩れる |
| フランス：フラン=ブロック形成　不安定な政局→独・ナチスに対抗する（　4　）の形成・社会党のブルムによる成立 |
| ソ連：世界恐慌の前年から第1次五カ年計画＋資本主義諸国との貿易少ない→世界恐慌の影響軽微　スターリン独裁体制 |

(3)ファシズムの台頭　後発資本主義国で国内市場・植民地が乏しい「持たざる国」(独伊日)

| |
|---|
| イタリア：世界恐慌前からファシスト党の一党独裁　→恐慌後国内の不満そらすため（　5　）侵略・併合(1935〜36) |
| ドイツ：世界恐慌後ヒトラー率いるナチスが台頭<br>　　　ナチス(国家社会主義ドイツ労働者党)(ドイツ人の優秀性・ユダヤ人排斥、ヴァイマル共和政・ヴェルサイユ体制打破説く)<br>　　　第一次世界大戦直後結成→（　6　）失敗→1920年代は弱小政党→世界恐慌→中産階級や共産党進出を恐れる地主・資本家・軍部の支持で急成長→第一党に(1932)→ヒトラー内閣(1933)：労働者の支持する共産党弾圧・（　7　）(政府に立法権)により一党独裁完成＝ヴァイマル共和政の終焉　自ら総統(大統領・首相兼務)に |
| 日本：世界恐慌による経済危機深刻→　関東軍(中国東北地方の日本陸軍)による柳条湖事件から東北地方を占領・満州国建国(宣統帝溥儀が執政・皇帝に)（　8　）(1931〜32)→リットン調査団が満州国不承認→（　9　）(1933)＝大陸侵略 |

の流れ加速

（国内）軍部独裁へ　五・一五事件（1932）　二・二六事件（1936）

※日本にはファシスト党やナチスにあたる政党はないがファシズムに似た体制を形成

---

1 フランクリン＝ルーズベルト　2 農業調整法　3 自由貿易[※1]
4 人民戦線[※2]　5 エチオピア　6 ミュンヘン一揆　7 全権委任法　8 満州事変　9 国際連盟脱退

※1　植民地・自治領を持つ英仏が形成した経済（関税）ブロックは本国と自治領・植民地間には無税か特恵関税を設けて貿易を促進するものだが、他地域に対して排他的。

※2　ファシズムに反対する諸勢力の共同戦線。

## 6 アジアの民族運動（第一次世界大戦前夜～世界恐慌後）

| ＜トルコ＞　第一次世界大戦で敗戦国→小アジアの小国に | ＜中国（中華民国）＞ 辛亥革命後も軍閥割拠 |
|---|---|

＜トルコ＞　第一次世界大戦で敗戦国→小アジアの小国に

（　1　）→アンカラに新政府樹立　ローザンヌ条約で国権回復

トルコ革命（1922～23）スルタン制廃止→共和国へ　政教（イスラム教）の分離や文字改革（アラビア文字からローマ字へ）

＜パレスティナ＞　トルコ領から第一次大戦後英の委任統治領に：アラブ人とユダヤ人の対立←発端はイギリスの二枚舌外交（大戦の協力取り付けのため戦後の建国・独立を約束）

・アラブ人→フサイン＝マクマホン協定

・ユダヤ人→バルフォア宣言

一方でサイクス＝ピコ協定（1916）で英仏露でトルコ領の分配を画策

＜イラン＞　レザー＝ハーン→カージャール朝にかわり（　2　）樹立（1925）

＜インド＞　第一次世界大戦で英に協力したが戦後の自治の約束破棄される

英：（　3　）（1919）で運動弾圧→ガンディー指導の（　4　）展開

国民会議派ラホール大会（1929）→プールナ＝スワラージ（（　5　））採択

---

＜中国（中華民国）＞

辛亥革命後も軍閥割拠

1915 日：旧独の山東権益譲渡など二十一カ条の要求

文学革命＝（　6　）運動　陳独秀「新青年」

大戦後 1919 五・四運動＝ヴェルサイユ条約反対の民衆運動

孫文 中国国民党　陳独秀 中国共産党

反帝国主義・反軍閥のため 1924 孫文指導で第1次（　7　）

1926　蔣介石指導で北方の軍閥打倒の北伐開始→1927 途中上海で共産党粛清→1928 北伐終了→東北軍閥張作霖は日本軍に爆殺される

1931～32　日本による満州事変　国共内戦

1934～36　共産党の長征 ←蔣介石の攻撃長征途中で抗日民族統一戦線の結成提唱（八・一宣言）

1936　張学良が蔣介石に共産党との提携を迫る＝（　8　）

1937　日中戦争開始後 ← 第2次（7）成立

130

**7 ドイツの拡大から第二次世界大戦（1939〜1945）へ**

①ナチス＝ドイツ　国際連盟脱退（1933）→再軍備宣言（徴兵制復活1935）→ロカルノ条約破棄して（　9　）（1936）＝軍事拡大へ

②イタリア　エチオピア侵略・併合（1935）…独・伊などファシズム勢力の台頭に対して各地で人民戦線結成：仏に続いてスペインでも人民戦線内閣（1936）→反対するフランコ将軍　保守派が反乱→スペイン内戦（1936〜39）　独伊＝フランコ側vs人民戦線側＝ソ連　画家ピカソ『ゲルニカ』創作　英仏は（　10　）→フランコ側勝利

③独・伊の接近　ベルリン＝ローマ枢軸（1936）　日中戦争後日本も接近→三国防共協定・軍事同盟へ

「持たざる国」（独伊日）ファシズム・全体主義＝枢軸国vs連合国（英米仏）「持てる国」

|  | ヨーロッパ | アジア |
|---|---|---|
| 1937年 | 日独伊三国防共協定 | （　13　）事件→日中戦争（〜45） |
| 1938年 | 独：オーストリア併合・（　11　）でズデーテン（チェコ国境ドイツ人居住）併合＝英の宥和政策 | 中国国民政府は重慶に遷都 |
| 1939年 | 独：チェコスロヴァキア解体（　12　）締結　ポーランド侵攻→第二次世界大戦始まりソ連もポーランド・バルト3国制圧 | |
| 1940年 | 独：北西欧制圧・パリ占領→ドゴール：自由フランス政府で抵抗　伊：枢軸国側で参戦　日独伊三国軍事同盟 | 日：仏領インドシナ進駐 |
| 1941年 | 英上陸失敗→バルカン制圧　独ソ戦　対米宣戦 | 日ソ中立条約（ソ：独ソ戦に備える　日：北の安全確保）　日：真珠湾攻撃→太平洋戦争 東南アジア侵略 |
| 1942年 | | 日：ミッドウェー海戦で敗退 |
| 1943年 | 独：スターリングラードの戦いで敗退　伊：降伏 | |
| 1944年 | 米英：連合軍のノルマンディー上陸→パリ解放 | 日：本土空襲始まる |
| 1945年 | 独：ベルリン陥落 ヒトラー自殺 降伏 | 日：米軍沖縄上陸→広島原爆→（　14　）→長崎原爆→降伏 |

（連合国首脳会談）

| 大西洋上会議（1941） |
|---|
| 米：ルーズベルト　英：チャーチル→大西洋憲章 |

| （ 15 ） 会議（1943） |
|---|
| 米：ルーズベルト　英：チャーチル　中：蔣介石→対日戦方針・朝鮮独立承認 |
| テヘラン会議（1943） |
| 米：ルーズベルト　英：チャーチル　ソ：スターリン→第二戦線（ノルマンディー上陸） |
| （ 16 ） 会議（1945） |
| 米：ルーズベルト　英：チャーチル　ソ：スターリン→独の戦後処理ソ連の対日参戦 |
| （ 17 ） 会議（1945） |
| 米：トルーマン　英：チャーチル→アトリー　ソ：スターリン<br>→敗戦国独の処理　対日降伏 |

---

1 ケマル＝パシャ　2 パフレヴィー朝　3 ローラット法　4 （第1次）非暴力不服従運動
5 完全独立　6 白話　7 国共合作　8 西安事件　9 非武装ラインラント進駐　10 不干渉政策
11 ミュンヘン会談（英仏伊独首脳）※　12 独ソ不可侵条約　13 盧溝橋　14 ソ連の対日参戦
15 カイロ　16 ヤルタ　17 ポツダム

※英のチェンバレンは反ソの立場から独の強大化をゆるした（宥和政策）。

## おさえておきたい Point　ミニ演習

1　大恐慌に対して、ニューディール政策を打ち出したアメリカ大統領は誰か。 （重要用語）

フランクリン＝ルーズベルト

2　第二次世界大戦中、ソ連の対日参戦を決めた会談が行われた場所はどこか。 （重要用語）

ヤルタ

3　第1次から第2次世界大戦の頃の世界情勢について述べた次の文章の正誤を判断せよ。 （正誤判断）

1. 第1次世界大戦の対立の図式の1つに、ドイツを中心とした三国同盟と、イギリス、フランス、アメリカによって成立した三国協商の勢力関係が挙げられる。

1. × 三国協商はイギリス・フランスとロシアである。

2. イギリスと同盟関係にあったアメリカは、当初から戦争に参戦した。

2. × アメリカは孤立主義を採用して大戦直後には中立であった。

3. 第1次世界大戦中、ロシアで社会主義革命が起こり、ドイツ、およびその同盟国との間にブレスト＝リトフスク条約が結ばれ、ロシアはドイツと単独講和した。

3. ○

4. 第1次世界大戦後にドイツは連合国とヴェルサイユ条約を締結した。

4. ○

第1章
日本史

第2章
世界史

第3章
地理

第4章
思想

第5章
文学・芸術

5. ヴェルサイユ条約によって成立した国際連盟では、アメリカが常任理事国として軍縮の中心となり本部はニューヨークにおかれた。

5. ✕ 国際連盟にアメリカは不参加である。

6. イギリスは本国と自治領・植民地間にブロック経済圏を作り、他国からの輸入品には高率の関税をかけ輸入を抑制し、本国製品の販路を確保した。

6. ◯

7. アメリカのフランクリン=ルーズベルトは、全国産業復興法や農業調整法など、一連のニューディール政策と金本位体制の確立により経済恐慌を克服した。

7. ✕ 金本位制は停止した。

8. イタリアではファシスト党を率いたムッソリーニが政権を掌握し、1935年にはポーランドに侵攻した。

8. ✕ イタリアが侵攻したのはエチオピアである。ポーランド侵攻はドイツ。

9. ソ連では、レーニンの死後、スターリンが一国社会主義論を主張して新経済政策を完遂し、数次におよぶ五カ年計画を推進した。

9. ◯

10. 満州事変におけるリットン調査団の報告を不服として、日本は国際連盟を脱退した。

10. ◯

11. 1938年、ミュンヘン会談においてドイツがズデーテン地方の割譲を要求すると、イギリスとフランスはドイツに譲歩した。

11. ◯ イギリスの対独宥和政策のピークである。

12. ファシズムの台頭に対してフランスで人民戦線内閣が成立するとフランコ将軍が反乱を起こした。

12. ✕ ファシズムの台頭に対し、フランスやスペインで人民戦線内閣が誕生したが、フランコ将軍が反乱を起こしたのはスペインである。

13. 1945年ルーズベルト、チャーチル、スターリンの3首脳は、カイロ会談で大戦の戦後処理について話し合った。

13. ✕ カイロ会談は蒋介石とチャーチル、ルーズベルトが1943年に対日処理方針を定めたもの。1945年にはヤルタ会談で戦後の処理を話し合った。

# **9** 戦後の世界情勢

## おさえておきたい
# **Point** 〔キーワードチェック〕

## **1** 国際組織と戦後処理

(1)国際連合の成立

| 成立までの経緯：（　1　）（1941 ルーズベルト・チャーチル 基本理念）→ダンバートン =オークス会議（1944 草案）<br>→（　2　）（1945.4～6 月国連憲章採択）＝大戦末期に成立 本部ニューヨーク |
|---|
| 目的：世界平和・安全の維持 |
| 構成：全加盟国参加の総会、（　3　）＝平和維持のために経済・軍事制裁の権限→5 大国（米英仏、ソ→崩壊後はロ、中→当初：中華民国、1971 年以降は中華人民共和国）は常任理事国として拒否権持つ、専門機関（例）国際復興開発銀行（（　4　））＋国際通貨基金（（　5　））→戦後の国際金融体制（～1973 年崩壊） |

|  | 国際連盟 | 国際連合 |
|---|---|---|
| 本　部 | ジュネーブ | ニューヨーク |
| 議　決 | 全会一致 | 多数決 |
| 拒否権 | なし | 5 大国に有 |
| 制　裁 | 経済制裁 | 経済軍事制裁 |
| 加　盟 | 敗戦国途中から | 敗戦国途中から |
| 状　況 | 米加盟せず | ほとんど加盟 |

(2)戦後処理

| 伊 など 5 カ国→パリ講和条約（1947）　独 →ベルリン含む（　6　）4 カ国分割占領<br>日 →連合軍（米）占領（主権回復 1951） |
|---|

## **2** 冷戦の激化 ▶ p158

始まり（1947 年頃 トルーマン宣言・マーシャル=プラン）→（朝鮮戦争・インドシナ戦争）

(1)東西冷戦の始まり

大戦末期から戦後の国際秩序建設を巡る米ソの見解の相違→冷戦本格化（1947 年から）

| アメリカ・西欧側（資本主義陣営） | ソ連・東欧側（社会主義陣営） |
|---|---|
| 1947 年　共産主義「封じ込め」<br>米：大統領発表（　7　）（ギリシア・トルコへの経済・軍事援助）<br>米：国務長官発表（　8　）（欧州経済復興援助計画） | コミンフォルム（共産党情報局）結成 |
| 1948 年　ドイツの西側（米英仏）占領地での（　9　）封鎖解除後東西ドイツ建国 | ベルリン封鎖（西ベルリンへの交通遮断～49） |

| 1949年 ドイツ連邦共和国（西独：アデナウアー首相のもとで経済復興） | ドイツ民主共和国（東独） |
|---|---|
| 西側の反共軍事同盟（　10　）結成 | コメコン（経済相互援助会議）結成 |
| 西ヨーロッパ連合：英仏ベネルクス3国 | チェコで政変1948共産党独裁 |
| 1954年　西独の主権回復 | |
| 1955年　西独の（10）加盟 | 東側の軍事同盟（　11　）結成 |

※米主導の軍事同盟（1950年代）：太平洋安全保障条約（ANZUS）・東南アジア条約機構（SEATO）・バグダード条約機構（中東条約機構）

＜大戦後のヨーロッパ＞

英：（　12　）労働党政権→福祉国家づくり　　仏：第四共和政不安定

東欧：大戦後一党独裁体制へ

(2)アジアでの冷戦

中国：国共内戦戦後再開→共産党勝利＝中華人民共和国（毛沢東主席）（1949）[ソ連と同盟（　13　）して社会主義経済建設] VS 敗北して台湾へ逃れた（　14　）（蒋介石総統）[アメリカの支持、1971年まで国連代表権]

朝鮮：大戦後日本の植民地から解放→（　15　）を境に南北で米ソ分割管理→親米の大韓民国（李承晩大統領）VS 親ソの朝鮮民主主義人民共和国（北朝鮮・金日成主席）成立（1948）→両国の武力衝突（朝鮮戦争1950〜53）

北朝鮮：一気に半島南端まで→韓国：アメリカ主導の（　16　）一気に中国国境へ→北朝鮮：中華人民共和国義勇軍の支援で巻き返し→（15）を境に休戦（1953）

日本：戦争中に独立回復←（　17　）条約（1951）・西側陣営に（日米安全保障条約）→朝鮮戦争による特需で経済回復

(3)軍拡競争激化

ソ連：原爆保有（1949）・世界初の（　18　）（1957）→米も翌年成功

---

1 大西洋憲章　2 サンフランシスコ会議　3 安全保障理事会　4 世界銀行　5 IMF
6 米英仏ソ　7 トルーマン宣言　8 マーシャル＝プラン　9 通貨改革　10 北大西洋条約機構〔NATO〕　11 ワルシャワ条約機構　12 アトリー　13 中ソ友好同盟相互援助条約
14 中華民国　15 北緯38度線　16 国連軍　17 サンフランシスコ平和　18 人工衛星打ち上げ

---

### 3 アジア・アフリカの独立運動（第三勢力の連帯）　▶p161

①東南アジア・南アジア諸国

＜インドネシア＞

スカルノ中心に宗主国オランダとの戦争の末独立達成：非同盟の盟主スカルノはのち失脚→反共親米の（　1　）へ

＜ヴェトナム＞

ホー＝チ＝ミン（共産党）率いる（　2　）が仏との戦争（インドシナ戦争1946〜54）で勝利→（　3　）（1954）で北緯17度線境に南北分断（→米は調印せず反共の一環で介入）

＜英領インド＞

　　インド（国民会議派・ヒンドゥー教徒中心　（　4　）首相）とパキスタン（全イン
　　ド＝ムスリム連盟・イスラム教徒中心）に分離独立・対立→融和求めたガンディー暗殺
　　（　5　）の帰属を巡る両国の対立→3回の印パ戦争

②西アジア・アラブ諸国

　＜シリア・レバノン・ヨルダン＞　委任統治領から独立

　＜アラブ連盟＞　1945年結成、エジプト・サウジアラビアなど7カ国の連帯

　＜パレスチナ地方＞　英の委任統治領

　　パレスチナ戦争（第1次中東戦争1948〜49）…国連の　（　6　）（ユダヤ人・ア
　　ラブ人双方の国家建設）→ユダヤ人のイスラエル建国（米ソは承認）→アラブ諸国反
　　発開戦へ→イスラエル勝利・占領地拡大→大量の（　7　）流出（パレスチナ問題）

　＜エジプト＞

　　自由将校団が王政打倒（エジプト革命1952）→ナセル大統領の（　8　）宣言→英
　　仏イスラエル3国のエジプト攻撃＝スエズ戦争（第2次中東戦争1956〜57）→国
　　際世論の反対で3国撤兵（アラブ民族主義高揚）

　　※反西欧民族主義の動きイランでも→石油国有化（1951）→失敗

| 4回の中東戦争 |
| --- |
| 第1次（1948〜49）パレスチナ戦争<br>　イスラエル建国機に→イスラエル勝利→パレスチナ難民 |
| 第2次（1956〜57）スエズ戦争<br>　英仏イスラエルのエジプト攻撃→3国撤兵 |
| 第3次（1967）六日戦争　※PLO結成（1964）<br>　イスラエル→シナイ半島など占領→パレスチナ難民 |
| 第4次（1973）<br>　エジプト・シリアの攻撃→アラブ諸国は石油戦略発動 |

　シナイ半島エジプトへ返還（1979）、パレスチナ暫定自治協定（1993）

③アフリカ諸国

　北アフリカ：1950年代〜モロッコ・チュニジア、（　9　）＝独立を認めない仏との間
　　　　　　　で戦争→（　10　）大統領が独立承認（1962）

　サハラ以南のアフリカ：1960年一挙に17カ国独立「アフリカの年」→（　11　）＝
　　　　　　　　　　　　アフリカ諸国の統一と連帯はかる（1963）

④新興独立諸国の連帯…米ソ冷戦の中で第三勢力の役割…結束容易ではない

　(a) ネルー・周恩来会談（1954）

　　　→（　12　）（主権尊重・相互不侵略・平和共存）＋（　13　）（1955）：AA29カ
　　　国参加→平和十原則（反植民地主義）※中印国境紛争（1959）

　(b) 第1回（　14　）（ベオグラード1961）→参加国拡大

重要事項
## スピードチェック

日本史 第1章

世界史 第2章

地理 第3章

思想 第4章

文学・芸術 第5章

### 4 冷戦の緩和（朝鮮戦争・インドシナ戦争）

①冷戦の緩和（平和共存・「雪どけ」）（1950年代半ば〜）

(a) ソ連のスターリン死去（1953）→フルシチョフ共産党第一書記が（ **15** ）を発表（1956）［→東欧の自由化：（ **16** ）の反ソ暴動（1956）←ソ連の武力鎮圧］

(b) 朝鮮戦争の解決公約したアイゼンハウアーが米大統領に（1953）→共存路線へ

(c) ジュネーヴ会議（1954）＝（ **17** ）と朝鮮統一問題協議

ネルー・周恩来会談も

(d) ジュネーヴ4巨頭会談（1955）（米英仏ソ）＝国際紛争の平和的解決

②再び緊張（1960年代初め）

→ソ連のアフガニスタン侵攻を機に1980年代前半にも（ **18** ）米大統領・（ **19** ）英首相の強硬外交で緊張強まる

(a) ベルリンの壁構築（1961）…東独が西ベルリンへの交通遮断

(b) （ **20** ）（1962）…キューバ革命（1959年カストロが親米政権打倒→社会主義政権）の後、ソ連がキューバにミサイル基地建設して米ソ関係は一触即発・核戦争の危機

結果　ソ連の譲歩で収拾→米英ソによる（ **21** ）（1963）締結→緊張緩和促進

※ラテンアメリカでは（ **22** ）に史上初の選挙による社会主義（アジェンデ）政権樹立（1970〜73）

---

1 スハルト　2 ヴェトナム民主共和国〔北ヴェトナム〕　3 ジュネーヴ休戦協定　4 ネルー

5 カシミール　6 パレスティナ分割決議　7 パレスティナ難民　8 スエズ運河国有化

9 アルジェリア　10 ド＝ゴール　11 アフリカ統一機構〔OAU〕　12 平和五原則

13 アジア＝アフリカ会議〔バンドン会議〕　14 非同盟諸国首脳会議

15 スターリン批判・（米ソ間の）平和共存　16 ハンガリー　17 インドシナ休戦

18 レーガン　19 サッチャー　20 キューバ危機　21 部分的核実験停止条約　22 チリ

---

### 5 多極化する国際関係

1960年代以降の国際政治は米ソの二極関係だけではとらえきれない。

①西欧の自立＝米ソに対抗する経済統合へ

ヨーロッパ石炭鉄鋼共同体（ECSC）（1952）→ヨーロッパ経済共同体（EEC）（1958）→（前2者とヨーロッパ原子力共同体EURATOMが統合）→ヨーロッパ共同体（EC）（1967）：加盟国は（ **1** ）→拡大EC（1973）→（加盟国を増やしながら）→ヨーロッパ連合（EU）（1993）＝通貨・政治統合へ

仏：米と一線画す独自路線…第五共和政大統領ド＝ゴール（任1958〜69）＝西側諸国で最初に中華人民共和国承認、NATO軍事部門から脱退→五月革命が遠因で退陣

西独：西欧経済の牽引役…アデナウアー首相（任1949〜63）のもとで奇跡の経済成長　ブラント首相の東方外交で東独承認・東西両独国連同時加盟（1973）

日本：主権回復（1951）　国連加盟（1956）→高度経済成長→経済大国（1960年代末）

②東欧の自由化

スターリン批判後ハンガリー反ソ暴動鎮圧（1957）・（ **2** ）の自由化（＝プラハの春1968）も弾圧されるが自由化進展　※ユーゴ：ティトーの独自路線、ポーランド：

自主管理労組（（　3　））（1980）＝民主化運動の中心

③社会主義国の中ソ対立

　中国：1950年代はソ連の援助で社会主義建設→ソ連の平和共存路線に反発・国境紛争
　　　　に発展（1960年代）　1960年代後半〜毛沢東の指導で（　4　）展開・国連代表
　　　　権獲得（1971）・日中国交正常化（1972）　毛沢東死去（1976）以降　米中国
　　　　交樹立（1979）人民公社解体→「四つの現代化」を掲げ鄧小平のもと改革開放
　　　　路線

④ヴェトナム戦争（1965〜73）とアメリカの威信低下

　米：インドシナ戦争後ヴェトナム共和国（南）を援助［東南アジアでの社会主義拡大阻止］
　　　→（　5　）大統領：北ヴェトナムへの爆撃＝北爆（1965）→ヴェトナム戦争
　　　　米＝韓国など同盟軍投入VS北ヴェトナム＝中ソの援助　→泥沼化・米国内外での
　　　反戦世論［（　6　）制定（1964）後も黒人解放運動高揚］→パリ協定（1973）
　　　で撤兵→南北統一＝ヴェトナム社会主義共和国（1976）

⑤アラブ世界の発言力の強まり

　第3次中東戦争（1967）…イスラエルのエジプト攻撃→シナイ半島・ヨルダン川西岸占
　　領→大量のパレスティナ難民

　　※PLO（1964）＝パレスティナ人がイスラエルに奪われた土地・権利回復めざす

　第4次中東戦争（1973）…占領地回復めざしてエジプト・シリアのイスラエル攻撃
　　←アラブ産油国が両国支援＝（　7　）発動（→原油価格高騰→イスラエル支持した米・
　　西欧の経済打撃＝オイルショック）

⑥アメリカの動揺・米中接近

　(a)　ヴェトナム戦争出費などで国際収支赤字→米大統領（　8　）：金とドルの交換停
　　　止（1971ドル危機）→ドル中心の国際通貨体制崩壊　＋オイルショック→アメリカ経
　　　済の後退→世界経済：米日ECの3極構造に

　(b)　アメリカ外交の転換：ソ連と対立する中国に接近＝（8）訪中（1972）　日中・米
　　　中国交正常化（1972・79）

⑦AALA諸国の動向

　南北問題（1960年代）から南南問題（1970年代）へ←新興工業経済地域（NIES、韓
　国・台湾・シンガポールなど）台頭

　（　9　）（1979）…シーア派指導者（　10　）を中心とする革命（→従来の米の援助
　による近代化否定・イスラムを原理とする体制）→自国への波及恐れたイラク：イラン
　＝イラク戦争（1980〜88）

　エジプトの対米接近→エジプト＝イスラエル平和条約（1979）→ほかのアラブ諸国の
　反発


**6　冷戦の終結と世界**

①冷戦の終結

　(a)　ソ連の停滞（←米との軍拡競争・組織の硬直化）
　　　→共産党新書記長ゴルバチョフのもとで（　11　）（情報公開←チェルノブイリ事故）
　　　（　12　）（改革）推進（1980年代後半）、米と核兵器削減（　13　）（1987）

→マルタ宣言で冷戦終結宣言（1989）

(b) ソ連の改革→連邦内15共和国の自立（ **14** ）から始まる→ソ連共産党解体

　　→ソ連邦消滅（1991）

(c) 東欧社会主義圏の崩壊（市場経済・複数選挙による自由選挙）ベルリンの壁開放
（1989）

　　→ドイツ統一（東独の西独への吸収）（1990）

②アジアの社会主義国

　中国 ：共産党一党支配維持→「社会主義市場経済」

　ヴェトナム ：社会主義維持しながら「ドイモイ（刷新）」

　朝鮮半島 ：南北２国国連同時加盟（1991）・南北首脳会談（戦後初2000）

③地域の安定と動揺

　南アフリカ ：アパルトヘイト法的撤廃（1991）→マンデラ大統領に（1994）

　パレスティナ暫定自治協定 ：（1993）…イエリコ・ガザでの暫定自治

　北アイルランド ：カトリック系のIRA武装解除の動き

　＜地域の経済統合＞　EU（通貨・政治統合へ）北米自由貿易協定（NAFTA）ASEAN10
　　アジア太平洋経済協力会議（APEC）

　＜地域・民族対立＞　印パ核実験強行（1998）　ルワンダ内戦（1994〜）　ユーゴのコ
ソヴォ紛争（セルビア人対アルバニア人1999：NATO軍による空爆）

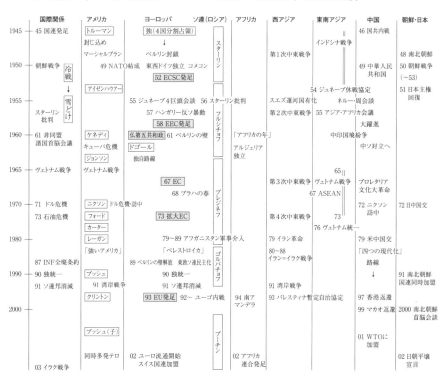

第1章
日本史

第2章
世界史

第3章
地理

第4章
思想

第5章
文学・芸術

1 仏・西独・伊・ベネルクス3国　2 チェコスロヴァキア　3「連帯」　4 プロレタリア文化大革命
5 ジョンソン　6 公民権法　7 石油戦略　8 ニクソン　9 イラン革命　10 ホメイニ
11 グラスノスチ　12 ペレストロイカ　13 ＩＮＦ全廃条約　14 バルト3国

## おさえておきたい
# Point　ミニ演習

次の文のア～カの空欄にあてはまる語句を選び記号で答えよ。

　1963年（　ア　）により大気中と水中の核実験は禁止され
たが、地下核実験は禁止されなかったため、米ソともに数多く
の核実験を続けた。1968年（　イ　）はすでに核兵器を保有
している米・英・ソ・（　ウ　）（　エ　）五カ国以外の国の核
保有を禁止したが、核保有国の核の軍備をめぐる競争は続いた。
冷戦終結への努力の中で、米ソは核兵器の部分的廃棄など、実
質的な核軍縮の交渉に乗り出し、1987年（　オ　）を取り決
めた。これは米ソが初めて核兵器の削減に同意した歴史的な条
約である。冷戦期の西側陣営の同盟の中心だった（　カ　）は
冷戦後も維持され、1999年にはかつては東側陣営に属したポ
ーランド、チェコ、ハンガリーが加盟した。

①部分的核実験停止条約
②中距離核戦力全廃条約
③核兵器拡散防止条約
④ワルシャワ条約機構
⑤北大西洋条約機構
⑥包括的核実験停止条約
⑦ドイツ
⑧ロシア
⑨フランス
⑩中国

**ア** ①
**イ** ③
**ウ** ⑨
**エ** ⑩　（ウ・エは順不同）
**オ** ②
**カ** ⑤

❖**MEMO**❖

第1章
日本史

第2章
世界史

第3章
地理

第4章
思想

第5章
文学・芸術

# Q01 中世ヨーロッパ史

問　中世の西欧世界に関する次の記述のうち、妥当なものはどれか。　　（地方上級類題）

1　ゲルマン民族の大移動が始まった直後の395年、ローマ帝国は東西に分離し、そのうち
東方の東ローマ帝国が神聖ローマ帝国の起源となった。以後神聖ローマ帝国は、ギリシア
正教会を保護し、東方キリスト教世界に大きな影響を与えた。

2　中世都市では、商人ギルドや手工業者の同職ギルドが結成され、市場における自由競争
が活発になった。市民も市政に自由に参加できるようになり、親方と職人・徒弟間の徒弟
制度も廃止された。

3　北イタリア諸都市は十字軍遠征により東方貿易が活発になって繁栄した。特に、第4回
十字軍はローマ教皇インノケンティウス3世の提唱ながら、商圏拡大をもくろむヴェネツ
イア商人の野望が働いてコンスタンティノープルを占領した。

4　フランスでは、綿織物工業地帯フランドルの支配権を巡ってイギリスとの長年にわたる
戦争とその後の内乱によって諸侯・騎士が没落し、チューダー朝の下で絶対王政の基礎が
築かれた。

5　イベリア半島では、キリスト教国の統合が進み、アラゴンとブランデンブルクが合併し
た。一方11世紀以降レコンキスタが進み、15世紀末にはイスラム教徒がキリスト教徒に
勝利し、半島でのオスマン帝国の支配権が確立した。

---

## おさえておきたい
# Point　キーワードチェック

◉ゲルマン民族の大移動とフランク王国の統合

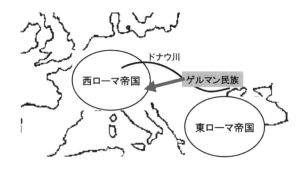

　ゲルマン民族の大移動により476年に（　1　）帝国が滅亡すると、西欧各地にはゲルマ
ン民族の王が国を建て、農民は、ゲルマンの王に服属するとともに、信仰上ではローマ教皇
をカトリックの首長と仰いだ。800年ローマ教皇がフランク王国の（　2　）に戴冠し、ヨ
ーロッパが1つに統合された。

第1章
日本史

第2章
世界史

第3章
地理

第4章
思想

第5章
文学・芸術

●**十字軍の遠征（11～13世紀）**

　キリスト教の聖地（　3　）をイスラム教徒の支配から奪回することを目的に、1096年からローマ教皇の主導で十字軍が派遣された。十字軍は、聖地を奪回できずに終了し、（　4　）の権威が衰退、十字軍に従軍した騎士や諸侯も経済的に没落して、相対的に国王が勢力を拡大した。一方、十字軍後、（　5　）交流が活発化し、（　6　）経済が進展して自給自足の（　7　）社会が崩壊する契機となった。

---

1 西ローマ　2 カール大帝　3 イェルサレム　4 ローマ教皇　5 東西　6 貨幣　7 封建

---

# A01　正解ー3

1－誤　神聖ローマ帝国の起源は東フランク王国のオットー1世がローマ教皇から帝冠を受けたことにある。西ローマ帝国の滅亡→フランク王のカール戴冠（800）＝西ローマの復興→フランクの分裂→東フランク王オットーの戴冠の流れをおさえること。したがって、東ローマ（ビザンツ）帝国とは流れが別。

2－誤　ギルドは生産規模が小さかった中世で、組合員の活動を守るために結成されたもので、生産・販売などを統制し自由競争を禁止するのが特徴。市政参加も同職ギルドの場合、ギルドの親方に限られており、職人・徒弟には厳しい身分制度が敷かれていた。

3－正　十字軍は第1回、4回をしっかり確認すること。

4－誤　フランドルは毛織物工業地帯。しかも内容的にはフランスではなく、イギリスについての記述。文章中の戦争・内乱は百年戦争・ばら戦争である。

5－誤　アラゴンと合併したのはカスティリヤで、両国はスペイン王国となった。レコンキスタで勝利したのはキリスト教徒であり、しかもオスマン帝国は半島には影響力なし。なお、レコンキスタが終了（1492）して半島をキリスト教徒の手で統一したスペインのイサベル女王はコロンブスのアメリカ探検を援助したこともあわせて確認しておきたい。

# Q02 中国王朝史

**問** 中国の王朝に関する次の記述のうち、妥当なものはどれか。 　　(国家一般類題)

1　北宋は科挙制を完成させて文人官僚中心の皇帝独裁体制を整えたが、軍事力が弱体化し、北方の遼には多額の銀・絹が贈られた。このため悪化した財政を再建するために王安石の新法が行われた。

2　明は洪武帝が皇帝独裁を強化するとともに、農村に里甲制を敷き、仏教を民衆に浸透させた。また中期からは、人頭税を土地税に繰り入れて一本化する地丁銀制が広まった。

3　唐は太宗の治世に中央に三省六部の官制を整え、地方は節度使を通じて異民族を支配した。また、荘園制や府兵制により農民支配を進めたが、安史の乱以降は均田制や募兵制に変わった。

4　前漢ははじめ封建制を採用したが途中の武帝の治世には実質的に郡県制が広がった。また儒教が国教とされたが、これに反発する宗教結社が中心となって黄巾の乱が起こり滅亡した。

5　漢民族の王朝清は靖難の変を平定し、鄭氏台湾を征服して中国統一を果たし、康熙帝から乾隆帝の治世に最盛期となった。軍機処は皇帝独裁を支える最高機関となった。

## おさえておきたい
# Point　キーワードチェック

### ◉漢

秦末の反乱の中から台頭した項羽と劉邦が争い、（　1　）が勝利して前202年に漢を建国した（前漢）。前漢では、秦の郡県制を修正し、地方には諸侯の国を復活させる（　2　）制を採用した。匈奴を討った武帝の時代に最盛期を迎え、武帝は張騫をシルクロードの大月氏に派遣、朝鮮半島には楽浪郡など4群を設置、ベトナム北部も制圧した。

武帝の死後には政治が乱れ、外戚の王莽が（　3　）を建国したが、時代に合わない復古政策を採用したため、劉秀が漢を復興して光武帝となった（後漢）。

後漢が220年に（　4　）の乱によって滅亡すると、魏・呉・蜀の三国時代を経て、華北には異民族が王朝を建て南北朝時代となった。

### ◉隋

581年に南北朝を統一した隋の楊堅（文帝）は、均田制・府兵制・租庸調制を実施し、官吏登用に学科試験を課す（　5　）を創始した。第2代の煬帝の時代には、華北と江南を結ぶ大運河が建設されたが、こうした土木工事などにより困窮した農民は、高句麗遠征の失敗を契機に各地で反乱を起こし、隋はわずか2代で滅亡した。

### ◉唐

618年に李淵が隋を滅ぼして唐を建て、第2代李世民の時代に中国を統一し、中央に三省

第1章
日本史

第2章
世界史

第3章
地理

第4章
思想

第5章
文学・芸術

六部をおいて（ 6 ）による整然とした法体系を作り上げ、隋から継承した均田制・府兵制・租庸調制を整備した。8世紀の玄宗の時代には、均田制の崩壊が顕著になり、辺境の防備のために節度使が置かれるようになった。755年には節度使が（ 7 ）の乱を起こし、以後唐の中央政府の統制力は弱まり、唐は907年に滅亡した。

### ●宋

960年に趙匡胤が開封を都に建国した宋では、（ 8 ）主義が採用され、節度使の権限を奪って科挙官僚を重用した。しかし、対外的には弱体であったため、遼や金に脅かされた。

### ●明

元末の紅巾の乱で頭角をあらわした朱元璋は南京で皇帝に即位し、洪武帝を名乗り、元をモンゴル高原に追いやった。地方統治には里甲制を採用し、租税台帳である（ 9 ）や土地台帳である魚鱗図冊などを作成して徴税システムを整えた。

1402年に即位した第3代永楽帝は、北京に遷都するとともに鄭和を南海遠征に派遣し、東南アジア諸国の朝貢を促した。しかし、明の時代には江南の沿岸部で（ 10 ）の活動が活発になり、一方、北方からはモンゴル系民族に脅かされた（北虜南倭）。

**出題 Point：中国史** 官僚制の歴史

①郷挙里選（前漢・後漢）…地方長官が有徳者を官吏に推薦。有力者の子弟が官吏独占。
②九品中正（魏）…中正官が9等級評価し、それに応じて任官。豪族の子弟に高い評価。
③科挙（隋）…身分に関係なく学科試験での官吏登用制度。元で一時中断し清朝まで。
④殿試（北宋）…科挙の州試・省試に続く皇帝試問。皇帝の官僚としての制度完成。
⑤士大夫…北宋以降、科挙により登用された高級官僚。新たな支配階級となる。

1 劉邦 2 郡国 3 新 4 黄巾 5 科挙 6 律令格式 7 安史 8 文治 9 賦役黄冊 10 倭寇

# A02 正解－1

1－正 官史登用制の流れや各王朝に対応する北方民族を整理しておくこと。北宋・遼間は兄弟関係、南宋は金の臣下という逆転した君臣関係だった。
2－誤 明は儒学（朱子学）を官学にし、仏教ではなく儒教の精神を六諭にして民衆に浸透させた。税制の地丁銀制は清代中期から広まった。
3－誤 節度使は玄宗治世から周辺異民族対策に置かれた軍司令官なので、都護府が正しい。また、均田制→荘園制の順が正しい。
4－誤 前漢がはじめ採用したのは封建制ではなく郡国制。黄巾の乱は後漢末の農民反乱。前漢は外戚の王莽に皇帝位を奪われて滅亡。
5－誤 清は女真族の異民族王朝。辮髪も彼らの風習であり、漢民族に強制されたことを思い出そう。靖難の変は明初期の権力奪取の政変なので、三藩の乱が正しい。

# Q03 ヨーロッパ近代国家

問 ヨーロッパ国民国家の成立から展開への状況に関する次の記述のうち、妥当なものの組み合わせを選べ。 (地方上級類題)

**ア** 16世紀にネーデルラントの新教徒が宗主国であるスペインから迫害されると、北部7州はハンザ同盟を結んで独立戦争を行い、ドイツの援助もあって独立を達成した。

**イ** ギリシアでは19世紀前半オスマン帝国からの独立運動が成功すると、自由主義・国民主義の流れをおさえるウィーン体制はしだいに動揺し始めた。

**ウ** ロシアでは、15世紀にモスクワ大公ピョートル1世が出て、オスマン帝国から完全に自立するとともに、ビザンツ皇帝の後継者を意味するツァーリの称号を正式採用した。

**エ** フランスは17世紀にルイ14世が常備軍と官僚を配した絶対主義を完成させ、貿易振興を図る重商主義を推進した。さらに身分制・領主制を廃止して専制君主による国家統一を果たした。

**オ** ドイツは19世紀にプロイセンがビスマルクの指導のもとオーストリアを破って小ドイツ主義に基づいた統一を進め、普仏戦争中に南ドイツを統合してドイツ帝国が成立して統一は完成した。

**1 ア・ウ　2 ア・エ　3 イ・エ　4 イ・オ　5 ウ・オ**

---

## おさえておきたい
## Point　キーワードチェック

### ◉百年戦争（1339～1453）

イギリスとフランスが毛織物業の中心地である（　1　）地方の争奪を巡って展開した。この戦争の結果、イギリス・フランスでは諸侯が没落して、国王が直接全土の統治権を及ぼすようになった。

### ◉大航海時代
### ⑴ポルトガルの香辛料貿易

ポルトガルは15世紀後半からインド航路の開拓に乗り出し、1488年にバルトロメウ=ディアスがアフリカ南端の喜望峰に到達、1498年には（　2　）がインド西岸のカリカットに到達した。

インド航路の開拓は国営事業として行われ、ポルトガルはインドのゴアを中心に香辛料貿易を支配して、16世紀を通じて首都リスボンが繁栄した。

### ⑵スペインの新大陸経営

スペインは西周り航路の開拓を進め、1492年コロンブスの船団をインドに向けて派遣したが、コロンブスはアメリカ大陸に上陸してそこをインドの一部であると思い込んだ。さらにスペイン王室の命で（　3　）が1519年西回りの大航海に出発、1522年に世界周航を果

問題でPointを理解する
Level 1 Q03

日第1章本史
世第2章界史
地第3章理
思第4章想
文第5章学・芸術

たした。スペインは征服者をアメリカ大陸に送り込み、コルテスが1521年に（ 4 ）帝国を、ピサロが1533年に（ 5 ）帝国を滅ぼした。スペインは南アメリカの古代文明を征服すると、銀山経営を行って繁栄した。

**(3)価格革命と世界の一体化の推進**

　新航路の開拓により世界の一体化が進展し、世界経済の中心は地中海から大西洋岸に移行した。また、ヨーロッパでは新大陸からもたらされた（ 6 ）により、貨幣価値が低下して物価が騰貴する価格革命が起こった。

**●絶対主義時代**

　15世紀のヨーロッパでは、各国で国王の集権体制が樹立され、近代国民国家が形成された。16世紀になると各国の国王は（ 7 ）主義政策を採用し、国内の商工業の保護や貿易の振興によって富の蓄積を図り、封建領主であった諸侯の権限を奪って絶大な権力を握るようになった。こうした時代を絶対主義時代と称する。絶対王政を現出した国王としてスペインのフェリペ2世（位1556〜98）、イギリスの（ 8 ）（位1558〜1603）、フランスのルイ14世（位1643〜1714）がいる。

**出題Point：絶対主義**　絶対主義王政の君主

①**チャールズ2世**…クロムウェル死後に王政復古。弟・ジェームズ2世は名誉革命で追放。
②**ルイ14世**…ブルボン朝絶頂期、太陽王（朕は国家）、コルベールを登用し重商主義推進。
③**フリードリヒ2世**…プロイセンの強大化推進、啓蒙専制君主（君主は国家第一の下僕）。
④**ピョートル1世**…ロシア絶対主義を確立。西欧化・近代化・集権化を強力に推進。
⑤**オラニエ公ウィレム（1世）**…オランダ初代君主。ユトレヒト同盟を結びスペインから独立。

> 1 フランドル　2 ヴァスコ=ダ=ガマ　3 マゼラン　4 アステカ　5 インカ　6 銀　7 重商
> 8 エリザベス1世

# A03　正解—4

アー誤　ハンザ同盟ではなくユトレヒト同盟が正しい。またオランダ独立を支援したのはイギリスである。オランダ独立戦争も、ユグノー戦争・三十年戦争と同様宗教戦争でもある。

イー正　保守反動のウィーン体制下の自由主義・国民主義の流れは整理しておくこと。

ウー誤　ピョートル1世はロマノフ朝（1613〜1917）の絶対主義君主。イヴァン3世が正しいが、彼はオスマン帝国ではなくキプチャク=ハン国から自立した。

エー誤　絶対主義は身分制・領主制を維持した体制。廃止されるのはフランスではフランス革命以降。一方で、重商主義は絶対主義崩壊後も継続される。イギリスで航海法廃止が19世紀半ばだったことを思い出そう。

オー正　ドイツ統一はオーストリア・フランスとの関係で理解すること。

# Q04 市民革命

問 　市民革命に関する次の記述のうち、妥当なものはどれか。　　　　　　　　　（国税専門官）

**1**　イギリスでは、ピューリタン革命により絶対王政が倒れて共和制が樹立されたが、クロムウェルの独裁に国民の不満が高まり、彼の死後王政が復古した。

**2**　ピューリタン革命後、イギリスでは名誉革命が起こり、国王が処刑されたので、全ヨーロッパの支配層は衝撃を受けイギリス包囲の大同盟が結成された。

**3**　フランスでは、7月革命でルイ16世が処刑され、政権を握ったロベスピエールがウィーン議定書に調印することにより各国との和解に成功した。

**4**　フランスでは、フランス革命により経済活動の自由が認められ、市民階級の手によって世界で最初の産業革命が開始された。

**5**　フランス革命に刺激を受けて勃発したアメリカの独立戦争では、フランス、ロシアがイギリス側に参戦したため、アメリカは国際的に孤立し、苦戦を強いられた。

---

おさえておきたい
## Point 〔キーワードチェック〕

### ●イギリスの革命
### ⑴ピューリタン革命

　イギリスでは国王の不当な課税に対し1628年に『（　**1**　）』が議会によって可決された。しかし、国王チャールズ1世が議会を解散するなど、専制を改めなかったところから、ピューリタン革命が起こった。（　**2**　）が活躍して国王を処刑し、共和政を実施した。

### ⑵名誉革命

　クロムウェルの共和政後、イギリスでは王政が復古したが、ジェームズ2世が絶対王政の復活につとめたため、議会はジェームズ2世の娘夫妻を国王に招き、ジェームズ2世は亡命した（1688）。2人はメアリ2世とウィリアム3世として即位し、『（　**3**　）』が発布された（1689）。この結果、イギリスでは議会が国王に優越する立憲君主体制がいち早く確立した。

### ●アメリカの独立
### ⑴13植民地の形成

　アメリカ大陸東部には、イギリスから宗教的な自由や経済的自由を求めて移住した人々が13の植民地を形成し、植民地議会による運営がなされるなど、自主独立の機運が強かった。

### ⑵独立の契機

　イギリスは18世紀の植民地戦争に勝利し、戦争による財政難を植民地への課税強化で乗り切ろうとしたところから、植民地側は本国への不満を強めた。特に（　**4**　）法が植民地に強制されると、「（　**5**　）」とのスローガンによって激しい反対運動が行われた。さらに、茶法により（　**6**　）会社に植民地との茶貿易独占が与えられると、ボストン茶会事件から武力衝突が起こり、1775年に独立戦争が勃発した。

**(3)独立宣言**

　独立戦争勃発の翌年、（　7　）らが起草した「独立宣言」が発表された。この独立宣言には、イギリス本国の圧政に対し抵抗権があることが明記されたが、これはイギリスの名誉革命を擁護したロックの思想の影響を受けている。

**(4)アメリカの独立とアメリカ合衆国憲法制定**

　フランスの参戦などに助けられた植民地側は、パリ条約（1783）でイギリスからミシシッピ川以東のルイジアナを獲得して独立を達成した。当初は13の州がゆるやかに連合しているにすぎなかったが、州の権限の一部を中央の連邦政府に譲渡する連邦主義にもとづいて、1787年三権分立の原則に立つ合衆国憲法が成立した。1789年（　8　）が初代大統領に就任。

> **出題 Point：イギリス史**　　王権と議会の関係
> **①大憲章（マグナ=カルタ）**…課税には貴族・聖職者の議会での承認が必要に。
> **②代議制議会の始まり**…シモン・ド・モンフォールの議会やエドワード1世の模範議会。
> **③チューダー朝絶対王政**…バラ戦争で大貴族没落。英国教会強制・不当課税に議会反発。
> **④絶対王政打倒と立憲政治実現**…権利の請願→清教徒革命→名誉革命・権利の章典。
> **⑤責任内閣制**…ホイッグ党のウォールポール内閣から。議会の支持を背景にした執政。

> 1 権利の請願　2 クロムウェル　3 権利の章典　4 印紙　5 代表なくして課税なし
> 6 東インド　7 トマス=ジェファーソン　8 ワシントン

# A04　　正解―1

1－正　クロムウェルの行った共和制は実質的に軍事独裁であった。

2－誤　国王ジェームズ2世がフランスに亡命するまで無血の革命であったため、「名誉」革命と呼ばれる。

3－誤　7月革命（1830）ではシャルル10世が亡命し、オルレアン家のルイ＝フィリップを国王とする立憲王政となった。ロベスピエールは第一共和政下のジャコバン派指導者。ウイーン議定書（1815）はナポレオン戦争を収拾し秩序回復・領土分割を目標としたもの。

4－誤　フランス革命で封建的支配が終了し資本主義への道が開かれるが、そもそもフランスが農業中心の経済であったため、イギリスが機械輸出禁止を解除する1825年以降に本格的な産業革命が起こる。世界で最初の産業革命は18世紀後半のイギリスで起こっている。

5－誤　アメリカ独立戦争は1775年、フランス革命は1789年である。また、フランスはイギリスとの利害対立のため、アメリカ植民地側について参戦しており、ついでスペイン・オランダも植民地側についた。ロシアのエカチェリーナ2世は武装中立同盟を提唱したが、プロイセン・デンマーク・スウェーデン・ポルトガルが植民地側に参加したため、イギリスは国際的に完全に孤立した。

# Q05 帝国主義政策

**問** ヨーロッパ諸国のアジア進出に関する次の記述のうち、妥当なものはどれか。

(地方上級類題)

1 ポルトガルはフィリピン諸島を支配し、マニラを拠点にアジア貿易をすすめたが、19世紀末にアメリカに敗れアジアから後退した。

2 オランダは1600年に東インド会社を設立して、インドのマドラス・ボンベイ・カルカッタを拠点にし、プラッシーの戦いに勝利してフランスをおさえた。

3 スペインはジャワ島のバタヴィアに東インド会社の拠点をつくり、17世紀香辛料貿易を独占した。しかしイギリスとの抗争に敗れ、アジアから後退した。

4 イギリスは19世紀マラッカ・シンガポール・香港などに拠点をつくる一方、インド支配を強めてシパーヒーの乱を招いたが、インドの植民地は完成した。

5 フランスはヴェトナム・カンボジアを保護国にして仏領インドシナを形成したが、この地は第一次世界大戦後国際連盟の委任統治領になった。

---

## おさえておきたい
# Point キーワードチェック

### ●列強のアジア進出
### ⑴アヘン戦争から太平天国の乱

イギリスは、アヘン貿易の利益と中国市場化のため、1840年アヘン戦争を開始した。軍備に勝るイギリスは、戦後の（ 1 ）条約（1842）で香港を獲得し、広州や上海など5港を開港させる。中国には多額の賠償金が課せられ、重税に苦しんだ農民らが（ 2 ）に率いられ太平天国の乱を起こす（1851～64）。これに乗じてイギリスはフランスとともに（ 3 ）戦争を開始、北京条約で開港増加、キリスト教布教自由、公使駐在を認めさせた。

### ⑵日清戦争と義和団の乱

日清戦争後の下関条約で、中国は日本に台湾と遼東半島を割譲したが、ロシア、フランス、ドイツが（ 4 ）の返還を要求する三国干渉が起きた。ロシア、フランス、ドイツは三国干渉の代償として中国から租借地を獲得、中国の分割が一気に伸展。このため排外的な機運が高まり、華北一帯から「扶清滅洋」を掲げた義和団の乱が起きた。義和団は1900年に北京の外国公使館を包囲したが、ロシアや日本を中心とする8カ国の連合軍が鎮圧した。

### ⑶辛亥革命

1911年、革命派が蜂起して辛亥革命が起こり、1912年（ 5 ）を臨時大総統に立て、南京で（ 6 ）の建国が宣言された。革命政府との交渉にあたった袁世凱は、自身が中華民国の大総統になる代わりに清朝皇帝を退位させ、清朝が滅亡した。

### ⑷シパーヒーの乱とインド帝国

18世紀の（ 7 ）の戦いでフランスを打倒し、インドの植民地化を進めていったイギリスに対して、19世紀半ばに東インド会社の傭兵であったシパーヒーの乱が起こる。シパー

問題でPointを理解する
Level 1 **Q05**

第1章 日本史
第2章 世界史
第3章 地理
第4章 思想
第5章 文学・芸術

ヒーの乱は全インドに拡大した。乱を鎮圧すると、インドの統治機関であった（ **8** ）を解散して、ヴィクトリア女王を皇帝にインド帝国を樹立した。

## ◉英仏のアフリカ進出

イギリスはエジプトを拠点にしたアフリカ大陸縦断政策を採用し、エジプトのカイロ、南アフリカのケープタウン、インドのカルカッタの3地点を結ぶ（ **9** ）政策を展開した。

この縦断政策は、フランスの採用する横断政策と対立、1898年にはファショダ事件が起こった。しかし、1904年にはエジプトにおけるイギリスの、モロッコにおけるフランスの優越を相互に承認し合って、アフリカ大陸における利権の分割を明確にした。

## ◉ドイツ３Ｂ政策と三国協商

ドイツでは、（ **10** ）引退後に積極的な海外進出を行った。トルコからバクダード鉄道の敷設権を獲得し、ベルリン・ビザンティウム・バクダードを結ぶ３Ｂ政策が推進された。３Ｂ政策はイギリスのエジプトやインド支配を脅かす可能性のあるものであり、フランスはドイツ帝国樹立時の戦争以来、対立があった。ロシアはバルカン半島南下に際しドイツとの対立を深めており、対立する三国は第1次世界大戦前に三国協商を形成するに至った。

**出題 Point：帝国主義** 列強の世界分割と自治の機運

①**第２次産業革命**…石油・電力を利用し重工業発達。資本主義の膨張としての植民地政策。
②**植民地保有国**…16Ｃ〜ポ・西、17Ｃ〜蘭・英・仏・露。遅れて19Ｃ後から独・伊・日。
③**植民地アイルランド**…英の３Ｃ政策の進展の中で独立運動。自治達成は第一次大戦後。
④**変法運動**…中国分割の中、康有為らが明治維新を範に政治改革。西太后の弾圧で挫折。
⑤**ベンガル分割令**…逆にインド反英運動は高まり、国民会議派が英貨排斥・自治など主張。

---

1 南京　2 洪秀全　3 アロー　4 遼東半島　5 孫文　6 中華民国　7 プラッシー
8 東インド会社　9 ３Ｃ　10 ビスマルク

---

# A05 正解ー4

1－誤　ポルトガルではなくスペインが正しい。フィリピンはアジアにおけるスペインの拠点だったが、19世紀末の米西戦争に敗北してアメリカに奪われた。

2－誤　オランダではなくイギリスが正しい。東インド会社は英仏蘭各国が設立した。

3－誤　バタヴィアを拠点にジャワからインドネシア全体を植民地にしたのはオランダ。インドネシアは第二次世界大戦中に日本軍の支配を受けたが、大戦後再びオランダが復帰したため、独立戦争が起きた。

4－正　中国のアヘン戦争もこの流れで理解するとよい。マラッカ・シンガポールは香港、後の上海を拠点にしたイギリスの対中国貿易の中継港となった。

5－誤　仏領インドシナは第二次世界大戦中に日本軍に進駐されたが、第二次世界大戦後まで続き、インドシナ戦争で崩壊した。

# Q06 19世紀のヨーロッパ

問　19世紀のヨーロッパ各国の動向に関する記述として正しいものは、次のうちどれか。
（国家一般類題）

**1** イギリスは産業革命の成功により国力を増し、ヴィクトリア女王の治世の初期には、世界最強を誇ったスペイン無敵艦隊をトラファルガー沖の海戦で破り、大西洋からインド洋に通じる海上の覇権を握るとともに自国商品の販路を求め、オランダと戦って東ジャワ地方を植民地とした。

**2** フランスではナポレオン没落直後、一時共和政に移行したが、ナポレオン一族による帝政の復活を求める国民は暴動を起こし（二月革命）、この結果、ナポレオンの甥に当たるルイ＝フィリップが帝位に就き、ナポレオン3世と称した。彼は、イギリスを牽制するため、カトリック教徒の保護を口実にしてアイルランドに出兵した。

**3** プロイセンでは、国王ヴィルヘルム1世の下で首相となったビスマルクがドイツ統一を実現しようとしていた。そして、オーストリアと戦い（普墺戦争）、北ドイツ連邦を成立させた。さらに、プロイセンはその後、フランスとの戦争（普仏戦争）にも勝利し、ヴィルヘルム1世を皇帝とするドイツ帝国が成立した。

**4** オーストリアでは、19世紀の初期、女帝マリア＝テレジアの統治の下に絶対主義の全盛を迎えた。オーストリアは、オスマン＝トルコ帝国と戦い（クリミア戦争）、ルーマニア、ブルガリア、セルビアを併合した。

**5** イタリアは、オーストリア、フランスに分割占領されていたが、国民の民族意識の高揚に伴い、民族主義者ガリバルディの指導の下にゲリラ戦を続け、19世紀半ばにはロンバルト王国として独立した。その際、宗教の独立を唱えるカトリック教会の意向により、ローマ周辺はロンバルト王国に属さないヴァティカン市国となった。

---

## おさえておきたい
# Point　キーワードチェック

### ●ドイツの統一とビスマルク体制
### ⑴プロイセンのビスマルク
　プロイセンの宰相ビスマルクは、（　**1**　）政策を採用して軍備増強を進め、ドイツ統一を進めた。1870年にはプロイセンの強大化を警戒する（　**2**　）との間に戦争が起こり、プロイセンはこれに勝利して1871年にドイツ帝国の樹立を宣言した。
### ⑵ドイツ帝国憲法
　ドイツ帝国ではドイツ帝国憲法が制定され、男子普通選挙による帝国議会も設置されたが、帝国宰相は（　**3**　）のみに責任を負い、議会は無力であった。
### ⑶ビスマルク体制と三国同盟
　ビスマルクは、対外的にはフランスの孤立化を図ってビスマルク体制とよばれる国際関係を樹立した（ドイツ・オーストリア・イタリアの（　**4**　）、ロシアとの再保障条約）。

問題でPoint を理解する
Level 1 Q06

第1章 日本史
第2章 世界史
第3章 地理
第4章 思想
第5章 文学・芸術

## ●ロシアの南下政策と列強の対立

### ⑴ロシアの状況

遅れて対外進出を図るロシアは、19世紀に南下政策を展開して列強との対立を深め、これが（　5　）への導火線となった。

### ⑵クリミア戦争

バルカン半島から地中海進出を図ったロシアが、（　6　）帝国との間に戦争を展開した。ロシアの地中海進出を警戒するイギリスとフランスが（6）帝国側に立って参戦したため、ロシアは敗北した。

### ⑶ベルリン会議

再び（6）帝国との間に戦争を展開したロシアは、いったん勝利をしてバルカン半島への勢力拡大に成功したが、ロシアのバルカン進出にイギリスやオーストリアが猛反対した結果、ドイツのビスマルクがベルリン会議を開始して、ロシアのバルカン進出を阻止した。

### ⑷パン＝スラブ主義

バルカン半島への勢力拡大を阻止されたロシアは、ベルリン会議によって（6）帝国から独立を果たしたセルビアやルーマニア、ブルガリアなど、スラヴ系国家に対しパン＝スラブ主義のもとで影響力を強め、ドイツ・オーストリアの（　7　）主義と対立した。

---

1 鉄血　2 フランス　3 皇帝　4 三国同盟　5 第1次世界大戦　6 オスマン
7 パン＝ゲルマン

---

# A06 正解ー3

1ー誤　トラファルガー海戦（1805）はヴィクトリア女王即位（1837）より前である。また、インドネシア共和国が成立（1949）するまで、ジャワはオランダの植民地だった。

2ー誤　二月革命（1848）は、七月革命で国王になったルイ＝フィリップを倒すための反乱であり、第二共和政が成立してルイ＝ナポレオンが皇帝となるまで続いた。

3ー正　ビスマルクは、議会を無視し軍備増強政策を強行した。ドイツ統一を目的とした彼の政策は、鉄血政策と呼ばれる。

4ー誤　マリア＝テレジアは18世紀のオーストリアの女帝で、オーストリア継承戦争でプロイセンに敗北後、フランスと同盟を結ぶ。クリミア戦争はロシアとオスマン帝国（トルコ）の戦争で、英・仏がオスマン帝国側に立ちロシアが敗北する。

5ー誤　分裂状態にあったイタリアをサルディーニャ王国が統一し、青年イタリアのガリバルディが征服・献上したナポリ・シチリア併合でイタリア王国が成立する。ロンバルディアはイタリア統一戦争、ヴェネツィアは普墺戦争、ヴァチカン市国は普仏戦争で獲得した。

# Q07 第一次世界大戦前後の世界

**問** 第一次世界大戦後のアジアの状況に関する次の記述のうち、妥当なものはどれか。

（国家一般類題）

**1** パレスティナでは、イギリスのバルフォア宣言に基づいてユダヤ人の国家樹立が図られ、イスラエル建国が宣言されて国際連盟もこれを承認した。

**2** 中国では、中国共産党の孫文が指導する五・四運動が起こり、毛沢東を仲介して中国国民党と提携する第1次国共合作が実現したが、これは日中戦争開始まで続いた。

**3** インドでは、大戦後の自治約束が反故にされ、イギリスがローラット法で民族運動を弾圧したため、ガンディーが指導する非暴力・不服従運動が展開された。

**4** トルコでは、ケマル＝パシャがスルタン制を廃止してパフレヴィー朝を樹立するトルコ革命を進め、イスラム教を国教とする近代化が展開した。

**5** ヴェトナムでは、ホー＝チ＝ミンらが中心になって日本から学んで国力を貯えようとする東遊運動が起こったが、まもなく停止された。

---

おさえておきたい
## Point キーワードチェック

◉**第1次世界大戦**

⑴**ヨーロッパの火薬庫・バルカン半島**

　ドイツ・オーストリア・イタリアの（　**1**　）と、ドイツの帝国主義政策と対立を深めたイギリス・ロシア・フランスの（　**2**　）に大きく世界は2つの陣営に分かれた。

　第1次世界大戦前の両者の対立は、特にバルカン半島におけるドイツ・オーストリアのパン＝ゲルマン主義とロシア主導のパン＝スラブ主義に先鋭化された。

⑵**オーストリアとセルビア**

　バルカン半島における（　**3**　）主義と（　**4**　）主義の対立は、セルビアが併合を熱望していたボスニア・ヘルツェゴビナの両州をオーストリアが併合することでさらに激化する。

⑶**第1次世界大戦の開戦**

　オーストリア皇位継承者がセルビア人に暗殺される（　**5**　）事件からオーストリアがセルビアに宣戦すると、他の列強も同盟・協商関係に従って次々と参戦した。

⑷**大戦の経過**

　当初、孤立主義に立って中立であったアメリカも、ドイツが無制限潜水艦作戦を実行したところから1917年に途中からドイツに宣戦した。

　一方、ロシアでは戦争の長期化から社会主義革命が起こり皇帝は退位、（　**6**　）を中心に社会主義政権が樹立された。（6）は革命の成果を守るためにドイツと1918年にブレスト＝リトフスク条約を締結して単独で講和を果たした。

●ヴェルサイユ体制

　ドイツの敗戦が濃厚になった1918年にキール軍港の反乱からドイツでも革命が起こり、皇帝が亡命してドイツは共和国へと脱皮、連合国と休戦条約が締結された。

　1919年からのパリ講和会議で、ドイツとの間に（　7　）条約が締結され、ドイツは一切の海外植民地を失い、多額の賠償金を課せられ、厳しい軍備制限も課せられた。

●ワシントン会議

　ヴェルサイユ条約によって（　8　）が発足したが、戦後再び孤立主義が台頭したアメリカは国際連盟に参加せず、ワシントン会議を主催して海軍軍備制限条約や九カ国条約、（　9　）条約などを締結して軍縮とアジア・太平洋の秩序確立を主導した。

●ソ連の発展

　社会主義政権の樹立に対し、連合国は1918年から対ソ干渉戦争を展開したが、これに対しソ連は戦時共産主義によって列強の干渉と国内の反革命勢力を排除。

　さらに新経済政策によって経済を立て直し、次いで1928年から第1次（　10　）計画で工業国としての基礎を固め、農業の集団化を図った。

---

1 三国同盟　2 三国協商　3 パン=ゲルマン　4 パン=スラブ　5 サライェヴォ
6 レーニン　7 ヴェルサイユ　8 国際連盟　9 四カ国　10 五カ年

---

# A07　正解－3

1－誤　イスラエル建国は第二次世界大戦後の1948年、国際連合のパレスティナ分割案に基づいて実現した。

2－誤　孫文は中国国民党の指導者。しかも五・四運動には直接かかわっていないが、この運動をみて大衆を取り込んだ革命運動に傾く。第1次国共合作には毛沢東はかかわっていない。またこの合作は北伐途中で崩壊（1927）。

3－正　インドの民族運動は日露戦争・第一次世界大戦・世界恐慌という世界史的区切りにあわせて理解すること。

4－誤　パフレヴィー朝はイランの国家、ケマルは共和政を樹立。またイスラム教を政治と区別する政教分離を行った。

5－誤　東遊運動は大戦前、日露戦争後のこと。ホー＝チ＝ミンはこの運動には直接かかわっていない。

# Q08 20世紀前半の国際秩序

**問** 20世紀前半の状況に関する次の記述のうち、妥当なものはどれか。 　（地方上級類題）

**1** 第一世界大戦後パリ講和会議において、アメリカ大統領ウィルソンが「十四カ条」を発表し、これに基づいて国際連盟が設立された。アメリカは当初から加盟したが、ソヴィエト政権は除外された。

**2** 世界恐慌の影響でイタリアではファシスト党のムッソリーニがローマ進軍により政権を獲得し、エチオピアへの侵略・併合を強行した。

**3** オーストリアはトルコの混乱に乗じてセルビアを併合した後、パン=ゲルマン主義を唱えるドイツとバルカン同盟を結成し、ロシアを中心としたパン=スラブ主義に対抗したのでバルカン半島での緊張が高まり、第一次世界大戦へとつながった。

**4** ロシアでは血の日曜日事件を機に三月革命がおこり、皇帝ニコライ2世は退位したが、ボリシェヴィキのレーニンは十一月革命で臨時政府を倒して社会主義体制を確立し、第1次五カ年計画を開始した。

**5** スペインでは反ファシズムの人民戦線内閣が成立したが、これに反対するフランコ将軍ら保守派はスペイン内戦をおこした。ドイツ・イタリアはフランコ側を支援したが、イギリス・フランスは不干渉政策をとって介入しなかった

---

おさえておきたい
## Point 　キーワードチェック

### ●世界恐慌への対応
#### ⑴ニューディール政策
アメリカでは（　1　）がニューディール政策によって、経済に国家が強力に介入して経済の建て直しを図った。具体的には（　2　）法（AAA）によって農作物の生産調整と価格の下落を防ぎ、農村の購買力回復を図り、全国産業復興法で公正な競争を促し、（　3　）を設立して雇用の創出を図った。また、労働者の権利をワグナー法によって保障し、階級間の対立による社会不安を除こうとした。イギリスに次いで金本位制も停止している。

#### ⑵ブロック経済
イギリスでは本国と植民地や自治領間に特恵的な（　4　）を形成し、他国の製品に高い関税をかけて締め出すことで、イギリス製品の販路を確保し、経済恐慌の克服を図った。フランスも同様のブロック経済を採用した。

### ●ファシズムの台頭
#### ⑴ムッソリーニ政権
イタリアは、第1次世界大戦前に三国同盟の一員であったが、（　5　）との間に領土問題を抱えていたところから、大戦中にイギリスやフランスとの秘密協定によって連合国側で参戦した。したがって、戦勝国であったが、その領土要求のすべては満たされず、社会不安が

増大した。このため1922年にファシスト党を率いたムッソリーニが軍部や保守派の支持によって政権を樹立、1935年にはエチオピアに侵攻した。

**(2)ヒトラー政権**

世界恐慌によってドイツ経済は破綻し、ヒトラー率いるナチ党が大きな勢力となり、1933年にはヒトラーが首相に任命された。ヒトラーは全権委任法によって立法権を政府に移し、一党独裁を確立、再軍備宣言を行って対外侵略を激化させていった。

**(3)スペイン内乱**

スペインでは反ファシズム政権である人民戦線政府が組織されたが、これに対し（　6　）将軍が保守派の支持を得て反乱を起こした。反乱に対し、ドイツ・イタリアは公然と（6）を支持して介入し、人民戦線側にはソ連の援助は国際義勇軍の参戦があったが、1939年（6）側が勝利を収めた。スペイン内乱を通じてドイツとイタリアは接近し、1937年には日本を加えて三国防共協定が成立した。

**(4)ミュンヘン会談**

ドイツのヒトラーが（　7　）にズデーテン地方の割譲を要求すると、イギリス、フランス、ドイツ、イタリアの首脳がミュンヘン会談を開催した。イギリスは社会主義政権ソ連への警戒からドイツに譲歩してきたため（宥和政策）、ミュンヘン会談でドイツの要求は認められた。さらにドイツは（7）を解体したため、イギリスは宥和政策の限界を認めて軍備拡張を急いだ。

---

1 フランクリン=ルーズベルト　2 農業調整　3 テネシー河流域開発公社（TVA）
4 関税ブロック　5 オーストリア　6 フランコ　7 チェコスロヴァキア

---

# A08　正解ー5

1ー誤　ウィルソンの「十四カ条」は大戦末期に発表。アメリカは孤立主義が強まり、上院の反対により連盟には最初から最後まで加盟せず。ソヴィエト政権（のちのソ連）は途中から加盟した（1934）。

2ー誤　ムッソリーニがローマ進軍により政権を獲得する（1922）のは世界恐慌前である。

3ー誤　オーストリアが併合したのはセルビアではなく、ボスニア・ヘルツェゴヴィナ。これによりセルビアは反発。バルカン同盟はバルカン半島の諸国による反墺同盟で、ドイツはこの同盟の結成には無関係。

4ー誤　血の日曜日事件はロシア第1次革命（1905）のとき。また第1次五カ年計画は戦時共産主義→新経済政策に続いて世界恐慌の前年の1928年から。これはレーニンの死（1924）後のことである。

5ー正　イギリス・フランスはソ連不信からファシズム勢力の成長を許した。

# Q09 第二次大戦後の米ソ外交

問 第二次世界大戦後の米ソ外交に関する次の記述のうち、妥当なものはどれか。

（地方上級類題）

1　1940年代末にアメリカがトルーマン宣言を出すと、ソ連はワルシャワ条約機構を結成し、ベルリンの壁もつくられて米ソの緊張が高まり、冷戦が生じた。

2　1950年代半ばにはソ連がスターリン批判・平和共存路線を提唱したため、ハンガリーやチェコスロヴァキアの自由化も進んで緊張緩和が生まれた。

3　1960年代にはキューバ危機がおこったほか、朝鮮戦争やヴェトナム戦争などアジア各地で米ソの利害が対立し、国連の安全保障理事会もほとんど開かれなかった。

4　1970年代にはドル危機がおこり、アメリカのニクソンはソ連外交のほかに訪中して多極化外交を展開、石油危機もおこってアメリカの相対的な地位は低下した。

5　1990年代ソ連は消滅して米ソ間の冷戦構造は崩壊し、その後ドイツ統一、イラン革命が相次いで地域統合も進んだ。

---

## おさえておきたい
# Point　キーワードチェック

### ◉トルーマン＝ドクトリンとマーシャル＝プラン

1947年にアメリカ合衆国のトルーマン大統領は、ギリシアとトルコにおける共産主義の進出を阻止し、ソ連の勢力拡大に対抗する封じ込め政策（（　1　））を宣言し、冷戦が開始された。

また、アメリカのマーシャル国務長官は、ヨーロッパ諸国への経済援助を行うことで共産主義の浸透を阻止しようと、ヨーロッパ経済復興援助計画（（　2　））を発表した。

西欧諸国は援助を受け入れたが東側ではコミンフォルム（共産党情報局）を結成してこれに対抗、さらに1949年には（　3　）（東欧経済相互援助会議）を設立した。

一方、西側はソ連への不信感から（　4　）（北大西洋条約機構）を設立して集団防衛体制を樹立した。

1954年に西ドイツがパリ協定で主権を回復し、翌55年に（4）加盟を果たすと、東側では（　5　）を設立して対抗した。

### ◉フルシチョフの平和共存路線

ソ連ではスターリンの死後、1956年に（　6　）がスターリン体制における個人崇拝や抑圧を批判し、資本主義国との平和共存を表明した。

これを受けてポーランドやハンガリーで自由化とソ連からの離脱を求める運動が起こったが、ソ連は（　7　）に武力で介入し、東欧諸国の自由化は抑えられた。1961年には東ドイツからの亡命を防ぐためにベルリンの壁が構築された。

●キューバ危機

　1959年にキューバで親米政権を打倒する革命が起こり、アメリカ系企業を接収するとアメリカはキューバと断交し、反革命派を援助した。これに対しキューバは社会主義宣言を行ってソ連に接近した。

　1962年にソ連がキューバにミサイル基地を建設していることが発覚、アメリカはソ連にミサイル基地の撤去を要求して（　8　）に踏み切り、国際関係は緊張した（キューバ危機）。しかし米ソの武力衝突の危機はソ連の譲歩によって回避させた。

●核軍縮

　キューバ危機において核戦争の再発を目の当たりにした米ソは、1963年にイギリスを加えて（　9　）を締結した。

　さらに1968年にはすでに核開発に成功していた米英ソ仏中の5カ国を核保有国として、核保有国の増加防止を目的とした核拡散防止条約（NPT）が国連で採択された。

　1996年に核の保有・非保有を問わずあらゆる核実験を禁止する（　10　）が採択されたが、インドやパキスタンが核実験を行うなど、核軍縮に逆行する動きもみられた。

---

1 トルーマン=ドクトリン　2 マーシャル=プラン　3 コメコン　4 NATO
5 ワルシャワ条約機構　6 フルシチョフ　7 ハンガリー　8 海上封鎖
9 部分的核実験停止条約（PTBT）　10 包括的核実験停止条約（CTBT）

---

# A09　正解－4

1－誤　トルーマン宣言発表に対してソ連側はまずコミンフォルムを結成。ワルシャワ条約機構の結成は1955年。ベルリン封鎖（1948～49）とベルリンの壁構築（1961）は時期を混同しないように。

2－誤　ハンガリーの自由化はソ連により弾圧され、チェコスロヴァキアの自由化（「プラハの春」）は1968年のことだったが、これも一時的だった。

3－誤　朝鮮戦争は1950年代。国連安全保障理事会は開催されている。

4－正　ドル危機、石油危機（オイルショック）は、1970年代の国際関係の大切なポイント。

5－誤　ベルリンの壁開放・東欧の自由化（1989）→ドイツ統一（1990）→ソ連の消滅（1991）の順。イラン革命は1979年に起きた。

# Q10 第二次大戦後の民族独立

問 **第二次世界大戦直後のアジア諸国に関する記述として、妥当なものはどれか。**

(国家一般)

1 　中国大陸では、日本の降伏と同時に、国民政府軍と中国共産党軍が旧日本軍の占領地域をめぐって激しい攻防を繰り返した。アメリカ合衆国の支援を受けて軍事力で圧倒的な優位を誇る共産党軍が徐々に国民政府軍を圧迫し、中国本土に基礎を失った国民政府は台湾に逃れた。

2 　朝鮮半島では、アメリカ合衆国とソ連の交渉の結果、北緯38度線を境として南北朝鮮をそれぞれ独立国とすることとし、国際連合も両国の独立を認めた。しかし、あくまで朝鮮半島の統一をめざすアメリカ合衆国は、北朝鮮への進攻を開始し、これを阻止しようとするソ連との間で朝鮮戦争が開始された。

3 　ヴェトナムでは、フランスが武力によって独立運動を圧迫していた。しかし、アジアにおけるフランスの勢力拡張を恐れるアメリカ合衆国は、ホー＝チ＝ミンを擁して民族の自立を支援し、ここにフランスとアメリカ合衆国の全面対立となるインドシナ戦争が開始された。

4 　インドネシアでは、日本が降伏するとただちにスカルノを大統領とするインドネシア共和国の独立が宣言された。オランダはこの独立を認めず、武力抗争を続けたが、国連の調停などがあり、ついに独立を承認することとなった。

5 　インドは、第二次世界大戦後の独立の約束と引換えにイギリスに協力したが、イギリスはこの約束を守らず、逆に「ローラット法」などを発布して民族運動の弾圧を図った。これに対し、ガンディーらは、非暴力的抵抗運動を展開し、国際世論の支持を得て、ついに独立を達成した。

---

## おさえておきたい
# Point 　キーワードチェック

### ◉中華人民共和国
### ⑴中華人民共和国の成立

　第2次世界大戦が日本の敗戦で終結すると、中国では（ 1 ）党と共産党の内戦が再発し、毛沢東率いる共産党が勝利して1949年に毛沢東を国家主席、（ 2 ）を首相として中華人民共和国を樹立した。敗れた蒋介石率いる(1)党は、アメリカの後援を受けて台湾に逃れた。

### ⑵中ソ論争

　1950年に中ソ友好同盟相互援助条約が締結されたが、50年代後半から中国は独自の社会主義路線を歩み、1962年の（ 3 ）危機でソ連が譲歩すると、公然とソ連批判を展開した。

### ⑶大躍進と文化大革命

　「大躍進」政策の失敗で失脚した毛沢東が、資本主義を復活させる実権派(劉少奇、鄧小平ら)を打倒するため（ 4 ）を起こした。1976年毛沢東が死去するまで継続した。

## ●第三勢力とバンドン会議

　第2次世界大戦後に独立を果たしたアジア・アフリカ諸国は、東西両陣営どちらにも組せず第三勢力として自立の傾向を強めた。1955年には（　5　）のバンドンでアジア・アフリカ会議が開催され、平和共存や反植民地主義を掲げた平和10原則が採択された。第三勢力のリーダーとなったのは中国の周恩来、インドの（　6　）、インドネシアのスカルノらである。

## ●インドシナ戦争とベトナム戦争

　インドシナ半島では1946年にベトナム民主共和国の独立を宣言した（　7　）と、これを認めないフランスとの間にインドシナ戦争が起こった。フランスは南部に傀儡政権を建てて対抗したが、1954年のディエンビエンフーの戦いで大敗し、ジュネーブ休戦協定が締結され、北緯17度線を暫定的境界線として後の統一選挙が約された。

　しかし、これを認めないアメリカが南部を支援、1960年にはベトナム統一を目指す南ベトナム解放戦線が形成された。アメリカは（　8　）大統領の時に1965年から北ベトナムへの爆撃に踏み切り（北爆）、ベトナム戦争が本格的に開始された。アメリカのベトナム介入は内外の批判を浴びるとともに財政難を深刻にし、1973年にはベトナム和平協定に調印して南ベトナムから撤兵した。

---

1 国民　2 周恩来　3 キューバ　4 文化大革命　5 インドネシア　6 ネルー
7 ホー＝チ＝ミン　8 ジョンソン

---

# A10 正解－4

1－誤　アメリカは反共産主義から国民党を支援するが、共産党が内戦に勝利する。

2－誤　大韓民国・朝鮮民主主義人民共和国の建国は1948年で、その後、北朝鮮の侵攻で1950年に朝鮮戦争が開始される。冷戦期は東西の対立で国連加盟が認められず、両国が加盟するのは1991年である。

3－誤　フランスはジュネーブ協定（1954）でインドシナ戦争から撤退するが、それに代わりアメリカが南ヴェトナムを支援して、ホー＝チ＝ミン率いる北ヴェトナムと1973年までヴェトナム戦争を行う。ヴェトナム戦争は泥沼化しアメリカは撤退を余儀なくされ、結果、1976年、北が統一してヴェトナム社会主義共和国を建国した。

4－正　インドネシア独立戦争の後、ハーグ協定によって独立が承認された。

5－誤　ローラット法は、第一次大戦後、反英運動を弾圧するためインド植民地政府が1919年に発布した。第二次大戦後イギリスは、1947年インド連邦の独立を認め、1950年インド連邦共和国が成立した。ガンディーが暗殺されたのは1948年。

# Q11 朝鮮半島史

問 朝鮮半島の歴史に関する次の記述のうち、妥当なものはどれか。 （国家一般類題）

1 高麗は新羅にかわって朝鮮半島を支配し、仏教を国教にした。モンゴルの侵入を受け、退散を祈願して大蔵経を刊行したが、倭寇の侵入により国力が衰えた。

2 李氏朝鮮を創始した李成桂は、壬申・丁酉の倭乱とよばれる豊臣秀吉の軍勢を撃退し、民族文字である訓民正音を制定した。

3 李氏朝鮮は清に服属し、日本へは通信使を送って友誼を結ぶ以外は鎖国を国是としていたが、江華島事件を機に日本と下関条約をむすんで開国し、清も朝鮮の独立を認めた。

4 日露戦争中以降、日本は3回の日韓協約で韓国の植民地化を一層進め、独立万歳を叫ぶ民衆運動の三・一運動を弾圧したのち、韓国併合を行った。

5 第二次世界大戦直後北部はソ連、南部はアメリカが分割管理したが、朝鮮戦争がおこると朝鮮民主主義人民共和国、大韓民国が成立した。日本も戦争中に主権を回復した。

---

## おさえておきたい Point キーワードチェック

### ◉朝鮮半島史

⑴衛氏朝鮮（前2世紀）

⑵中国の支配（前2世紀末〜）

　前漢・（　1　）が衛氏朝鮮滅ぼし、（　2　）（〜4世紀初）など4郡置く

⑶三国時代（4〜7世紀）仏教伝来

　（北）高句麗→（2）滅亡　広開土王（好太王）　（南）南西に百済、南東に新羅
新羅→加羅諸国滅亡　高句麗→（　3　）を撃退

⑷新羅（676〜935）唐・新羅→日本破る（白村江の戦い）

　唐と連合して百済・高句麗滅亡→半島統一（676）
　唐文化吸収→律令・仏教　都・慶州に（　4　）建立　氏族的身分制＝骨品制
　高句麗遺民一部中国東北地方へ　→渤海建国

⑸（　5　）（918〜1392）創始：王建　都：開城

　（　6　）を国教化→（5）版大蔵経刊行　青磁　世界最古の金属活字
　文官・武官からなる両班（特権身分）成立
　13世紀モンゴルの侵入→服属　14世紀倭寇により衰退

⑹李氏朝鮮（1392〜1910）創始：李成桂（倭寇撃退）

　明の制度導入　儒教を国教化（朱子学を官学）両班が支える　都：漢陽（ソウル）
　15世紀　　　銅活字（　7　）を世宗が制定
　16世紀末　　豊臣秀吉の朝鮮侵略（壬辰・丁酉の倭乱）
　　　　　　　　→李舜臣の水軍・農民の抵抗・明の支援などで撃退
　17世紀　　　清に服属

問題でPointを理解する
Level 1 Q11

日本史 第1章
世界史 第2章
地理 第3章
思想 第4章
文学・芸術 第5章

| | | | |
|---|---|---|---|

1875　　　（　8　）→1876　日朝修好条規（開国）大院君の鎖国破綻
　　　　　　　　　　　　釜山など3港開港　領事裁判権（不平等条約）

1882　　　壬午軍乱…大院君側が王妃閔氏・日本人攻撃　　→ ┌日清の
1884　　　甲申政変…日本と組む金玉均ら開化派の政変失敗 → └対立

1894　　　（　9　）（東学党の乱）東学信徒らが中心　反西欧・反日本
　　　　　　　　　　　↓日清出兵

1894～95　日清戦争→下関条約で清は朝鮮の独立認める

1897　　　国号を大韓帝国とする

1904～05　日露戦争→ポーツマス条約で日本が韓国の保護権を得る

1904～07　3回の日韓協約　反日義兵闘争展開

1910　　　日本の韓国併合←1909安重根が伊藤博文暗殺
　　　　　ソウルに朝鮮総督府置き統治

1919　　　独立万歳叫ぶ（　10　）鎮圧
　　　　　日中戦争開始（1937）後日本の皇民化政策（神社参拝・創氏改名）

1945　　　植民地支配解放　北緯38度線境に米ソが南北分割占領

1948

| 朝鮮民主主義 人民共和国 | | 大 韓 民 国 |
|---|---|---|
| 金日成首相 | 朝鮮戦争（1950～53） <南北分断> | （　11　）大統領 |
| ↓ | 南北国連加盟（1991） | 朴正熙大統領…日韓国交樹立（1965） 盧泰愚大統領…韓ソ・中韓国交 |
| 金正日 | 初の南北首脳会談（2000） | 金大中大統領…太陽政策 |

2002　　　日朝平壌宣言（金正日と小泉純一郎首相）

1 武帝　2 楽浪郡　3 隋　4 仏国寺　5 高麗　6 仏教　7 訓民正音〔ハングル〕
8 江華島事件　9 甲午農民戦争　10 三・一独立運動　11 李承晩（イ スンマン）

# A11　正解－1

1－正　興亡する王朝の名称・特徴の整理は不可欠。次の李氏朝鮮では儒教が国教。

2－誤　李成桂は李氏朝鮮を創始したが、そのあとの内容は時代を混同している。秀吉の朝鮮侵略は李氏朝鮮成立後200年を過た16世紀末のこと。訓民正音は15世紀世宗のとき制定。

3－誤　江華島事件後の条約は日朝修好条規で、下関条約は日清戦争後（1895）。朝鮮通信使は江戸時代の日朝外交の柱となった。

4－誤　韓国併合（1910）→三・一運動（1919）の順が正しい。運動は、第一次世界大戦後の民族自決の気運が高まる中で起こった。

5－誤　米ソの分割管理→南北両国成立→朝鮮戦争の順が正しい。戦争中に日本が主権を回復したことは正しい。

# Q12 古代文明

**問** 世界各地に展開した文明に関する次の記述のうち、妥当なものはどれか。(地方上級類題)

**1** シュメール人はメソポタミアに都市国家を建設し、神聖文字で記録を残した。この地域を統一したハンムラビ王は法典を編纂し、十進法の起算法も始まった。

**2** アメリカ大陸のアンデス山中には先住民インディオがインカ帝国を建設し、稲作に基づいた高度な文明を築いたが、ポルトガル人の征服により滅亡した。

**3** アーリヤ人はインダス川流域に計画された都市を配する青銅器文明を築き、インダス文字も発明した。自然崇拝の多神教信仰を行い、これはのちのジャイナ教のもとになった。

**4** ギリシア人はギリシア本土に多数のポリスを形成し、アテネではペルシア戦争後ペリクレスの時代にはすべての住民が男女の別なく参政権を得て民主政治が完成した。

**5** サンサン朝では、アケメネス朝以来のイラン人の伝統が集大成され、ゾロアスター教が国教となり、美術工芸の様式は飛鳥・奈良時代の日本にまで影響を及ぼした。

---

## PointCheck

### ●四大文明
古代、大河流域に独自の文字を有する農耕文明が成立する。文字は原始的な象形文字で、青銅器を使用しており、まだ鉄器の段階には至っていない。

### (1)エジプト文明
エジプトはナイル川の増水・減水を利用した農耕文明である(「エジプトはナイルのたまもの」)。その恵みを最大限に利用するため、ナイル川の治水に必要な高度な測量術が発達し、神聖文字、太陽暦が発明された。これらの技術は後のギリシア幾何学に引き継がれていく。

### (2)メソポタミア文明
シュメール人は、ティグリス川・ユーフラテス川の流域に都市国家を形成する。発明した楔形文字は、古代オリエントの共通文字として文明を発展させ、あわせて六十進法や太陰暦を生み出していく。このメソポタミア地域の国家を統一し、周辺民族や以後の国家に大きな影響を与えたのが、前18世紀頃の古バビロニア王国である。ここで、復讐の規定で有名な『ハンムラビ法典』がハンムラビ王によって制定されている。

### (3)インダス文明
モヘンジョ=ダロ、ハラッパーといった整然と整備された都市跡は、インダス川流域から発掘された。いまだに謎の多い古代文明で、建設したとされるドラヴィダ人や、使用したインダス文字についても解明はされていない。

### (4)黄河文明
前5000年頃から新石器文化が発生していた黄河中流域に、中国最古の王朝国家、殷が成立したのは前2000年頃である。稲作農耕が発達していたこの地域を、王が祭祀と占卜で政治を決定する神権政治を行い支配した。殷墟(都跡)からは大量の甲骨文字(亀甲や獣骨に

刻まれていた、漢字のもとになる文字）や青銅器が発見されている。

### ●オリエントの古代文明

#### (1)鉄器の使用

前18世紀頃、インド＝ヨーロッパ系のヒッタイト人が小アジア（現在のトルコ）に建国し、製鉄技術を利用して強大化した。古バビロニアを滅ぼし、オリエントに鉄器を普及させた。

#### (2)地中海東岸のセム系3民族の活動

フェニキア人：海上貿易に優れ、アルファベットのもとになる文字を発明

アラム人：陸上（隊商）貿易を行う

ヘブライ人：イエルサレム中心、バビロン捕囚を経てユダヤ教信仰を確立

### ●新大陸の文明

紀元後の6世紀にユカタン半島を中心にマヤ文明が生まれ、13世紀にはそれを受けつぎアステカ文明が発生した。

また南米のペルーにも13世紀頃インカ文明が発生した。これらは16世紀に、スペイン人により破壊された。

**Level up Point!** 必ずしも頻出の分野ではないので、基本的な理解の部分で正誤が決まってくる。古代は地域・民族・石器・鉄器・文字・宗教についてまとめておくだけでも差がつけられる。

## A12 正解－5

1－誤　神聖文字は古代エジプト人の発明した象形文字の1つ。メソポタミアの起算法は十進法ではなく六十進法が正しい。

2－誤　インディオが築いたアンデス（インカ）文明・メソアメリカ文明は、稲作ではなく、とうもろこし栽培を基礎にしていた。インカ帝国には青銅器はあったが、農耕は木器、石器に頼っていた。また、これら文明の征服者はスペイン人であり、インカ帝国はピサロにより16世紀前半に滅亡。

3－誤　アーリヤ人はインダス文明の建設者ではなく、インダス文明衰亡後侵入した。彼らの多神教崇拝は、のちにバラモン教の源流となった。

4－誤　ペリクレス時代は民主政治の完成期であったが、政治に参加できたのは、奴隷や女性を除く成年男子市民に限られた。彼らは貧富の別なく民会に参加し、ほとんどすべての官職も抽選で選ばれた。

5－正　ゾロアスター教がササン朝のもとで国教になることは基本的だが見落としやすい。

# Q13 イスラム史

**問** イスラム国家の動向に関する次の記述のうち、妥当なものはどれか。（国税専門官類題）

**1** ウマイヤ朝は正統カリフのアリー暗殺後に成立し、カリフ位は世襲となった。ジハードにより領土は中央アジアからイベリア半島までに広がり、中国から製紙法が伝わる一方、バグダードを首都にハールーン＝アッラシードの治世に最盛期を迎えた。

**2** アッバース朝はウマイヤ朝がアラブ人を優遇していた仕組みを改め、イスラム教徒全員の平等を実現した。この結果、イスラム教徒もハラージュを負担したが、非イスラム教徒はジズヤ・ハラージュをともに負担した。

**3** トルコ系のセルジューク朝はエジプトからおこって西アジアに広く進出し、アッバース朝カリフからスルタンという政治権力者の称号を得て、実権を握った。その後西アジア世界でシーア派の指導的地位を保った。

**4** オスマン帝国は小アジアからおこってバルカン半島に進出してビザンツ帝国を滅ぼし、十字軍遠征のきっかけをつくった。スレイマン1世のときが最盛期で、神聖ローマ帝国に対抗するためにフランスにカピチュレーションを付与した。

**5** ムガル帝国はアウラングゼーブが建国し、北インドを拠点にして強大化し、アクバルはヒンドゥー教徒のジズヤを廃止して民族融和に努めた。イスラムの教義からも絵画・彫刻が奨励されて、アラベスクなどが盛んにつくられた。

## PointCheck

### ●イスラム教と国家建設

7世紀初め、アラビア半島の中継都市メッカで、ムハンマドは、唯一神アッラーへの帰依を説くイスラム教を民衆に広めた。メッカの商人から迫害され、622年にムハンマドは一時メディナへ逃れるが（ヒジュラ・聖遷）、移り住んだメディナで教団国家を建設する。630年に再度メッカに入城し、結果、ムハンマドの死までにアラビア半島のほとんどを勢力範囲とすることになった。

### ●イスラム帝国の成立

### (1)正統カリフ時代（632〜661年）

ムハンマドの死後は、後継者（カリフ）を選挙で選出し、4代のカリフが続いた。この時期には、東ローマ帝国との戦いでエジプト・シリアを征服し、651年にはササン朝を滅亡させる。被征服者に「コーランか貢納か剣か」と突きつけ、イスラム帝国発展の基礎を作り上げていった（聖戦・ジハード）。

### (2)ウマイヤ朝（661〜750年）

4代カリフのアリーを、シリア総督ウマイヤ家のムアーウィアが暗殺し、カリフを世襲制とする専制王朝を作りあげた。711年に中央アジア・西北アジアにまで支配地を拡大してい

問題でPoint を理解する

Level 2 **Q13**

日本史 第1章

世界史 第2章

地理 第3章

思想 第4章

文学・芸術 第5章

くが、732年にトゥール・ポワティエ間の戦いでフランク王国に敗れる。その後、イスラム教は、ウマイヤ朝を正統として支持するスンナ派と、アリーとその子孫を正統とするシーア派に分裂していった。ウマイヤ朝は、アラブ人が免税特権をはじめ多くの特権を持つアラブ人支配国家である。そのため、被征服民はイスラム教に改宗しても、ハラージュ（地租）とジズヤ（人頭税）を賦課された。

●**イスラム世界の分裂**

被征服民とウマイヤ専制に反対するシーア派の勢力をアッバース家が結集、750年にウマイヤ朝を打倒し、アッバース朝を開いて都をバクダードに定めた。敗れたウマイヤ家一族は、756年にイベリア半島に移り住み、後ウマイヤ朝を建国した。

⑴**アッバース朝（750 ～ 1258年）**

751年にタラス河畔の戦いで唐軍を破ってこの地方も支配し、第5代カリフのハールーン＝アッラシードの時に全盛期を迎える。行政では官僚制が整備され、イスラム信者は民族を超えて平等であるとされた（ムスリム平等）。治水灌漑事業で農業を保護する一方、産業や貿易も奨励し、イスラム商人は東は中国から、西は大西洋岸までを活躍し、商業機構や信用制度が発達した。

⑵**後ウマイヤ朝（756 ～ 1031年）**

コルドバを都としてイスラム文化が繁栄し、現在でもその影響が色濃く残っている。

**Level up Point!** 以前は出題されにくい分野だとされたが、現代国際情勢の背景として問われる可能性は非常に大きい。POINT整理のイスラム通史で、王朝ごとのキーワードをまとめておこう。

# A13 正解－2

1－誤 「中国から製紙法が……」の後半部分はアッバース朝に関すること。ウマイヤ朝の首都はバグダードではなくダマスクス。

2－正 ウマイヤ朝＝アラブ至上主義（アラブ帝国）　アッバース朝＝イスラム至上主義（イスラム帝国）の区別を明確にしておくこと。

3－誤 セルジューク朝はシーア派ではなくスンナ派王朝で、しかもエジプトではなく中央アジアから起こり、西アジア世界を支配した。

4－誤 十字軍遠征のきっかけは、セルジューク朝の小アジア進出である。この結果、イスラム化・トルコ化した小アジアからオスマン帝国が生まれた。それ以外の記述は妥当である。

5－誤 ムガル帝国の建国者はバーブル。バーブル（初代）→アクバル（3代）→アウラングゼーブ（6代）の順。イスラムの教義では偶像崇拝が否定されており、絵画・彫刻は発達しなかった。ムガル帝国では細密画（ミニアチュール）が盛んに作られた。

# Q14 革命期のヨーロッパ

問 欧米諸国で起こった諸革命に関する次の記述のうち、妥当なものの組み合わせを選べ。

(国家一般類題)

**ア** イギリスでは、ピューリタン革命によってチャールズ1世が亡命し、一時共和政が実現した。しかし、その後王政復古となり、1688年オランダから迎えられた新国王夫妻が権利章典を無効にし、再び議会と対立した。

**イ** イギリス産業革命は木綿工業の技術革新から始まり、第二次囲い込みにより農村から多くの労働者を供給して製品の工場生産を実現し、自由貿易体制を確立した。この圧迫を受けてフランスでも19世紀前半七月王政下で産業革命が進行した。

**ウ** フランス革命では封建的な諸制度は廃止され、農民は土地所有を実現した。旧来の伝統を破壊する一環として文化面でも革命暦やメートル法が実施された。一方で、革命を守るためにロベスピエールの指導のもと山岳派独裁をしいて恐怖政治が展開したが、これはテルミドールの反動で崩壊した。

**エ** 1848年オーストリアの二月革命によりメッテルニヒは亡命し、この影響を受けてフランスでは同年ルイ=ナポレオンが皇帝になった。一方、ポーランドの独立運動も成功して晴れて独立を回復した

**オ** アメリカ独立戦争中に発表された独立宣言は、フランス革命の人権宣言をよりどころとして人間の自由・平等、専制への抵抗の正当性を主張しており、奴隷制度はこの宣言により撤廃された。しかし、黒人の社会的・経済的地位は依然不安定であった。

**1** ア・エ　　**2** ア・オ　　**3** イ・ウ　　**4** イ・エ　　**5** ウ・オ

## PointCheck

### ●フランス革命とウィーン体制

#### (1)革命前夜

18世紀のフランスではアンシャンレジーム（旧体制）の第三身分である平民が搾取されていた。一方、ルソーらの啓蒙思想、アメリカ独立が旧体制打破の機運をもたらした。

#### (2)革命の勃発

バスティーユ牢獄襲撃事件から、フランス全土に暴動が起こると、国民議会は『人権宣言』を発布して人間の自由平等と私有財産の絶対不可侵を提示した。しかし、フランスにおける革命に対し、周辺のヨーロッパ諸国は、革命が自国に波及することを恐れて対外戦争を起こした。この中で軍人であったナポレオンが頭角を表し、独裁権を掌握して革命を終結させた。

#### (3)ナポレオン戦争

ナポレオンは皇帝に就任すると『フランス民法典』を発布して近代市民社会の原理を提示した。さらに、対外戦争に乗り出してヨーロッパ大陸を制圧したが、ライプチヒの戦いから

反ナポレオン戦争が起こり、ワーテルローの戦いで破れ捕えられた。

### ⑷ウィーン体制

　フランス革命とナポレオン戦争後のヨーロッパの秩序を回復するために、1814年からウィーン会議が開催され、フランス革命前の秩序、領土、主権を正統とし、復古体制が成立した。この結果、19世紀前半の自由主義運動は、ウィーン体制下でことごとく弾圧された。

### ⑸ラテンアメリカの独立とウィーン体制の動揺

　ナポレオン戦争中に本国スペインとの連絡が途絶えたラテンアメリカ諸国は、19世紀初頭に次々と独立を宣言した。この際にアメリカのモンロー大統領は、1823年にモンロー宣言によって「アメリカ大陸とヨーロッパ大陸の相互不干渉」を提唱して、孤立主義外交を明確に表明した。この結果、ラテンアメリカ諸国は独立を達成し、フランス革命前の主権と領土を維持しようとするウィーン体制は動揺し始めた。

### ⑹七月革命と二月革命

　フランスではウィーン会議の結果、王政が復古したが、厳しい制限選挙を採用して貴族らを重んじる国王に対し、1830年七月革命が起こって自由主義者のルイ＝フィリップが国王に迎えられた。さらに普通選挙を求める民衆運動を政府が弾圧したところから、1848年には二月革命が起こり、国王ルイ＝フィリップは亡命し、フランスでは共和政府が樹立された。フランスにおける二月革命は他の諸国にも波及し、復古体制であるウィーン体制は崩壊した。

**出題Point：アメリカ史**　植民地・独立から再統一・発展の道

①**13植民地**…英の支配は緩く、北部ニューイングランドは自主独立、南部は領主植民地。
②**独立戦争**…課税に反発・開戦→『コモンセンス』・独立宣言→パリ条約・合衆国憲法
③**孤立主義**…仏革命・ナポレオン戦争に中立。モンロー宣言で欧大陸と米大陸の相互不干渉。
④**南北戦争**…自由州派・保護貿易（北部）と奴隷州派・自由貿易（南部）の対立。
⑤**発展の基盤**…南北戦争後資本主義が急発展、フロンティア消滅、20C大量生産消費社会。

**Level up Point!**　世界史の大きな山は、市民革命前後、2つの大戦前後で、ここを中心に幅を広げる学習プランを組んでいこう。もちろん、市民革命については細かい部分までチェックが必要だ。

## A14　正解－3

アー誤　チャールズ1世は亡命ではなく処刑された。以下の流れは途中まで妥当だが、新国王夫妻は権利の宣言を承認し、議会はこれを権利の章典として制定、議会主権のもとで立憲王政が確立したので、議会と対立することはなかった。

イー正　技術革新はまず木綿工業から始まる。その後、毛織物工業に展開する。

ウー正　山岳派独裁は革命の一時期、急進化の行き着き先でもあった。

エー誤　二月革命はフランスで、オーストリアは三月革命。フランス二月革命の影響で三月革命は勃発した。ルイ＝ナポレオンは同年大統領に就任（皇帝就任は1852年）。ポーランドの独立も第一次世界大戦後のこと。

オー誤　アメリカ独立戦争→フランス革命の順。奴隷制度の廃止は19世紀半ば南北戦争後まで待たねばならなかった。

# Q15 近代の中国史

問　近代の中国に関する次の記述のうち、妥当なものはどれか。　　　　　（国家一般類題）

**1**　清が行うアヘンの禁輸と自由貿易の拡大に反発して英仏が起こしたアヘン戦争は、英仏軍が北京を占領して清が敗北し、北京条約で清が香港島の割譲や領事裁判権を認めたため、中国の半植民地化が進んだ。

**2**　「扶清滅洋」をスローガンに、孫文が中心となって中国同盟会が結成されて、清朝政府もこれを支持したが、辛亥革命により清は倒れ、蒋介石を臨時大総統とする中華民国が成立した。

**3**　西洋技術の導入による洋務運動の限界が明らかになると、清朝政府は洪秀全らが中心となって土地均分や辮髪の廃止のほか、立憲君主制によって近代化を図る変法運動に着手したが、外国列強の一層の侵略をまねいた。

**4**　第一次世界大戦後パリ講和会議でドイツの旧山東権益の返還などの中国の要求が拒否されると、中国民衆は北京を中心にヴェルサイユ条約に反対し、帝国主義に反対する五・四運動を起こし、これは全国規模で広がった。

**5**　日清戦争の敗北後、宗教結社の義和団は「滅満興漢」を唱えて北京を占領したが、曾国藩や李鴻章ら指導の郷勇により鎮圧され、以後彼らは軍閥として各地で割拠するようになった。

## PointCheck

### ●アヘン戦争

イギリスが行った三角貿易、すなわち、インド産のアヘンを中国に、中国商品（主に茶）をイギリスに、イギリス商品（主に綿製品）をインドに輸出する政策により、中国は輸入超過となり、銀の流入が増大した。清はアヘンの害と銀流出による財政の破綻からアヘン輸入を禁止し、イギリス商館のアヘンを没収・破棄した。これにイギリスが武力行使で対抗して、1840年にアヘン戦争が勃発した。清はイギリスに屈して1842年に南京条約を結んだ。清は条約において、香港の割譲、5港の開港、公行貿易の廃止、両国の国交の対等などを認めた。

### ●アロー戦争

1856年イギリスは、広東で起こったアロー号事件を口実に清と開戦し、フランスも宣教師殺害事件を口実に参戦した。英仏両国はこれを機に条約改定を実現しようとし、これにアメリカ・ロシアも加わり、清は敗れ天津条約を結んだ。しかし翌年、清軍が英仏の批准交換使節を砲撃したことから戦闘が再開され、連合軍は北京を占領し、新たに北京条約を締結した。清は対等の国交と貿易の自由を確認し、北京公使館の設置、開港場の増設、キリスト教布教の承認、イギリスへの九竜半島の一部割譲、アヘン貿易の公認、賠償金の支払いなどを認めさせられた。

●太平天国の乱

アヘン戦争後、イギリスの綿製品などの流入により、中国の手工業は大きな打撃を受ける。加えて、戦費と賠償金が銀暴騰と重税をもたらし、天災も重なり社会不安が深刻化した。

広東省出身の洪秀全は、キリスト教的秘密結社を組織し、1851年に広西省で反乱を起こした。国号を太平天国と称し、「滅満興漢」をスローガンに、農民や手工業者、特に貧農の支持を受け、華南を中心とする大勢力に発展した。これに対して、地主たちを中心に郷勇（郷土自衛軍）が組織されて活躍し、一方、はじめ中立の態度であった欧米列強も利権獲得後は清朝を支援した。太平天国内部でも堕落や内紛が起こり、1864年に南京は陥落、洪秀全が自殺して終結した。太平天国は、民族主義・農民革命・反侵略闘争としての性格を持ち、後の中国革命運動、特に辛亥革命に大きな影響を与えた。

Level up Point! 帝国主義の展開とアジア史は苦手分野になることが多いが、ポイントを絞ってテーマごとにまとめておくとよい。日本史の同時代と連携しての学習が効率がよい。

# A15 正解ー4

アヘン戦争から辛亥革命あるいは五・四運動までの中国史は出題されやすい。清までの王朝興亡史と同様に、19〜20世紀中国史も流れを整理しておくこと。

1ー誤 アヘン戦争とアロー戦争の内容が混同されている。英が単独で起こしたアヘン戦争→南京条約、英仏連合したアロー戦争→天津・北京条約。香港島・領事裁判権は南京条約関連である。アヘン・アロー戦争ではイギリスは開港場を増やし自由貿易の拡大を望んだ。

2ー誤 「扶清滅洋」をスローガンにしたのは義和団。孫文は三民主義を掲げて清朝打倒の革命運動を展開した。孫文は宣統帝退位を条件に中華民国臨時大総統の地位を袁世凱に譲り、清朝は滅亡した。

3ー誤 変法運動と太平天国の乱の内容が混同されている。洪秀全〜弁髪廃止までは太平天国の関連記述。康有為らが進めようとした変法運動は西太后ら保守派の弾圧により百日で失敗し（戊戌の政変）、これ自体は列強の侵略とは直接関係はない。

4ー正 同じ1919年、アジアでは朝鮮で三・一運動、インドでもローラット法に反対する民族運動（のちにガンディー指導の非暴力・不服従運動に発展）が起きている。

5ー誤 義和団と太平天国の乱の内容が混同されている。「滅満興漢」は太平天国のスローガン。曾国藩や李鴻章ら郷勇による鎮圧も太平天国の乱のこと。彼ら有力漢人官僚が洋務運動などで台頭し、軍閥のもととなった。

# 第3章 地理

Level 1 p202〜p219　　Level 2 p220〜p225

## 1 自然環境（地形、気候）

Level 1 ▷ **Q01〜Q03**　Level 2 ▷ **Q10**

### おさえておきたい
# Point　キーワードチェック

**1 地形** ▶ p202　▶ p220

(1)**大地形**：地球内部からの作用により、地表面を凹凸にする力（内的営力）。

| 地殻変動 | 安定陸塊 | （　1　）時代につくられた山脈が、長年の侵食により海面付近まで削られ、地表面が平坦になった地域。盾状地、卓状地（構造平野、ケスタ地形）。 | バルト盾状地 ローレンシア盾状地 |
|---|---|---|---|
| | 古期造山帯 | （　2　）の造山運動によってできた山脈で、後の侵食を受け、比較的になだらかな山脈となる。石炭層を含み世界的な炭田地帯が分布。 | アパラチア山脈、スカンディナビア山脈、フランス中央高地 |
| | 新期造山帯 | （　3　）以降、現在まで続く造山帯で、高く険しい山脈や列島、海洋の近いところでは海溝が発達。火山活動や地震の多発する地帯。非鉄金属が豊富。石油の埋蔵量が多い。 | （　4　）造山帯 アルプス＝ヒマラヤ造山帯 |
| 火山活動、地震 | | 比較的狭い範囲で起き、新期造山帯に沿って多発する。 | |

(2)**小地形**：地球外部からの作用により、地表面を平坦にする（外的営力）。

| 河川の作用と地形 | 風化 | | 岩石が大気、水、雪、風、生物などの作用によって分解され土壌になること。物理的風化と化学的風化とがある。 |
|---|---|---|---|
| | 侵食 | | （　5　）…壮年期の山地でみられるV字形の谷。谷は深くて狭い。黒部峡谷。 |
| | | | 河岸段丘…谷底平野・三角州などの平坦面で、隆起・海面低下により侵食が幾度か復活して形成。 |
| | 運搬 | | 礫や土砂を運搬。下流では粒径が小さく丸い。 |
| | 堆積作用 | | 扇状地…谷が平野に出る位置に発達。河川は伏流となる。水無川がみられる。 |
| | | | 沖積平野…河川の堆積作用によってつくられた平野。 |
| | | | 氾濫原、（　6　）、三日月湖、後背湿地、蛇行などがみられる。 |
| | | | 三角州…海や湖の河口付近に発達。中州の形成。ナイル川、（　7　）川、ティベレ川。 |

172

氾濫原

自然堤防　三日月湖　後背湿地

基盤岩

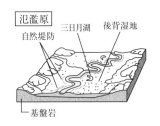

扇状地

基盤岩　　　　　湧水点

扇頂　扇央　扇端

地下水面
帯水層

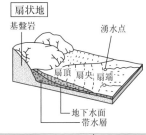

| | | | |
|---|---|---|---|
| 特殊な地形 | 氷河地形 | 大陸氷河…氷床ともいう。<br>（ 8 ）氷河…ホーン、カール、モレーン、<br>（ 9 ）谷 | 南極、グリーンランド、アルプス、ヒマラヤ、スカンディナビア山脈 |
| | 乾燥地形 | 岩石砂漠…岩石や礫でできた砂漠、砂漠の多くを占める。<br>砂砂漠…砂でできた砂漠。<br>（ 10 ）…過去の温暖期につくられた河川の跡、大雨で洪水。 | （ 11 ）線に沿って分布、サハラ砂漠、ルブアリハリ砂漠 |
| | 海岸地形 | （ 12 ）海岸…海面の上昇または地盤の下降によってできた海岸。リアス式海岸、溺れ谷、フィヨルド、エスチュアリー | スペインのガリシア地方、三陸海岸、チェサピーク湾 |
| | | 離水海岸…単調な海岸線。砂浜海岸、海岸砂丘、海岸平野、海岸段丘、海食崖 | 新潟平野（海岸平野）室戸岬（海岸段丘） |
| | カルスト地形 | （ 13 ）が二酸化炭素を含んだ水に溶食。<br>凹地の規模により小→大（（ 14 ）、ウバーレ、ポリエ）<br>地下に鍾乳洞ができ、地下水が流れる。 | スロベニアのカルスト地方、（ 15 ）、平尾台 |
| | 火山地形（形状による分類） | 楯状火山…キラウエア、マウナ・ロア（ハワイ）<br>成層火山…（ 16 ）<br>溶岩円頂丘…箱根駒ヶ岳、大山、焼岳<br>溶岩台地…（ 17 ）高原（インド）<br>（ 18 ）…阿蘇山、十和田湖はカルデラ湖<br>マール…一の目潟（男鹿半島） | |

1 先カンブリア　2 古生代　3 中生代　4 環太平洋　5 V字谷　6 自然堤防　7 ミシシッピ
8 山岳　9 U字　10 ワジ　11 南北回帰　12 沈水　13 石灰岩　14 ドリーネ　15 秋吉台
16 富士山　17 デカン　18 カルデラ

## 2 気候

### (1)気候要素と気候因子…この組み合わせで、気候型が決まる。

| 気候要素 | 気候を構成する個々の大気の現象。気温・( 1 )・風・湿度・気圧・日照など。 |
|---|---|
| 気候因子 | 気候要素の地理的分布を変化させる原因。( 2 )・地形・隔海度・植生・海流など。 |

### (2)ケッペンの気候区分 ▶p206 ▶p222

| 気候区 | | 基　準 | | 気候区名 | 記号 | 特　　徴 |
|---|---|---|---|---|---|---|
| | | 気温ほか | 降水型 | | | |
| 樹木気候 | 熱帯気候 | 最寒月平均気温18℃以上 | 通年多雨 | ( 3 )気候 | Af | 26〜28℃と年較差は小さく、毎日スコールがある。熱帯雨林（ジャングル、セルバ）。ラトソル。河口にはマングローブ。 |
| | | | 中間 | 熱帯モンスーン気候 | Am | AfとAwの中間型。ラトソル。 |
| | | | 冬乾燥 | ( 4 )気候 | Aw | 中緯度高圧帯の回帰により、雨季・乾季が明瞭。草原（サバナ）に樹木が点在。レグール（デカン高原）、テラローシャ（ブラジル高原）。 |
| | 温帯気候 | 最寒月平均気温18℃未満、−3℃以上 | 夏乾燥 | ( 5 )気候 | Cs | 夏は中緯度高圧帯で乾燥、冬は偏西風による降水。大陸西岸の緯度30〜45度　オリーブなどの硬葉樹。テラロッサ。 |
| | | | 通年多雨 | 温暖湿潤気候 | Cfa | 大陸東岸。モンスーンや熱帯低気圧の影響受け、降水量多い。四季の変化が明瞭。黒色土。プレーリー土。 |
| | | | | ( 6 )気候 | Cfb | 大陸西岸。夏は冷涼、( 7 )と偏西風の影響を受け、冬に温暖。ぶな帯気候ともいう。 |
| | 冷帯気候 | 最寒月平均気温−3℃未満 | 冬乾燥 | 冷帯冬季乾燥気候 | Dw | 夏季は海洋から季節風による降水。冬季は大陸の寒冷な高気圧から乾燥した風。気温の年較差が大。 |
| | | | 通年多雨 | 冷帯湿潤気候 | Df | 冬季には大量の降雪。北アメリカ北部、スカンジナビア〜西シベリア、北海道に分布。タイガ。ポドソル。 |

| 無樹木気候 | 乾燥気候 | 乾燥の程度 | （ 8 ） 気候 | BS | わずかな降雨あり、短小な草木が生育。古くから遊牧が盛ん。砂漠気候の周辺に分布。チェルノーゼム。 |
| | | | 砂漠気候 | BW | 中緯度高圧帯が一年中卓越。南北回帰線に沿って緯度30度付近に分布。気温の日較差が大。 |
| | 寒帯気候 | 最暖月平均気温10℃未満 | （ 9 ） 気候 | ET | 最暖月平均気温が0℃以上、10℃未満。短い夏に（ 10 ）が解けて地衣類・コケ類が生育。ツンドラ土。トナカイ飼育。 |
| | | | 氷雪気候 | EF | 最暖月平均気温が0℃未満。南極、グリーンランドに分布。 |
| 高山気候 | | | | H | 温帯や熱帯の高山のアルプス・チベット・ロッキー・アンデス山脈、東アフリカなど。 |

### ⑶大気の大循環（北半球のモデル）

| 北極 | 極高圧帯／低温乾燥した下降気流が生まれ、高気圧が発生しやすい。 |
| … | 極 前 線／前線が発生、降水確率が高い。極高圧帯から極東風が吹く。 |
| | 高緯度低圧帯／低温湿潤で上昇気流、低気圧が発生しやすく天候は不順。 |
| … | 寒帯前線／中緯度高圧帯から、（ 11 ）風が吹く。 |
| | （ 12 ）高圧帯／高温乾燥した下降気流により高気圧が発生、大砂漠が分布。 |
| … | 熱帯収束帯／前線が発生しやすく、中緯度高圧帯から（ 13 ）風が吹く。 |
| 赤道 | 赤道低圧帯／高温湿潤で上昇気流、低気圧が発生しやすく熱帯雨林を形成。 |

---

1 降水　2 緯度　3 熱帯雨林　4 サバナ　5 地中海性　6 西岸海洋性　7 暖流　8 ステップ
9 ツンドラ　10 永久凍土　11 偏西　12 中緯度〔亜熱帯〕　13 貿易

---

### おさえておきたい
## Point ミニ演習

1　世界の陸地を地質時代順に３つ並べると、（　ア　）・（　イ　）・新期造山帯となり、（イ）は（　ウ　）を多く埋蔵する。　　　空欄補充

| ア | 安定陸塊 |
| イ | 古期造山帯 |
| ウ | 石炭 |

2　川が山地から平野に流れ出すところでは（　ア　）が、海や湖に注ぐところでは三角州が発達する。また、エルベ川などの河口に見られるようなラッパ状の入江を（　イ　）という。　　　空欄補充

| ア | 扇状地 |
| イ | エスチュアリー |

**3**　熱帯性低気圧の中でベンガル湾沿岸を襲うものは（　**ア**　）と呼ばれ、地方風では日本の東北地方で夏に北東から吹く寒冷な（　**イ**　）などがある。　空欄補充

|   |   |
|---|---|
| ア | サイクロン |
| イ | やませ |

**4**　ケッペンの気候区分によると、Afは（　**ア**　）気候でラトソルと呼ばれる鉄とアルミニウムの酸化物が多く地力の乏しい土壌が形成される。また、BSは（　**イ**　）気候で、旧ソ連の（　**ウ**　）のように肥沃な黒色土が分布している地域もある。　空欄補充

|   |   |
|---|---|
| ア | 熱帯雨林 |
| イ | ステップ |
| ウ | チェルノーゼム |

**5**　それぞれの説明文が表す地図の図法を選択肢から選べ。　適語選択

1．1つの地図をつくるのに、2つの地図をつなぎ合わせた図法。さらに、海に切れ目を入れることで陸の形をより正確に表すように工夫している。
2．円錐図法を改良したもので、緯線は等間隔の同心円。世界全体図には適さないが、表すとハート型になる。地方図に利用されてきた。
3．地図は円形となり、図の中心から任意の地点までの距離と方位が正しく最短距離を表すために、航空図として利用されている。
4．16世紀に考案された円筒図法で、任意の2点を結ぶ直線は等角航路を表すために航海図として利用されてきた。高緯度地方の面積が拡大し、両極を地図に表せないという欠点もある。
5．平射図法を改良した図法で、一見すると肢4の図法に似ているが、両極を地図上に表すことができる。しかし、2点を結ぶ直線は等角航路にはならない。

a．ミラー図法　b．ボンヌ図法　c．メルカトル図法
d．ホモロサイン図法　e．正距方位図法

1. d ホモロサイン図法（グード図）：陸の形は比較的よいが、海流図などには利用できない。
2. b ボンヌ図法：地球に円錐をかぶせ、内側から投影する。「ヨーロッパ」程度の広さを表すのに適している。
3. e 正距方位図法：図の中心から地図上の1点への直線が最短距離になるという特徴がある。
4. c メルカトル図法：心射円筒図法を改良したもの。南極や北極を地図に表せない。
5. a ミラー図法：南極や北極も地図に表せる。世界全図に利用。

**6**　大陸棚は水深200mまでの陸につながった土地で、海岸の砂の堆積による土地であるために、原油や天然ガスなどの資源には乏しい。　正誤判断

✕ 大陸棚は地形的には大陸につながる部分で、原油や天然ガスが分布することがある。

**7**　平野には侵食平野と堆積平野がある。日本では濃尾平野や関東平野など比較的大規模なものは侵食平野である。　正誤判断

✕ 侵食平野は安定陸塊で長い年月をかけて川や雨風に削られたもの。日本の平野は堆積平野。

第1章
日本史

第2章
世界史

第3章
地理

第4章
思想

第5章
文学・芸術

**8** フィヨルド海岸は谷氷河が削ったU字谷に海水が侵入したもので、ノルウェー西岸のほか、日本ではオホーツク海沿岸などに発達している。 （正誤判断）

✕ 日本にフィヨルド海岸は分布しない。

**9** 江ノ島や潮岬は沖合の島と陸地が陸繋砂州でつながった地形で、陸繋島とよばれる。 （正誤判断）

◯ 江ノ島が有名だが、九州北部の志賀島、紀伊半島南端の潮岬なども当てはまる。

**10** マリアナ海溝や日本海溝はプレートとプレートが離れていく所にできる大規模な溝で、深い所では水深1万mよりも深いところもある。 （正誤判断）

✕ プレートの下にプレートがもぐり込むところに海溝はできる。プレートとプレートが離れていくところは海嶺など。

## 2 資源と産業⑴ （農牧業、水産業、林業）

Level 1 ▷ **Q04,Q05,Q08**
Level 2 ▷ **Q11**

おさえておきたい
# Point   キーワードチェック

### 1 農耕文化の起源

| 農耕文化 | 起源地 | 主な作物と家畜 |
|---|---|---|
| （ 1 ）農耕文化<br>根栽農耕文化<br>サバナ農耕文化<br>新大陸農耕文化 | メソポタミア<br>東南アジア<br>ニジェール川流域<br>アンデス高地 | 小麦・大麦・エンドウ豆、やぎ・羊<br>タロイモ・ヤムイモ・バナナ・サトウキビ<br>雑穀（ミレット）・ササゲ豆<br>（ 2 ）・トウモロコシ・カボチャ・サツマイモ |

### 2 世界の農業形態 ▶p208 ▶p210

| 農業形態 | | 特色 | 分布と代表的農作物 |
|---|---|---|---|
| 自給的農業 | 移動式焼畑農業 | 山林・原野を焼き払ってきれいにし、灰を肥料とする。3年程度で地力が落ちると移動。 | アマゾン川低地、アフリカ中部<br>トウモロコシ、キャッサバ |
| | 遊牧 | 水と牧草を求めて家畜とともに一定の周期で、決まった地域を移動。 | 北アフリカ〜西アジア：らくだ<br>中央アジア：やぎ、羊、馬、牛<br>ツンドラ地帯：（ 3 ） |
| | オアシス農業 | （ 4 ）河川や湧水を利用した灌漑農業。 | 北アフリカ〜西アジア河川の流域：小麦、綿花、なつめやし、米 |

| アジア式農業 | アジア式稲作 | 高温多雨（年平均15℃以上、年降水量1000mm以上）のモンスーン気候に発達。緑の革命による品種改良で増産するも、資金が必要なため一部しか恩恵を受けていない。 | 東アジア（華南、日本）：単収多い<br>インドシナ半島・インド：粗放的<br>タイの浮き稲 |
|---|---|---|---|
| | アジア式畑作 | 手労働とわずかな畜力、家族労働による農業。中国（大豆）、インド（綿花）は商品作物。大都市では野菜・花卉の近郊農業。 | 中国（華北、東北、（ 5 ）高原）：小麦、大豆、<br>デカン高原：（ 6 ）土 |
| ヨーロッパ式農業 | 地中海式農業 | 夏は高温乾燥に耐える果樹、冬は温暖降雨で自給用小麦栽培、やぎ・羊などの家畜飼育。 | 地中海沿岸：オリーブ、ぶどう<br>カリフォルニア：オレンジ、レモン |
| | （ 7 ）農業 | 穀物栽培と飼料作物、家畜飼育（肉牛、豚）を組み合わせた農業。根菜類の組み合わせで地力回復。穀物と家畜の商品化を図る。中世の三圃式農業から発達。新大陸では19世紀以降、大規模化（企業的穀物農業）。 | アルプス以北のヨーロッパ：小麦（ライ麦）＋じゃがいも＋家畜<br>アメリカの（ 8 ）、アルゼンチンのパンパ |
| | （ 9 ） | 混合農業から、乳牛飼育だけを特化。牛乳を加工し、チーズ・バターなど酪製品を製造。 | 北ヨーロッパ、五大湖周辺、ニュージーランド |
| | 移牧 | 高山を利用し、季節的移動を伴う牧畜。 | アルプス山脈、ピレネー山脈 |
| | 園芸農業 | 大都市向けの新鮮な野菜・果実・花卉栽培。気候、地域性を利用、促成・抑制栽培も。 | 大都市近郊、（ 10 ）半島、カリフォルニア |
| 新大陸の農業 | 企業的放牧 | 大規模農場で近代的管理のもと肉牛を飼育。乾燥地帯に貯蔵庫・掘り抜き井戸などの施設が必要。 | グレートプレーンズ〜西部高地、南米パンパ、オーストラリア |
| | （ 11 ） | 19世紀以降、熱帯・亜熱帯植民地で成立。欧米資本により現地の安価な労働力を利用。<br>欧米では生産できない嗜好品・工芸作物の単一耕作（モノカルチャー）。 | コーヒー：ブラジル、コロンビア<br>茶：インド、スリランカ、ケニア<br>バナナ：エクアドル、フィリピン<br>カカオ：コートジボアール、ガーナ |
| | 商業的穀物農業 | 都市人口の急増により混合農業から特化。輸出を目的。経営規模が大きく、大農法により労働生産性が高い。 | 北米プレーリー、南米パンパ、ウクライナなど黒土地帯：小麦・とうもろこし |

重要事項
## スピードチェック

日本史 第1章

世界史 第2章

地理 第3章

思想 第4章

文学・芸術 第5章

**3** 世界の水産業

| | | |
|---|---|---|
| 漁場別漁獲 | 海面漁業 | ①太平洋北西部　カムチャツカ〜東シナ海。千島海流と日本海流の潮目。北部はさけ・ます・かに、南部はいわし・かつお・あじなど魚種が豊富。<br>②大西洋北東部　ヨーロッパ近海アイスランド〜ビスケー湾。（　1　）バンク、フェローバンクに恵まれる。たら・にしん・さけなど。<br>③太平洋中西部　フィリピン以南の南シナ海〜オーストラリア。<br>④太平洋南東部　チリ、ペルー西方の沖合。ペルー海流。（　2　）を魚粉（フィッシュミール）にして輸出。<br>⑤インド洋東部　インド東岸〜オーストラリア。 |
| | 内水面 | ①アジア…（　3　）、バングラデシュ、インドネシア<br>②アフリカ…タンザニア、エジプト、ウガンダ<br>③ヨーロッパ…ロシア |

| 国別漁獲量 2017 | 魚類輸出額 2016 | 魚類輸入額 2016 |
|---|---|---|
| ①（　4　）<br>②インドネシア<br>③EU（28カ国）<br>④インド<br>⑤アメリカ | ①（　5　）<br>②中国<br>③ノルウェー<br>④ロシア<br>⑤ベトナム | ①EU（28カ国）<br>②（　6　）<br>③アメリカ<br>④日本<br>⑤タイ |

&lt;世界の漁場&gt;

バンク…大陸棚の中で特に浅くなった部分。好漁場となる。

潮目（潮境）…水温、塩分濃度などの違う潮流の境目。プランクトンが多く好漁場となる。

（　7　）水域…漁業資源の保護・開発を目的に外国漁船の操業を規制する水域。

（　8　）水域…沿岸から200海里（ほぼ大陸棚の範囲）以内の水産・鉱産資源を沿岸国に独占的に認めた水域。

## 4 世界の林業 (2017)

| 木材生産量 | 製材輸出高 | 製材輸入高 | |
|---|---|---|---|
| ①( 9 )<br>②インド<br>③中国<br>④ブラジル<br>⑤ロシア | ①( 10 )<br>②ロシア<br>③スウェーデン<br>④フィンランド<br>⑤ドイツ | ①( 11 )<br>②アメリカ<br>③イギリス<br>④日本<br>⑤ドイツ | 北洋材…( 12 )からの輸入材で、建材・パルプ材など針葉樹。<br>南洋材…( 13 )、パプアニューギニアなど東南アジア産の外材。ラワンなど建材・合板用。 |

## 5 日本の農林水産業・食糧 (2016～2017)

### 農業生産量

| 米 | 小麦 | 大豆 | 馬鈴薯 | カンショ |
|---|---|---|---|---|
| ①( 14 )<br>②北海道<br>③秋田<br>④( 15 )<br>⑤茨城 | ①北海道<br>②福岡<br>③佐賀 | ①( 16 )<br>②宮城<br>③佐賀 | ①北海道<br>②長崎<br>③鹿児島 | ①( 17 )<br>②茨城<br>③千葉 |

| | みかん | りんご | ぶどう | もも |
|---|---|---|---|---|
| | ①和歌山<br>②愛媛<br>③( 18 ) | ①青森<br>②( 19 )<br>③山形 | ①山梨<br>②長野<br>③山形 | ①( 20 )<br>②福島<br>③長野 |

### 飼育数

| 乳用牛 | 肉用牛 | 豚 | 採卵鶏 | ブロイラー |
|---|---|---|---|---|
| ①北海道<br>②( 21 )<br>③岩手 | ①( 22 )<br>②鹿児島<br>③宮崎 | ①鹿児島<br>②宮崎<br>③北海道 | ①( 23 )<br>②千葉<br>③鹿児島 | ①宮崎<br>②( 24 )<br>③岩手 |

### 輸入先

| 小麦 | 大豆 | とうもろこし | 製材 |
|---|---|---|---|
| ①アメリカ<br>②カナダ<br>③オーストラリア | ①アメリカ<br>②ブラジル<br>③カナダ | ①アメリカ<br>②ブラジル<br>③南アフリカ | ①カナダ<br>②フィンランド<br>③ロシア |

### 漁業生産量

| 海面 | 水揚げ量 | 林産物輸入先 |
|---|---|---|
| ( 25 )漁業　31万トン<br>( 26 )漁業　205万トン<br>沿岸漁業　89万トン<br>養殖業　100万トン | ①銚子　28.0万トン<br>②( 27 )　15.3万トン<br>③釧路　13.9万トン<br>④長崎　13.5万トン<br>⑤境港　12.8万トン | ①中国　14.4%<br>②カナダ　10.0%<br>③インドネシア　8.4%<br>④フィリピン　8.1%<br>⑤アメリカ　7.6% |
| 内水面漁業　3万トン | | |

---

1 ドッガー　2 アンチョビー　3 インド　4 中国　5 EU（28か国）　6 中国　7 漁業専管
8 200海里経済　9 アメリカ　10 カナダ　11 中国　12 ロシア　13 マレーシア
14 新潟　15 山形　16 北海道　17 鹿児島　18 静岡　19 長野　20 山梨　21 栃木
22 北海道　23 茨城　24 鹿児島　25 遠洋　26 沖合　27 焼津

## おさえておきたい Point ミニ演習

**1** フィリピンの国際稲研究所などでつくられた多収量品種の導入や、灌漑施設の整備などによる農業の改革を何というか。〔重要用語〕

緑の革命
ロックフェラー財団の出資で1960年代まで行われた。

**2** 同一の耕地に諸作物を順を追って作付けし、ある年期で一循環を完了するヨーロッパなどに見られる農法を何というか。〔重要用語〕

輪作

**3** アルゼンチンにおける大土地所有制に基づく大農園を何というか。〔重要用語〕

エスタンシア

**4** ブラジルのコーヒー栽培に適した水はけのよい土壌を何というか。〔重要用語〕

テラローシャ

**5** 中国における、年降水量1000mmにほぼ一致する畑作と稲作の境界線を何というか。〔重要用語〕

チンリン山脈=ホワイ川線

**6** 北西ヨーロッパ漁場を流れる暖流の名称を答えよ。〔重要用語〕

北大西洋海流

**7** 南米大陸を原産とする農産物には、ジャガイモ、天然ゴム、トマト、カカオなどがある。〔正誤判断〕

○アンデス地方はトマト、ジャガイモ、サツマイモ、トウモロコシ、ピーマンなどの原産地。

**8** 米、小麦の生産量が最も多い国は中国、トウモロコシ、大豆の生産量が最も多いのはアメリカである。〔正誤判断〕

○米も小麦も中国。中国は人口約13.8億人で消費量も多い。

**9** 暖流と寒流で漁業資源がより豊かなのは暖流である。〔正誤判断〕

×寒流はプランクトンが多く、漁業資源が豊か。千島海流はその例。

**10** 世界で伐採される木材の約半分は熱帯林からで、森林破壊が心配されている。〔正誤判断〕

×森林面積の約半分は熱帯林だが、「伐採量」の約半分は冷帯林から。

**11** 混合農業で飼育する牛は主に肉用、酪農で飼育する牛は主に乳牛である。〔正誤判断〕

○混合農業の牛は主に肉用牛である。この販売が主な収入源。

**12** イスラム教は牛を神聖視し、牛肉は食さないが、豚肉や鶏肉はしばしば食卓に並ぶ。〔正誤判断〕

×牛を神聖視するのはヒンズー教。イスラム教は豚を非常に嫌う。

# 3 資源と産業⑵（鉱工業とエネルギー）

## おさえておきたい
# Point　キーワードチェック

**1** 鉱業とエネルギー　▶p212　▶p214

| | | | 生産量 | 輸入量 | 消費量 |
|---|---|---|---|---|---|
| エネルギー資源 | 石炭 | （ 1 ）などの生物が炭化した堆積岩。全世界エネルギー消費の30％を占める。製鉄用には粘結炭を原料に乾留したコークスが使われる。石炭・石油・天然ガスとともに（ 2 ）という。 | ①（ 3 ）②インド③インドネシア④オーストラリア⑤アメリカ | ①日本②インド③中国④韓国⑤台湾 | ①中国②インド③アメリカ④日本⑤韓国 |
| | 石油 | （ 4 ）第三紀の海底に堆積した生物の遺体でつくられた。20世紀に入り中東で大油田を開発。1960年代のエネルギー革命で石炭に代わり、全エネルギー消費の4割を占める。資源ナショナリズムの台頭で油田の国有化、OPEC、OAPEC結成。二度の石油危機［1973、1979］。 | ①（ 5 ）②サウジアラビア③アメリカ④中国⑤イラク | ①中国②アメリカ③インド④日本⑤韓国 | ①アメリカ②中国③インド④日本⑤サウジアラビア |
| | （ 6 ） | メタンを主成分とする炭化水素の可燃ガス。全エネルギー消費の4分の1を占める。パイプラインで輸送。天然ガスを冷却・圧縮したものを液化天然ガスLPGという。 | ①アメリカ②（ 7 ）③イラン④カタール⑤カナダ | ①日本②ドイツ③中国④韓国⑤イタリア | ①アメリカ②ロシア③中国④イラン⑤カナダ |
| | 鉄鉱石 | 赤鉄鉱が最も含有量多い。ミネット鉱（フランスのロレーヌ地方）は低含有。 | ①（ 8 ）②ブラジル③インド | ①中国②日本③韓国 | |
| | 銅鉱 | アフリカ中南部コンゴ民主共和国カタンガ州からザンビアにかけて（ 9 ）という。資源ナショナリズムを背景に、産出国でCIPEC設立（1968）。 | ①（ 10 ）②中国③ペルー | ①中国②アメリカ③ドイツ | |

| 原料資源 | ボーキサイト | 熱帯・亜熱帯に産する赤褐色の鉱石。アルミナに加工後、電気分解すると（ 11 ）になる。 | ①オーストラリア ②（ 12 ） ③ブラジル | | |
|---|---|---|---|---|---|
| | ダイヤモンド | 地球で最も硬い鉱物。宝石用はベルギーが支配。 | ①ロシア ②（ 13 ） ③ボツワナ | | |
| | 金 | さびず、薄く伸びる性質。過去には通貨に利用。 | ①中国 ②オーストラリア ③ロシア | | |
| | 希少金属（ 14 ）ともいう | ジェット機、ロケット、新素材、エレクトロニクスなど（ 15 ）産業を支える。需要は増加しているが、産地は偏在。 | 生産量 | ニッケル…①（ 16 ） ②ロシア ③カナダ | |
| | | | | クロム…①南アフリカ ②カザフスタン ③インド | |
| | | | | マンガン…①（ 17 ） ②オーストラリア ③中国 | |
| | | | | モリブデン…①中国 ②チリ ③アメリカ | |
| | | | | タングステン…①中国 ②ベトナム ③ロシア | |

| 二次エネルギー | 発電量 | 国名 | （ 18 ） | アメリカ | インド | ロシア | 日本 |
|---|---|---|---|---|---|---|---|
| | | 総発電量（Tkwh） | 5,814 | 4,317 | 1,354 | 1,067 | 1,041 |
| | | 発電比 火力 | 74% | 69% | 86% | 66% | 86% |
| | | 水力 | 19% | 6% | 9% | 16% | 9% |
| | | （ 19 ） | 3% | 19% | 3% | 18% | 1% |

※総発電量は2015年

| 新エネルギー | 石油や天然ガスの可能採掘年数はおよそ60〜80年といわれ、石油や石炭など化石燃料に代わるエネルギーの開発が期待されている。太陽熱エネルギー、地熱、風力、潮力、核融合、（ 20 ）（生物エネルギー）。 |
|---|---|

（総務省統計局「世界の統計2019」、資源エネルギー庁「エネルギー白書」）

---

1 古生代　2 化石燃料　3 中国　4 新生代　5 ロシア　6 天然ガス　7 ロシア
8 オーストラリア　9 カッパーベルト　10 チリ　11 アルミニウム　12 中国
13 コンゴ　14 レアメタル　15 先端技術　16 フィリピン　17 南アフリカ　18 中国
19 原子力　20 バイオマス

## 2 工業：主要国の工業地域

| | 工業地域の特徴 | 主な工業都市 |
|---|---|---|
| イギリス | スコットランド…炭田立地。近年はエレクトロニクスも発達。<br>（ 1 ）…綿工業が発達し、産業革命の地となる。<br><br>ヨークシャー…羊毛工業中心に発展。<br>バーミンガム…早くから（ 2 ）業が発達。かつて黒郷と呼ばれた。 | （ 3 ）、エジンバラ<br><br>マンチェスター、リバプール<br>（ 4 ）、シェフィールド<br>コヴェントリー、ストーク |
| フランス | 北フランス…炭田中心、輸入鉄鉱石で臨海製鉄所発展。<br>（ 5 ）…最大の工業地域。鉄山を中心に鉄鋼・機械工業。<br>パリ…消費志向型工業が中心。近郊ニュータウンへ分散傾向。<br>南部…（ 6 ）(石油化学)、リヨン(絹織物)、フォス(鉄鋼)など。 | リール、（ 7 ）<br>メス（メッツ）、ナンシー<br><br>パリ |
| ドイツ | （ 8 ）…ライン川水運と炭田を利用。ヨーロッパ最大の工業地。<br>ザール…ライン川水運を利用。化学・機械工業が中心。<br>ザクセン…旧東ドイツの中心。化学・機械工業が中心。 | エッセン、（ 9 ）<br>フランクフルト、シュツットガルト<br>ハレ、ライプチヒ、<br>（ 10 ） |
| イタリア | 北部…（ 11 ）川の水運・天然ガスを利用。三角地帯。<br>南部…南北格差是正のために政府主導で開発（バノーニ計画）。 | ミラノ、（ 12 ）、ジェノバ<br>タラント(製鉄)、ナポリ(化学) |
| アメリカ | ニューイングランド…19世紀初に発達。繊維・皮革・精密工業。<br>北大西洋中部…（ 13 ）山脈の滝線都市として発達。<br>五大湖沿岸…地下資源が豊富、水運を利用。鉄鋼を中心。<br>中西部…農業地域を背景に農産物加工・農業機械が盛ん。<br>南部…TVAの電力開発で発展。アルミニウム、原子力。<br>　　メキシコ湾岸の（ 14 ）工業。シリコンプレーン。<br>太平洋沿岸…航空機産業。（ 15 ）の先端技術産業。 | ボストン、ハートフォード、ニューヨーク、ボルチモア<br>（ 16 ）、ピッツバーグ、シカゴ<br>（ 17 ）、セントルイス<br>オークリッジ、アトランタ、ヒューストン、ダラス<br>シアトル、サンノゼ<br>▶ p217 |

| ロシア | 中央…モスクワ中心。ツーラ炭田。製鉄・電気機器。<br>ヴォルガ…ヴォルガ川中下流域。（ 18 ）油田。<br>クズネック…（ 19 ）炭田。オビ川の水運。チュメニ油田。<br>ウラル…ウラル鉄山として発達。ウラル炭田、カラガンダ炭田。<br>アンガラ・バイカル…バイカル湖からアンガラ川上流の発電。<br>極東…漁業、木材資源が豊富。石油開発に期待。<br><br>ドニエプル…ドネツ炭田。（ 20 ）鉄山。旧ソ連最大。 | ニージニーノヴゴロド<br>ヴォルゴグラード<br>ノヴォクズネツク、ノヴォシビルスク<br>マグニトゴルスク、ペルミ<br><br>イルクーツク、ブラーツク<br><br>（ 21 ）、ウラジオストク<br><br>ドニエプロペトロフスク、ドニエツク |
|---|---|---|
| 中国 | 東北区…フーシュン炭田と（ 22 ）鉄山による鉄鋼業。<br>華北・西北区…中国第二の工業地区。綿工業。（ 23 ）炭田。<br>華中・華東区…ピンシャン炭田とターイエ鉄山。<br>（ 24 ）の水運。<br>華南区…1979年、経済特区に指定され急速に発展。 | シェンヤン、ペンシー、ターリエン<br>ペキン、テンチン<br>ウーハン、ウーシー、チョンチン<br>（ 25 ）、コワンチョウ |
| 日本 | 三大工業地帯…京浜、中京、阪神を合わせた工業地帯。日本の工業生産額の約6割を占める。<br>太平洋ベルト…三大工業地帯に京葉、東海、瀬戸内など重化学工業が集積。原燃料を（ 26 ）依存した臨海立地。 ▶p218 | |

（ 27 ）企業…中国において農村の豊富な労働力を背景に村・個人が経営する農村企業。
NIES…1970年以降の（ 28 ）地域のこと。シンガポール、台湾、（ 29 ）、香港。
BRICs…2000年以降経済発展した4カ国（ブラジル・ロシア・インド・中国）。
企業城下町…わが国で大企業1社が地域社会に絶大な影響力を持つ。豊田（自動車）、延岡（化学）。
産業の（ 30 ）化…わが国の製造業を中心に人件費の安い東南アジアなど海外に工場移転が進む現象。

1 ランカシャー　2 鉄鋼　3 グラスゴー　4 リーズ　5 ロレーヌ　6 マルセイユ
7 ダンケルク　8 ルール　9 ドルトムント　10 ドレスデン　11 ポー　12 トリノ
13 アパラチア　14 石油化学　15 シリコンバレー　16 デトロイト　17 ミネアポリス
18 第二バクー　19 クズネツク　20 クリボイログ　21 ハバロフスク　22 アンシャン
23 タートン　24 長江　25 シェンチェン　26 海外　27 郷鎮　28 新興工業経済　29 韓国
30 空洞

**1** アメリカ合衆国最大で、五大湖沿岸の工業地域と結びつい
ている炭田は何炭田か。 重要用語

アパラチア炭田

**2** 1960年に結成された石油生産国の資源カルテルの名称を
答えよ。 重要用語

OPEC（石油輸出国機構）

**3** 外国企業の誘致を目的として建設されたジュロン工業団地
がある国はどこか。 重要用語

シンガポール

**4** フランス北東部の鉄鉱石山地に立地し、ドイツのザールに
隣接する重化学工業地域はどこか。 重要用語

ロレーヌ

**5** 旧ソ連の総合工業地域や技術的合理化を図り結合した企業
集団を何というか。 重要用語

コンビナート

**6** 石炭が最も多く産出される国はオーストラリアで、輸出量
も最も多い。 正誤判断

×石炭が最も産出されるのは
中国だがほとんど自国消費。
輸出1位はオーストラリア。

**7** アメリカの工業は北東部や五大湖沿岸が中心で、南部や西
部では未発達である。 正誤判断

×1970年代から次第に西部
や南部の北緯37度より南
のサンベルトで発達。

**8** 鉄鉱石はブラジルやオーストラリアでの産出量が多く、中
国が世界一の輸入国である。 正誤判断

○最近では中国が世界一の産
出国。

**9** 自動車の生産量と輸出量が最も多いのはアメリカで、日本
の輸入量は多い。 正誤判断

×生産量は中国が多い。輸出
量はドイツ・日本のほうが
多く、特に乗用車が強い。

重要事項
スピードチェック

日本史 第1章
世界史 第2章
地理 第3章
思想 第4章
文学・芸術 第5章

# 4 現代社会の構成と活動

## Point キーワードチェック

### 1 開発と保全

| | | |
|---|---|---|
| 世界の総合開発 | TVA | 1933年アメリカ合衆国ルーズベルト大統領によるニューディール政策の一環として実施された（　1　）川総合開発計画。 |
| | ダモダル川総合開発 | インド東部、（　2　）川流域開発公社（DVC）による治水・灌漑・水運・発電を目的とした多目的ダム。TVAを模倣。 |
| | スノーウィーマウンテンズ計画 | オーストラリア南東部の（　3　）川とマーレー川を結び、発電・灌漑、小麦増産を目的とした利水計画。 |
| | トランス・アマゾニアハイウェー | アマゾン開発のためにつくられた道路。ノルデステ地方の住民をアマゾン入植させるために1970年に工事着手。 |
| 日本の開発 | （　4　） | 1983年に制定された高度技術集積地域開発促進法により、指定された電子・機械の先端技術と大学・研究所、居住の3部門を備えた都市。 |
| | 21世紀の国土グランドデザイン | 1998年に閣議決定された（　5　）計画。農山漁村の豊かな自然と、都市的サービスとゆとりある居住環境の享受を目的に、多自然居住地域・河川流域圏重視を目的としたもの。 |
| | 環境（　6　） | 開発による環境への影響を予備調査し、開発の適否を事前に評価する制度。1997年制定。ただ開発計画者が自ら評価するという点で問題がある。 |
| 保全・環境問題 | （　7　）運動 | 1895年イギリスで始まった市民運動、自然や歴史的産物を都市開発から守るため寄付金を集めて土地を買収または寄贈を受け保存・管理する運動。 |
| | 国連環境開発会議 | 1992年、リオデジャネイロで開催、172カ国が参加。温暖化防止のための気候変動枠組み条約や生物多様性条約など国際的合意を得た。 |
| | 持続可能な開発目標（　8　） | 2001年に策定されたミレニアム開発目標（MDGs）の後継。「持続可能な開発のための2030アジェンダ」に記載された、17のグローバル目標と169のターゲットからなる国連の具体的行動指針。 |
| | 酸性雨 | 石油や石炭など化石燃料の燃焼により大気中に放出された（　9　）や窒素酸化物の溶け出した酸性の降水。森林枯渇、生態系の乱れなどを助長。 |
| | 砂漠化 | 半乾燥地域における気候変動や人口増加に伴う（　10　）、過耕作、薪炭材の伐採など諸活動に起因して起こる土地の劣化。サハラ南部で深刻化。 |

## ② 村落と都市

<table>
<tr><td rowspan="7">村落の形態分類</td><td rowspan="5">集村</td><td>塊村</td><td>不規則な塊状の集落。</td><td>自然発生的な村落に多い。</td></tr>
<tr><td>（ 11 ）</td><td>中央に教会、広場などがある円形の集落。周囲は耕地。</td><td>ドイツ～ポーランドに多い。</td></tr>
<tr><td>列村</td><td>列状に住居が配列。中心となる道路が明瞭ではない。</td><td>自然堤防上、砂丘などに発達。</td></tr>
<tr><td>路村</td><td>道路や水路に沿った列状の村落。</td><td>新田集落、ドイツの林地村</td></tr>
<tr><td>街村</td><td>主要街道に沿った列状の村落。商業機能が多い。</td><td>宿場町が典型</td></tr>
<tr><td colspan="2">（ 12 ）</td><td>個々の住居が孤立（孤立荘宅）、散在して形成された村落。水利に恵まれた扇状地・氾濫原、沖積平野に発達。</td><td>（ 13 ） 平野、讃岐平野、屯田兵村<br>アメリカの（ 14 ）</td></tr>

<tr><td rowspan="4">立地分類</td><td>谷口集落</td><td>山地と平地の物資を交換場所に発達した集落。</td><td>青梅、五日市</td></tr>
<tr><td>渡津集落</td><td>河川の渡し場や橋の両側に発達した集落。</td><td>島田、金谷</td></tr>
<tr><td>納屋集落</td><td>海岸線が時代とともに前進している砂浜漁村に立地。</td><td>九十九里平野</td></tr>
<tr><td>（ 15 ）</td><td>デルタなどの低湿地帯で水害を防ぐために人工堤防を築いた地域。</td><td>濃尾平野</td></tr>

<tr><td rowspan="4">都市</td><td>コナベーション</td><td>都市の拡大によっていくつかの都市が連接した都市。</td><td>ドイツのルール地方</td></tr>
<tr><td>（ 16 ）</td><td>巨大都市が連続し、交通や通信など機能的に一体化された巨帯都市。</td><td>ボストン～ワシントン、東海道</td></tr>
<tr><td>中心業務地区CBD</td><td>大都市の都心部で企業の本社、金融など企業活動の中枢的機能を持った地域。</td><td>東京丸の内、ロンドンのシティ</td></tr>
<tr><td>ニュータウン</td><td>1944年ロンドンの大都市圏構想が始まり。大都市の外縁に人口分散を目的につくられた住宅地。</td><td>ロンドン<br>多摩、千里</td></tr>

<tr><td rowspan="4">都市問題</td><td>（ 17 ） シティ</td><td colspan="2">発展途上国では権力の集中する首都に優先的に資本投下され、集積の利益も働き、ほかの都市と比較にならないほど発達した都市。過度の集中が問題。</td></tr>
<tr><td>（ 18 ） シティ問題</td><td colspan="2">大都市の都心周辺地域である旧市街地に起こる都市問題。小規模住宅・集合住宅が立地。人口流動が激しく、地域社会の崩壊、スラム発生など。</td></tr>
<tr><td>スラム</td><td colspan="2">都心やその周辺に見られる不良住宅。低所得階層の居住となることが多い。</td></tr>
<tr><td>（ 19 ） 現象</td><td colspan="2">大都市周辺で、住宅や工場など市街地が無秩序に拡大していくこと。</td></tr>
</table>

第1章
日本史

第2章
世界史

第3章
地理

第4章
思想

第5章
文学・芸術

1 テネシー　2 ダモダル　3 スノーウィー　4 テクノポリス　5 第五次全国総合開発
6 アセスメント　7 ナショナルトラスト　8 SDGs　9 硫黄酸化物　10 過放牧
11 円村　12 散村　13 砺波　14 タウンシップ　15 輪中　16 メガロポリス
17 プライメイト　18 インナー　19 スプロール

## 3 人口

世界の総人口：（　1　）億人（2011年10月31日に到達、2019年には77億人）
　　　　　　　①中国（14.1億人）　②インド（13.5億人）③アメリカ（3.2億人）
（　2　）…人間が経済活動を営む居住地域のこと。乾燥限界、高距限界、寒冷限界がある。
　　　　　非居住地はアネクメーネという。
人口転換…出生率・死亡率の低下が持続的な状態。多産多死型から（　3　）型に転換する点。
人口爆発…20世紀後半の年平均1.5％を超える急激な人口増加。アジア、（　4　）で深刻化。
高齢化社会…（　5　）歳以上の老齢人口の割合からはかる。急速な高齢化で日本が高齢化
　　　　　　率で世界一。
（　6　）政策…1979年から実施の中国の人口抑止策。労働人口確保のため2015年廃止。
人口ピラミッド…縦軸に（　7　）階級、横軸に性別人口を表したグラフ。ピラミッド型、
　　　　　　　　釣鐘型、つぼ型など。

## 4 民族、国家

民族…言語、宗教、風俗など文化的要素をもとに分類。一定の（　8　）意識を持つ集団。
三大宗教…キリスト教（カトリック、（　9　）、東方正教）、仏教（南伝、北伝）、（　10　）
　　　　　教（スンニ派、シーア派）。
人種…ヒト（Homosapiens）を身体的・生物的な特徴によって区分した集団。（　11　）、
　　　モンゴイド、ネグロイドなど。学問的意味はないが、人種的対立や差別につながるこ
　　　とがある。
国家の3要素…国民、（　12　）、領域（領土、領空、領海）をいう。現在、約200の国家があり、
　　　　　　　自然的国境と（　13　）国境からなる。君主国と共和国など。単一国家と
　　　　　　　複合国家。

## 5 貿易

| 取次 | （　14　）貿易 | 輸入物資に多少手を加えて再輸出。手数料を取る。 | シンガポール、香港 |
|---|---|---|---|
| | 加工貿易 | 原料を輸入して加工、製品を輸出する。（　15　）と労働力を売る。 | 日本、韓国 |
| 地域 | 水平貿易 | 先進国間の貿易。（　16　）（水平的）分業が活発化。 | 日本とEU、アメリカとEU |
| | （　17　）貿易 | 先進国（北半球）と発展途上国（南半球）との貿易。 | 日本と東南アジア、EUとアフリカ |

一次産品…農林水産物、鉱産資源など自然に直接働きかけて得られ、ほとんど（ 18 ）しない生産物。

（ 19 ）経済…限られた種類の一次産品の輸出に依存している経済。（ 20 ）変動の影響大きい。

最恵国待遇…通商条約を結んだ相手国に、第三国よりも不利にならない待遇を与えること。（ 21 ）を有利に設定するなど。

**6 日本の貿易（2017〜2018）**

| 資源名 | 依存率 | 輸　入　先 | 輸入相手国 | 輸出相手国 |
|---|---|---|---|---|
| 石　炭 | 99.3% | ①オーストラリア<br>②（ 22 ）③ロシア | ①中国<br>②アメリカ<br>③（ 24 ） | ①（ 25 ）<br>②アメリカ<br>③韓国 |
| 石　油 | 99.7% | ①サウジアラビア　②アラブ首長国　③カタール | | |
| 天然ガス | 97.8% | ①オーストラリア<br>②（ 23 ）③カタール | | |
| 鉄鉱石 | 99.9% | ①オーストラリア<br>②（ 26 ）③カナダ | 主要輸入品 | 主要輸出品 |
| （ 27 ） | 100.0% | ①オーストラリア<br>②ロシア | ①（ 29 ）<br>②衣類・同付属品<br>③通信機 | ①（ 30 ）<br>②半導体等電子部品<br>③自動車部品 |
| 銅　鉱 | 99.9% | ①チリ　②ペルー<br>③オーストラリア | | |
| ニッケル | 100.0% | ①（ 28 ）②ニューカレドニア | | |

---

1 70　2 エクメーネ　3 少産少死　4 アフリカ　5 65　6 一人っ子　7 年齢　8 帰属
9 プロテスタント　10 イスラム　11 コーカソイド　12 主権　13 人為的　14 中継　15 技術
16 国際　17 南北　18 加工　19 モノカルチャー　20 価格　21 関税　22 インドネシア
23 マレーシア　24 オーストラリア　25 中国　26 ブラジル　27 ボーキサイト
28 フィリピン　29 鉱物性燃料（原油等）　30 自動車

**おさえておきたい**
# Point 　ミニ演習

1　第二次世界大戦中に立案、戦後実施されたイギリスの首都の整備計画は何か。　重要用語

2　人口ピラミッドにおいては、多産多死の発展途上国は（　ア　）型になり、イギリスのような少産少死の先進諸国は釣鐘型になり、さらにドイツのように出生率の低下が著し

| 大ロンドン計画 |

| ア | 富士山 |
| イ | つぼ |

190

いと（　イ　）型になる。　空欄補充

**3** 現代では、（　ア　）と呼ばれるいくつかの巨大都市が交通・通信網で結びつき、密接な関係を持って活動している地域がある。しかし、その一方で都市の発展に伴って都市部の人口が減少し、周辺部の人口が増加するドーナツ化現象や、大都市郊外での急激な開発のため、住宅や工場が無秩序に農地をつぶす（　イ　）現象などの、いわゆる都市問題が存在する。　空欄補充

ア　メガロポリス
イ　スプロール

**4** （　ア　）とは遺伝的身体的特徴で分類された人類集団のことで、（　イ　）とは言語・宗教などの文化的特徴で分類された人類集団のことである。　空欄補充

ア　人種
イ　民族

**5** アジアNIESとは、シンガポール・台湾・香港・（　ア　）の４カ国・地域であり、このうちシンガポールと香港は（　イ　）貿易港として発展してきた。　空欄補充

ア　韓国
イ　中継

**6** オセアニアにおける太平洋の島々については、経度およそ180度より東部に位置するものをまとめて（　ア　）、経度およそ180度以西で赤道以北のものをミクロネシア、180度以西で赤道以南のものを（　イ　）という。　空欄補充

ア　ポリネシア
イ　メラネシア

**7** 先進資本主義国相互間の貿易を何というか。　重要用語

水平貿易

**8** 貿易を促進し発展途上国の経済開発を促進する目的でつくられた国連機関を何というか。　重要用語

UNCTAD（国連貿易開発会議）

**9** アメリカ合衆国のように、領土の一部が他国の領土によって分離されている国を何というか。　重要用語

飛地国（エクスクラーフェン）

**10** ECの政治的・経済的統一を目標に1993年に発効した条約は何か。　重要用語

マーストリヒト条約（欧州連合条約）

**11** 東南アジアの経済的発展と社会の進歩・文化の進展を図る目的で1967年設立された国際機関は何か。　重要用語

ASEAN（東南アジア諸国連合）

# 5 世界の国々

## 1 アジア

東経60度のウラル山脈以東の地。人口過密地帯は東アジアから東南アジア、南アジアのデルタや河川流域（米作りが盛ん）。アジア全域に世界人口の60％以上が住む。

### ①東アジア

温暖湿潤気候（Cfa）中心だが、内陸には温帯夏雨気候（Cw）、北部には冷帯気候（Df、Dw）が分布。中南部では季節風の影響が大。北部は畑作、南部は水田耕作が盛ん。一般的には仏教が盛んだが、儒教の影響（朝鮮半島や台湾）もみられる。

> ○中国：首都北京。一人っ子政策を実施していたが人口14.1億人で世界一。北部は畑作、南部は水田耕作が盛んで、米、小麦、ジャガイモなど生産世界一。漁獲量世界一。「世界の工場」で、外国企業の進出が進む。原油や鉄鉱石の輸入急増。大気汚染や海洋汚濁などの環境問題も深刻。社会主義政策実施。台湾との問題を抱える。日本の最大の貿易相手。観光も盛ん。
>
> ○台湾：首都台北。7割は山地。ハイテク工業が盛ん。輸出加工区で外資導入。加工貿易。人口密度大。
>
> ○モンゴル：首都ウランバートル（ステップ気候）、南部は砂漠気候（ゴビ砂漠）、遊牧民のパオ。
>
> ○韓国：首都ソウル。資源乏しく加工貿易。38度線で北朝鮮と接する。自動車・造船・家電は世界レベル。南部はリアス式海岸で漁業が盛ん（造船にも利用）。日本文化解禁で交流進む。
>
> ○北朝鮮：首都ピョンヤン。「チュチェ思想」。Dw気候で冬は乾燥して寒い。

### ②東南アジア

季節風の影響で夏は高温湿潤。河口のデルタでは米栽培。プランテーション農業で天然ゴム、バナナ、サトウキビなどの栽培を行ってきた。ASEAN（東南アジア諸国連合）は10カ国。

> ○フィリピン：首都マニラ。旧スペイン植民地でカトリック国。ルソン島の工業化とミンダナオ島のバナナ。人口は急増。貧富の差大。
>
> ○インドネシア：首都ジャカルタ。赤道直下の島国、旧オランダ植民地、イスラム教、原油と天然ガスを産出。ジャワ島に人口の7割集中、総人口2.6億人。
>
> ○東チモール：2002年5月にインドネシアから独立、旧ポルトガル植民地でカトリック国。輸出用のコーヒー栽培、石油・天然ガス開発。
>
> ○ベトナム：首都ハノイ。社会主義、ドイモイ政策で軽工業と輸出農産物栽培を奨励（米とコーヒーの輸出が世界的）、石炭と石油も産出。旧フランス植民地。
>
> ○カンボジア：デルタの国、ポルポト政権の爪跡（国民の平均年齢25歳）、日本のPKO派遣（1992～93年）、地雷の被害大、旧フランス植民地。

第1章
日本史

第2章
世界史

第3章
地理

第4章
思想

第5章
文学・芸術

○ラオス：山岳国家、自給自足経済、タイへの電力輸出、旧フランス植民地。

○タイ：首都バンコク、チャオプラヤ川の農業、進む工業化、米の輸出世界一、エビの養殖、観光大国で観光収入大、戦時中も独立を維持。

○マレーシア：首都クアラルンプール、旧イギリス領、ゴム栽培から工業化（ルックイースト政策）へ、多民族国家だが「ブミプトラ政策」でマレー語。イスラム教国家。

○シンガポール：国民の4分の3は中国系、中継貿易と工業、国土美化で観光、赤道直下の島国。

○ブルネイ：ボルネオ島、イギリスから独立、石油と天然ガス、日本への輸出が4割。

○ミャンマー：首都ネーピードー、エヤワディ川、米栽培、熱帯モンスーン。

③南アジア

○バングラデシュ：首都ダッカ、旧東パキスタン、ガンジス川河口のデルタ、水害、人口密度大。衣料品、縫製品産業。

○インド：首都ニューデリー、人口13.5億人、ヒンズー教中心、カースト制度が残る。工業発達（特にソフト開発は著しい）、デカン高原（ステップ気候）の綿花、ガンジス川。石油製品、宝石類、機械機器を輸出。

※他にスリランカ（内戦後混乱、紅茶）やモルジブ（観光）もあり。

④西アジア・中東

○パキスタン：インダス文明、インダス川、パンジャブ地方の小麦、対インド紛争で苦しい経済。インド・アフガニスタンとの関係改善施策。

○イラン：首都テヘラン、ペルシャ人でペルシャ語、産油国、石油関連産業、絨毯、イラン高原（地震が多い）、シーア派イスラム教が国教。

○アフガニスタン：首都カブール、米軍の撤退、過激派タリバンを抱える多民族国家。

○イラク：メソポタミア文明、チグリス・ユーフラテス川、原油埋蔵量大。フセイン体制崩壊後もテロが頻発し治安情勢は悪化。

○イスラエル：ユダヤ人・ユダヤ教の国、地中海性気候、加工ダイヤの輸出、中東紛争。

○シリア：首都ダマスカス、輸出総額の6割は原油等。深刻な内戦状態が継続。

○サウジアラビア：産油国で埋蔵量・輸出量世界一。砂漠。聖地メッカが紅海側にあり。

○アラブ首長国連邦：ペルシャ湾沿いの産油国、日本の原油・天然ガス輸入量は多い。

## 2 アフリカ

アフリカ大陸は台地状の土地で、東部にはアフリカ地溝帯あり（火山や湖多数）。北部にはアラビア人のイスラム教徒が多く、南部は黒人が多い（キリスト教や部族宗教も盛ん）。

アフリカ3大河川はナイル川、コンゴ川、ニジェール川。北部には広大なサハラ砂漠（南淵のサヘル地域の乾燥化）。南西部のナミブ砂漠やカラハリ砂漠。

原油は北部とギニア湾沿岸で産出。東部はコーヒー、ギニア湾沿岸はカカオ、南部には白人経営の大農場あり。2002年にAU（アフリカ連合）設立。

第2次世界大戦時の独立国はエチオピアとリベリアの2カ国。

○エジプト：首都カイロ、エジプト文明、ナイル川河口と流域の綿花、産油国、スエズ
　　　　　運河を持つ。アスワンハイダムは旧ソ連の援助で造った多目的ダム。
○スーダン：青ナイルと白ナイルの合流。内戦。油田開発進む。南スーダンの分離独立。
○アルジェリア：首都アルジェ、旧フランス領、武力闘争で独立、アフリカ最大の領土、
　　　　　　　産油国。北部から地中海性・ステップ・砂漠気候に変化。
○リベリア：米国の解放奴隷による国（1847年独立）、鉄鉱石、便宜置籍船国、租税回
　　　　　避地（タックスヘイヴン）、ギニア湾入口。
○ナイジェリア：人口1億9千万人でアフリカ最大、輸出の大半が原油、ニジェール川
　　　　　　　デルタ。
○コートジボアール：ギニア湾沿岸、旧フランス領、カカオやコーヒーの栽培。
○ガーナ：ギニア湾沿岸、カカオと金が経済を支える。沖合油田の生産開始。
○エチオピア：首都アジスアベバ、高原の国、コーヒー原産地、キリスト教徒が多い。
○コンゴ民主共和国：コンゴ川、コンゴ盆地の熱帯雨林、銅やコバルトや宝石類が豊か。
○ケニア：首都ナイロビ(高山都市)。火山や湖、高原国、観光収入大、コーヒーと茶の栽培。
○南アフリカ：首都プレトリア、白人によるアパルトヘイトは廃止、石炭と金、ダイヤ
　　　　　　モンド。

## ③ ヨーロッパと旧ソ連

　ヨーロッパ大陸は面積の約半分が200m未満の低地。南部には新期造山帯の比較的険し
い山脈（アルプスやピレネー、アペニンなど）が連なる。
　南部はラテン系（カトリック多数）、北部はゲルマン系（プロテスタント中心）、東部には
スラブ系住民（ギリシャ正教系）が住む。一部にはイスラム系住民も（アルバニアなど）。
　西部は西岸海洋性気候、南部は地中海性気候、内部は冷帯気候。

○アイスランド：海嶺の島。高緯度だが南部はCfb、水産物輸出中心、高福祉、温泉と火山。
　　　　　　　漁獲量統制・金融危機が原因でEU未加盟。
○ノルウェー：首都オスロ、フィヨルド海岸、水産物輸出、石油輸出（北海油田）、産
　　　　　　油国だがほぼ全発電が水力、王国。
○スウェーデン：首都ストックホルム、高負担・高福祉、北部の鉄鉱石、工業国、紙・
　　　　　　　パルプも盛ん、王国。
○フィンランド：首都ヘルシンキ、東洋系民族、森と湖の国、ログハウス、紙・パルプ、
　　　　　　　電子産業。
○デンマーク：首都コペンハーゲン、荒れ地を改良して畜産と酪農、グリーンランドを
　　　　　　所有。
○オランダ：首都アムステルダム、国土の4分の1がポルダー、酪農と園芸農業、ライ
　　　　　ン川河口にユーロポート（EUの港）あり。天然ガスが豊か。ハーグには
　　　　　国際司法裁判所など。
○ベルギー：首都ブリュッセル（EU、NATO本部あり）、フランス語、オランダ語、ド
　　　　　イツ語が公用語、石炭、化学・機械工業。

○ルクセンブルク：オランダ、ベルギーとベネルックス3国、鉄鉱石、公用語3つ（仏語、ルクセンブルク語、独語）。

○イギリス：連合国で首都ロンドン、北海油田、産業革命発祥の地（18世紀後半）。

○ドイツ：首都ベルリン、EU最大の工業国、ルール工業地帯、中部は混合農業、北部はやせ地。

○フランス：首都パリ、EU最大の農産物輸出国、航空機、南部は地中海性気候、燃料は乏しい。

○スペイン：首都マドリード、メセタ台地、地中海式農業、イスラム支配の歴史あり。

○イタリア：首都ローマ、南北格差大で北が工業・農業の中心、古代遺跡、資源乏しい、ルネサンス。※ローマ市内にはバチカン市国（カトリックの中心地）あり。

○ギリシャ：首都アテネ、地中海性気候、古代文明、クレタ島、果物や豆の栽培、観光収入大、経済危機・財政状態悪化。

○スイス：永世中立国、アルプス山脈、3つの公用語（仏独伊）、精密機械工業と観光、2002年国連加盟実施。

○オーストリア：首都ウィーン（ドナウ川）、ゲルマン系でカトリック、機械工業、永世中立宣言。

○ポーランド：首都ワルシャワ、大陸性気候、麦類とジャガイモの栽培、石炭、アウシュビッツあり。

○ハンガリー：首都ブダペスト、東洋系民族、ドナウ川の流れるプスタ平原、農産物輸出国。

○チェコ：首都プラハ、スラブ系民族でカトリック、工業国、北部で石炭、伝統工芸。

○ルーマニア：ラテン民族、農業国。

○ブルガリア：南でトルコに接する。農業国でバラ油（香水原料）が有名。

○旧ユーゴスラビア：セルビア、ボスニア・ヘルツェゴビナ、クロアチア、マケドニア共和国、スロベニア、モンテネグロ、コソボ。

○アルバニア：イスラム教徒の国、クロム鉱、鎖国状態から脱しEU加盟申請。

○バルト3国：エストニア、ラトビア、リトアニア（カトリック信者多い）。

○ロシア：首都モスクワ、ウラル工業地帯、ロシア正教、南部のイスラム。

○ウクライナ：首都キエフ、チェルノーゼムでの小麦栽培、鉄と石炭、チェルノブイリの爆発事故。

○カザフスタン：ロシア人とカザフ人（イスラム教徒）、カザフステップで遊牧、石炭、原油。

○アゼルバイジャン：首都バクー、原油、イスラム教、カスピ海西岸（隣国アルメニアと対立）。

○ウズベキスタン：シルクロード、灌漑による綿花栽培と繊維工業発達、金・天然ガス。

## 4 アメリカ

太平洋側にはロッキー山脈、アンデス山脈。カナダの湖や五大湖は氷河の侵食が形成。

北アメリカ東部のアパラチア山脈は石炭産地。米国中部を南に流れるのがミシシッピ川（河口はデルタでニューオリンズあり）。

アメリカ西部には砂漠もあり。南北の間に「パナマ運河」あり。

アマゾン川流域にはアマゾン盆地があり、熱帯雨林（セルバ）は動植物の宝庫。その南のブラジル高原は火山性土壌（テラローシャ）で農業が盛ん。

中南米はスペイン語中心だが、ブラジルはポルトガル語、ジャマイカは英語など。中南米カトリックが盛ん。さまざまな人種が住む。中南米は貧富の差が大きい。

○カナダ：首都オタワ、面積世界２位、南部の春小麦、ウランや石炭、木材、氷河湖、貿易額の８割以上はアメリカ相手、公用語は英語とフランス語（ケベック州などで通用）、ヌナブット準州。

○アメリカ：首都ワシントン、国連本部はニューヨーク、世界最大の穀物輸出国・工業国・発電量・貿易量・軍事力、移民の国、海外領土（プエルトリコなど）あり、人口約3.2億人。

○メキシコ：首都メキシコシティー、マヤ・アステカ文明、銀と原油の輸出、スペイン語。

○キューバ：カリブ海の社会主義国、全土がAw気候、サトウキビ栽培、観光、軽工業など。

○エクアドル：赤道直下、高山都市の首都、バナナ、ガラパゴス島を持つ。原油。

○ペルー：インカ文明、銅の生産と輸出が盛ん、先住民系が５割、貧富の差大。漁業。

○ボリビア：首都ラパス（標高約4000ｍ）、錫や天然ガス、先住民系５割、ペルーとはチチカカ湖の国境。

○チリ：首都サンチアゴ、長い国（4300km）、砂漠での銅鉱石産出世界一、中部のCs気候でのブドウ、南部にはフィヨルド海岸、漁業（沿岸を寒流のフンボルト海流流れる）。

○アルゼンチン：首都ブエノスアイレス、ラプラタ川河口のパンパでの小麦と牛と羊、ヨーロッパ系白人９割。

○ブラジル：計画首都ブラジリア、アマゾン川のセルバ（熱帯雨林）、鉄鉱石生産世界一、進む工業化、コーヒー、ポルトガル語、日系移民が多い（150万人ほど）。

○ベネズエラ：マラカイボ湖での原油、鉄鉱石、熱帯草原リャノ。

○ジャマイカ：ボーキサイトが豊か（大半が黒人）。

## 5 オセアニア

日付変更線より東側がポリネシア、西側の南部がメラネシア、西側の北部がポリネシア太平洋の島々は海水位の上昇に悩まされている（キリバス、ナウルなど）。サトウキビ、ココヤシなどの栽培が盛ん。

太平洋にはアメリカ、フランス、イギリスが領有する島々がある。アメリカ領はグアム、サイパンなど。フランス領はニューカレドニア、ムルロア環礁など。

○オーストラリア：首都キャンベラ、最小の大陸、７割は乾燥気候で砂漠広がる。東部のグレートディバイディング山脈の石炭、鉄鉱石は北西部中心。日本への鉄と石炭の輸出が盛ん。羊毛、小麦の輸出大。アボリジニーが先住民。南東部で工業化進む。

第1章
日本史

第2章
世界史

第3章
地理

第4章
思想

第5章
文学・芸術

○ニュージーランド：北島と南島、先進酪農畜産農業国、先住民はマオリ族、高福祉・高負担。全土がCfb気候。

○パプアニューギニア：オーストラリアから独立、銅と原油、多部族国家。

※南極大陸はどこの国にも属さない（南極条約）。

おさえておきたい
# Point ミニ演習

### 次の文章の国名・首都を判断せよ。 重要用語

1. 「微笑みの国」とも呼ばれる国で、第2次世界大戦中も緩衝国として独立を維持した。仏教が盛んで、水上マーケットは現在では観光名所ともなっている。

2. ボルネオ島の北西部にある三重県とほぼ同じ大きさの国で、世襲スルタンによる支配が続く産油国。日本とは貿易を通じての関わりが深い。

3. イスラム教シーア派を国教とする国で、周辺のアラブ系国家とは言語や文化面でかなり異なり、ペルシャ語が話されている。産油国であるが、伝統工芸の絨毯も世界的に人気が高い。

4. アジアにある国であるが、カトリックが盛んで、公用語の1つは英語である。プランテーション農業国から工業国へと変わりつつあるが、貧富の差は大きい。

5. 世界で2番目の人口を持ち、人口密度はわが国とほぼ同じである。綿花や茶などの栽培も盛んであるが、90年代の自由化などで工業化は著しく、ソフトウェア開発技術は世界的である。

6. 北欧にあるアジア系民族の国で、国土の7割は森林で紙・パルプ工業は盛んであるが、最近では電子工業など先端産業分野の発展も著しい。

7. ベルギー、オランダとともに「ベネルックス3国」と呼ばれるゲルマン系国家で、国内で産出される鉄鉱石を利用しての鉄鋼業は名高い。

8. 東欧では珍しくラテン系民族の国で、2004年にはNATOに加盟した。ドナウ川流域には肥沃な耕地が広がり、農業が盛んである。

9. アジアとヨーロッパをつなぐ所に位置する政教分離を憲法で定めたイスラム国家である。東部に居住する少数民族への弾圧はEU加盟へのネックとなってきた。

1. タイ・首都バンコク　上座部仏教が盛ん。米の輸出世界一。面積は日本より大きい。

2. ブルネイ・首都バンダルスリブガワン　日本への天然ガスや原油の輸出が盛ん。

3. イラン・首都テヘラン※東京とほぼ同緯度。輸出の多くは原油。

4. フィリピン・首都マニラ　長くスペインの支配下にあったため、カトリックが盛ん。

5. インド・首都ニューデリー　人口は13.5億人。ヒンズー教が盛んで、カースト制度あり。

6. フィンランド・首都ヘルシンキ　森と湖の国（スオミ）といわれる。アジア系遊牧民の子孫。

7. ルクセンブルク・首都ルクセンブルク　面積は神奈川県とほぼ同じ。鉄鉱石が産出される。

8. ルーマニア・首都ブカレスト　ラテン系民族との混血。ドナウ川流域での農業が盛ん。

9. トルコ・首都アンカラ　少数民族とはクルド民族。ヨーロッパ側にも領土を持つ。

10. 旧ソ連から分離した国の中では人口が多く、シルクロードとともに発展した歴史を持ち、チムール帝国の首都であったサマルカンドがある。灌漑による綿花栽培が盛んで、輸出量も多い。

11. アフリカ東部にある高原の国で、ナイル川の水源の1つであるタナ湖がある。国民の4割はキリスト教徒であり、コーヒーの原産国としても知られる。

12. 大西洋に面し、アメリカからの解放奴隷によってアフリカ初の黒人共和国として独立した。90年代には内戦状態になり、経済状況が悪化。2006年、サーリーフ女史がアフリカ初の民選女性大統領に就任した。

13. アフリカ第3位の面積を持つ国で、青ナイルと白ナイルが首都近郊で合流する。内戦が続き、2011年7月に南部が分離独立した。経済面では新たに開発された石油資源に依存している。

14. アフリカ最大の人口を抱える産油国で、輸出のほぼ全量を占める。部族間紛争が激しく、これを緩和するために首都がギニア港岸のラゴスから内陸に移転された。

15. 南米にあるこの国は、銅鉱の産出と輸出が世界一で、日本との貿易が盛んである。北部には砂漠、中部には地中海性気候の地域、南部にはフィヨルド海岸が分布する。

10. ウズベキスタン・首都タシケント　灌漑による綿花栽培が盛ん。人口は約3,200万人。

11. エチオピア・首都アジスアベバ　エチオピア高原は青ナイル川の水源。コーヒーの原産地。

12. リベリア・首都モンロビア　1847年にアフリカ大陸初の黒人共和国として独立。

13. スーダン・首都ハルツーム　ダルフール紛争や南スーダン独立など紛争が続き政情は不安定。

14. ナイジェリア・首都アブジャ　人口は1億7千万人を超えている。輸出の大半が原油。

15. チリ・首都サンチアゴ　北部の砂漠で産出される銅鉱石は世界一の量。漁業も盛ん。

# 6 日本の概略

## おさえておきたい Point キーワードチェック

面積：37.8万km$^2$（北方領土を含む）　人口：1.26億人（世界10位）
※北方領土は択捉島（日本は北限としている）、国後島、色丹島、歯舞諸島

### (1)地形 ▶p204

北緯20度から北緯46度、東経123度から東経154度の範囲に位置する。東西の時差は約2時間。ユーラシア大陸東岸に位置する弓形の列島で、長さは約3000km。

※4つのプレート（太平洋プレート、ユーラシアプレート、北米プレート、フィリピン海プレート）がぶつかる所に位置する。

環太平洋造山帯に属し、地震活動や火山活動が活発で温泉も多い。

国土の約7割は山地。大地溝帯（フォッサマグナ、大断層）で東日本と西日本に分かれる。糸魚川静岡構造線は有名。

西日本は中央構造線（メディアン・ライン）で内帯と外帯（太平洋側）に分かれる。

第1章
日本史

第2章
世界史

第3章
地理

第4章
思想

第5章
文学・芸術

　平野は沖積平野（扇状地系が多い。三角州など）で小規模。内陸には盆地や川底平野もある。河川は短くて急流が多い(最長の信濃川でも367km)。季節による水量の変化が大きい。
　湖水は火山に由来するもの（東日本に多い）は透明度は高いが漁業資源には乏しい。沿岸のものは透明度は低いものの漁業資源は豊かだったが、汚染は進んでいる。
　海岸線は、日本海側は比較的単純であるが、全体としては複雑。リアス式海岸は三陸海岸、志摩半島、若狭湾、九州北西部などに見られる。
　四方を海で囲まれ、太平洋側には赤道方向から黒潮（暖流、日本海流ともいう）、オホーツク海から親潮（寒流、千島海流ともいう）、日本海側は対馬流（暖流）が流れる。

## (2)気候と農業など

①北海道：ほぼ冷帯気候（Df）。梅雨前線の影響はない。太平洋岸は夏も低温で年間降水量は少ない。日本海側は冬に雪が多いが、夏は比較的気温上昇。内陸部の盆地は気温の年較差が大。米作は石狩平野や上川盆地。東部は畑作（十勝平野）や酪農（根釧台地）。

②東北地方：太平洋側は寒流（千島海流）の影響で夏でも低温。夏に「やませ」にみまわれることあり。日本海側は冬に雪が多いが、夏はフェーン気味(季節風による)で比較的高温。米作りが盛ん（秋田平野、庄内平野、仙台平野など）、酪農や畜産（岩手県の北上高地）。山形盆地の西洋ナシ、サクランボ。津軽平野(青森県）のリンゴ。

③関東地方：季節風の影響で夏は高温多湿、冬は乾燥。特に内陸部では冬に「カラッ風」が吹く。沿岸部（三浦半島や房総半島）は暖流の影響で冬に比較的温暖。内陸の山地は雪が多い。埼玉、茨城、千葉、神奈川各県の近郊農業（野菜など）。茨城県や千葉県は米作りも。

④東海地方：沿岸部は夏の降水量大。冬も温暖。静岡県の茶、みかん栽培。愛知県の渥美半島のメロンや花栽培や鉢植え植物、知多半島の大根やキャベツ、濃尾平野の米など。木曾三川は湿潤、台地状の半島は用水（愛知用水や明治用水など）で水を補う。

⑤内陸地方：中央高地の盆地は気温の年較差が大。年間降水量は比較的少ない。山岳地帯は冬の雪が多く、寒さも厳しい。盆地では扇状地等で果物栽培（甲府盆地のブドウや桃、長野盆地のリンゴなど）が盛ん。木曽檜など林業も盛んだった。山間部では水力発電も。

⑥北陸地方：１年を通じて湿度が高い。冬には暖流（対馬海流）の上を吹く冷たい季節風がもたらす雪が多い。年間降水量は2,000mm程度と多い。米の単作地帯。冬の産業として伝統工芸（輪島塗、加賀友禅、九谷焼、小千谷縮、飯山仏壇などが）盛ん。

⑦近畿地方：京都や大阪などは夏に高温。紀伊半島沿岸部は降水量が多く、日本最多雨地域（大台ケ原）あり。琵琶湖は滋賀県の６分の１の面積で近畿地方の水瓶。紀伊半島南部は暖か。和歌山県のみかん、梅。北部（丹波高地）や三重県（松坂牛）の畜産。

⑧山陰地方：冬の降水量が比較的多い。夏は比較的天気がよく、気温も上昇。鳥取砂丘のラッキョウや西洋ナシ。大山周辺の酪農。中国山地はなだらかだが過疎化が

進む。出雲大社。

⑨瀬戸内地方：北側（中国山地）、南側（四国山地）を山に囲まれ、年間降水量が少なめ。かつては塩田が発達。夏の水不足が問題となることあり。愛媛県や広島県のミカンなど柑橘類。岡山県のマスカット。讃岐平野はため池で水確保。香川用水。カキ、ハマチなどの養殖。

⑩南四国地方：日本海流の影響で年間降水量は大。夏は高温・湿潤。夏には台風の被害多。高知平野の野菜栽培（施設栽培）。

⑪九州地方：台風や梅雨前線の影響が大きく、夏に多雨となる。北九州は夏に干ばつに襲われることもあり。南部は温暖。筑紫平野の米作。長崎や大分のミカン、阿蘇山周辺の牧畜、シラス台地（鹿児島中心）のサツマイモ、宮崎平野の施設野菜（中国との競争）。熊本のイグサ。

⑫南西諸島：奄美大島から沖縄県。亜熱帯気候。冬は温暖で夏は暑くて湿潤。珊瑚礁。沖縄県は畑作。サトウキビとパイナップルや熱帯果物。花栽培。沖縄本島の2割近くを米軍基地が占める。

## おさえておきたい Point　ミニ演習

**1**　それぞれの記述が表す都道府県名を書け。 （重要用語）

1. わが国で総人口が最も少ない都道府県はどこか。

2. 総人口に占める65歳以上の人口比（高齢化率）が最も高い都道府県はどこか。

3. 近郊農業が盛んで、販売農家人口が最も多い都道府県はどこか。

4. 製造品出荷額が最も多い都道府県で、太平洋ベルト地帯にあるのはどこか。

5. 都道府県別で面積が最も狭いところはどこか。

6. 日本のバレイショの約8割を生産している都道府県はどこか。

7. 九谷焼、漆器、友禅染などの伝統工芸が盛んで日本海側にあるのはどこか。

8. 北海道に次ぐ面積を持ち、北上高地にある遠野は民間伝承の宝庫といわれるのはどこか。

9. 繊維工業が栄えた倉敷があり、その郊外には水島コンビナートがあるのはどこか。

10. 野口英世の出身地であり、ほぼ中央には酸性湖である猪苗代湖があるのはどこか。

| |
|---|
| 1. 鳥取県（約57万人） |
| 2. 秋田県（35.6%） |
| 3. 茨城県　ただ専業は北海道が多い。 |
| 4. 愛知県 |
| 5. 香川県（1,862km²） |
| 6. 北海道（188万t） |
| 7. 石川県 |
| 8. 岩手県 |
| 9. 岡山県 |
| 10. 福島県 |

**2**　わが国はかつては鉄鋼業が盛んだったが、現在では中国や韓国がその中心となり、世界一の鉄鋼輸入国になった。

（正誤判断）

×　鉄鋼生産量は中国が1位で、日本が2位。輸出量も世界3位（2018年）。

**3** わが国は長く造船トン数が世界一であったが、最近では韓国に抜かれるようになり、手持ち工事量も韓国の方が多い。 　正誤判断

**4** 半導体などの製造については、現在では安価な労働力を得られる東南アジアや中国に生産現場が移動し、わが国では高価なものを除いてほとんど製造されなくなった。 　正誤判断

**5** わが国は紙の消費量は多いが、最近ではその大半を中国などからの輸入で賄い、国内ではリサイクル紙がわずかに製造されるだけとなった。 　正誤判断

**6** 京葉工業地域は首都圏にあるため、食料品や日用品など消費財の生産が盛んであるが、公害を発生しやすい化学工業や鉄鋼業などは未発達である。 　正誤判断

**7** 阪神工業地帯は大阪や神戸など古くからの大都市を中心とする工業地帯で、家電や繊維などが盛んであり、工業地帯別製品出荷額は日本で2番目に多い。 　正誤判断

**8** 京浜工業地帯は、1990年代の不況の影響や、湾岸開発による工業地帯の衰退などから製品出荷額が急減し、工業地帯別製品出荷額は三大工業地帯の3番目に後退している。 　正誤判断

○ 1956年にイギリスから首位の座を奪ったものの、最近では韓国・中国に抜かれ大差をつけられている。

× 確かに東南アジアなどでの生産は伸び、苦戦はしているが日本の出荷額は少なくはない。

× 日本は世界で3番目の紙類生産国（2017年）である。

× 京葉工業地域の特徴は化学工業や鉄鋼などが盛んなところである。

× 阪神工業地帯は化学・金属工業の割合が高いという特徴がある。2006年に京浜工業地帯を抜き製造品出荷額で2位となった。

○ 京浜工業地帯は総合工業地帯。中京・阪神工業地帯に次ぐ出荷額である。

第1章 日本史
第2章 世界史
第3章 地理
第4章 思想
第5章 文学・芸術

# Q01 平野と台地

問 次の文の空欄（ ア ）～（ オ ）には、沖積・堆積・洪積・準平原・風化の語が
あてはまる。（ ア ）と（ オ ）に該当する適語として正しい組み合わせはどれか。

(地方上級)

　平野は侵食平野と（ **ア** ）平野に分類できる。前者の侵食平野は長期間にわたる侵
食・（ **イ** ）作用によって地表が平坦になった地形で、その代表例に（ **ウ** ）や構造
平野、ケスタ地形などがある。後者の（ア）平野は、河川の堆積作用によって形成された
（ **エ** ）平野、海岸で陸地の隆起あるいは海面の下降によって海底の一部が陸化した海岸
平野がある。平野が隆起によって台地となった後に開析作用が働くと（ **オ** ）台地とな る。
（オ）台地は、河岸段丘・海岸段丘・隆起扇状地・隆起三角州などに分けられる。

|   | ア | オ |
|---|---|---|
| 1 | 堆　積 | 準平原 |
| 2 | 沖　積 | 洪　積 |
| 3 | 洪　積 | 風　化 |
| 4 | 堆　積 | 洪　積 |
| 5 | 沖　積 | 堆　積 |

---

おさえておきたい
# **Point** キーワードチェック

◉**いろいろな地形**

⑴**平地**

　①構造平野（侵食平野）

　　（ 1 ）を中心に見られる大規模な平坦地で、日本にはない。

　②ケスタ

　　硬い層と軟らかい層が互層になっている土地で、硬い層が残されて軟らかい層が谷間と
　　なるなどの地形。パリ盆地、五大湖周辺など。

　③扇状地（堆積平野）

　　山から川が出るところにできる扇状の土地で水はけは（ 2 ）、水位は低い。
　　扇頂、扇央、扇端に分ける。扇央で（ 3 ）栽培、扇端で米栽培が盛ん。
　　扇央は、かつては桑畑、現在は果樹園に利用されている。

　④三角州（堆積平野）

　　河川の河口に細かい砂や土粒が溜まった低湿地。水はけは（ 4 ）、地盤は弱い。ア
　　ジアでは（ 5 ）が盛ん。ナイル川河口やメコン川河口など。

　　河川に沿って（ 6 ）が形成され、その外側の（ 7 ）では米作りが行われてきたが、
　　時に水害に襲われる。

⑤河岸段丘
　　かつて（　8　）だった部分が雛壇状に隆起した地形。狭い農地は発達。
⑥川底平野
　　川底周辺の低地で、広い場合は農地などに利用。
⑵**火山**
　　成層火山（コニーデ）、臼状火山（ホマーテ）、溶岩台地（ペジオニーテ）、楯状火山（アスピーテ）、複式火山（カルデラ内の火山）、マール（爆裂火口）、溶岩円頂丘（トロイデ）。日本には100以上の火山がある（世界の1割）。その7割程度が（　9　）火山。
　　湖水：氷河湖（五大湖）、せき止め湖（富士五湖や中禅寺湖）、ラグーン（サロマ湖）、カルデラ湖（十和田湖や洞爺湖）、断層湖（諏訪湖や琵琶湖）など。
⑶**カルスト**
　　二酸化炭素を含む水が石灰岩を浸食。ドリーネ、ウバーレなどの凹地、鍾乳洞、カルスト台地。アドリア海北西岸が地名の由来地。（　10　）（山口県）など。
⑷**砂漠**
　　岩石砂漠（ハマダ）と砂砂漠（エルグ）が9：1。オアシス、外来河川流域に人々は居住。雨が降った後や雪解けの際だけ川となる「ワジ」もみられる。サハラ砂漠（世界最大）、カラハリ砂漠、ナミブ砂漠（寒流沿岸砂漠）、ゴビ砂漠やタクラマカン砂漠（内陸砂漠）など。

---

1 安定陸塊　2 よく　3 果物　4 悪く　5 稲作　6 自然堤防　7 後背湿地　8 川底　9 成層
10 秋吉台

---

# A01 正解ー4

　　平野には古い時代の山脈が侵食され、地殻運動の少ない安定的な陸地である侵食平野と（ア）の堆積平野がある。（イ）は風化作用、岩石を砕き土壌化する。（ウ）は準平原、中央アジアの平原（キルギス平原）やシャントン（山東）半島がある。構造平野は、古生代以前の造山運動による地層が侵食され、ほぼ水平に堆積した平野。表面がテーブル状の丘となったものをメサとよぶ。スペインのメセタ、アメリカ合衆国のコロラド高原が代表。ケスタ地形には、パリ盆地・ロンドン盆地・モスクワ盆地がある。一方、堆積平野の代表的なものが（エ）の沖積平野、扇状地・三角州などの総称である。（オ）の洪積台地は、新生代第四紀の前半、洪積世につくられた地形。今から約170万年前から1万年前で4度の氷河期があった。わが国では、洪積世に火山活動が盛んだったため火山灰におおわれた地層が多く、武蔵野台地、相模原台地、シラス台地、十勝平野が好例。ちなみに、氷河期以降の現在は、新生代第四紀沖積世という。
　　（ア）には堆積、（オ）には洪積が入り、正解は4となる。

# Q02 日本の地形

**問** わが国の自然に関する記述として、妥当なものはどれか。 （国税専門官）

**1** フォッサマグナによって西南日本と東北日本に分けられ、東北日本は中央構造線によりさらに内帯と外帯とに分けられる。

**2** 傾斜の急な山地が海岸にせまっているため大規模な扇状地形の平面に乏しく、多くは三角州状の平地であり、また、これら沖積平野より一段高い洪積台地も広く分布している。

**3** 河川は流域面積が小さく、水質は火山が多いことを反映してアルカリ性の強い河川が多い。

**4** 温帯としては降水量が少なく、年降水量は約1,000mm前後であり、最も多い紀伊半島や四国の山地でも2,000mmを超えることはない。

**5** 山地にある湖沼は火山に起源をもち、透明度の高いものが多いが、平地にある湖沼は栄養分に富み、透明度が低い。

---

## おさえておきたい
## Point キーワードチェック

### ●日本の地形
### ⑴地図から見る日本

日本は、ユーラシア大陸東岸に位置する弓形の列島で、長さは約（ **1** ）。北緯20度から北緯46度、東経123度から東経154度の範囲に位置する（東西の時差は約2時間）。国土の約（ **2** ）割は山地である。

### ⑵日本の構造

環太平洋造山帯に属し、地震活動や火山活動が活発で温泉も多い。

（ **3** ）（フォッサマグナ、大断層）で東日本と西日本に分かれる（糸魚川静岡構造線は有名）。西日本は（ **4** ）（メディアン・ライン）で内帯と外帯（太平洋側）に分かれる。

### ⑶平野のつくり

平野は（ **5** ）平野（扇状地系が多い。三角州など）で小規模である。内陸には盆地や川底平野もある。

河川は短くて（ **6** ）流が多い。最長の信濃川でも 367kmほどである。季節による水量の変化が大きい。

湖水は火山に由来するもの（東日本に多い）は透明度が高いが漁業資源には乏しい。沿岸の湖水は透明度が低いが、漁業資源は豊かだった（現状、汚染が進んでいる）。

### ⑷日本の海岸線

海岸線は、日本海側は比較的単純であるが、太平洋側、島嶼を含めると全体としては複雑となる。リアス式海岸は三陸海岸、志摩半島、若狭湾、九州北西部などに見られる。

四方を海で囲まれ、太平洋側には赤道方向から黒潮（暖流、日本海流ともいう）、オホーツク海から親潮（寒流、千島海流ともいう）、日本海側は対馬海流（暖流）が流れる。

第1章
日本史

第2章
世界史

第3章
地理

第4章
思想

第5章
文学・芸術

●プレート＝テクトニクス

　プレートとプレートが移動して、陸地の形を変えていくというもの。ウェグナーの「大陸移動説」を論拠づけたものとして有名。

　日本は、4つのプレート（（　7　）プレート、ユーラシアプレート、北米プレート、（　8　）プレート）がぶつかる所に位置する。

　　①狭まる境界：プレートとプレートがぶつかる褶曲山脈（ヒマラヤ山脈やアンデス山脈など）、海峡（日本海溝やマリアナ海溝など）、弧状列島（日本列島）など。

　　②広がる境界：プレートとプレートが離れるところで、海嶺（海底山脈）となる。

　　③ずれる境界：プレートとプレートが擦り合うようにずれるところ（アメリカ西部のサンアンドレアス断層など）。

---

1 3,000km　2 7　3 大地溝帯　4 中央構造線　5 沖積　6 急　7 太平洋　8 フィリピン海

---

# A02 正解ー5

1－誤　フォッサマグナは本州中央部を横断しており、これによって北東日本と西南日本に分けられる。さらに、西日本は中央構造線（メディアン・ライン）によって、内帯と外帯とに分けられる。中央構造線よりも北が内帯で、内帯では地塁山地と盆地が多い。南の外帯では、紀伊山地・四国山地・九州山地がほぼ連続的に連なり、平野は少ない。

2－誤　海岸近くに傾斜の急な山地に迫っているところでは、扇状地が形成される。三角州は、河川の河口に細かい砂や土粒が溜まった低湿地であり、斜面が急なところには形成しづらい。

3－誤　日本の河川は流域面積が狭く、火山の影響で酸性の河川が多い。石灰岩質の地域を流れる河川はアルカリ性となる。

4－誤　紀伊山地や四国の山地は比較的雨量の多い地域で、年間約2,500mmである。日本は温暖湿潤気候に属していて、年降水量は約1,500mmである。

5－正　火山に起源を持つカルデラ湖や火口湖では、湖沼の透明度は高く水深が深い。栄養分は少なく水中生物の棲息には不適である。これに対して、平地の湖沼としては、河跡湖（三日月湖）や潟湖では、上流から流入した栄養分が多く、漁業資源は豊富である。

# Q03 ケッペンの気候区分

**問** 次の各文のうちケッペンの気候区分の特徴を説明したものとして正しいものはどれか。

(地方上級)

**1** 夏は涼しく、冬も貿易風や海流の影響で温暖である。降水量は、一年を通じて平均している。植生は、ぶな・かしわなど広葉樹が多く、高地には針葉樹が見られる。土壌は褐色森林土が多い。

**2** 夏は中緯度高圧帯の影響で高温で乾燥した晴天が多い。冬は偏西風の影響で温暖で低気圧の通過による降水がある。植生は耐乾性のオリーブなど硬葉樹が目立ち、疎林や灌木が多い。土壌は褐色土・黄色土のほか、石灰岩地帯ではテラロッサが多い。

**3** 夏の気温は熱帯と同じくらい高く、冬の最寒月の平均気温は18℃以下になる。雨は一般的に多いが、サイクロンの影響でとくに夏に多い。植生はしい・かし・くすなどの照葉樹が多い。土壌は、赤色土・黄色土が多く分布する。

**4** 短い夏に地衣類や蘚苔類が生育する。最暖月の平均気温が10℃以下で、冬は氷雪におおわれる。高緯度のほか、チベット高原やヒマラヤ山脈の高地にも分布する。土壌は、酸性が強く生産性の低い灰白色のチェルノーゼムが分布している。

**5** 熱帯雨林気候の周辺に見られる気候で、雨季と乾季の区別が明瞭である。植生はサバナとよばれる草原と熱帯性の疎林からなる。ブラジル高原ではセルバ、オリノコ川流域ではリャノという。土壌は赤色のやせたラトソルが多い。

---

おさえておきたい
# Point キーワードチェック

## ◉ケッペンの気候区分

　自然植生の地域的分布と一致する気候区を、ドイツのケッペンが設定したもの。植生の種類と分布を制約する気温と雨量の組合せと、その季節的変化を加えて気候の型を決定し、気候区分を作り出した。

## ◉大気候区の区分

　A（熱帯）気候区……最寒月平均気温18℃以上。Af（（　1　）気候）、Aw（（　2　）気候）、Am（熱帯モンスーン気候）に分類。

　B（乾燥帯）気候区……降水量より蒸発量が大きい地域。BW（（　3　）気候）、BS（（　4　）気候）に分類。

　C（温帯）気候区……最寒月平均気温－3℃以上～18℃未満。Cfa（（　5　）気候）、Cfb・Cfc（（　6　）気候）、Cs（（　7　）気候）、Cw（（　8　）気候）に分類。

　D（冷帯）気候区……最寒月平均気温－3℃未満で最暖月平均気温10℃以上。Dw（（　9　）気候）、Df（（　10　）気候）に分類。

E（寒帯）気候区……ET（ツンドラ気候）は最暖月平均気温0〜10℃未満。

EF（氷雪気候）……最暖月平均気温0℃未満。

H（高山気候区）……熱帯地方で3,000m以上、温帯地方で2,000m以上の高地にみられ
る気温の年変化の少ない気候。エクアドルの首都キトなどがその典
型（ケッペンはこの気候区は設けず）

◉**小文字記号の意味（小気候区の分類に使用されている）**

a（最暖月平均気温22℃以上）

b（最暖月平均気温22℃未満、月平均気温10℃以上が4カ月以上）

c（月平均気温10℃以上4カ月未満、最寒月平均気温−38℃以上）

d（最寒月平均気温−38℃未満）

f（一年中降水あり）

w（冬乾季）

s（夏乾季）

---

1 熱帯雨林　2 サバナ　3 砂漠　4 ステップ　5 温暖湿潤　6 西岸海洋性　7 地中海性
8 温帯冬季乾燥　9 冷帯冬季乾燥　10 冷帯湿潤

---

# A03　正解−2

1−誤　本肢は西岸海洋性気候（Cfb）で、正しくは貿易風ではなく偏西風。冬季が温
暖な原因は、偏西風と北大西洋海流の影響である。西ヨーロッパ、北アメリカ
北西部、南アフリカ共和国南部、オーストラリア南東部、ニュージーランドに
分布。

2−正　本肢は地中海性気候（Cs）。地中海沿岸ほか、カリフォルニア、チリ南部、オー
ストラリア南部に分布。

3−誤　本肢は温暖湿潤気候（Cfa）で、正しくはサイクロンではなくモンスーン（季
節風）。四季の区別が明瞭で、日本、中国東部、アメリカ合衆国東部など大陸
の東岸に分布。黒褐色の土壌が多い。

4−誤　本肢はツンドラ気候（ET）で、正しくはチェルノーゼムではなくツンドラ土。
北緯60〜70度に分布し、シベリアやカナダ、フィンランドのラップランド
ではトナカイの遊牧が行われている。

5−誤　本肢はサバナ気候（Aw）で、アマゾン川中流域の草原はセルバではなくカンポ。
セルバは熱帯雨林のこと（東南アジアではジャングルという）。ギニア湾沿岸、
東アフリカ、デカン高原、オーストラリア北部に分布。

# Q04 主要穀物の生産量と主要輸出国

**問** 次の表は2011年における主要穀物の生産量と主要輸出国を示している。①〜④は、米、小麦、とうもろこし、大豆のいずれかであり、A〜Dは国名を表している。①〜④に当てはまる穀物の組み合わせとして正しいものはどれか。 (国家一般類題)

| 穀物 | 生産量 (世界計) | 主 要 輸 出 国 (万トン) | | |
|---|---|---|---|---|
| | | 1位 | 2位 | 3位 |
| ① | 72,256 万トン | A (1,025) | インド (772) | タイ (695) |
| ② | 26,204 万トン | B (8,777) | D (7,250) | C (5,300) |
| ③ | 88,529 万トン | B (4,800) | C (1,700) | D (800) |
| ④ | 70,139 万トン | B (2,814) | カナダ (1,760) | 欧州連合 (1,669) |

| | ① | ② | ③ | ④ |
|---|---|---|---|---|
| 1 | 大豆 | 小麦 | 米 | とうもろこし |
| 2 | とうもろこし | 米 | 大豆 | 小麦 |
| 3 | 小麦 | とうもろこし | 大豆 | 米 |
| 4 | 米 | 大豆 | 小麦 | とうもろこし |
| 5 | 米 | 大豆 | とうもろこし | 小麦 |

おさえておきたい
## Point キーワードチェック

**◉主な穀物の生産量(2017年、単位1,000t)**

(1)**米**……原産地は中国南部からインドシナ北部。高温多湿な気候に適している。
　　生産の多い国:中国(212,676)、インド(168,500)、インドネシア(81,382)、バングラデシュ(48,980)

(2)**小麦**……原産地はカスピ海の南から中近東の地域。春小麦(寒い地域で栽培)と冬小麦あり。
　　生産の多い国:中国(134,334)、インド(98,510)、ロシア(85,863)、アメリカ合衆国(47,370)

(3)**大麦**……最も古い時代から生産されていた穀物。寒さや乾燥に強い。飼料にも用いる。
　　生産の多い国:ロシア(20,598)、オーストラリア(13,505)、ドイツ(10,853)、フランス(10,545)

(4)**大豆**……適応能力が強い作物。原産地は中国東北地方。飼料や油、加工食品用。
　　生産の多い国:アメリカ合衆国(119,518)、ブラジル(114,599)、アルゼンチン(54,971)、中国(13,149)

(5)**とうもろこし**……原産地は南米のアンデス地帯。適応力大。食用、飼料用、油用など。
　　生産の多い国:アメリカ合衆国(370,960)、中国(259,071)、ブラジル(97,721)、ア

ルゼンチン（49,475）

●**主な畜産・養頭数（2017年、単位1,000頭）**

⑴**牛**

　　頭数の多い国：ブラジル（214,900）、インド（185,104）、アメリカ合衆国（93,705）、中国（83,210）

⑵**豚**

　　頭数の多い国：中国（435,037）、アメリカ合衆国（73,415）、ブラジル（41,099）、スペイン（29,971）

⑶**羊**

　　頭数の多い国：中国（161,351）、オーストラリア（72,125）、インド（63,069）、ナイジェリア（42,500）

⑷**鶏（単位100万羽）**

　　羽数の多い国：中国（4,877）、インドネシア（2,175）、アメリカ合衆国（1,971）、ブラジル（1,425）

●**日本の農水産物の自給率（2018年、カロリーベース）**　　　　　　（単位%）

| 総合 | 米 | 小麦 | 砂糖類 | いも類 | 豆類 | 野菜類 | 果実類 | 肉類 | 鶏卵 | 魚介類 |
|---|---|---|---|---|---|---|---|---|---|---|
| 37 | 98 | 12 | 34 | 73 | 7 | 77 | 38 | 51 | 96 | 55 |

# A04 正解ー5

　生産量と輸出量で順位が異なるので注意が必要。表には生産量と輸出国上位3カ国が掲載されている。

　①は輸出国の2・3位がアジアの国々であり、生産量も比較的多いことから米。米の輸出第1位のAはベトナム。輸出上位3カ国は不動で、タイは水害による生産量減少が影響して3位となっているが例年最大輸出国。

　②は①〜④の中で生産量が少ないことから大豆。Bは②〜④の輸出第1位、世界的な農業輸出国アメリカ。アメリカは大豆・とうもろこしの生産も第1位。

　③は生産量が最も多いので、とうもろこし。Cは大豆第3位、とうもろこし第2位のアルゼンチン。アルゼンチンは、南半球ではブラジルについで穀物生産量が多く、とうもろこしは第4位、大豆は第3位の生産国。

　④は①とほぼ同じ生産量だから小麦。小麦の輸出・輸入量は米の3倍を超える。Dはブラジル。

# Q05 ヨーロッパ地域の特徴

**問** 次の各文は、ヨーロッパの地域的特徴を述べたものである。地図のAに該当する文は1～5のどれか。
(国家一般類題)

1 ケスタ地形が発達する盆地で、セーヌ川の川中島を中心に発達した大都市がある。この国第一の工業地域で自動車、航空機などが生産される。周辺はまた、小麦やぶどうの生産地である。

2 氷河作用によるモレーンや湖が分布し、氷食作用によってつくられたきめの細かいレスにおおわれた平原である。ライ麦・じゃがいも・てんさい（ビート）などを栽培する混合農業が行われている。

3 ラティフンディウムと呼ばれる大土地所有制が残り、粗放的な穀物栽培や牧羊が行われる。灌漑地ではぶどうの栽培も見られる。この国では南北の経済格差が大きく、地域開発も進められているが、移民や出稼ぎに出かける者が多い。

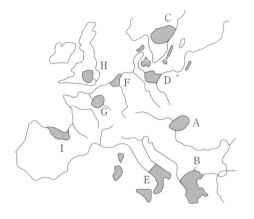

4 夏には高温で乾燥する大陸性気候で、プスタと呼ばれる肥沃な草原がドナウ川に沿って広がり、小麦やとうもろこしの一大産地となっており、ぶどうも栽培されている。この国の住民は、アジア系のマジャール人である。

5 国土の4分の1が海面下の土地で、首都をはじめとする4つの都市を核に都市圏が形成される。中央部は「緑の心臓部」と呼ばれ、花卉・温室園芸など集約的な農業が営まれ、EU諸国に輸出されている。

---

## おさえておきたい Point 　キーワードチェック

### ●ヨーロッパと旧ソ連

ヨーロッパ大陸は面積の約半分が標高200m未満の低地。南部には（ 1 ）造山帯の比較的険しい山脈（（ 2 ）やピレネー、アペニンなど）が連なる。

南部はラテン系（カトリック多数）、北部は（ 3 ）系（プロテスタント中心）、東部にはスラブ系住民（ギリシャ正教系）が住む。一部にはイスラム系住民も（アルバニアなど）。

西部は西岸海洋性気候、南部は（ 4 ）気候、内部は冷帯気候。

## ●ヨーロッパの農業

夏作・冬作・放牧地を輪作で行う（　5　）農業が中世から続く地域が多い。封建制崩壊や市民革命から自営農が育っていったことも特徴の1つ。自給率向上のため、衰退しかけた農業を積極的に保護し、高収益農産物の栽培促進で活性化していった。

### (1)酪農

オランダや（　6　）、ノルウェーやフランスの一部で盛んに行われている。

### (2)園芸農業

イングランド南部、フランス西部、オランダ、イタリアで行われる。需要の大きい都市に供給する野菜、果物、草花などを栽培する集約農業。

### (3)商業的混合農業

家畜飼育と穀物・飼料栽培を行い、主に畜産物を出荷する。三圃式農業の発展ととらえられ、（　7　）（EU最大の農業国で農産物輸出国）、ドイツ（北部では土地改良を行い輪作、中部では典型的混合農業、南部ではぶどうや野菜なども栽培）、イタリア北部のパダノ＝ベネタ平野など、広い地域で行われている。

### (4)地中海式農業

地中海性気候の地域を中心に、夏の乾燥に強いオリーブ、オレンジ、レモン、ぶどうなどの栽培と、雨季の冬に自家用中心の麦栽培を組み合わせた、集約的営農法である。

### 出題Point：世界の農業　EU主要国の農業

①**農地面積**では、仏17%、西14%、独10%、英9%、ポーランド9%、伊8%。
②**農業生産量**では、仏20%、独14%、伊13%、西12%の4カ国で、EU全体の約6割。
③**穀物生産**では、小麦が47%、大麦21%、トウモロコシ20%。
④**小麦・大麦**については仏・独・英。酪農では独・仏・英・ポーランド・蘭が高シェア。
⑤**食糧自給率**は、仏129%、西96%、独92%、英72%、蘭66%、伊61%。

1 新期　2 アルプス　3 ゲルマン　4 地中海性　5 三圃式　6 デンマーク　7 フランス

## A05　正解ー4

肢1はケスタ地形とセーヌ川からパリ盆地でG。セーヌ川の川中島はシテ島。世界的なファッション・芸術の中心地。南東部はケスタ地形からなるシャンパーニュの丘。

肢2は氷食地形とライ麦生産から北ドイツ平原でD。荒れ地をハイデという（イギリスではヒースランド）。レスは中国の黄土高原と成因は同じ。

肢3は大土地所有制と南北格差からイタリア南部でE。1960年産業復興公社によりタラントに製鉄工場を建設。タラントは軍事都市でもあり、造船・化学工場も発達。

肢5は海面下と花卉・園芸農業からオランダでF。浅海や三角州を干拓した土地をポルダーという。かつては偏西風を利用した風車で排水したが、今は電動ポンプで行う。

# Q06 主要国のエネルギー消費

**問** 表は主要国の発電量と構成比、石炭消費量、原油消費量を示したものである。①～③に該当する国の組み合わせとして正しいものはどれか。

(国家一般類題)

| 国名 | 発電量（億KWh） | | | | 石炭消費<br>（百万トン） | 原油消費<br>（百万トン） |
|---|---|---|---|---|---|---|
| | 総発電量 | 火力 | 水力 | 原子力 | | |
| （ ① ） | 49,876 | 38,928 | 8,721 | 974 | 3,800 | 467 |
| アメリカ合衆国 | 42,905 | 30,199 | 2,983 | 8,011 | 356 | 737 |
| ロシア | 10,707 | 7,254 | 1,673 | 1,775 | 176 | 261 |
| （ － ） | 10,353 | 8,885 | 1,139 | 329 | 704 | 222 |
| 日本 | 10,343 | 9,203 | 836 | 159 | 184 | 171 |
| （ ② ） | 6,344 | 1,473 | 3,806 | 949 | 9 | 65 |
| （ － ） | 6,298 | 4,234 | 278 | 995 | 60 | 95 |
| （ ③ ） | 5,643 | 553 | 636 | 4,254 | 17 | 57 |

総務省統計局、「世界の統計2016」より

| | ① | ② | ③ |
|---|---|---|---|
| 1 | インド | フランス | 中 国 |
| 2 | 中 国 | カナダ | フランス |
| 3 | 中 国 | インド | ドイツ |
| 4 | ドイツ | 中 国 | フランス |
| 5 | ドイツ | インド | カナダ |

おさえておきたい
## Point キーワードチェック

### ◉日本の電力供給

戦後の経済成長と産業発展に起因する大量の電力需要に対応するため、1950年代までは大規模な（ 1 ）が建設された（当時、水力発電の割合は約80％）。その後、1960年代には中東からの安い原油による火力発電が急速に普及し、（ 2 ）政策への転換が進んだ。しかし、1970年代の（ 3 ）の経験から、以後原子力発電の積極的推進が行われた。

### ⑴水力発電

水の落下エネルギーを使う発電方式で、ダムやため池を利用するため、発電所は山間部に多く、建設・設備のコストがかかる。地方のダム建設反対の議論も多い。

### ⑵火力発電

石油、石炭、天然ガスなどの燃焼エネルギーを使う発電方式で、（ 4 ）部の工業地帯に多く、他の発電に比べて建設・設備のコストは少ない。しかし、原料を輸入に依存しており、燃焼による（ 5 ）排出も環境への影響が大きい。

## (3)原子力発電

核分裂反応のエネルギーを使う発電方式で、日本では福島県、宮城県、福井県の臨海部に多く建設された。温室効果ガスの排出が極めて少なく、クリーンで低コストと主張されたが、福島原発事故の教訓から、日本の原子力政策は見直しを迫られている。

## ●一次エネルギーの動向

### (1)石炭

石油代替エネルギーとして見直され、先進国でも産出し安定供給が可能となり、利用技術が向上し環境への影響を減らせることから、石炭の消費量は少しずつ増加している。

### (2)石油

1973年には一次エネルギー供給の76%を石油が担っていた。いまだ石油は日本のエネルギー供給の中心として全体の40%台を占め、その99%以上を輸入に依存している。輸入先の約90%が中東諸国で、政治情勢による供給の変動が問題となることが多い。

### (3)天然ガス

主に火力発電や都市ガスに使われ、車両の燃料にも使われている。石炭や石油よりも二酸化炭素の排出量が少なく、石油代替エネルギーとして期待されている。2005年まで最大の輸入先だったインドネシアの経済成長のため、現在ではオーストラリアが最大の輸入先である。

**出題 Point：エネルギー資源** 世界の一次エネルギー供給

①**オイルショック以前の石油**は、一次エネルギー供給の約45%だったが、約34%に低下。
②**石油代替としての天然ガス**は環境負荷が少なく一次エネルギーの20%を超えた。
③**非在来型シェールガス**増産で米国が最大の天然ガス生産国に。埋蔵量は中国が最大。
④**新興国で需要増大した石炭**は一次エネルギーの25%を超えている。
⑤**原子力発電設備（2018）**は、米（99基）、仏（58基）、日（42基）、中（37基）、露（31基）

1 発電用ダム　2 油主炭従　3 石油危機　4 臨海　5 二酸化炭素

# A06 正解－2

①は中国。2012年の総発電量は世界第1位と多いが、人口が多く1人当たり発電量は、日本より少ない。石炭から石油へのエネルギー転換を図っている。

②はカナダ。豊かな自然を残し、水力が発電量の半分以上を占める。人口は日本の約4分の1であり、石炭・原油とも消費量は少ない。

③は原子力比が多いことからフランス。フランスの原子力発電所は58基で、アメリカの99基に次いで世界2位の数（日本は3位）。2000年まではウランを生産していたが、現在は全て閉山している。ブルターニュ半島のランスには潮力発電所もある。

4位にはインド、7位にはドイツが入る。

# Q07 金属鉱の生産と生産国

**問** 表は各種金属鉱の生産量および主要生産国を示している。①～⑤は鉄鉱、銅鉱、すず鉱、金鉱、ボーキサイトのいずれかである。次のア～エのうち、A～Dに該当する国に関する記述として正しいものの組み合わせはどれか。 (国家一般類題)

(2009年)

| 鉱物 | 生産量<br>(世界統計) | 主要 生産 国 | | |
|---|---|---|---|---|
| | | 1位 | 2位 | 3位 |
| ① | 16.3億トン | B （21%） | A （20%） | C （18%） |
| ② | 0.24万トン | A （14%） | C （10%） | アメリカ合衆国 （9%） |
| ③ | 1620万トン | チリ （34%） | アメリカ合衆国(12%) | D （10%） |
| ④ | 2.11億トン | C （37%） | B （13%） | A （10%） |
| ⑤ | 26.1万トン | A （37%） | D （22%） | ペルー （14%） |

**ア** 東アジアのAは、世界最大の人口を有する国で、世界第2位の総発電量を持つ。改革開放経済により高い経済成長率を果たした。

**イ** 南半球に属するBは、世界最大の流域面積を持つ大河が流れ、南半球で2番目の面積を有する。さとうきびやコーヒーの世界的生産国である。

**ウ** 南半球に属するCは、東海岸に沿って世界最大のサンゴ礁がある。国土の大半が乾燥気候で、人口は南東海岸や南西海岸にかたよって分布している。

**エ** 東南アジアのDは、熱帯気候に属する島嶼国で、世界最大のイスラム教徒をかかえる。世界的なコメの生産国でもあり、木材輸出量も世界第1位である。

**1 アとイ　　2 アとウ　　3 アとエ　　4 イとウ　　5 ウとエ**

---

おさえておきたい
## Point 　キーワードチェック

### ●鉱物資源

　鉱物資源は大きく金、銀、銅、鉄鉱石、ボーキサイトなどの金属鉱物資源と、石灰石、けい石などの非金属鉱物資源とに分けられる。金属鉱物は日本では乏しく、ほとんどを輸入に依存している。しかし、セメントの原料となる（　1　）は100%自給でき、日本で採取される非金属鉱物の割合は大きい。

### ●レアメタル

　鉄、銅、アルミニウムなどの（　2　）メタルや、金、銀などの（　3　）以外の金属で、産業に利用されている、リチウム、チタン 、クロム、マンガン、ニッケルなどの非鉄金属を指す。特殊鋼や電池、電子機器に利用される材料となり、埋蔵量・流通量が少ないため希

少金属と呼ばれる。

## ●金

　アクセサリーや投資対象だけでなく、耐食性・導電性・低電気抵抗のため、精密機器の部品素材として使用される。日本の鉱山では、鹿児島県の（　4　）が国内産金量のほぼ全量を占めるが、ここでとれる金鉱石は非常に高品位であり、銀も多く産出する。

## ●ボーキサイト

　ボーキサイトを精錬しアルミニウムを生産し、1円硬貨・アルミ缶・標識など広く生活に利用され、（　5　）のコストも低い。しかし、精錬に大量の電気を消費し、アルミニウムは「（　6　）」といわれる。

---

1 石灰石　2 ベース　3 貴金属　4 菱刈鉱山　5 リサイクル　6 電気の缶詰

---

# A07 　正解－2

　判明している国、生産量の大小と単位に注意し、ア～エの文章をヒントに見当をつける。（近年の動向はP182を参照）
　③はチリが第1位なので、5つの中では銅鉱と判断。
　①は第3位までの国が不明だが、生産量が最大なので鉄鉱と判断。Bはブラジルと判断。Aは③以外の鉱物をすべて生産している国であることに注目し、中国であると推測（中国は鉄鉱石の生産では第1位だが、品質により調整されている）。
　②は生産量が最も少ないこと、Aが第1位であることから金鉱と推測。（南アフリカの生産量が減少していることにも注意。）
　⑤は生産量が2番目に少なく、Aが第1位でペルーが第3位なので、すず鉱と推測。
　④は残りの鉱物からアルミニウムの原料、ボーキサイトと推測。Cは、①の鉄で3位、②の金で2位なので、オーストラリアと推測。Dはインドネシアだが、2019年現在ニッケル・ボーキサイトは輸出規制の政策を継続している。
　以上の判断・推測から、ア～エの文章をあわせて読み、A～Dの国が決定できる。もう一度生産国の順位で確認したら、文章の正誤を判断していく。
　ア－A国・中国で正しい。
　イ－B国・ブラジルだが、総面積は南半球で最大、世界第5位なので誤り。
　ウ－C国・オーストラリアで正しい。
　エ－D国・インドネシアで、原木生産は第5位だが、木材輸出量は少ないので誤り。東南アジアの南洋材は世界的に輸出は少ない。輸出第1位はカナダである。

# Q08 アメリカの州

**問** アメリカの州に関する各文を読み、地図アとエに該当する組み合わせとして正しいものはどれか。 (地方上級)

**A** ミシシッピ川の流域にあり、かつての総合開発のモデルとなったTVAによって発展した。オークリッジはアメリカの研究都市・原子力産業の町として知られている。

**B** 臨海部のヒューストンを中心に石油精製・石油化学工業地域を形成し、またダラスでは宇宙産業も盛んである。最近では半導体生産も盛んで、シリコンプレーンと呼ばれる。

**C** コロラド川の総合開発や第2次世界大戦後の航空機・石油化学・アルミニウム工業などの発展で人口が増え続け、国内最大の人口をかかえる州となった。

**D** コーンベルトの中心地であり、また中央炭田をひかえ、食品加工・農業機械工業の都市として発展し、穀物取引所としても知られ、世界の穀物価格を左右するといわれる。

**E** 温暖な気候の特性を活かして、国内最大のオレンジ、グレープフルーツの生産を誇る州である。南端のマイアミは、観光地・保養地として有名な都市である。

|   | ア | エ |
|---|---|---|
| 1 | A | C |
| 2 | B | D |
| 3 | C | E |
| 4 | D | A |
| 5 | E | C |

---

**おさえておきたい**
## Point キーワードチェック

●**北アメリカの農業**

機械化された大規模経営の農業で、大西洋側から次第に開拓が進み、（ 1 ）法の採用などで農地が拡大していった（19世紀末にはフロンティアが消滅）。

(1)**南部の綿花栽培**…アメリカ合衆国は（ 2 ）・インドに次ぐ綿花の産出国であり、輸出では世界一である。最近では合理化された多角経営で栽培されている。

(2)**中部のトウモロコシ地帯**…豚や鶏の飼育も行われる、（　3　）農業である。やはり最近多角経営により合理化が進んでいる。

(3)**中央大平原の小麦**…南部は（　4　）、北都は（　5　）が栽培されている。プレーリー地帯、グレートプレーンズ東部では灌漑による小麦栽培が行われている。

(4)**ニューイングランドから五大湖沿岸の酪農**…土地が適当にやせていることや、（　6　）に近いことから発展した。

(5)**カリフォルニア地方の果樹栽培**…（　7　）施設を整備し、地中海性気候を利用した大規模な果樹園が経営されている。

(6)**カナダの中央部の春小麦地帯**…輸出用として大規模な栽培が行われている。セントローレンス川流域の東部では、商業的混合農業（酪農・園芸農業）が行われる。

◉**アメリカの工業地帯**

(1)**大西洋中部沿岸工業地域**…ニューヨーク、フィラデルフィアなど。総合工業地帯

(2)**五大湖沿岸工業地域**…メサビ鉄山と（　8　）炭田の結びつき、シカゴ（食品や農業機械）、デトロイト（自動車や鉄鋼業）、クリーブランドやピッツバーグ（鉄鋼業、機械工業）

(3)**南部工業地域**…（　9　）（石油化学、航空機産業）、バーミングハム（鉄鋼、機械）、アトランタ（綿工業、食品）、ダラス（シリコンプレーン地域、精油や石油化学、ＩＣ産業）

(4)**太平洋沿岸工業地域**…シアトル（航空機、製材）、（　10　）（電子工業、郊外のサンノゼはシリコンバレーとよばれる）、ロサンゼルス（総合工業地域）

※サンベルト：カリフォルニアや北緯37度以南の地域で、1980年以降工業が発展。

---

1 ホームステッド　2 中国　3 商業的混合　4 冬小麦　5 春小麦　6 大消費地　7 灌漑
8 アパラチア　9 ヒューストン　10 サンフランシスコ

---

# A08 正解ー1

　Aはテネシー州でア。TVAはニューディール政策の一環として行われたテネシー川総合開発。テネシー川はミシシッピ川の支流。独立前はフランス領。

　Bはテキサス州でオ。20世紀初頭に石油が発見され、大きく変化した。ヒューストンはメキシコ湾岸油田の中心地。フォートワースも航空機工業の都市。

　Cはカリフォルニア州でエ。シリコンバレーは国内最大の半導体・エレクトロニクス関連工業地域。地下水汚染が深刻化。アジア系移民・ヒスパニック系住民が多いことでも知られる。

　Dはイリノイ州でウ。北緯40度をはさんで、アイオワ州・ミズーリ州とともにコーンベルトを形成。ミシガン湖岸にあるシカゴは国内第3の都市。スプリングフィールドでは農業機械工業が発達。

　Eはフロリダ州でイ。亜熱帯気候に属し、冬は晴天が多い。ケープカナベラルは宇宙産業で発達した都市で、ケネディ宇宙センターがある。

第1章
日本史

第2章
世界史

第3章
地理

第4章
思想

第5章
文学・芸術

# Q09 わが国の工業

問 ア～オはわが国の工業の説明であり、a～eはそのいずれかの生産状況を述べたものである。ア～オとa～eを正しく組み合わせてあるものは、次のうちどれか。(地方上級類題)

ア 多数の部品を組み立てる組立工業であるため、膨大な下請関連工場が必要で、工業地域やその周辺に工場が集中している。

イ 総合組立工業の一つである。波の静かな湾入部に立地し、晴天日数の多いことも重要な条件である。

ウ 初期には原料産地、燃料産地に立地したが、現在は原料、燃料ともほとんど輸入に頼っているので、大部分が消費地に近い臨海地帯に分布している。

エ 穀物を主原料とし、伝統的技術に基づいて古くから各地で営まれてきた。国の免許制度があり、近年では大手企業が生産販売の大きなシェアを占めている。

オ 原料に恵まれたわが国では、典型的な原料立地型の産業形態をとっており、古くから優れた製品が生産されている。中小企業が多いのも特色である。

a 良質な硬水が品質を左右するので、各地に特産地があるが、兵庫、京都、広島、秋田などで生産量が多い。

b 1956年にイギリスを抜いて以来世界一の生産高を誇っているが、近隣他国の追上げもあって不況が続いた。

c 1980年以降世界一の生産国、輸出国であったが、そのためアメリカ、ECなどとの経済摩擦を起こしてきた。

d 原料、燃料とも100%近く輸入しているが、臨海部の大規模工場で加工輸出し、輸出高は世界一である。

e 愛知県と岐阜県で生産高の50%以上を占め、輸出の歴史も長い。

1 アーd　　2 イーb　　3 ウーc　　4 エーe　　5 オーa

## おさえておきたい Point キーワードチェック

### ●日本の工業

#### (1)鉱工業

石灰岩(自給可能)以外はほぼ輸入。鉱山(炭鉱を含む)もほぼ閉山。加工貿易国で、自動車、一般機械、電気機械は輸出の三本柱。造船(( 1 )・中国に首位の座を奪われている)、電子(半導体など)も強い。

#### (2)発電

中国、( 2 )、インド、ロシアに次ぐ発電量。火力発電86%、( 3 )発電1%、( 4 )発電9%(2015年)。原子力発電所は福島県、新潟県、福井県など。

問題でPointを理解する
Level 1 **Q09**

日本史　第1章
世界史　第2章
地理　第3章
思想　第4章
文学・芸術　第5章

⑶**貿易（2018年）**

輸出相手国：（　**5**　）（19.5％）、アメリカ（19.0％）、韓国（7.1％）

輸入相手国：（5）（23.2％）、アメリカ（10.9％）、オーストラリア（6.1％）

⑷**工業都市**

①九州：長崎や佐世保の（　**6**　）、延岡の化学繊維、福岡周辺・大分・熊本・宮崎などの空港周辺のＩＣや電子機器、水俣の化学工業、伊万里の陶器、久留米のかすり、北九州の製鉄

②中国・四国：宇部の（　**7**　）、徳山の石油精製や化学、広島の自動車、呉の造船、福山の製鉄、水島の化学や石油精製、今治のタオル、新居浜の石油化学、坂出の造船

③近畿：神戸の（　**8**　）、姫路の製鉄、和歌山の製鉄や化学、大阪府北部の薬品、京都の友禅

④中部：四日市の（　**9**　）、瀬戸の陶磁器、豊田の（　**10**　）、浜松の楽器やオートバイ、静岡の電気機械、高岡のアルミ製品や銅器、福井のメガネ、金沢の加賀友禅、諏訪や岡谷の精密機械、岐阜の提灯、瀬戸や多治見の陶磁器、長野の電子機器

⑤関東：日立の家電など、北関東工業地帯（太田、桐生、伊勢崎、小山、高崎など）は自動車や機械、京葉工業地帯（千葉、市原、君津など）は石油や化学、鹿島の製鉄、川崎の製鉄

⑥東北：山形のICやその周辺のビデオなど、仙台の電気機械、塩竈周辺の水産加工、八戸の水産加工、下北半島の六ヶ所は原子燃料サイクル施設

⑦北海道：苫小牧の製紙業、札幌の食品、釧路の水産物加工、室蘭の製鉄、函館の製鉄

---

**1** 韓国　**2** アメリカ　**3** 原子力　**4** 水力　**5** 中国　**6** 造船　**7** セメント・化学　**8** 造船・製鉄
**9** 石油化学　**10** 自動車

---

# A**09**　正解−2

ア：組立や下請の関連企業が集中しているのは自動車工業。これに適するのは、以前は世界一の生産国で経済摩擦を起こしたcである。

イ：波の静かな湾入部で晴天が必要なのは造船工業。これに適するのは、イギリスを抜き造船立国とよばれた時期もあったが、韓国・中国に追い抜かれたbである。

ウ：原料・燃料の調達のため立地が変わったのは鉄鋼業。これに適するのは、100％近く原料・燃料を輸入するため臨海部に大規模工場を建設するdである。

エ：穀物が主原料で国の免許制度があるのは酒造業。これに適するのは、日本酒・洋酒ともに良質な硬水が必要なことからaである。

オ：原料立地型で、古くから日本製が高評価されてきたのは陶磁器工業。これに適するのは、愛知と岐阜で生産高の50％を占めるというeである。

# Q10 地形・自然

**問** 世界の海峡に関する記述のうち、正しいものはどれか。　　　（国家一般類題）

1　マゼラン海峡は、アフリカ大陸南東部とマダガスカル島との間にあって、15世紀後半、インド洋航路の開発によって有名となった。

2　ドーバー海峡は、イギリスのグレートブリテン島南西部とアイルランド島南東部との間にあって、1991年に海底トンネルが開通した。

3　マラッカ海峡は、大西洋と太平洋とを結ぶ、南アメリカ大陸最南端の海峡で、偏西風帯にあって暴風が吹き荒れる航海の難所である。

4　ホルムズ海峡は、ペルシア湾とオマーン湾を結び、北はイラン、南はアラビア半島にはさまれた海峡で、石油輸送には重要な航路である。

5　ボスポラス海峡は、ロシアのシベリアとアメリカ合衆国のアラスカの間にあるベーリング海にあって、日付変更線が通っている。

---

# PointCheck

## ◉海岸

### (1)リアス式

山地の谷に海水が浸入。地名の由来はスペイン西部のガルシア地方。日本では三陸海岸、若狭湾、英虞湾（あご）などが有名。小さな漁港や養殖に利用。津波の被害。

### (2)フィヨルド

氷河が削ったU字谷に海水が浸入。谷が深く、湾入が深い。ノルウェー沿岸、チリ南部、アラスカ沿岸など。日本では見られない。

### (3)海岸平野

かつての海底が隆起。平坦な土地。九十九里平野、宮崎平野

### (4)エスチュアリー

河川の河口が沈水したラッパ状の地形。安定陸塊などの平野を流れる河川に海水が浸入して形成されたもの。エルベ川、テムズ川、セーヌ川各河口。背後に地盤の強い平地が広がり大都市（港町）が発達しやすい。

### (5)砂嘴（さし）、砂州（さす）

海流や波が砂を堆積したもの。砂嘴は美保の松原、砂州では天の橋立が有名。

### (6)陸繋島

沖合の島と陸がトンボロ（陸繋砂州）でつながったもの（函館や江ノ島）。

### (7)ラグーン

海の一部が砂州で海から切り離されたもの（サロマ湖）。

問題でPointを理解する
Level 2 Q10

日本史 第1章
世界史 第2章
地理 第3章
思想 第4章
文学・芸術 第5章

● **海岸を形成する地形**

**(1)珊瑚礁**

珊瑚虫の遺骸や分泌物の蓄積した石灰質の岩礁。水温は25℃から30℃の澄んで静かな海に形成。奄美大島から沖縄県。南太平洋の島々、オーストラリアのグレートバリアリーフなど。

**(2)氷河地形**

フィヨルド、U字谷、カール、ハイデ（北ドイツやデンマーク、ポーランドに分布。イギリスではヒースランドとよぶ。やせた土地）、モレーン（小石）。

● **海流**

暖流と寒流がぶつかるところが潮目（潮境）で漁業が盛ん。

**(1)暖流**

日本海流、対馬海流、北大西洋海流、東オーストラリア海流など。

※暖流は赤道方面から西に流れる暖水流が曲がったもの。透明度が高いが魚が少ない。

**(2)寒流**

千島海流、リマン海流、ペルー海流、カリフォルニア海流、カナリア海流、ラブラドル海流など。

※沿岸部を乾燥させる。プランクトンが多く透明度は低い。漁業資源が豊か。

**Level up Point!** 　地形・気候の現象と成因、農業・工業と自然環境との関係、立地要因などを確認しておくこと。暗記だけの単純な処理ではなく、本問のように海運や歴史事項など幅広い関連事項に対応できるようにしたい。

# A10 正解ー4

1ー誤　マゼラン海峡は南アメリカ大陸の南端にあり、太平洋と大西洋を結ぶ。ポルトガルの探検家マゼランが、16世紀前半に世界周航時に通過し、太平洋の存在をヨーロッパに伝えた。アフリカとマダガスカル島との間の海峡は、モザンビーク海峡。

2ー誤　ドーバー海峡はイギリスとフランスとの間の海峡。日本の技術によって海底トンネルが開通し、ロンドンーパリ間を特急電車が約4時間でつなぐ。

3ー誤　マラッカ海峡は、東南アジアのマレー半島とインドネシアのスマトラ島との間の海峡。西アジアから日本への輸送ルートとして重要。近年はサンゴ礁の発達で水深が浅くなっている。迂回ルートとしてロンボク海峡の重要性が増している。

4ー正　17世紀まで存在したホルムズ王国に由来する。イラン・イラク戦争時に海峡が封鎖されたため、紛争時にはアメリカ・イギリス・フランスの海軍が配備される。

5ー誤　ボスポラス海峡はトルコにある地中海と黒海との間の海峡で、マルマラ海をはさみ、北がボスポラス海峡、南がダーダネルス海峡。アジアとヨーロッパを分ける海峡だが、現在2本の橋で結ばれている。ヨーロッパ側にイスタンブールがある。

# Q11 気候・土壌と農業

**問** 気候や植生に関する記述A～Cと土壌や農業に関する記述ア～エの組合せとして、妥当なものはどれか。 (地方上級類題)

**A** この地域の平均気温は1年を通じてあまり変わらず、年較差が小さい。また、雨季と乾季にはっきりと分かれ、降水量の年較差が大きい。雨季には丈の高い草原のなかに、乾燥に強い樹木が点在するが、乾季には草は枯れ、樹木は落葉する。

**B** この地域では、気温の年較差や日較差がかなり大きい。高緯度側で冬に降雨があり、低緯度側で夏に降雨がある。しかし、それはきわめて不規則なため、定着して牧畜や農業を営むことができず、古くから遊牧が行われてきた。

**C** この地域では、夏は高温で乾燥し、冬は温暖で降水量が多く、はっきりとした四季がある。植生は、樹皮の厚いコルクがしのような夏の乾燥に耐える仕組みをもった硬葉樹の疎林がみられる。

**ア** 土壌はやせており、鉄、マンガン、アルミニウムに富むラテライトである。コーヒーやサトウキビのほか大規模な灌漑によってコメや綿花もつくられている。

**イ** この気候のうち、温暖で降水量も多い地域は、農耕に適した黒色土が分布する。チェルノーゼム、プレーリー土、パンパ土などがその代表である。

**ウ** 土壌は腐植の集積は多いが、カリウム、カルシウムなどは流出し、灰褐色ポドゾル性土となっており、小麦、トウモロコシなどが栽培されているが、牧草地となっているところも多い。

**エ** 気候の特徴を活かし、小麦や野菜のほか、ブドウ、オレンジ、レモンといった果物の栽培もさかんである。この地域のセッカイ岩地域では、テラロッサと呼ばれる赤い色をした土壌が分布している。

|   | A | B | C |
|---|---|---|---|
| 1 | ア | イ | エ |
| 2 | ア | ウ | エ |
| 3 | イ | ア | ウ |
| 4 | イ | ア | エ |
| 5 | エ | イ | ア |

# PointCheck

## ●土壌と気候帯
### (1)熱帯

ラトソルやラテライトというやせた酸性の赤色土壌が分布。ボーキサイトが産出される。

赤色土はやせた酸性土壌で熱帯サバナ気候の下や沖縄県などに分布する。

## (2)乾燥帯

砂漠土は熱帯では赤色、アルカリ性でやせている（腐葉土が育たないため）。栗色土はステップ気候の土で、弱アルカリ性（灌漑で農業が可能）。

## (3)温帯

褐色森林土は腐葉土を含み農業に適している（中性から弱酸性）。黄色土は温帯南部に分布する。やや肥沃で農業に適し、わが国では西日本、中国南部などに分布する。

## (4)冷帯

タイガの下のポドゾルは酸性でやせた灰白色で、土地改良で農業を行う。

## (5)ツンドラ気候

ツンドラ土は泥炭質で酸性。気候の問題からも農業は行われない。

## (6)その他の土壌

チェルノーゼム：ウクライナからロシア南部など。石灰分を含む黒土で肥沃。小麦地帯。
レグール：インドのデカン高原に分布。黒色綿花土ともよばれる。火山性の肥沃な土壌。
テラロッサ：地中海沿岸に分布。石灰岩が風化した比較的肥沃な赤土。小麦や樹木栽培。
テラローシャ：ブラジル高原に分布。火山性土壌で赤紫色、コーヒー栽培に利用。
黄土：中国華北平原で、内陸の乾燥地帯の土。比較的肥沃で畑作が可能。
レス：中部ドイツやハンガリーに分布し畑作に利用。

---

**Level up Point!** 気候と土壌を関連させる問題は頻出で、地形やケッペンの気候区分、植生なども組み合わせて出題される。複合問題は難易度が高くなるが、確実に基本事項から押えるようにしたい。

# A11 正解一1

A－サバナ気候（Aw）

さとうきび・綿花・コーヒーなどの生産が行われる。土壌はラトソル・ラテライトが多い。したがって、アとの組合せとなる。

B－ステップ気候（BS）

ステップ気候は、高緯度側が地中海性気候、低緯度側がサバナ気候に接するため、高緯度側は冬に降雨、低緯度側は夏に降雨となる、年降水量が250〜500 mmで樹木が生育せず、短草草原となり、遊牧や企業的牧畜が行われる。栗色土が多いが、肥沃な黒色土であるロシア南部のチェルノーゼム、北米のプレーリー土、南米のパンパ土では農業に適している。したがって、イとの組合せとなる。

C－地中海性気候（Cs）

夏に乾燥する特徴を利用して、果樹栽培が盛んである。土壌は石灰岩が風化して生成した赤色のテラロッサである。したがって、エとの組合せとなる。

ちなみに、ウのポドゾルは冷帯のタイガの土壌で、農業には不適である。

# Q12 インド地誌

**問** インドに関する文である。空欄（　ア　）〜（　オ　）に該当する語句として正しいものはどれか。 (地方上級類題)

　広大なインド大陸は、ヒマラヤ山脈と（　**ア**　）平野、デカン高原の３つの地域に大別される。北西部を中心に年降水量500−1000mmの地域では（　**イ**　）が栽培される。商品作物としては、（　**ウ**　）川中流域でサトウキビ、下流部では（　**エ**　）、アッサム地方では茶の栽培が有名である。デカン高原では（　**オ**　）や落花生が栽培される。

1　アー大インド
2　イー米
3　ウーインダス
4　エージュート
5　オーコーヒー

## PointCheck

### ●インド共和国
　近年、工業の発達が著しい南インドの大国で、特にIT関連・ソフト開発は世界的な産業基盤となっている。しかし、慢性的な失業問題は深刻で、13億人に上る人口急増とともに根本的な問題を抱えている。
　首都はニューデリー。多民族国家で、ヒンディー語が公用語、英語を準公用語とするが、他に多種の地方公用語がある。ヒンズー教徒が多く、カースト制度が残る。北部のジャム・カシミール州ではイスラム教徒が独立運動を展開している。

### (1)インドの自然
　北部から山地、ヒンドスタン平原、デカン高原と変化する自然で、１つの大陸を形成している。南部はA気候、デカン高原はBS（ステップ）気候、ヒンドスタン平原はCw気候。

### (2)インドの産業
　①第1次産業…1960年代からの「緑の革命」で大増産を成功させ、米生産世界2位、小麦生産世界2位、ばれいしょ・たまねぎ・バナナ・茶の生産量も多く、13億の人口にもかかわらず食料自給率は100％。人口の約3分の2が第1次産業に従事している。また、デカン高原の綿花、ベンガル地方のジュートは有名。
　②第2次産業…繊維・関連製品、宝石・貴金属、農産物といった伝統的な輸出品目は減少しており、輸出の約7割は石油製品、エンジニアリング製品、鉱物・金属類が占める。また、コンピューター・IT関連のサービス輸出が急激に増加している。

問題でPointを理解する
Level2 Q12

日本史 第1章

世界史 第2章

地理 第3章

思想 第4章

文学・芸術 第5章

## ●南アジアの農業

### (1)インドの農業

ガンジス川流域では米やさとうきび、下流域ではジュート、デカン高原では綿花や落花生、アッサム地方では茶などの栽培が盛んである。パキスタン国境地方では小麦が栽培される。

### (2)パキスタンの農業

インダス川下流域で綿花が栽培され輸出の中心は綿織物。パンジャブ地方で小麦栽培。

### (3)バングラデシュの農業

ガンジス・デルタでジュートや米を栽培するが、しばしば大規模な水害にみまわれる。

### (4)スリランカの農業

プランテーションで茶の大規模栽培。現在では天然ゴム、ココナッツが主要産物。

### 出題 Point：アジアの国々　東南アジア・南アジアの後発開発途上国（LDC）

①**ブータン**：印・中間の立憲君主国。日本の市と同等のGDP。国民総幸福量（GNH）提唱。
②**ミャンマー**：インドシナ半島西部の共和制国家。経済発展を見越し金融・資本が進出。
③**バングラデシュ**：水資源が米やジュートの生産と甚大な水害をもたらす。アジア最貧国。
④**ネパール**：ヒマラヤ山脈を含む高山地帯。王政廃止、共和制移行。繊維・観光が中心。
⑤**ラオス**：高原・山岳中心の内陸国。森林資源、水力発電、稲作・コーヒー・高原野菜。

Level up Point!　北上を続けるインド亜大陸は地理的に興味深い事象が多く、そのような特徴をもつ国や地域、南アジア、イタリア、南アメリカの地誌は要注意である。あわせて、インドの経済の中心はムンバイ、IT産業の中心はバンガロールやハイデラバード、自動車産業のプネーなど、重要な地名をおさえておきたい。

## A12　正解ー4

1 ー誤　アはヒンドスタン平原が正しい。ヒマラヤ山脈とデカン高原との間、ガンジス川の堆積物によって形成された大平原。東西は3,000km、幅150〜400km。大インド砂漠は、インダス川の下流域をいう。

2 ー誤　イは小麦が正しい。米の栽培地域は、年降水量1,000mmを超えるガンジス川中下流域である。インドの小麦・米生産量は、ともに世界第2位。米の輸出量もタイ、ベトナムについで世界第3位（2014年）。

3 ー誤　ウはガンジス川が正しい。ヒマラヤ山脈の北西側に源を発し、山脈の南側では東に向かって流れ、ベンガル湾に注ぐ。

4 ー正　エのジュートは、黄麻とも呼ばれる。麻袋の原料で、バングラデシュや中国でも生産される。漁網用に使うサイザル麻は、ブラジル、中国、メキシコ、ケニアなどに多い。

5 ー誤　オは綿花が正しい。デカン高原は玄武岩が風化してできた黒色の肥沃な土壌レグールでおおわれる。綿花土とも呼ばれる。インドの綿花生産は中国に次いで世界第2位（2013年）。

| | Level 1 p244〜p251 | Level 2 p252〜p255 |

## 1 西洋思想（1） 古代ギリシア思想、キリスト教思想 　Level 1 ▷ **Q01**

### おさえておきたい Point 　キーワードチェック

**1** ギリシア思想 ▶ p244

| ( 1 ) | ギリシア人は祖神ヘレンの子孫の意からヘレネスと自称した。<br>ギリシア風のものの見方・考え方をいう。人間の理性を尊重する態度。 |
|---|---|
| タレス | 最初の哲学者、万物の根源（( 2 )）「水」 |
| ソフィスト | 知の教師たち。人間や社会に目を向けたが、人の生き方や幸福への問いを欠き、社会を混乱させる者とされた。ソクラテスの論争相手。 |
| プロタゴラス | 代表的ソフィスト。「人間は ( 3 ) の尺度である」 |
| ソクラテス | 「( 4 ) の知」…何も知らないという自覚。生き方や善美の追求の出発点。<br>問答法…「私は知らないので教えてください」無知を自覚させる手段。<br>福徳一致思想…徳は知であり、知は行である。知行合一。知徳合一。<br>「善く生きること」…人間の持つ ( 5 )（徳・よさ）を発揮すること。<br>民衆裁判における死刑の宣告－毒杯をあおぐ。プラトンは弟子の一人。 |
| プラトン | イデア論－現実の世界（仮象界）と知性の世界（イデア界）の二元論。<br>エロス－完全なものを求める愛、真理は ( 6 ) すること。<br>理想国家論…四元徳（知恵・勇気・節制・正義）から説く。<br>　　　　　統治者（知恵）、防衛者（勇気）、生産者（節制）の3階級がその徳を発揮して正義が実現する。哲人政治論。 |
| アリストテレス | イデア論批判…現実を重視し、形相と質料から生成する世界。<br>( 7 ) の徳…極端を排する。社会的訓練による習性的徳。 |
| ストア派 | ゼノン… ( 8 )（情念のないこと） 理性による情念の統制。<br>ストイシズム（禁欲主義）の語源。 |
| エピクロス派 | エピクロス…アタラクシア（精神の平静） 精神的な快楽。<br>エピキュリアン（快楽主義者）の語源。 |

重要事項
## スピードチェック

日本史 第1章

世界史 第2章

地理 第3章

思想 第4章

文学・芸術 第5章

### 2 ユダヤ・原始キリスト教

| （ 9 ） | 砂漠の遊牧民の宗教…ヘブル人の世界におけるものの見方・考え方。人間の被造性と絶対的な神への信仰。 |
|---|---|
| ユダヤ教 | 唯一神教（ヤハウェ）…律法主義（宗教的戒律の重視）<br>選民思想…神に選ばれた民（イスラエル）<br>契約思想－旧約聖書 |
| イエス | 神への愛と（ 10 ）愛を強調。<br>新約聖書－イエスの言行録（福音書）とパウロ等の書簡集からなる。<br>新しい契約－新約聖書 |
| 原始キリスト教 | ナザレの大工の子イエスをキリスト（メシア）と信ずる宗教に発展。<br>イエスの（ 11 ）信仰　イエスこそメシアである。 |
| パウロ | キリスト贖罪説―イエスの（ 12 ）は罪をあがなうもの。<br>信仰による救い。 |

1 ヘレニズム　2 アルケー　3 万物　4 無知　5 アレテー　6 想起　7 中庸　8 アパティア
9 ヘブライズム　10 隣人　11 復活　12 十字架

おさえておきたい
## Point　ミニ演習

1　万物の根源「アルケー」が何かを論じた自然哲学者の一人で、万物の根源は「水」であるとした古代ギリシアの思想家は誰か。　重要用語

タレス

2　「よく生きるとは何か」という人間のあるべき生き方について、人々が無知であることをさとらせ、真の知恵を求め愛するよう、市民に語りかけた古代ギリシアの思想家は誰か。　重要用語

ソクラテス

3　知恵によって真理を求める「観想（テオリア）」の生活こそ、人間の魂にとって最も幸福なよい生活であるとした古代ギリシアの思想家は誰か。　重要用語

アリストテレス

4　プロタゴラスは自然哲学の祖といわれ、天地創造を神話で説明することをやめ、自然の根源を探求することによって自然の理法を明らかにしようとして「万物の根源は水である」と説いた。　正誤判断

× プロタゴラスは「人間は万物の尺度である」という相対主義で知られる。

5　ソクラテスは、社会的動物である人間に幸福をもたらすのは知性的徳であり、それは思慮によって過多過小の両極端を

× アリストテレスの思想についての記述。「人間はポリ

避けた中庸の徳によって成り立つと説いた。　〔正誤判断〕

6　プラトンは理想主義の人といわれ、世界を絶えず変化して
止まらない現象界と永遠に変わらないイデアの世界とに二分
して考え、さらに多くのイデアのうち善のイデアが最高であ
ると説いた。　〔正誤判断〕

ス的動物」であり、「すべ
ての人間は生まれつき知る
ことを欲している」と主張
した。

○真の善はイデア界に存在す
るとするプラトンのイデア
論。

# 2 西洋思想（2）　近代ヨーロッパ思想　Level 1 ▷ Q03　Level 2 ▷ Q05

おさえておきたい
**Point**　キーワードチェック

## 1 イギリス経験論－知識は経験より生まれる ▶ p248

| F. ベーコン | 帰納法（現実の個々の事象から法則を見いだす）<br>科学的態度…観察や実験を重視、知は力なり<br>人間の目をくもらせる４つの（　1　）（偏見）の除去<br>　種族のイドラ（感覚の誤り）、洞窟のイドラ（個人的な環境）<br>　市場のイドラ（言葉の噂）、劇場のイドラ（伝統的な思想） |
|---|---|
| ホッブズ | 人間機械論－人間も物質からできている。自動機械の四肢の運動。 |
| J. ロック | タブラ＝ラサ…人の精神は白紙状態で生誕し、そこに知識が書き込ま<br>れる。 |

## 2 大陸合理論－知識の根源は理性にある ▶ p252

| R. デカルト | 物心（心身）二元論　「精神」と「延長」の２つの（　2　）。<br>方法的懐疑…コギト＝エルゴ＝スム（私は考える故にある）「考えてい<br>る」という機能が唯一確実な存在である。<br>演繹法…根本原理から現実を説明。 |
|---|---|
| スピノザ | 汎神論（自然と（　3　）は一体）…一元論的世界観。 |
| ライプニッツ | 世界を構成するのは精神的な「（　4　）」（モナド）。<br>（4）がすべてのものに内在する実体である。 |

## 3 社会契約説－西欧近代国家のモデル ▶ p252

| （　5　） | 自然状態は「万人の万人に対する闘争」。<br>（　6　）（怪物の名であるがここでは平和と秩序をもたらす強大な国<br>家権力を意味する）への服従により社会秩序の維持。専制的な君主を<br>擁護。 |
|---|---|

重要事項
# スピードチェック

日本史 第1章

世界史 第2章

地理 第3章

思想 第4章

文学・芸術 第5章

| J.ロック | 自然状態は自由で平等。<br>代議的政体に自然権を信託する。信託に反すれば国民は新たな政府を樹立する。イギリスの（　7　）革命、アメリカ独立、フランス革命に影響。 |
| ルソー | 自然状態は自由で平等。<br>共同体の「（　8　）意志」に対して、自然権を譲渡する。<br>フランス革命の基礎。 |

## 4 モラリスト

| モンテーニュ | 『（　9　）』（随想録）<br>「わたしは何を知るか」（ク＝セ＝ジュ）―謙虚な人間性への洞察。 |
| （　10　） | 『パンセ』　数学者、科学者としても著名。<br>「考える葦」　人間の尊厳を表すことば。人間は自分が死ぬことを知っている。幾何学の精神と繊細の精神　論理的な推論と生に関する直観。 |

> 1 イドラ　2 実体　3 神　4 単子　5 ホッブズ　6 リヴァイアサン　7 名誉　8 一般
> 9 エセー　10 パスカル

おさえておきたい
# Point　ミニ演習

**1** 西洋の思想家、著書、その著書から引用した言葉の組み合わせの正誤を判断せよ。
①デカルト『方法序説』「人間は考える葦である」
②ベーコン『新機関』「知は力なり」
③ホッブズ『市民政府二論』「万人の万人に対する闘争」
④モンテーニュ『パンセ』「われ、なにをか知る」
（正誤判断）

①ー✕「人間は考える葦である」はパスカル。デカルトは「われ思う、ゆえにわれあり」。
②ー◯
③ー✕『市民政府二論』はロック。ホッブズは『リヴァイアサン』。
④ー✕『パンセ』はパスカル。モンテーニュは『随想録（エセー）』。

**2** 『ノヴム・オルガヌム』を著わし、諸種の偏見すなわち「イドラ」を排し、帰納によって事物の本性を認識すべきだと主張したのは誰か。（重要用語）

フランシス＝ベーコン

**3** われわれが確実なよりどころとすることができるものは心の中に現われる「印象」と「観念」という2つの知性の対象のみであるとしたが、究極的には精神の存在などにも疑いをかける「懐疑論」に陥ったのは誰か。（重要用語）

ヒューム
経験論を徹底させ、因果関係と帰納の推論に疑いを持ち、懐疑論に到達した。

**4** すべてを疑った末に、疑っている自己の存在自体は明晰・

デカルト

229

判明で疑う余地がないとの結論に達し、みずからの理性をあらゆる認識の根底に据え、人間の理性こそ真理の源泉であると主張したのは誰か。 （重要用語）

**5** F.ベーコンは、自然の事象についてその「形相」eidosを探求することが重要であるとし、そのための方法としてガリレイの帰納法を否定し、演繹法を採用した。 （正誤判断）

**6** R.デカルトは精神の「属性」を「思考」とし、物体の「属性」を「延長」とした。そして両者（「精神」と「物体」）はともに「実体」であるとして、いわゆる物心二元論の立場を確立し、後世に突きつけた。 （正誤判断）

**7** T.ホッブズは、学問的認識とは、事実の原因に関する認識ではなく、事実そのものの認識であるとし、学問の対象は、国家統治や、国内平和の達成といった世俗的なものではなく、歴史であるとした。 （正誤判断）

**8** B.スピノザは、神は自然と一体のものとして自然の中にあるという汎神論の考えを否定し、神は自然を超越しているものであり、天地は神が創造したものであるとした。彼の哲学はユダヤ・キリスト教を基礎づけるものとなった。 （正誤判断）

**9** G.W.ライプニッツは、世界を構成する基本的実在である「実体」について、それが「単子」monadeという無限量の個体であるとしたブルーノの考えを否定し、神のみが唯一の存在であるとした。 （正誤判断）

**10** フランシス＝ベーコンは、著書『エチカ』のなかで、世界と人間に対する確実な出発点を見出すために、方法的懐疑ということを唱えた。「知は力なり」は彼の基本的な思想である。 （正誤判断）

**11** ホッブズは、国家権力を市民の社会契約によって成立するものとみなし、この契約に違反するときは、市民は革命を起こす権利すなわち抵抗権をもつと主張して、名誉革命を正当化した。 （正誤判断）

×形相は、アリストテレス哲学の用語。帰納法を編み出したのがベーコンであり、演繹法を採用したのはデカルト。

○精神と物体は一切の関係を持たず、物体は機械的法則、精神は霊的法則により成り立つとする。

×イギリス経験論の立場にあるホッブズは、当時の自然科学を前提に、機械論的社会理解や唯物論的社会理解を展開し、「戦争状態」回避のための社会契約を主張した。

×汎神論とは「神はすなわち自然である」という一元論であり、スピノザの主張である。主著は『エチカ（倫理学）』。

×ライプニッツは世界は無数の「単子（モナド）」の集合体であると考えた。ブルーノはルネサンス期の自然哲学者で、宇宙が無限であると主張し汎神論的な地動説を主張した。

×『エチカ』はスピノザ、「方法的懐疑」はデカルトで、ともに大陸合理論。ベーコンは「知は力なり」として知識を帰納法で推論することを主張した経験論の立場。

×ホッブズは、自然権が国家権力に譲渡されることで国家権力への絶対的服従が生じるとした。抵抗権はロックの主張。

**12** ロックは、フランスのデカルトの思想のイギリスにおける継承者であり、認識の源泉は、経験や感覚ではなく、人間の普遍的な特徴である先天的な理性に由来すると考えた。

正誤判断

× ロックは、デカルトの生得説（生まれつき人間は観念を持つ）を批判し、人間は「タブラ・ラサ（白紙）」で生まれ、観念が書き込まれていくとした。

## 3 西洋思想（3） 近代の思想

Level 1 ▷ **Q03**

### おさえておきたい
## Point キーワードチェック

### 1 ドイツ観念論－カント、フィヒテ、シェリング、ヘーゲル

(1)**カント** 大陸合理論とイギリス経験論の統合

| （ 1 ）批判 | 3批判書『純粋理性批判』『実践理性批判』『判断力批判』理性能力の区分と限界を明らかにした。自然認識能力―経験的な世界の現象を認識（カテゴリー分類）。実践理性―道徳や神の問題、判断力―芸術美。 |
|---|---|
| 道徳法則 | 定言命法「○○をせよ」という（ 2 ）の命令。自己が立てた原則と普遍的に適応しうる原則との一致。自己立法の法則　人間は意志の自律を持つ自由な主体。 |
| 人間の尊厳 | 自他の人格を（ 3 ）ではなく、目的として扱う。「もの」には手段、売買的価値が伴うが、人格は絶対的な価値。 |

(2)（ 4 ）　主著『精神現象学』『法の哲学』

| 弁証法 | 正―反―合の運動、対立矛盾の統合化が意識の経験。 |
|---|---|
| 絶対精神 | 人間の歴史は、精神の自己展開、自由の実現。 |
| 人倫の体系 | 個人―家族・市民社会―国家、国家が最高の人倫。 |

### 2 功利主義 ▶ p249

(1)ベンサム

| 功利主義 | 人生の目的である幸福や快楽に役立つもの。 |
|---|---|
| 「最大多数の最大幸福」 | 個人の利己的な快楽の追求と社会全体の幸福との調和。 |
| 方法 | （ 5 ）計算―快楽を量的に計算しうるものとして測定する。制裁による社会的利益の促進。 |

(2)J. S.（ 6 ）

| 功利主義 | 質的な快楽「満足している愚者よりも不満足なソクラテスの方がよい」精神的な快楽。 |
|---|---|
| 良心 | 道徳的な制裁の重視。 |
| 真の幸福 | 社会や人類に貢献しているときに味いうる。 |

## 3 社会主義

| 空想的社会主義 | サン=シモン、フーリエ、オーウェン |
|---|---|
| マルクス | 『資本論』『経済学・哲学草稿』『哲学の貧困』 |
| 類的存在 | 人間は共に支え合う連帯する生き物、労働を通して自己を実現する。 |
| 下部構造 | 生産力を担う下部構造が、精神的な産物である（ 7 ）構造を規定する。 |
| 疎外 | 生産物が働くものに帰属せず、働く喜びを喪失している。<br>財や金が人間を支配―物神化。 |
| 理想 | 「能力によって働き、必要に応じて分配される」社会。 |
| ベルンシュタイン | （ 8 ）を通じての社会主義の実現。 |
| フェビアン協会 | バーナード=ショー、ウェッブ夫妻<br>（8）を通じての漸進的社会主義の実現。 |

1 理性　2 無条件　3 手段　4 ヘーゲル　5 快楽　6 ミル　7 上部　8 議会

## おさえておきたい Point　ミニ演習

正誤判断

1　ミルは、功利主義の立場に立ち、快楽に質的な差を認め、高級な精神的快楽を重んじた。彼の思想は、「満足した愚者であるよりも不満足なソクラテスであるほうがよい」という言葉に現れている。

○ ベンサムは量的功利（快楽）を重視したが、ミルは快楽に質的な差異があると主張した。

2　ベンサムは、道徳法則は人間が共通にもっている永遠、不変な理性に従う定言命法であるので、各人の好みに従って変えられるものではないと説き、「最大多数の最大幸福」を道徳の究極の目標と考えた。

× 量的功利主義のベンサムは、「最大多数の最大幸福」の実現が善と考えるが、定言命法はカント倫理学での道徳法則。

3　カントは啓蒙主義を提唱したが『純粋理性批判』においては、伝統的な形而上学が正当な学問であるとした。

× カントは、伝統的形而上学の対象が超越的仮象であると批判する。

4　カントは認識は直観と思考から成り立っており、前者は感性として、後者は悟性として機能し、両者相まって認識が成立するとした。

○ カントは、内容のない思考は空虚であり、概念のない直観は盲目であると説いた。

5　カントは、主観があるからこそ客観が生まれるのではなく、客観性をもって実在を認識することにより主観をもつことができるとした。

× 主観があるからこそ客観も存在するというのがカントの考え方。

**6** カントの理論を受け継いだヘーゲルは、物事は自己の内部に絶えず矛盾を生み出し、これをより高次の統一において解決しながら発展していくとする弁証法哲学を唱え、ドイツ観念論を完成させた。

○ ヘーゲルは、すべてのものは運動し発展するものであるとし、生物の成長や人間の精神の発達、歴史の発展を弁証法により説明した。

## 4 西洋思想（4）　近現代の思想

Level 2 ▷ **Q05,Q06**

### おさえておきたい
# Point　キーワードチェック

### 1 実存の思想 ▶ p255

⑴**キェルケゴール**　『現代の批判』『死に至る病』

| （　1　） | 神の前の（1）、主体的真理の追求。 |
|---|---|
| 実存３段階 | 美的実存―倫理的実存―宗教的実存 |

⑵**ニーチェ**　『ツァラトゥストラ』『権力への意志』

| 「神は死んだ」 | キリスト教道徳の批判　超人思想 |
|---|---|
| 道徳批判 | キリスト教道徳は、弱者の（　2　）―奴隷道徳<br>ニヒリズムを克服し、現実を肯定して生きるべき。 |
| 力への意志 | 生の充実 |

⑶**K．ヤスパース**　精神病理学者　『現代の精神的状況』

| 限界状況 | 死・苦・争い・罪責を直視し、真の自己を得る。 |
|---|---|

⑷**ハイデッガー**　『存在と時間』

| 死への存在 | 死への存在である人間が本来的自己である。<br>死を忘却した非本来性を脱し、良心の声に従う。 |
|---|---|
| 世界内存在 | 人間は（　3　）（そこにある）。<br>自然科学的な対象物ではない存在。 |

⑸（　4　）『存在と無』『実存主義とは何か』

| （　5　）は<br>本質に先立つ | あらかじめ自己が何かは決定されておらず、自由に主体的に自分の存在を選ぶ。 |
|---|---|
| アンガジュマン | 人間は自由そのものだが、その全責任は自らが負う。<br>社会参加によって他者への責任を果たす。 |

### 2 プラグマティズム（実用主義）

⑴**ジェームス**

| （　6　）性 | 観念や思想が真理であるかは、その（6）性により決定される。 |
|---|---|
| 宗教 | 心の安らぎや幸福感を付与することで、（6）性が定まる。 |

(2)デューイ

| （ 7 ）主義 | 知性は真理を発見し、よい経験のための（7）。真理それ自体に価値があるのではなく、それの効果があるところに価値がある。 |
|---|---|
| 創造的知性 | 習慣（日常生活）―知性による改造。 |

## 3 ガンディー／シュバイツァー

(1)ガンディー

| 無抵抗主義 | （ 8 ）独立の指導者―アメリカ公民権運動（キング牧師）へ影響。 |
|---|---|
| 不殺生 | アヒンサー、非暴力の根拠。 |

(2)シュバイツァー

| 生命への畏敬 | すべての生命は生きようとする意志を持つ。互いに尊重すべき生命を維持し、促進することが善である。 |
|---|---|

---

1 単独者　2 ルサンチマン　3 ダーザイン〔現存在〕　4 サルトル　5 実存　6 有用
7 道具　8 インド

---

おさえておきたい
# Point　ミニ演習

正誤判断

1　キェルケゴールは『キリスト教の本質』などを著し、人間は自分自身がつくり上げた「神」によって過度に拘束された自己疎外の状態にあるとし、それらから免れるためには「神」(すなわちキリスト教)を否定すべきであるとした。

✕「神は死んだ」はニーチェ。キェルケゴールは、孤独な人間が単独者として神と交わるところに真の信仰があるとした。

2　ニーチェは、『ツァラトゥストラはかく語りき』などを著し、ニヒリズムの哲学を完成させるとともに、伝統的なキリスト教の復権を主張し、隆盛を誇ったヘーゲル哲学の下で批判の矢面に立たされていた聖職者などの勢力を擁護した。

✕ニーチェはキリスト教を奴隷道徳として批判した。

3　ハイデッガーは、『弁証法的理性批判』などを著し、ニーチェの人間観を肯定するとともに、当時ドイツにおいて急速にその勢力を伸ばしつつあったナチズムに一貫して対抗して、反ナチズム運動を展開した。

✕『弁証法的理性批判』はサルトル。ハイデッガーは一時期ナチスに協力していた。

4　ヤスパースは、『精神現象学』などを著し、精神分析の手法を用いて、人間の本質であるパーソナリティをイド、自我、超自我の3つの部分のダイナミックな関係としてとらえ、その研究は、現代心理学の発展にも大きな影響を与えた。

✕『精神現象学』はヘーゲル。精神分析についてはフロイトの記述。ヤスパースは限界状況に直面したとき人間は真の実存的生き方に達すると論じた。

5　サルトルは、『文学とは何か』などを著わし、自由と状況、芸術と参加などの問題を考察し、いわゆる無神論的実存主義を展開するとともに、様々な社会、政治問題に積極的に関わった。

○サルトルは、自由ゆえに孤独な人間がアンガージュマン（社会参加）により現実的な自由を獲得すると主張した。

# 5 西洋思想（5）　現代の思想

Level 2 ▷ **Q05**

## おさえておきたい Point　キーワードチェック

### 1 現象学 ▶p253

(1)**フッサール**　『イデーン』『デカルト的省察』

| 現象学 | 先入観を棄てて、（　1　）に直接現れるものを記述する。 |
| --- | --- |

(2)**メルロ＝ポンティ**　『知覚の現象学』『見えるものと見えないもの』

| 身体論 | ものでもあり意識でもある両義的な（　2　）の存在の仕方を明らかにする。 |
| --- | --- |

### 2 ヴィトゲンシュタイン　『論理哲学論考』

| 記号論理学 | 形而上学の破棄、真の命題は自然科学的命題である。 |
| --- | --- |
| 生の問題 | 自然科学と同じ言語では語れず、「沈黙」しなければならない。 |

### 3 フランクフルト学派

(1)**M.ホルクハイマー／アドルノ**　『（　3　）の弁証法』

| 啓蒙思想批判 | 近代を構築してきた理性主義が道具化し個人を拘束する。 |
| --- | --- |

(2)**J.ハーバーマス**　『コミュニケーション的行為の理論』

| 公共性の問題 | 社会や倫理の基礎を構成員の合意、共同の討議に求める。 |
| --- | --- |

### 4 構造主義

(1)**レヴィ＝ストロース**　『親族の基本構造』『野生の思考』

| 構造 | （　4　）学の立場から主体としての人間を包み込み、その行動や意志を決定づけるものを指摘。 |
| --- | --- |

(2)（　5　）　『狂気の歴史』『性の歴史』

| 構造 | 理性（権力）が根拠を与える秩序と排除が歴史の背後にある。 |
| --- | --- |

(3)**ラカン**　『エクリ』

| 構造 | 人間の意識・無意識の背後にある内的な仕組みが隠されている。 |
| --- | --- |

| ロールズ | 『（ 6 ）論』 |
|---|---|
| 格差原理 | 社会の中で最も不遇な人々を改善するような形での配慮が必要。 |
| 無知のベール | 自分が世の中の最も不遇な生活者であると仮定する。 |

**6** 環境倫理

| 自然の生存権 | 人間非中心主義、人間以外の存在の生存権を認める。 |
|---|---|
| （ 7 ）倫理 | 現代に生きる人々が、未来に生きる人々への責任があるとする。 |
| 地球全体主義 | 地球全体に及ぶ相互依存する（ 8 ）の網の目から発想する。 |

**7** 生命倫理

| 自己決定 | 尊厳死、安楽死、脳死、臓器移植などにかかわって、自己の命のあり方を最終的に決めるのは自分であるという主張。 |
|---|---|
| 生命の質 | 生命の尊厳に到る道筋の中で、その質、生き方、どう生きるかが問われる。（クオリティ・オヴ・ライフ） |

> 1 意識　2 身体　3 啓蒙　4 文化人類　5 フーコー　6 正義　7 世代間　8 生態系

おさえておきたい
# Point　ミニ演習

**1** 　ボルツァーノの客観主義的な学問論とブレンターノの記述心理学の影響を受けながらも、独自の思索を展開したフッサールは、「事象そのものへ」をモットーに（ **A** ）を創始した。さらにその弟子にあたるハイデッガーは、（A）の方法論を存在論へ導入し、人間存在の時間性の分析を通じて（A）と（ **B** ）を結びつけたといわれる。（A）はその後、フランスのサルトルやメルロ＝ポンティなどによっても継承され、それぞれ独自の展開をみる。さらに、（ **C** ）の代表的な思想家とみなされているデリダは、音声中心主義を批判するという観点からフッサールの理論を批判している。

空欄補充

A　現象学
B　実存主義
C　ポスト構造主義
ポスト構造主義は、構造の生成や変動に注目して構造主義を乗り越える思想で、ボードリヤール、デリダ、リオタールなどが代表的思想家。

**2** 　フランクフルト学派の思想家は、意識の内に現れている現象を思弁的な構成を離れて忠実にとらえ、その本質を直感によってとり出し記述しようとしたが、この方法によって論理学や心理学の分野で業績を残し、プラグマティズムに影響を与えた。

正誤判断

× 前半はフッサールの現象学についての記述。実用主義のプラグマティズムは19世紀末のアメリカで誕生した。

**3** フランクフルト学派の思想家は、西欧マルクス主義の影響の下に、精神分析の発想やアメリカ社会学の技法を摂取して、管理された社会や文化、実証主義的な科学や哲学への批判活動を行い、現代社会のトータルな批判をめざした。

（正誤判断）

〇ホルクハイマーとアドルノが社会変革を目指す批判理論を確立。フロムは精神分析的方法論を取り入れた。

**4** 「近代は、狂気や非理性を異常なものとして排除し封じ込めてきた。しかし、理性が非理性に対して優越している理由はない。狂気とは、実はしばしば超自然のものを感じとる能力や、常人を超えた行動力のことにほかならない」。このような主張をした思想家は誰か。

（重要用語）

フーコー
『狂気の歴史』で、狂気は客観的存在ではなく、理性の正当性のために封じ込められてきた邪魔者にすぎないとした。

## 6 中国思想

Level 1 ▷ **Q02**

おさえておきたい
## Point キーワードチェック

**1** **諸子百家** 春秋戦国時代に、多様な思想家たちが登場。 ▶p246

**2** 儒学

(1)**孔子** （ 1 ）と礼を社会の基礎とする

| 理想 | 周王朝―周公旦をモデル |
|---|---|
| 論語 | 弟子たちがまとめた、弟子たちとの対話 |
| 仁 | 人が二人、親愛なる態度 忠（まごころ）と恕（思いやり） |
| 礼 | 仁の外面化 社会規範 「己に克ちて礼に復するを仁となす」 |
| 徳治政治 | 道徳を基本とする政治 |

(2)**孟子** 仁義の徳に基づく

| 王道政治 | 仁義の徳に基づく政治 仁義がすたれると易姓革命により政変 |
|---|---|
| 性善説 | 人にはみな（ 2 ）の心あり、惻隠の心 |
| 四端説 | 惻隠の心（仁）、羞悪の心（義）、辞譲の心（礼）、是非の心（智） |
| 五倫 | 人間関係を支配する徳目<br>親―父子、義―君臣、別―夫婦、序―長幼、信―朋友 |

(3)**荀子**

| 性悪説 | 社会規範としての（ 3 ）を学ぶべき。 |
|---|---|

237

## 3 法家

| 韓非子 | 荀子の説を発展し、（ 4 ）と刑罰により社会の安定をめざす。 |
|---|---|

## 4 墨家　墨子

| （ 5 ）説 | 無差別の平等愛 |
|---|---|
| 非攻 | 専守防衛、侵略戦争の否定 |
| 墨守 | 固い守りのこと |

## 5 老荘思想（道家）
### ⑴老子

| 道 | 道の探求 |
|---|---|
| 儒家批判 | 「大道廃れて（ 6 ）あり」 |
| 無為自然 | 人為の否定、人々の幸福で平和な暮らし―小国寡民。 |
| 柔弱謙下 | へりくだった生き方、上善は水の如し―「道」にのっとった生き方。 |

### ⑵荘子

| 万物斉同 | 分別智によらなければ万物は等しく同じもので、優劣や争いは生じない。 |
|---|---|
| （ 7 ） | 理想の人物　「道」と一体の生き方　方法論―心斎坐忘 |
| 「胡蝶の夢」 | 無心に来たり、無心に去りゆくのみ。 |

## 6 朱子学　朱子　理気二元説

| 格物致知 | 事物に即してその事理を究める。 |
|---|---|
| 学問の方法 | 居敬窮理　心を一つに集中し、欲を抑え理に帰し、理を究めること。 |

## 7 陽明学（ 8 ）

| 知行合一 | 朱子学批判―格物致知―致良知　心にある理をあらゆる場面で実現。 |
|---|---|

---

1 仁　2 忍びざる　3 礼　4 法律　5 兼愛　6 仁義　7 真人　8 王陽明

おさえておきたい
**Point** ミニ演習

**1** 次の中国古代の思想家についての文章が誰のものか、ア〜エのうちから選べ。 適語選択

① 人は生まれながらにして、「惻隠の心」「羞悪の心」「辞譲の心」「是非の心」が備わっているとして、性善説を説いた。

② 人間の心の中にある根本の徳は「仁」であるとし、為政者は徳をもって政治を行うべきことを主張した。

③ 人為的な作為によって人を律するのはやめ、物事の自然ななりゆきに従って万物の働きを生かす「無為自然」の道を説いた。

④ 人の本性は悪で善とは人為である、と性悪説の立場に立ち、為政者が礼儀と法によって悪を矯正しなくてはならないと説いた。

［ア 老子　イ 荀子　ウ 孔子　エ 孟子］

**2** 荘子は生死にとらわれず自然の道に順応しつつ生きる人間を真人と呼び、これを理想的な人間の生き方とした。 正誤判断

**3** 朱子は理は人間の心のうちに本来備わっており（心即理）、日々の生活の中で自然な人間の本性を発揮することが肝要であるとした。 正誤判断

**4** 墨子は、儒家の「仁」を受け継ぎ、それを実生活のなかで実践するためには、親しい関係の人に愛情を注ぐこと、つまり兼愛が必要であると説いた。 正誤判断

**5** 韓非子は、荀子の性悪説を受け継ぎ、人間の欲望を放任すれば必ず争乱が起こることから、これを治めるために法術が必要だとする法至上主義を説いた。 正誤判断

①－エ　孟子
②－ウ　孔子
③－ア　老子
④－イ　荀子

○ 自然の道や真人は荘子の思想。物事を分別する智を捨て自然に従えば万物は斉同であると主張する。

× 「心即理」や知行合一は王陽明。朱子は宇宙の原理を「理」と「気」の2つの要素からなる理気二元論を主張する。

× 墨子は、仁を差別的な愛とし、形式的な礼や道徳を主張する儒家を否定する。

○ 韓非子は法家の代表であり、法至上主義の立場に立つ。

## **7** 日本の思想（1）

### おさえておきたい
### **Point** 　キーワードチェック

### **1** 古来の思想　古事記　日本書紀

| 清明心 | 清き明るき心―ふたごころなし |
|---|---|
| （ 1 ）の神 | 自然信仰　原始神道　天照大神―太陽神を最高神 |
| ツミとケガレ | 禊（みそぎ）と祓いによる清め |
| 言霊思想 | 言葉には霊が宿っているという考え |

### **2** 仏教の受容とその発展

(1)**聖徳太子**　　仏教の導入の2側面　日常生活の道徳　国家統一の原理
(2)**最澄と空海**　中国留学をし日本における天台宗と真言宗の開祖、密教の導入
　　　　　　　　天台宗―比叡山　真言宗―高野山
(3)**鎌倉(新)仏教**　日本の庶民に根ざした仏教

| 法然 | 専修念仏　（ 2 ）教　阿弥陀仏の本願による救いの信仰<br>本願―阿弥陀が菩薩であった時、衆生救済の誓願を立てた。 |
|---|---|
| 親鸞 | 称名念仏　浄土真宗　煩悩具足の凡夫の自覚<br>（ 3 ）他力の立場　「悪人正機」説、人間の無力さの自覚 |
| 日蓮 | 唱題「南無妙法蓮華経」、法華経への絶対帰依、国家救済をめざす。<br>他宗派を激しく攻撃した。 |
| 道元 | 曹洞宗　禅宗　『正法眼蔵』　只管打坐―心身脱落の境地をめざす。<br>仏祖の悟りは（ 4 ）して開かれた。 |
| 栄西 | 臨済宗　禅宗　公案（課題）による坐禅 |

### **3** 日本の儒教

| 林羅山 | 官学（幕府の学問）としての（ 5 ）学（儒学）　湯島の聖堂―後の昌平坂学問所　上下定分の理―封建的支配関係は天理を実現したものとする。 |
|---|---|
| 中江藤樹 | 近江聖人　日本の（ 6 ）学の祖　知行合一<br>人倫の根源は人を愛し敬う「孝」にある。 |
| 熊沢蕃山 | 藤樹の弟子　聖人の教えを日本の風土、水土に即し展開。<br>教えは、時・処・位によって変化する、根本にある心を学ぶべき。 |
| 山鹿素行 | 古学　『聖教要録』　朱子学批判　山鹿流兵学を創始 |
| 伊藤仁斎 | 古義学　古義堂　孔子・孟子を忠実に学ぶことを提唱、朱子学や陽明学から理解されるのは本筋ではない。<br>「道」を仁と愛ととらえ、（ 7 ）を根本に置く。 |

240

| ( 8 ) | 古文辞学（古典文献の正確な解釈）　柳沢吉保の家臣 |
|---|---|
| | 『政談』（徳川吉宗へ献上した政務書） |
| | 「道」は礼楽刑政（天下を治めるための方法）。 |

1 八百万　2 浄土　3 絶対　4 坐禅　5 朱子　6 陽明　7 誠　8 荻生徂徠

## おさえておきたい
# Point　ミニ演習

正誤判断

1　日本の仏教の開祖、および関係の深い語句の組み合わせの正誤を判断せよ。
① 空海　真言宗　「即身成仏」
② 親鸞　浄土真宗　「悪人正機説」
③ 道元　曹洞宗　「只管打坐」
④ 最澄　天台宗　「高野山金剛峰寺」

①～③　○
④　×
最澄は「比叡山延暦寺」、「高野山金剛峰寺」は空海。

2　伊藤仁斎は孔子や孟子の教えを直接学ぶべきだとして、『論語』や『孟子』を重んじ、学問の目的は経世済民にあると説いた。

×「経世済民」は荻生徂徠。伊藤仁斎は『論語』『孟子』を忠実に読むことを主張し、仁愛を日常において実現するために「誠」の徳を重視した。

3　山鹿素行は林羅山に学び、朱子学を受け継いで人と人との関係における上下の身分関係を説き、江戸幕府の政治顧問として重用された。

×山鹿素行は朱子学に不満を抱き古学を創始した。

4　中江藤樹は朱子学を学んだ後、王陽明の思想に心を動かされ、実践を重んじる知行合一を主張するようになり、「孝」の概念も尊重した。

○日本陽明学派の祖、中江藤樹の「孝」とは、人倫の道の根源を指す。

5　荻生徂徠は町人にもわかりやすい儒学をめざし、万人が農耕に従事する平等な社会を理想として厳格な身分秩序に反対を唱えた。

×安藤昌益についての内容。荻生徂徠は原典に立ち返ることを強調し、古文辞学を創始。古代の「先王の道」(経世済民の道)が正しい天下統治だとする。

おさえておきたい
# **Point** キーワードチェック

## **1** 国学

| 契沖 | 国学の源流 『万葉代匠記』 |
|---|---|
| 賀茂真淵 | 万葉集の研究—「ますらをぶり」 |
| 本居宣長 | 国学 『古事記伝』古事記を読めるようになる。<br>「からごころ」を排し、神ながらの道を主張。<br>源氏物語から文芸は「（ 1 ）」を知ることに価値があるとした。 |
| 平田篤胤 | 国粋主義 皇道を尊ぶ。尊王思想に影響を与える。 |

## **2** 民衆思想

| （ 2 ） | 直耕直織 「自然世」（万人が直耕する理想の社会）『自然真営道』<br>武士の批判 |
|---|---|
| 石田梅岩 | 石門（ 3 ）学 商人道 儲けることの正当化 |

## **3** 近代の思想 ▶ p250

| 福沢諭吉 | 『学問のすすめ』『福翁自伝』 欧米視察 3回の渡航 藩閥封建制批判<br>—国家の独立は国民の育成 私学創設<br>天賦人権論—人間の自由・平等の権利は生まれながらに所有している。<br>個人の独立—「一身独立して一（ 4 ）独立す」（ 5 ）学のすすめ |
|---|---|
| 夏目漱石 | 個人主義（ 6 ）本位の確立—独立した一個の日本人としての自覚。<br>他者をも個人として尊重—他者の自由を認める。<br>則天去私—晩年の思想 自己を超えるものが自己の根底にある。 |
| 中江兆民 | 『三酔人経綸問答』<br>東洋の（ 7 ）『社会契約論』を『民約訳解』として翻訳。<br>自由民権運動 共和主義的民権思想 東洋自由新聞 保安条例に触れ廃刊。 |
| 内村鑑三 | 2つの（ 8 ）：イエスとジャパンの（8）に仕える、キリスト者日本人としてのあり方。<br>無教会主義：教会や儀式にとらわれない、聖書を中心とする信仰のあり方。 |
| 平塚らいてう | 青鞜：婦人啓蒙雑誌「元始、女性は太陽であった」 女性の自立の運動。<br>新婦人教会：市川房枝らと結成 女性の地位向上を求める活動。 |
| （ 9 ） | 『善の研究』<br>純粋経験：精神と物質、社会と個人、主観と客観の対立が導き出される。<br>根本的な直接的な活動を純粋経験とした。後に「無の場所」と呼ぶ。 |

重要事項
## スピードチェック

日第本1史章

世第界2史章

地第理3章

思第想4章

文第学5・章芸術

| （ 10 ） | 『人間の学としての倫理学』『風土』<br>間柄的存在：人間は「人と人との間」の、相互の働きかけにおいて統一。<br>風土論：モンスーン型、砂漠型、牧場型など文化と自然との相互関係。 |
|---|---|
| 柳田國男 | 『遠野物語』　ハレとケ　農耕社会の生活分類　ハレ…年中行事等特別な<br>日　ケ…普段の仕事日 |

1 もののあはれ　2 安藤昌益　3 心　4 国　5 実　6 自己　7 ルソー　8 J　9 西田幾多郎
10 和辻哲郎

## おさえておきたい
# Point　ミニ演習

1　人間の感情面を抑えつける儒学を人間の感情を無視し不可能を強制するものとして批判し、「人の情には自分ながらどうにもならないものがある」ということを「もののあはれ」とし、あはれを知る人が「心ある人」であるとした。この江戸時代の思想家は誰か。　重要用語

本居宣長
国学の大成者であり、人間の自然の感情のままに生きる「真心」の道を説き、「もののあはれ」を重視した。

2　平田篤胤は『古事記』や『日本書紀』などの研究を中心として儒学と神道を融合した儒家神道を説き、本居宣長の国学形成に影響を与えた。　正誤判断

× 本居宣長が平田篤胤に影響を与えた。宣長に影響を与えたのは賀茂真淵。

3　内村鑑三は、武士の家に生まれ、武士道精神を教え込まれたが、ドイツ留学から帰国後は、クェーカー教徒となり、全国にキリスト教を広めるため協会の設立に尽力した。また、ナショナリストとして、アジア諸国の植民地化から日本を守る必要性を説き、日露戦争の開戦に積極的な姿勢を示した。　正誤判断

× 内村鑑三はキリスト教徒で、主著に『余は如何にして基督信徒となりし乎』がある。また、日露戦争についてキリスト者の立場から非戦論を展開した。

4　西田幾多郎は、禅の体験などによって「純粋経験」の世界を把握するに至った。彼のいう「純粋経験」とは、著作『善の研究』にみられるように、「個人あって経験あるにあらず、経験あって個人があるのである」という考え方である。　正誤判断

○ 主観と客観の区別や対立がみられる以前の主客未分の状態を「純粋経験」とよび、真の実在であるとした。

5　和辻哲郎は、儒教道徳と西洋思想を折衷した「日本道徳論」を唱え、国民道徳の原理として、両者の長所をとり短所を捨てる立場に立つことを主張した。この思想に基づき「教育勅語」の草案作成にあたって中心的役割を果たした。　正誤判断

× 和辻哲郎は、孤立した個人や自我の独立から出発する西洋近代哲学を批判し、人間のあり方を「間柄的存在」とする独自の倫理学を作り上げた。

# Q01 古代ギリシア思想

問 プラトンとアリストテレスに関する次の記述のうち、妥当なものはどれか。

(地方上級)

1 プラトンとアリストテレスとも、ローマの思想家であり、中世の神学の基礎をなす思索をした人で、「モラリスト」と呼ばれた。

2 プラトンは哲学者であるだけでなく医者でもあり、病院を経営していた。アリストテレスはマケドニア王家で幼少のアレクサンドロスの教師をした。

3 アリストテレスの師は、ソクラテスであり、彼の著作の殆どは、ソクラテスが登場してくる対話の形で著されている。

4 プラトンは、人間の精神は、生まれた時に記憶を失っているだけで、やがて、想起をしてくると考えた。真の知識であるイデアへの憧れを持つと考えた。

5 アリストテレスは『自然学』『形而上学』を著し、形相と質料の運動から、倫理学を明らかにし、形相と質料の中庸の徳を説いた。

---

## おさえておきたい Point キーワードチェック

### ◉ソクラテス

民主政の発展したギリシアでは、( 1 )らの展開した弁論術が道徳秩序の乱れを招く。ソクラテスは、崩壊する( 2 )社会の中、普遍的な真理を追求し、人間の生きる道を示す。

### ⑴「無知の知」

デルフォイの神託「ソクラテスにまさる知者はいない」を伝え聞いたソクラテスは、自分が真理について何も知らないという「( 3 )」を自覚する。この自覚こそが、真理探求の原動力になると考えた。

### ⑵問答法

ソクラテスは、真理とは人から説かれるものではなく、無知の知を自覚する者が人と対話をするなかで、( 4 )のように取り上げるものだと考えた。

### ⑶「悪法もまた法なり」

若者との問答を展開するソクラテスは、神を敬わず若者に害毒を与えたと断罪される。これに対しソクラテスは、ポリス市民にとっての正しい生き方は、法に従い生きることと考え、法を守り死んでいくことが正義であると、あえて刑死の道を選ぶ。

### ◉プラトン

プラトンは、政治家を目指した後、ソクラテスの教えを発展させ、「真・善・美」とは何であるかを追求、『国家』『( 5 )の弁明』を著し、西洋哲学の礎を築く。

### ⑴イデア論

美は移ろいやすい不完全なものだが、人が花に美を感じるのは( 6 )界の「美のイデ

問題でPoint を理解する
Level 1 Q01

日本史 第1章

世界史 第2章

地理 第3章

思想 第4章

文学・芸術 第5章

ア」を有するからである。プラトンは、この世に完全なる善美は存在せず、真の善美は（6）界に存在すると考え、（6）界に対する人間の魂の憧れを「（　7　）」と呼んだ。

## (2)魂の三区分

人間の魂は、理性、意志、情欲の3つに分けられ、それぞれの徳が、知恵、勇気、節制であり、さらに、それぞれが支配者階級、防衛者階級、生産者階級として役割を果たすことで、調和がとれた国家になると考えた。

## (3)哲人政治

支配者は常に理性を働かせ正義のイデアに従うことで、3つの階級の社会・国家の幸福が実現される。そのためにプラトンは、統治者が哲学を学ぶか、（　8　）が統治者にならなければならないとした。

## ●アリストテレス

師のプラトンを批判し、あらゆる学問体系を作り上げたアリストテレスは、師と並び西洋哲学・社会科学の源流となる。マケドニアの（　9　）の家庭教師でもあった。

## (1)イデア論批判

事物の本質はプラトンが提示するイデア界にはなく、現実の存在こそが真の実在である。物はすべて（　10　）（エイドス）と質料（ヒューレ）からなり、同じ木材（質料）から作られる机とイスが違うものであるのは、机やイスの本質が（10）にあるからと考える。

## (2)「人間はポリス的動物である」

ポリス社会の崩壊を間近にし、人間はその本質から、共同体を形成し単独では生きられないとした。また、同様に、人間は「生まれつき知ることを欲する動物」であると考えた。

---

1 ソフィスト　2 ポリス　3 無知の知　4 産婆　5 ソクラテス　6 イデア　7 エロス
8 哲人　9 アレクサンドロス大王　10 形相

---

# A01 正解ー4

1－誤　両者とも古代ギリシアの思想家である。都市国家ポリスが弱体化し、古代オリエントと融合するヘレニズム時代への過渡期にある。

2－誤　プラトンは医者ではない。アテナイ郊外に学園アカデメイアを創設し、算術・幾何学・天文学、哲学・政治学を教授した。アリストテレスは学園の学生であった。

3－誤　多くの著作をソクラテスとの対話篇で構成したのは、ソクラテスの弟子のプラトンである。

4－正　人間の魂はもともとイデア界にあり、イデア界への憧れを持つとした。

5－誤　形相と質料は自然的世界の説明（『自然学』）。アリストテレスは、人間の理性を発展させることが幸福であり、理性的であるために中庸の重要性を説いた（『倫理学』）。

# Q02 諸子百家

問 次のA〜Dは中国の思想に関する記述であるが、これらに対応する思想家の組合わせとして、正しいものはどれか。 (地方上級)

A 人間は生まれながら欲望に従って行動する利己的な性質をもつから、その本質は悪であり、人間を自然のままに放任すれば必ず争いが起き、世に乱は絶えないこととなるため、人間を教化し社会秩序を維持するためには欲望を抑える外的規制として礼が最も重要であるとした。

B 読書や静坐によって修行を重ね知識を完成すれば、心が誠となり（誠意）、それによって身は修まる（修身）、身が修まれば家を斉え（斉家）、国を治め（治国）、天下を平らかにする（平天下）ことができると主張し、従来の訓詁注釈を中心とした儒学を否定し、宇宙の本体や人間の本性を探求した。

C 人為的な作為によって人間を律するやり方を捨て、物事の自然ななりゆきに従いつつ、万物の働きを生かす「無為」を唱え、世間的欲望への執着を抑え、人と争わずすべて受身に無理なく生きる態度を説いた。「上善は水のごとし。水は善く万物を利して争わず。衆人の悪む所に処る」という言葉を残している。

D 人民は支配と搾取の対象であり、君主に奉仕すべきものとされ、性悪説の立場から法律や刑罰を重視し、客観的規範によって悪人を規制していかなければ世の中は治まるものではないという法治主義を主張した。この学派は、法による政治支配を主張したところから法家と呼ばれている。

| | A | B | C | D |
|---|---|---|---|---|
| 1 | 荀子 | 朱子 | 老子 | 韓非子 |
| 2 | 孟子 | 老子 | 荀子 | 朱子 |
| 3 | 孟子 | 朱子 | 孔子 | 韓非子 |
| 4 | 孟子 | 老子 | 孔子 | 朱子 |
| 5 | 荀子 | 韓非子 | 老子 | 孟子 |

おさえておきたい
## Point キーワードチェック

◉諸子百家
### (1)春秋戦国時代と諸子百家
　前8世紀頃から周が衰退し、中国は春秋戦国時代とよばれる混乱期に入る。諸侯は政治的・軍事的才能を持つ知識人を求め、乱世をいかに生きるかを説く思想家が多く輩出した。
### (2)孔子
　儒家の祖。『（　1　）』は孔子の下に集まった弟子たちにより、後に孔子の言葉をまとめたもの。

問題でPointを理解する
Level 1 **Q02**

日本史 第1章
世界史 第2章
地理 第3章
思想 第4章
文学・芸術 第5章

①仁と礼

　自らに偽らず他人を思いやる人間本来の心を自覚し育むことが「仁」であり、この最高の徳を備え「（　2　）」となる。徳を備えた行いが、道徳・礼儀作法としての「礼」である。

②徳治主義

　政治家のあるべき姿は、「礼」に則り「仁」を実現できる君子でなくてはならず、君子から発する高い徳はおのずと民衆に伝わり天下は安定すると説いた。

③四書・五経

　漢代以降、孔子の教えである五経（『易経』『書経』『詩経』『礼記』『春秋』）が役人が学ぶ教養とされ、宋代以降は平易な四書（『大学』『論語』『孟子』『中庸』）が用いられた。

```
        ┌ 孔子 ―『論語』 「仁」、「礼」、徳治主義
   儒家 ─┼ 孟子 ―『孟子』 （　3　）説、四端説、王道政治、易姓革命
        └ 荀子 ―『荀子』 （　4　）説、礼治主義
        ┌ 老子 ―『老子』 「道」、（　5　）自然
   道家 ─┴ 荘子 ―『荘子』 斉物論
   墨家 ── 墨子 ―『墨家』 兼愛説、交利説、非攻説
   法家 ── 韓非子 ―『韓非子』（　6　）、信賞必罰
```

●陽明学

　前漢の武帝のとき、儒家は統治者の規範として官学となり、宋代に（　7　）学、明代に陽明学が成立する。王陽明は、真の知識は実践することで実現する（　8　）を主張した。

---

1 論語　2 君子　3 性善　4 性悪　5 無為　6 法治主義　7 朱子　8 知行合一

---

# A02　正解―1

A－荀　子　「生まれながら欲望に従って行動する利己的な性質」は性悪説であり、「人間を教化し社会秩序を維持するため」の外的規制とは礼治主義を指すから、荀子についての記述である。

B－朱　子　「修身」「斉家」「治国」「平天下」は儒家のキーワードで、選択肢の中では朱子だけである。「従来の訓詁注釈を中心とした儒学」（訓古学）とは、唐代に孔穎達が『五経正義』で完成したものだが、朱子はこれを否定し宇宙の理と一体化することを理想とした。

C－老　子　「自然」「無為」「上善は水のごとし」というキーワードから老子の主張である。

D－韓非子　「法律や刑罰を重視」「法治主義」「法家」から、荀子の弟子で、法家の大成者である韓非子の主張と考えられる。

# Q03 近代イギリスの思想

> **問** 近代イギリスの思想家に関する次の記述のうち、妥当なものはどれか。（国家一般類題）

1 ロックは、ライプニッツの後継者であり、認識の源泉は、各単子の経験や感覚にあり量、質、関係、様相といったカテゴリーに分類されるとした。
2 ミルは功利主義の立場に立ち、快楽は計算できる、量的なものを重視すればよいと考え、質的な快楽の重要性を認めなかった。
3 ベンサムは、理性の命令に従うことが、道徳の根拠と考え、「最大多数の最大幸福」の考えを批判した。
4 ホッブズは、人間は自然状態では闘争状態になってしまうため、市民が社会契約によって国家権力を成立させると考えた。その国家は怪物リバイアサンのような強大な絶対的な力を持つとした。
5 F.ベーコンは、著書『方法序説』の中で、方法的懐疑という手法を用いて、「知は力なり」という基本思想を生み出した。それによって、学問の絶対確実な基礎を得た。

---

## おさえておきたい Point ［キーワードチェック］

### ●イギリス経験論
### (1)経験論と合理論

大陸合理論が認識の源泉を「理性」とするのに対し、経験論では「経験」に求める。

|  | 認識の源泉 | 人間の観念 | 方法論 |
|---|---|---|---|
| 経験論 | 経験 | （ 1 ）観念 | （ 3 ）法 |
| 合理論 | 理性 | （ 2 ）観念 | （ 4 ）法 |

①認識と観念

経験論では、人間の物事の認識について、すべての認識の源泉は経験であるとする。新生児には何の観念もなく、経験によって物事を認識し観念を形成する。これに対して合理論では、生まれつき生得観念を持っており、理性により物事を認識すると考える。

②帰納法と演繹法

経験論では、真実を証明していく方法として、個別の具体的事例の積み重ねにより普遍的な真理を見出していく帰納法をとる。これに対して合理論の立場では、普遍的原理から個々の具体的な事例を証明していく演繹法をとる。

### (2)ベーコン

イギリス経験論の祖である。主著『ノヴム・オルガヌム』

①「知は力なり」

神の仕業として恐れていた自然の猛威に対して、人間はその自然の法則を知り、自然に対して対処し征服することも可能となる。自然を知ること（知識）が自然征服の力にな

第1章
日本史

第2章
世界史

第3章
地理

第4章
思想

第5章
文学・芸術

るということで、ベーコンは、人間の（　5　）が力と同じ働きを持つものと考えた。

②帰納法

　自然の法則を正しい知識として得るには、あらゆる経験や実験を通じて普遍的な法則を
導くことが必要であり、ベーコンは帰納法を主張した。

## ●功利主義

### (1)ベンサム

　ベンサムは、（　6　）革命後のイギリスにおいて、功利の原理を確立して、普通選挙制
度を主張した。カントが行為の動機を重んじたのに対し、ベンサムは、人間は快楽を求め苦
痛を避けるものであるから、行為の（　7　）がもたらすものに注目し、行為の（7）が快
楽であれば善、苦痛であれば悪とした。主著『道徳および立法の諸原理序説』。

　「最大多数の最大幸福」

　ベンサムの主張する快楽は（　8　）的に計算できるものであり、社会・政治の目的は「最
大多数の最大幸福」の実現であるとする。

### (2)J.S.ミル

　ベンサムの功利主義を継承しつつ量的功利主義を批判し、快楽には（　9　）的差異があ
ることを主張し、快楽主義により人間が豚と同じように考えられてはならないと論じた（満
足した豚より不満足な人間になるほうがよい）。主著『（　10　）論』。

---

1 習得　2 生得　3 帰納　4 演繹　5 知識　6 産業　7 結果　8 量　9 質　10 自由

---

# A03　正解─4

1 ─誤　ロックは経験論の立場で、一切の観念は経験に由来し、白紙（タブラ＝ラサ）
　　　　の状態で生まれてきた人間が観念を持つことができるようになるのは経験によ
　　　　ると考えた。ライプニッツは合理論。カテゴリーはカントの認識論であり、カ
　　　　ントはイギリス経験論と大陸合理論を統合して批判哲学を打ちたてた。

2 ─誤　快楽計算を考えたのはベンサムである。

3 ─誤　理性に道徳の根拠を示したのはカントである。

4 ─正　闘争状態を回避するために、自然権を国家・君主に譲渡すべきとするホッブズ
　　　　の社会契約は、専制君主制を擁護するものであった。

5 ─誤　方法序説、方法的懐疑はデカルトである。

# Q04 近代日本の思想

**問** 近代日本の思想家に関する次の記述のうち、妥当なものはどれか。 （地方上級）

1 柳田國男は、日本の民俗学の樹立、発展につとめる。初期には「山人」と農耕民との日常生活の民俗に関心を向けていたが、後期には漁労採集民の民俗研究に専念し、南方熊楠と共に成果を完成させた。

2 和辻哲郎は、美術の分野でも大きな功績がある。特に、民衆が日常用いる民芸品の研究を通して、日本民芸館の設立にも顕著な影響を与えた。

3 西田幾多郎は、ヘーゲルの影響によって「種の論理」を提唱し、民族や国家、社会とがいかに関わりを持つかを問題とした。自由を求める個人と自由を否定する国家とが相互に否定的に関係するとした。

4 福沢諭吉は、中津藩士として生まれ「門閥制度は親の敵」と封建制度を強く批判した。緒方洪庵の適塾で蘭学を学ぶ後に英語の重要性に気づいた。国民の独立自尊の精神を鼓舞し、「実学」をすすめた。

5 内村鑑三は、商人の家庭に育ち、商人道をきわめたが、ドイツ留学後は、ルター派の熱心な信仰を持ち、二つのL、ルターと福音書のルカ伝に仕え、各地に教会を創設した。

---

## おさえておきたい Point キーワードチェック

### ●福沢諭吉の天賦人権論

明治時代の中心的な啓蒙思想家として、封建制度と思想背景となる（ 1 ）を批判し、「天は人の上に人を造らず、人の下に人を造らずといえり」と（ 2 ）論を唱えた。日本が西欧列強の植民地とならないためには、個人が独立自尊の精神を身につけることが必要だと説いた。主著『学問のすゝめ』『文明論之概略』

### ●内村鑑三の「2つのJ」

#### (1)キリスト教的人道主義

明治初期、啓蒙思想の1つとしてプロテスタンティズムが受容され、新島襄、新渡戸稲造、内村鑑三らのキリスト教的人道主義者が登場した。

#### (2)2つのJ

厳しい道徳感、節操、清廉さ、気高さが重んじられるプロテスタンティズムが西洋文明の根源であるとして、内村鑑三はキリスト教思想こそが日本の進むべき道を示すと主張した。イエス（Jesus）と（ 3 ）の2つのJは切り離すことができないものであり、キリスト者の立場から日露戦争には（ 4 ）の立場をとった。主著『余は如何にして基督信徒となりし乎』

問題でPointを理解する
Level 1 Q04

日本史 第1章

世界史 第2章

地理 第3章

思想 第4章

文学・芸術 第5章

## ●西田幾多郎の純粋経験

西洋哲学の方法論を取り入れるが、自らの参禅体験をもとにして、西洋哲学が前提とする主観と客観の対立を廃し、（　5　）状態の「純粋経験」を唯一の実在として独自の哲学体系を築いた。主著『（　6　）』

## ●和辻哲郎の間柄的存在

### ⑴和辻の倫理

和辻は、人間は西洋近代哲学が前提とするような部品のような存在、独立した個人的存在ではないと批判する。人間は個人として存在し、かつ人と人との関係において存在する二面性を備えた存在であり、そのような人間のあり方を（　7　）存在と捉え、倫理学は人と人の間柄を律する理法であると主張した。主著『倫理学』『古寺巡礼』

### ⑵『風土』

風土は単なる自然環境ではなく、人間の存在を規定する契機となる空間であるとして、東洋のモンスーン型、中東の砂漠型、ヨーロッパの牧場型の3類型に分類する文化論を展開した。

## ●柳田國男の常民

柳田は日本の民俗学の創始者であり、全国の農村の実地調査から、近代化で失われつつある慣習や信仰、伝説、行事を採集した。西欧化していない旧来の農村文化に触れ、「文字以外の力」による無名の「（　8　）」によって支えられた信仰や伝承にこそ、本来の日本文化・思想があると考えた。主著『（　9　）』

---

1 儒学　2 天賦人権　3 日本（Japan）　4 反戦　5 主客未分　6 善の研究　7 間柄的
8 常民　9 遠野物語

---

# A04　正解─4

1─誤　植物学や自然保護運動の先駆者である南方熊楠との交流はあるが、柳田との共同研究はしていない。

2─誤　民芸館を創設したのは、民藝運動を起こした 思想家・美学者の柳宗悦である。

3─誤　社会存在の論理である『種の論理』は、西田幾多郎とともに京都学派を代表する哲学者田辺元の主張。

4─正　『学問のすゝめ』では、「実なき学問は先ず次にし、専ら勤むべきは人間普通日用に近き実学なり」としている。

5─誤　内村は武士の家系で、2つのJを説いた。また、「無教会主義」である。

# Q05 現象学

　伝統的な学問は、ガリレイが幾何学、数学化されうるものをモデルとして、世界を認識することから始まった。自然科学の方法論は、数量化できる純粋な物体として世界を見ることである。(　A　)は、これが、近代の世界像とし確立してきていることを「学問の危機」ととらえた。こうした物体の世界としての自然という理念が現れたことが、(　B　)を招来し、デカルトにおいて、この(B)が顕著に現れた。

　(A)の影響を受けた、フランスの(　C　)は、人間の身体のあり方を、モノでもなく意識でもない、一つの両義的なあり方にあると着目をした。伝統的なとらえ方においては、身体とは、計量化できる物質的な対象であった。しかし、そのとらえ方において、デカルトも問題にしたように、精神の存在、主観の存在を身体に位置づけることは困難であり、みずから身体として生きることのうちにしか認識することはできない。

|   | A | B | C |
|---|---|---|---|
| 1 | ヘーゲル | 二元論 | メルロ=ポンティ |
| 2 | フッサール | 一元論 | レヴィ=ストロース |
| 3 | フッサール | 二元論 | メルロ=ポンティ |
| 4 | ヘーゲル | 一元論 | レヴィ=ストロース |
| 5 | ヘーゲル | 二元論 | メルロ=ポンティ |

# PointCheck

## ◉デカルト

　学問に確実な基礎を与えようとしたデカルトは、明確な原理から組み立てられ矛盾なく論理展開できる「数学」が最適な方法であるとし、理論を展開する。『方法序説』『情念論』『精神指導の規則』。

### (1)方法的懐疑

　確実な学問を構築するために、まず確実とされるすべての事柄に疑いを持つ(方法的懐疑)。すべての事柄は疑いえるが、疑いえない唯一のものは疑っている自分の存在である(われ思う、ゆえにわれ在り)。

### (2)演繹法

　絶対確実な一般的で普遍的な原理から個別の事実を証明する方法。確実な原理からの思考のスタートにデカルトは、確実に存在する自分を置き、そこから確実である個別のものへの思考を進める(ベーコンは、逆に、個別的な事柄から一般的な法則を導き出す帰納法を正しい方法とする)。

### (3)心身二元論

デカルトは、人間は精神と物質である肉体の両方から成り立ち、精神は思考するもの、物体は延長を持つものとした。両者は一切の関係を持たず、物質は純粋に機械的な法則により、精神は霊的な法則により成り立つとする。デカルトは近代哲学の心身二元論を打ち立てたが、この主張では精神以外に確実に認識できるものはないという帰結になり、近代哲学での大問題となる。

### ◉現象学

#### (1)ヘーゲル

『精神現象学』:「意識」の展開(感覚的確信から悟性へ)が、自己を自覚することで「自己意識」を生じ、さらに他者の自己意識の理解へと展開して、精神としての理性に至る。

#### (2)フッサール

「超越論的現象学」:現象学とは、客観的な世界が「すでに存在するもの」と当然視する態度を停止して、そのような確信が生じる根拠を内面から探り出そうとする方法論である。そのような態度変更(現象学的還元)により、意識に現れる本質構造を記述し、一般的・普遍的な客観世界の条件をみつけ出す。

#### (3)ハイデッガー

『存在と時間』:「存在者」が「存在」することの意味を明らかにし、客観・主観の区別もない現存在としての人間は、具体的な存在であるとする。

#### (4)メルロ=ポンティ

『知覚の現象学』:ものでもあり意識でもある両義的な身体の存在の仕方を明らかにする。

---

**Level up Point!** フッサールの現象学は、デカルトの認識やヘーゲルの現象とはレベルが異なる。キェルケゴールの「実存」、ハイデッガーの「存在」、ジェームズや西田幾多郎の「経験」と同じレベルの19世紀から20世紀の哲学的手法であることが理解できればよい。

# A05 正解ー3

A:フッサール
『ヨーロッパ諸学の危機と超越論的現象学』の中で、ガリレイ以降の自然の数量化と近代的な自然像の理念化を指摘している。

B:二元論
デカルトによって精神と延長(物体)の二元論が唱えられた。

C:メルロ=ポンティ
『知覚の現象学』の中で精神でもあり、物的対象でもある両義的な身体のあり方が指摘されている。

# Q06 実存主義・ヒューマニズム

**問** 次のA、B、Cは、ある思想家の著作（共著を含む）からの抜粋と、その人物について述べた文章である。人名の組合せとして最も妥当なのはどれか。 （国家一般）

**A**

> 倫理は、私が、すべての生きんとする悪意に、自己の生に対すると同様な生への畏敬をもたらそうとする内的要求を体験することにある。これによって、道徳の根本原理は与えられたのである。すなわち生を維持し促進するのは善であり、生を破壊し生を阻害するのは悪である。

著者はアフリカに渡り、現地で医療活動に従事し「密林の聖者」と呼ばれた。その思想は、人間の倫理的な立場を、人間だけでなくすべての生命を敬い、すべての苦しむ生命を助けようとつとめることにあるとするもので、生命の尊重をすべてに優先する課題であるとした。

**B**

> 実存主義の考える人間が定義不可能であるのは、人間は最初は何ものでもないからである。人間はあとになってはじめて人間になるのであり、人間はみずからがつくったところのものになるのである。

著者は、哲学に加えて小説・評論の発表や政治運動にも活躍した。著者によれば、実存としての人間は、何ものとも決められないままこの世に存在し、そののちにみずからを未来の可能性にむかって投げかけ、自分が何であるかを自由につくりあげていく存在であるとして、このような人間のあり方を「実在は本質に先立つ」と表現した。

**C**

> じつのところ、われわれが胸に抱いていたのは、ほかでもない。何故に人類は、真に人間的な状態に踏み入っていく代りに、一種の新しい野蛮状態へ落ち込んでいくのか、という認識であった。

著者はフランクフルトの社会研究所で研究したが、ナチスのユダヤ人公職追放によって英国に亡命、戦後は帰国して同研究所の再建に参加した。また、共著『啓蒙の弁証法』において、野蛮から脱出して文明を築き上げた人間の理性が、まさにその自然を支配しようという努力によって野蛮に逆戻りすることを説明した。

| | A | B | C |
|---|---|---|---|
| 1 | シュヴァイツァー | サルトル | フロイト |
| 2 | シュヴァイツァー | サルトル | アドルノ |
| 3 | シュヴァイツァー | ユング | フロイト |
| 4 | ハーバーマス | ユング | アドルノ |
| 5 | ハーバーマス | ユング | フロイト |

問題でPoint を理解する
Level 2 Q06

日本史 第1章

世界史 第2章

地理 第3章

思想 第4章

文学・芸術 第5章

# PointCheck

## ●実存主義

産業革命以後の平均化・没個性化した人間は交換可能な部品のような存在となる（人間疎外）。こうした状況の中で実存＝主体としての自己を主張し、人間を主体的にとらえようとしたのが実存主義である。

### ⑴キェルケゴールの「主体的真理」

実存主義の先駆者。客観的真理の真髄とされるヘーゲル哲学に対し、キェルケゴールは、自分にとっての真理の発見、自分のために生きて死ぬことを願うような理念の発見が必要だとした。主著『死にいたる病』『あれかこれか』

### ⑵ヤスパースの「限界状況」

死・苦・争い・責めなどの「限界状況」から逃げ出さずに積極的に引き受けることで真の実存にめざめる。限界状況に立たされた人間は孤独に直面し、その時に真の実存は他の実存とともにある存在である（愛しながらの戦い・実存的交わり）。

### ⑶ハイデガーの「死への先駆的決意性」

いずれ死にゆくことを知りつつそこから目をそらす人間は堕落した存在である。死に向かい死とかかわる存在を意識してこそ、自分の人生に対する態度が決定でき、真の実存を確立することができる。主著『存在と時間』

### ⑷サルトルの「実在は本質に先立つ」

人間の本質は神が定めるものはなく、未来へ向けたえず自己を投げ出し自らの決断と行動で創造していくものである。

---

**Level up Point!** 哲学が「人間の真理」を求めるものだとすると、実存主義は現代社会の感覚で理解できるので、最も身近に感じられる方法論である。キーワードだけで処理するのは難しいが、その意味で、より基本的な考え方をおさえることが大切になる。

---

# A06 正解ー2

サルトルの親戚にあたるシュヴァイツァーは、主著『文化と倫理』で生命を維持し促進することが「善」であり倫理の根本だとし、「生命への畏敬」思想で人間の尊厳を訴えた。反戦反核の主張からノーベル平和賞を受賞している。サルトルはアンガジュマン（社会参加）の概念により実存主義を政治や文学の社会思想運動にまで広め、主著『存在と無』の他、小説・戯曲でも評価されたがノーベル文学賞受賞は辞退している。アドルノは、『啓蒙の弁証法』の共著者ホルクハイマーや、ハーバーマスと同じフランクフルト学派の思想家であるが、生涯にわたり音楽家としての活動も続けた。

フロイトは精神分析に基づく無意識の哲学・心理学の諸理論を唱え、現代思想に大きな影響を与えた。同じ精神科医のユングは、一時期フロイトとも共同研究を行うが、後に独自の分析心理学を確立し、やはり思想・哲学の分野に大きな貢献をした。

## 1 上代（奈良）・中古（平安）の文学

Level 1 ▷ **Q01**

### おさえておきたい
## Point　キーワードチェック

### 1 上代

| 作者・編者 | 作品名 | ジャンル | 内容・特徴 |
|---|---|---|---|
| （ 1 ）ら | 古事記 | 史書 | 現存最古の書籍<br>（ 2 ）が誦習したものを記録 |
| 舎人親王ら | （ 3 ） | 史書 | 編年体を中心とする |
| （官撰） | 風土記 | 地誌 | 諸国の神話や産物を記録 |
| （ 4 ）ら | （ 5 ） | 歌集 | 現存最古の和歌集<br>（ 6 ）の3つの部立<br>短歌・長歌・施頭歌・仏足石歌などの歌体<br>（ 7 ）で表記<br>感情を率直にうたう「（ 8 ）」<br>庶民の哀歓を率直に表現した（ 9 ）<br>九州警護にあたった兵士の作の（ 10 ） |
| 淡海三船ら | （ 11 ） | 漢詩集 | 現存最古の漢詩集 |

### 2 中古〈作り物語・歌物語〉 ▶ p290

| 作者・編者 | 作品名 | ジャンル | 内容・特徴 |
|---|---|---|---|
| （未詳） | （ 12 ） | 作り物語 | 物語文学の元祖 |
| （未詳） | （ 13 ） | 歌物語 | （ 14 ）らしい「男」を主人公とする |
| （未詳） | 大和物語 | 歌物語 | 前半は実在する人物の歌語りの集成<br>後半は伝説的な物語が多く説話集の趣 |
| （未詳） | 宇津保物語 | 作り物語 | 最初の長編物語で伝奇的性格が強い |
| （未詳） | （ 15 ） | 作り物語 | 継子いじめの物語 |
| （ 16 ） | （ 17 ） | 作り物語 | 光源氏の一生を描く部分と、薫と匂宮を中心とした（ 18 ）とに分けられる全54巻から成る長編物語。「（ 19 ）」を体現した傑作 |
| （未詳） | （ 20 ） | 作り物語 | 最初の短編物語集 |
| （未詳） | とりかへ<br>ばや物語 | 作り物語 | 退廃的・猟奇的な傾向が強い |

重要事項
# スピードチェック

日本史 第1章

世界史 第2章

地理 第3章

思想 第4章

文学・芸術 第5章

1 太安万侶　2 稗田阿礼　3 日本書紀　4 大伴家持　5 万葉集　6 雑歌・相聞・挽歌
7 万葉仮名　8 ますらをぶり　9 東歌　10 防人歌　11 懐風藻　12 竹取物語　13 伊勢物語
14 在原業平　15 落窪物語　16 紫式部　17 源氏物語　18 宇治十帖　19 もののあはれ
20 堤中納言物語

おさえておきたい
# Point　ミニ演習

空欄補充

1　現存最古の和歌集の『（　ア　）』は奈良時代、最初の勅撰
和歌集の『（　イ　）』は平安時代、八代集最後の勅撰和歌集
の『（　ウ　）』は鎌倉時代にそれぞれ成立した。

| | |
|---|---|
| ア | 万葉集 |
| イ | 古今和歌集 |
| ウ | 新古今和歌集 |

2　平安時代初期の物語には、最古の作り物語『（　ア　）』、
在原業平をモデルとした主人公のエピソードを集めた歌物語
『（　イ　）』などがある。この作り物語と歌物語の2つの系
統を受け継ぎ、古典最高傑作といわれる紫式部の『（　ウ　）』
が書かれた。

| | |
|---|---|
| ア | 竹取物語 |
| イ | 伊勢物語 |
| ウ | 源氏物語 |

3

| | 万葉集 | 古今和歌集 |
|---|---|---|
| 成立年代 | 759年以後 | 905年 |
| 代表的撰者 | （　ア　） | （　イ　） |
| 所収歌数 | 約4500首 | 約1100首 |
| 歌　風 | （　ウ　） | （　エ　） |
| 代表的技法 | 枕詞・序詞 | 掛詞・縁語 |
| 代表的歌人 | （　オ　） | （　イ　） |

| | |
|---|---|
| ア | 大伴家持 |
| イ | 紀貫之 |
| ウ | ますらをぶり |
| エ | たをやめぶり |
| オ | 柿本人麻呂 |

## 3　中古〈歴史物語・説話・軍記〉 ▶p290

| 作者・編者 | 作品名 | ジャンル | 内容・特徴 |
|---|---|---|---|
| （未詳） | （　1　） | 歴史物語 | 仮名で書かれた最初の歴史物語<br>藤原道長の栄華を賛美 |
| （未詳） | （　2　） | 歴史物語 | 対話形式で藤原道長の権勢を批判的に描く<br>（　3　）（　4　）（　5　）と続く（　6　）<br>（四鏡）の祖 |
| 景戒 | （　7　） | 説話 | 最初の仏教説話集 |
| （未詳） | （　8　） | 説話 | 一千有余の説話の集大成 |
| （未詳） | 将門記 | 軍記 | 軍記物語の祖 |

**4** 中古〈日記・随筆〉 ▶ p290

| 作者・編者 | 作品名 | ジャンル | 内容・特徴 |
|---|---|---|---|
| （ 9 ） | （ 10 ） | 日記 | 最初の日記文学　女性に仮託して仮名文字表記 |
| 藤原道綱母 | （ 11 ） | 日記 | 自己の内面を客観化した自照文学 |
| 和泉式部 | 和泉式部日記 | 日記 | 恋愛を歌物語風に記す |
| 紫式部 | 紫式部日記 | 日記 | 宮中の風俗や行事の描写や人物批評 |
| （ 12 ） | 更級日記 | 日記 | 夢と現実が交錯する40年間の回想録 |
| （ 13 ） | （ 14 ） | 随筆 | 最初の随筆文学「（ 15 ）」の文学 |

**5** 中古〈和歌・歌謡・漢詩〉 ▶ p291

| 作者・編者 | 作品名 | ジャンル | 内容・特徴 |
|---|---|---|---|
| 紀貫之ら | （ 16 ） | 歌集 | 最初の勅撰和歌集<br>勅撰和歌集のうち『（ 17 ）』までを三代集、<br>『新古今和歌集』までを（ 18 ）、全勅撰和歌集の総称を（ 19 ）と呼ぶ<br>可憐で女性的な「（ 20 ）」 |
| 源順ら | （ 21 ） | 歌集 | 撰者の5人を（ 22 ）と呼ぶ |
| （ 23 ） | 山家集 | 歌集 | 作者の人間性がうかがわれる私家集 |
| 小野岑守ら<br>おののみねもり | （ 24 ） | 漢詩集 | 最初の勅撰漢詩集 |
| 藤原冬嗣ら | （ 25 ） | 漢詩集 | 勅撰漢詩集 |
| 藤原公任 | （ 26 ） | 歌謡 | 朗詠に適した漢詩句と和歌を集める |
| （ 27 ） | （ 28 ） | 歌謡 | 今様を中心に集める |

---

1 栄花物語　2 大鏡　3 今鏡　4 水鏡　5 増鏡　6 鏡物　7 日本霊異記　8 今昔物語集
9 紀貫之　10 土佐日記　11 蜻蛉日記　12 菅原孝標女　13 清少納言　14 枕草子
15 をかし　16 古今和歌集　17 拾遺和歌集　18 八代集　19 二十一代集　20 たをやめぶり
21 後撰和歌集　22 梨壺の五人　23 西行　24 凌雲集　25 文華秀麗集　26 和漢朗詠集
27 後白河法皇　28 梁塵秘抄

## おさえておきたい Point　ミニ演習

1　学者の家柄に生まれた作者が、夫の死後、少女時代からの自分の人生を回想して書いたもので、夢と幻に関する記述が多いところに特徴がある作品。　重要用語

更級日記
作者は菅原孝標女。

2　作者が女性に仮託して仮名を用いて書いた作品で、わが国最初の日記文学であり、55日間にわたる船旅の経験が描か

土佐日記
紀貫之の晩年の作品で、仮名

れている。文体は簡潔であり、多くの和歌も詠み込まれている。 （重要用語）

3　右大将道綱の母が書いた最初の女流日記であり、自己の内面をみつめた自照性の強い作品である。写実的な自叙伝的物語という性格を持っており、後の文学作品に与えた影響も大きい。 （重要用語）

4　平安時代には、藤原道長の栄華を描いた2つの歴史物語が成立した。最初の歴史物語であり、道長を賛美した内容のものが『（　ア　）』である。また、道長を中心とした政争を鋭い批判精神で描いたのが、『（　イ　）』である。この2作品はともに作者が不明である。 （空欄補充）

5　左大将の娘貴宮をめぐる結婚談で、平安時代中頃、すなわち10世紀後半に成立した。写実的な作り物語（伝奇物語）で、『竹取物語』と同じジャンルに分類される。 （重要用語）

6　平安時代10世紀後半に成立した在原業平の恋愛談を中心にする歌物語で、『竹取物語』などの作り物語との流れが合体して『源氏物語』がつくられた。 （重要用語）

書きの日記の祖。

蜻蛉日記
作者は右大将道綱の母。家庭生活で苦悩する姿が描かれている。

ア　栄花物語
イ　大鏡

宇津保物語
源氏物語の先行文学として注目される作品である。

伊勢物語

## 2 中世（鎌倉・室町）の文学

おさえておきたい
**Point** キーワードチェック

| 作者・編者 | 作品名 | ジャンル | 内容・特徴 |
|---|---|---|---|
| （未詳） | 宇治拾遺物語 | 説話 | 庶民性を備えた話を多く含む世俗説話集 |
| 鴨　長明 | （　1　） | 説話 | 浄土思想を説く仏教説話集 |
| （未詳） | 十訓抄 | 説話 | 教訓的な説話を集めて10編に分類 |
| 橘　成季 | （　2　） | 説話 | 古今の説話を30編に分類し年代順に配列 |
| 無住道暁 | （　3　） | 説話 | 仏教の教えなどを説く啓蒙的な仏教説話集 |
| （未詳） | （　4　） | 軍記 | 平家一門の栄枯盛衰を描く「（　5　）」「盛者必衰」の無常観 |
| （未詳） | 保元物語 | 軍記 | 保元の乱（1156年）の末を描く |
| （未詳） | 平治物語 | 軍記 | 平治の乱（1159年）の末を描く |
| （未詳） | （　6　） | 軍記 | 南北朝の動乱を描く |

| | | | |
|---|---|---|---|
| （未詳） | 曾我物語 | 軍記 | 曾我兄弟が父の敵を討つ仇討物語 |
| （未詳） | （ 7 ） | 軍記 | 源義経の生い立ちや悲劇的生涯を詳述 |
| （ 8 ） | （ 9 ） | 日記 | 鎌倉へ下ったときの旅日記 |
| （ 10 ） | （ 11 ） | 随筆 | 無常観を基調とした隠者文学 |
| 吉田兼好 | （ 12 ） | 随筆 | 序段と243段の独立した本文 |
| 藤原定家ら | （ 13 ） | 歌集 | 八代集の最後 「（ 14 ）」「有心」という余情美 |
| （ 15 ） | （ 16 ） | 和歌 | 京都小倉山の時雨亭で選ばれた |
| （ 17 ） | 金槐和歌集 | 歌集 | 男性的な万葉調の歌 |
| 二条良基ら | （ 18 ） | 連歌集 | 最初の連歌集 |
| 宗祇ら | （ 19 ） | 連歌集 | 連歌の模範とされた |
| （未詳） | （ 20 ） | 歌謡 | 最初の小歌集 |
| （ 21 ） | （ 22 ） | 能楽論 | 最初の演劇論書 『花伝書』とも言う |
| 世阿弥 | （ 23 ） | 能楽論 | 世阿弥の晩年の芸談を次男元能がまとめたもの |
| （未詳） | 住吉物語 | 物語 | 『落窪物語』を模した継子いじめの物語<br>王朝を舞台とした懐古的な物語を（ 24 ）と呼ぶ |
| （未詳） | （ 25 ） | 物語評論 | 『源氏物語』を最高の作品とする |
| （未詳） | 御伽草子 | 物語 | おとぎ話の原形となった短編物語 |

---

1 発心集　2 古今著聞集　3 沙石集　4 平家物語　5 諸行無常　6 太平記　7 義経記
8 阿仏尼　9 十六夜日記　10 鴨長明　11 方丈記　12 徒然草　13 新古今和歌集
14 幽玄　15 藤原定家　16 小倉百人一首　17 源 実朝　18 菟玖波集　19 水無瀬三吟百韻
20 閑吟集　21 世阿弥　22 風姿花伝　23 申楽談儀　24 擬古物語　25 無名草子

---

**おさえておきたい**
# Point 　ミニ演習

重要用語

1　土地の相続問題を鎌倉幕府へ訴えるために出かけた旅日記で、鎌倉時代を代表する紀行文でもある。道中の風物の描写のほかに、わが子に対する愛情などが典雅な文章で描き出されている。

| 十六夜日記<br>作者阿仏尼が京から鎌倉へ下ったときの日記。 |
|---|

2　鎌倉時代初期の説話集で、仏教や世事に関する奇談を多く収録している。これ以前の説話集には『今昔物語集』がある。

宇治拾遺物語

3　鎌倉時代初期の軍記物語で、源為朝の活躍を中心に描いて
　いる和漢混淆文で書かれている。

保元物語

# 3 近世（江戸）の文学

Level 2 ▷ **Q07**

## おさえておきたい Point キーワードチェック ▶p302

| 作者・編者 | 作品名 | ジャンル | 内容・特徴 |
|---|---|---|---|
| 井原西鶴 | （ 1 ） | 浮世草子 | 浮世草子の最初<br>世之介を中心に据えて好色風俗を描く<br>好色物としてほかに『（ 2 ）』『好色一代女』<br>などがある |
| （ 3 ） | 世間胸算用 | 浮世草子 | 大晦日の借金決算における町人の哀歓<br>町人物としてほかに『（ 4 ）』などがある |
| （ 5 ） | 雨月物語 | 読本 | 和漢の古典に取材した怪異小説集 |
| 曲亭馬琴 | （ 6 ） | 読本 | 八犬士の活躍を（ 7 ）の立場で描く |
| （ 8 ） | （ 9 ） | 滑稽本 | 銭湯を舞台に庶民風俗を写実的会話で描写 |
| （ 10 ） | （ 11 ） | 滑稽本 | 弥次喜多の滑稽な旅の様子を描いた道中記 |
| 為永春水 | （ 12 ） | 人情本 | 江戸町人の恋愛生活を情緒的に描く |
| 近松門左衛門 | （ 13 ） | 浄瑠璃 | 世話物浄瑠璃盛行の端緒を開いた　世話物としてほかに『冥途の飛脚』『（ 14 ）』などがある<br>「（ 15 ）の間」に演劇の真を作る |
| （ 16 ） | 国性爺合戦 | 浄瑠璃 | 時代物としてほかに『出世景清』などがある |
| 二世竹田出雲ら | （ 17 ） | 浄瑠璃 | 赤穂四十七士の討ち入り事件を脚色 |
| （ 18 ） | （ 19 ） | 歌舞伎 | 妻・お岩の霊に夫が悩まされ自滅する |
| （ 20 ） | （ 21 ） | 俳諧紀行 | 門人河合曾良とともに東北・北陸を旅する<br>俳諧紀行としてほかに『野ざらし紀行』『笈の小文』『（ 22 ）』などがある |
| 野沢凡兆<br>向井去来 | （ 23 ） | 句集 | 「さび」「しをり」を表す蕉風完成期の集<br>『（ 24 ）』『春の日』『曠野』『ひさご』『炭俵』<br>『続猿蓑』とともに（ 25 ） |
| 向井去来 | （ 26 ） | 俳論 | 芭蕉の「（ 27 ）」「しをり」「細み」論 |
| （ 28 ） | 夜半楽 | 句集 | 蕉風への復古を唱え天明俳諧の中心となる |
| （ 29 ） | （ 30 ） | 俳文集 | 晩年の心情や身辺の雑事を日記形式で記す |
| （ 31 ） | 古事記伝 | 国学 | 『古事記』の注釈書<br>ほかの注釈書に『源氏物語（ 32 ）』など |
| 新井白石 | （ 33 ） | 随筆 | 日本最古の自叙伝文学 |

| | | | | | | | | | |
|---|---|---|---|---|---|---|---|---|---|
| 1 好色一代男 | 2 好色五人女 | 3 井原西鶴 | 4 日本永代蔵 | 5 上田秋成 | 6 南総里見八犬伝 |

1 好色一代男　2 好色五人女　3 井原西鶴　4 日本永代蔵　5 上田秋成　6 南総里見八犬伝
7 勧善懲悪　8 式亭三馬　9 浮世風呂　10 十返舎一九　11 東海道中膝栗毛
12 春色梅児誉美　13 曾根崎心中　14 心中天網島　15 虚実皮膜(ひにく)　16 近松門左衛門
17 仮名手本忠臣蔵　18 鶴屋南北　19 東海道四谷怪談　20 松尾芭蕉　21 おくのほそ道
22 更科紀行　23 猿蓑　24 冬の日　25 芭蕉七部集　26 去来抄　27 さび　28 与謝蕪村
29 小林一茶　30 おらが春　31 本居宣長　32 玉の小櫛(おぐし)　33 折たく柴の記

## おさえておきたい
# Point　ミニ演習

**1**　井原西鶴の『（　ア　）』は、主人公世之介の60歳までの好色生活を描く。『（　イ　）』は大晦日に苦闘する町人の悲喜劇が題材となり、『（　ウ　）』は金持ちになる方法を描いた作品である。〔空欄補充〕

| | |
|---|---|
| ア | 好色一代男 |
| イ | 世間胸算用 |
| ウ | 日本永代蔵 |

**2**　近松門左衛門の『（　ア　）』は醤油屋の手代徳兵衛と遊女お初が恋を貫き心中する浄瑠璃作品で、「（　イ　）」と呼ばれる。『（　ウ　）』は明朝の遺臣と日本女性との間に生まれた主人公が明朝を復興する作品である。「（　エ　）」と呼ばれる。〔空欄補充〕

| | |
|---|---|
| ア | 曾根崎心中 |
| イ | 世話物 |
| ウ | 国性爺合戦 |
| エ | 時代物 |

**3**　松尾芭蕉の「おくのほそ道」は、東北地方を旅行したときの正確な日記で、ところどころに俳句が出てくる。〔正誤判断〕

× 紀行文としては評価が高いが、内容には創作の部分が多いとされる。

**4**　松尾芭蕉の「おくのほそ道」は、弟子たちに俳句を教えるための手本である俳諧指南書である。〔正誤判断〕

× 門人曾良との俳文紀行という形式である。

**5**　松尾芭蕉の「おくのほそ道」は、古代の歌枕などの名所を訪ねた歌枕巡礼記的な紀行文である。〔正誤判断〕

○ 「わび」「さび」「軽み」「しをり」「ほそみ」といった俳句の理念が表現されている。

**6**　江戸時代の歌舞伎は人形浄瑠璃と密接に関連し、浄瑠璃の歌舞伎化が行われたが、18世紀中頃の時代物浄瑠璃「義経千本桜」「（　ア　）」は、すぐに歌舞伎でもとり入れられた。また、化政期には、江戸に「東海道四谷怪談」で生世話狂言を確立した歌舞伎作家（　イ　）が出て、当時の虚無的・退廃的な庶民生活を写実的に描いて人気を得た。19世紀には能を取材した歌舞伎も流行し、なかでも七代目市川団十郎により「安宅」をもとにつくられた「（　ウ　）」は、歌舞伎十八番の1つとして傑作とされる。〔空欄補充〕

| | |
|---|---|
| ア | 仮名手本忠臣蔵 |
| イ | 鶴屋南北 |
| ウ | 勧進帳 |

## **4** 近代の日本文学

Level 1 ▷ **Q02**

おさえておきたい
## **Point** 〔キーワードチェック〕

### **1** 明治の小説・評論

①戯作文学…江戸末期の流れを受け継ぎ、戯作の手法で明治の新風俗を描く。

| 作家名 | 作品と特徴 |
|---|---|
| （ 1 ） | 西洋道中膝栗毛・安愚楽鍋 |

②政治小説…自由民権運動を背景に、政治の理想を物語の形で述べる。

| 矢野龍渓 | （ 2 ） |
|---|---|

③（ 3 ）主義…社会の実情や人間心理をありのままに写そうとする文学的立場・方法。

| 坪内逍遥 | （ 4 ）（近代日本最初の小説論）・当世書生気質 |
|---|---|
| （ 5 ） | 小説総論・浮雲（言文一致体）・あひびき（ツルゲーネフの翻訳） |

④擬古典主義…古典回帰の傾向を持ち、西鶴・近松などの写実的手法を理想とした。

| （ 6 ） | 山田美妙らと日本最初の文学結社（ 7 ）を結成。機関誌「我楽多文庫」を創刊。二人比丘尼色懺悔・多情多恨・（ 8 ）（貫一・お宮） |
|---|---|
| （ 9 ） | 紅葉とともに「紅露時代」を築く。風流仏・五重塔 |
| （ 10 ） | 大つごもり・たけくらべ・にごりえ・十三夜 |

⑤（ 11 ）主義…前近代的な思想を否定し、個人の感情や個性を重んじ、理想や恋愛に自我を解放しようとした。主要雑誌は『文学界』。

| （ 12 ） | 文学上の理想主義と現実主義を巡り逍遥と「没理想論争」。舞姫・うたかたの記・文づかひ・（ 13 ）（アンデルセンの翻訳） |
|---|---|
| （ 14 ） | 島崎藤村・上田敏らと同人誌『文学界』を創刊、浪漫主義運動の中心的評論家。厭世詩家と女性・内部生命論 |
| （ 15 ） | 社会と個人の関係を問題提起した「観念小説」。外科室・高野聖 |
| 徳冨蘆花 | 不如帰・思出の記・自然と人生 |
| （ 16 ） | （ 17 ）（清新な自然描写）・源叔父・牛肉と馬鈴薯 |
| 高山樗牛 | 滝口入道・運命と悲劇 |

⑥自然主義…フランス自然主義の影響下に、人間や社会の実相を科学的・客観的態度で描こうと出発。後に自己告白に形を変え、「私小説」「心境小説」へと展開。

| （ 18 ） | 浪漫主義詩人から自然主義作家へ。（ 19 ）（詩集）・破戒・春・家・新生・（ 20 ）（父がモデル） |
|---|---|
| （ 21 ） | 日本自然主義文学の樹立者。（ 22 ）（「私小説」の端緒）・田舎教師 |
| 徳田秋声 | 新世帯・黴 |
| 正宗白鳥 | 何処へ・泥人形 |

⑦余裕派・高踏派…反自然主義の立場から、広い視野と余裕を持って対象をとらえ、理知的な独自の文学世界を築く。

| 作家名 | 作品と特徴 |
|---|---|
| （ 23 ） | 吾輩は猫である・坊っちゃん・草枕・三四郎・それから・門・彼岸過迄・行人・こころ・明暗（「（ 24 ）」の境地を目指す） |
| (12) | 青年・雁・山椒大夫・（ 25 ）（安楽死の是非を問う）・渋江抽斎 |

⑧（ 26 ）派…自然主義の持つ日常性の閉塞的な描写を否定し、美の世界を重視した。しだいに官能的・享楽的な傾向を強めた。主要雑誌は『三田文学』。

| （ 27 ） | あめりか物語・ふらんす物語・すみだ川・腕くらべ・濹東綺譚 |
|---|---|
| （ 28 ） | 刺青・痴人の愛・卍・春琴抄・（ 29 ）（旧家の四人姉妹を描く） |
| （ 30 ） | 田園の憂鬱・都会の憂鬱 |

---

1 仮名垣魯文　2 経国美談　3 写実　4 小説神髄　5 二葉亭四迷　6 尾崎紅葉　7 硯友社（けんゆうしゃ）
8 金色夜叉　9 幸田露伴　10 樋口一葉　11 浪漫　12 森鷗外　13 即興詩人　14 北村透谷
15 泉鏡花　16 国木田独歩　17 武蔵野　18 島崎藤村　19 若菜集　20 夜明け前
21 田山花袋　22 蒲団　23 夏目漱石　24 則天去私　25 高瀬舟　26 耽美　27 永井荷風
28 谷崎潤一郎　29 細雪　30 佐藤春夫

---

**おさえておきたい Point　ミニ演習**

1　（ ア ）は明治18年から『小説神髄』を刊行し、写実主義を提唱し、またその実践として『当世書生気質』を発表した。彼の理論を発展させたのは（ イ ）で、その評論『小説総論』と言文一致体の小説『浮雲』によって写実主義が確立された。　空欄補充

ア　坪内逍遥
イ　二葉亭四迷

2　貧しい家庭に育った愛川吾一少年が社会の矛盾に対して、自分を失わないで生き抜いていく姿を描いた『路傍の石』は、自然主義の国木田独歩の作品である。　正誤判断

×『路傍の石』は山本有三の作。国木田の作品は『武蔵野』『牛肉と馬鈴薯』など。

3　森鷗外の『舞姫』は、近代的自我に目覚めたエリート青年の留学先ドイツでの現地女性との悲恋を描いたもので、西欧的感覚の清新な筆触で浪漫的な香気が高い作品である。　正誤判断

○鷗外自身の体験から、家や国に期待されたエリートの自我の目覚めとその挫折を描いた。

4　樋口一葉の『たけくらべ』は、吉原の遊郭における男女の赤裸々な情愛を分析的な手法を用いて写実的に描いたもので、一葉自身の自伝的色彩の濃い作品である。　正誤判断

×遊郭の付近に住む少女と僧侶になる少年の下町生活と淡い恋心を描く。一葉自身

重要事項
**スピードチェック**

第1章
日本史

第2章
世界史

第3章
地理

第4章
思想

第5章
文学・芸術

は裕福な家庭に生まれた
が、家業の失敗から困窮の
なかで作品を著した。

**5** 尾崎紅葉の『金色夜叉』は、熱海を舞台にした伝奇的小説
で、婚約者の女性を殺害した学生が毎夜その夢にうなされる
が、最後は学生自身も成仏することで死者と和解するという
ものである。 [正誤判断]

× 金のために恋人を奪われた
男が、高利貸になり、金で
敵を討とうとする未完の小
説。

**6** イギリス留学を終えた夏目漱石は、高浜虚子に勧められて、
雑誌「アララギ」に、思春期に入っていく少年少女たちの微
妙な心理を描いた『三四郎』を発表し、これが彼の第1作目
の作品となった。 [正誤判断]

× 正岡子規の雑誌「ホトトギ
ス」に連載されたデビュー
作は『吾輩は猫である』で
ある。

**7** 東大の教師を辞し、新聞社に転身した夏目漱石は、三部作
と称される『青年』『こころ』『門』を発表し、赤裸々な自我
を肯定するエゴイズムを中心主題とするようになった。 [正誤判断]

× 初期三部作は、『三四郎』『そ
れから』『門』。後期三部作
は、『彼岸過迄』『行人』『こ
ころ』。『青年』は森鷗外の
作品。

**8** 夏目漱石の『こころ』は、大学へ入学するために上京した
素朴な青年と妖艶な謎の女性との交流を描いたもので、全編
を通じて「則天去私」の思想が貫かれている。 [正誤判断]

× 登場する「先生」が自身の
罪のために死を迎えるまで
の心理と主人公の葛藤を表
現したもの。

**9** 夫婦の不安定な家庭生活を中心に、日常性に潜む我執を行
為、心理の両面にわたって描いた『明暗』は、日本の近代小
説を代表する作品で、漱石の死により未完となっている。 [正誤判断]

○ 『明暗』は則天去私の境地
を描こうとした最長の作品
であったが、朝日新聞に連
載中に死去した。

**10** 大阪船場の没落旧家蒔岡家の四人姉妹の性格と生き方を、
伝統としきたりの毎日のなかに描いた『細雪』は耽美派の谷
崎潤一郎の作品である。 [正誤判断]

○ 大阪商家の四姉妹を主人公
に、日本古典の伝統、特に
『源氏物語』の影響を強く
受け、美しくも切なさが表
現される耽美派の作品。

**11** 明治末から大正時代にかけて、（ **ア** ）主義文学が盛ん
になった。『破戒』『春』などの作者（ **イ** ）や、『蒲団』『田
舎教師』などの作者（ **ウ** ）、『黴』『あらくれ』などの作
者徳田秋声などがその代表作家である。 [空欄補充]

ア 自然
イ 島崎藤村
ウ 田山花袋

## **2** 大正・昭和・平成の小説・評論 ▶ p292

①白樺派…理想主義的・人道主義的立場を取り、個の尊厳を主張して、自然主義の描く絶望的現実とは対照的な世界を構築する。多くは学習院大学出身の有産階級に育った人々。主要雑誌は『白樺』。

| 作家名 | 作品と特徴 |
|---|---|
| （ 1 ） | 白樺派のリーダー的存在。理想の実践として調和的な共同体「（ 2 ）」を建設。お目出たき人・友情・真理先生 |
| （ 3 ） | 網走まで・清兵衛と瓢箪・城の崎にて・小僧の神様・暗夜行路 |
| （ 4 ） | 生れ出づる悩み・（ 5 ）（近代的自我に目覚めた女を描く） |

②新思潮派（新現実主義）…現実を理知的にとらえ、技巧的な表現を駆使して、人間の現実の姿を描こうとした。主要雑誌は『新思潮』。

| | |
|---|---|
| （ 6 ） | 人生より芸術に価値を置く「（ 7 ）」という発想を持つ。羅生門・鼻・戯作三昧・地獄変・枯野抄・河童・歯車・或阿呆の一生 |
| （ 8 ） | 『（ 9 ）』を創刊。（ 10 ）賞・（ 11 ）賞を創設。父帰る・（ 12 ）（九州耶馬渓の青の洞門の由来） |
| （ 13 ） | 女の一生・真実一路・路傍の石 |
| 久米正雄 | 受験生の手記・父の死 |

③（ 14 ）文学…ロシア革命の世界的影響のもとで起こった共産主義的・社会主義的な革命文学運動。労働者階級の解放を目指した。主要雑誌は『種蒔く人』『（ 15 ）』『戦旗』。

| | |
|---|---|
| （ 16 ） | セメント樽の中の手紙・海に生くる人々 |
| （ 17 ） | 蟹工船 |
| （ 18 ） | 太陽のない街 |
| 佐多稲子 | キャラメル工場から |

④新感覚派…感覚的表現を駆使し、斬新な擬人法・比喩などの表現技巧を用いて、新しいイメージの文学を創造しようとした。主要雑誌は『（ 19 ）』。

| | |
|---|---|
| （ 20 ） | 日輪・蠅・春は馬車に乗って・上海・機械・旅愁 |
| （ 21 ） | （ 22 ）受賞。伊豆の踊子・雪国・山の音・古都 |

⑤新興芸術派…反プロレタリア文学の立場に立ち、文学の芸術性・自立性を唱える。

| | |
|---|---|
| （ 23 ） | 山椒魚・さざなみ軍記・（ 24 ）（広島の被爆体験を客観的に描く） |
| 梶井基次郎 | （ 25 ）（自分をおさえつける現実から脱した喜びを描く）・冬の蠅 |
| （ 26 ） | 様々なる意匠・無常といふ事・考へるヒント・本居宣長 |

⑥新心理主義…欧米の心理的現実主義の影響を受け、人間の深層心理を芸術的に表現。

| | |
|---|---|
| （ 27 ） | 聖家族・（ 28 ）（サナトリウムで死去した婚約者がモデル） |
| （ 29 ） | 鳴海仙吉・若い詩人の肖像 |

重要事項
スピードチェック

第1章
日本史

第2章
世界史

第3章
地理

第4章
思想

第5章
文学・芸術

1 武者小路実篤　2 新しき村　3 志賀直哉　4 有島武郎　5 或る女　6 芥川龍之介
7 芸術至上主義　8 菊池寛　9 文藝春秋　10 芥川　11 直木　12 恩讐の彼方に
13 山本有三　14 プロレタリア　15 文芸戦線　16 葉山嘉樹　17 小林多喜二　18 徳永直
19 文芸時代　20 横光利一　21 川端康成　22 ノーベル文学賞　23 井伏鱒二　24 黒い雨
25 檸檬　26 小林秀雄　27 堀辰雄　28 風立ちぬ　29 伊藤整

## おさえておきたい Point 〔ミニ演習〕

**1** 大正時代、美を重視し、官能や退廃美を追求した文学の傾向が（　ア　）主義である。代表作家に『あめりか物語』『ふらんす物語』などの作者（　イ　）、『刺青』『痴人の愛』などの作者（　ウ　）などがいる。　〔空欄補充〕

| | |
|---|---|
| ア | 耽美 |
| イ | 永井荷風 |
| ウ | 谷崎潤一郎 |

**2** 芥川龍之介の『地獄変』は、戦国時代の下級武士の死生観をテーマとしたもので、戦場で華々しく死ぬことでしか、みずからの存在を主張できない主人公の生きざまを描いている。　〔正誤判断〕

× 主人公の絵師が、地獄変を描くために、実際に火にかけられた自分の娘を描く異常さを描いたもの。

**3** 川端康成の『伊豆の踊り子』は、仏道修行中の主人公が伊豆旅行中に道連れになった踊り子と恋愛関係となるが、みずからの進む道と恋情との間で激しい心の葛藤に悩むといったものである。　〔正誤判断〕

× 生き方に悩んだ一高生の主人公が伊豆の旅に出て、踊子たち旅芸人一行との心の交流を描いた作品。

**4** 堀辰雄の『風立ちぬ』は、ヴァレリーの詩句を踏まえた作品で、主人公が、胸の病でサナトリウムで療養する少女との愛に生活を通して、死と生と愛の意味を考える叙情的な作品である。　〔正誤判断〕

○『風立ちぬ』は、フランスの詩人ヴァレリーの「風立ちぬ、いざ生きめやも」に由来する。

**5** 伊藤左千夫の『野菊の墓』は、田園地帯に住む2人の男女の日常のやりとりを自然描写を交えながら軽妙かつユーモラスに描いたもので、近代の恋愛小説の先駆けをなすものである。　〔正誤判断〕

× 東京の矢切りの渡し近辺が舞台であり、少年少女の淡い恋が大人の介入で壊れてしまうという純愛物語。

**6** 太宰治の『人間失格』は、まじめで気の弱い主人公が徴兵で南方の戦線に出され、そこで上官の命令とはいえ現地の人間を殺してしまうというもので、追い詰められた極限状況の人間心理がテーマとなっている。　〔正誤判断〕

× 東北の名門の家に生まれた主人公が、真実の愛に接することができず大人になり、放蕩を繰り返すなかで廃人となる物語。

**7** 自我に目覚めた早月葉子が家や社会に反抗しながら、強く生き抜いていく様子を描いた『或る女』は、新現実主義の志賀直哉の作品である。 正誤判断

**8** オホーツク海を舞台に資本家と、過酷な条件に置かれている労働者との対立を描いた『蟹工船』は写実主義の太宰治の作品である。 正誤判断

**9** 広島の原爆の悲惨な様子、特に被爆者の苦境や原爆症について日記の形式を用いて描いた『黒い雨』は、新感覚派の横光利一の作品である。 正誤判断

⑦転向文学…プロレタリア文学運動の作家たちが転向後、その苦悩などを描く。

| 作家名 | 作品と特徴 |
|---|---|
| （ 1 ） | 村の家・歌のわかれ・むらぎも |
| 島木健作 | 生活の探求・人間の復活 |

⑧新戯作派（無頼派）…既成の道徳観や文学観に反発し、退廃的な態度から作品を書いた。

| | |
|---|---|
| （ 2 ） | 道化の華・富嶽百景・走れメロス・ヴィヨンの妻・斜陽・人間失格 |
| （ 3 ） | 堕落論・白痴 |
| （ 4 ） | 夫婦善哉 |

⑨戦後派文学…敗戦後の社会の混乱と退廃を投影し、従来の価値観を放棄して新しい文学を創造しようとした。主要雑誌は『近代文学』。

| | |
|---|---|
| 野間宏 | （ 5 ）（人間性を破壊する軍隊の構造や人間関係を描く）・暗い絵 |
| （ 6 ） | 俘虜記・野火・レイテ戦記 |
| （ 7 ） | 仮面の告白・潮騒・金閣寺・（ 8 ）（輪廻転生を軸とする四部作） |
| （ 9 ） | 壁・砂の女・他人の顔・燃え尽きた地図・箱男 |
| 埴谷雄高（はにやゆたか） | （ 10 ）（新しい存在論を模索し続けた未完の思索的作品） |

⑩「新日本文学」派（民主主義文学）…戦前に挫折したプロレタリア文学を、民主主義文学として再生させることを目指した。

| | |
|---|---|
| （ 11 ） | 播州平野 |

⑪第三の新人…日常生活に潜む不安定さや危機意識などを、私小説的手法で描く。

| | |
|---|---|
| （ 12 ） | 白い人・海と毒薬・（ 13 ）（転びキリシタンの苦悩）・深い河 |
| 安岡章太郎 | 悪い仲間・海辺の光景 |
| 吉行淳之介 | 驟雨・暗室 |

⑫昭和30年代…社会や政治に対して自己主張を示す社会派の活動。

| | |
|---|---|
| （ 14 ） | （ 15 ）受賞。死者の奢り・飼育・万延元年のフットボール |
| （ 16 ） | 裸の王様・日本三文オペラ・輝ける闇 |

重要事項
# スピードチェック

第1章 日本史
第2章 世界史
第3章 地理
第4章 思想
第5章 文学・芸術

⑬（　17　）…個人の内面に焦点を当てることで、個人の存在をとらえ直す。
　　阿部昭『司令の休暇』、黒井千次『時間』『群棲』、小川国夫『試みの岸』
⑭昭和50年以降の小説
　　（　18　）『岬』、村上龍『限りなく透明に近いブルー』、宮本輝『蛍川』、（　19　）『羊
　　をめぐる冒険』『ノルウェイの森』、井上ひさし『吉里吉里人』、司馬遼太郎『竜馬がゆく』、
　　（　20　）『ベッドタイムアイズ』、（　21　）『キッチン』

---

1 中野重治　2 太宰治　3 坂口安吾　4 織田作之助　5 真空地帯　6 大岡昇平　7 三島由紀夫
8 豊饒の海　9 安部公房　10 死霊　11 宮本百合子　12 遠藤周作　13 沈黙　14 大江健三郎
15 ノーベル文学賞　16 開高健　17 内向の世代　18 中上健次　19 村上春樹　20 山田詠美
21 吉本ばなな

---

おさえておきたい
# Point　ミニ演習

**1**　井伏鱒二の作風には、戦前の『山椒魚』のような詩的、叙
情的傾向と、戦後の『黒い雨』のような叙事的、行動的傾向
の二つがあるといえる。『黒い雨』は、原爆で家族を失った
少女の、戦中から戦後にかけての痛ましい悲劇を主題として、
戦争犠牲者の姿を内面から彷彿と描き、戦争文学の草分け的
作品となった。　　　　　　　　　　　　　　　正誤判断

**2**　大岡昇平の戦争文学は、兵士としての作者の実体験に基づ
き、戦場へ投げ込まれた一知識人の、戦争観、生死観を明確
に記述している。『俘虜記』は、遭遇した若い米兵をなぜ撃
たなかったのかという心理を、感情を抑制した文体で論理的
に追及し、彼の作家としての地位を確立した作品である。
　　　　　　　　　　　　　　　　　　　　　　　正誤判断

**3**　安部公房の作品には、柔軟な精神と清新な感覚から生まれ
る独特のユーモアがあり、同時に庶民的悲哀が感じられる。
「壁- S.カルマ氏の犯罪」では、収容所に囚われの身になった
一人の兵士が、八方ふさがりの状況を逆転の発想で打ち破っ
ていくさまを巧妙に描き、冷たい現実を滑稽に語る独自の作
風が注目された。　　　　　　　　　　　　　　正誤判断

**4**　野間宏の作品に登場する人物は、孤立を恐れぬ強者であり、
批判者であり、告発者であり、それが、端的に核心へ入る一
種投げやりな破格の文章に支えられているといえる。『真空
地帯』では、戦時下の生体解剖事件を題材にとり上げ、

×『黒い雨』は、日常を捉え
る日記で被爆という非日常
をあらわしている。姪の縁
談と原爆症がテーマとなっ
ており、いわゆる「戦争文
学」ではない。

○『俘虜記』『野火』『レイテ
戦記』は自身の戦争体験を
もとに書かれた代表作であ
るが、『花影』『中原中也』『小
説家夏目漱石』など幅広い
分野での著作がある。

×『砂の女』でノーベル賞候
補といわれた。短編集『壁』
の第一部「S.カルマ氏の犯
罪」で芥川賞を受賞。不条
理な寓意とユーモアはある
が、庶民的悲哀はない。主
人公は「N火災保険・資料
課　S.カルマ」である。

×野間宏は全体小説を主張す
る。『真空地帯』とは非人
間的な旧日本軍を表すもの
で、そこで翻弄される兵士

日本人における罪の意識の欠如を独特な筆致で鋭く追及した。 正誤判断

の無情、無力感を描いた。

5 三島由紀夫の文学は、よりどころを失った戦争青年の精神状況を感覚的で華麗な文体で綴っている点に特徴があるといえる。『宴のあと』は、青年の手記の形をとり、人生は生きるに値するか、思想に何の意味があるのかといった問題を扱い、戦後の読者の要求に合致した作品であった。 正誤判断

× 手記の形で青年の精神状況をつづるといえば太宰の『人間失格』。三島の『宴のあと』は、元外務大臣・東京都知事候補をモデルにし、プライバシーに関する裁判にもなった。

6 吉行淳之介は、人間はいかにして人間という陰湿な関わりから逃れうるかという問題を解くことを主題とする作品を描いた。『砂の上の植物群』は、彼の代表作の一つである。 正誤判断

○ 『驟雨』で芥川賞を受賞し、遠藤周作、安岡章太郎、三浦朱門、小島信夫らとともに「第三の新人」と呼ばれた。

7 『白痴』を発表し、「生きよ、堕ちよ」の堕落論を示した。織田作之助とともに無頼派・新戯作派に分類される作家。 重要用語

坂口安吾
織田作之助・太宰治らと無頼派・新戯作派と呼ばれた。

8 『飼育』で芥川賞を受賞、四国での共同体生活を経て、都会の孤立をサルトルを媒介として描き、さらに戦後の民主主義の理論も加えた社会的・政治的な姿勢も鮮明に打ち出す活動をしている。 重要用語

大江健三郎
23歳で芥川賞受賞、1994年ノーベル文学賞受賞。

## 3 大正・昭和の詩歌

①詩

| 作家名 | 作風・主義 | 作品と特徴 |
|---|---|---|
| （ 1 ） | 耽美派 | 邪宗門・思ひ出 |
| （ 2 ） | 理想主義 | 道程・（ 3 ）（妻への愛情とその死を嘆く想い） |
| （ 4 ） | 理想主義 | 春と修羅・注文の多い料理店（童話）・銀河鉄道の夜（童話） |
| （ 5 ） | 理知派 | （ 6 ）（孤独を自在な口語の調べで表現）・青猫 |
| （ 7 ） | 四季派 | 山羊の歌・（ 8 ）（死後に小林秀雄によって出版） |

②短歌

| （ 9 ） | 明星派 | （ 10 ）（青春の愛と官能を奔放に歌う）・舞姫 |
|---|---|---|
| （ 11 ） | 自然派 | （ 12 ）（三行書きを試みる）・悲しき玩具 |
| 伊藤左千夫 | アララギ派 | 左千夫歌集・野菊の墓（小説） |
| （ 13 ） | アララギ派 | （ 14 ）（連作「死にたまふ母」を含む）・あらたま |

③俳句

| （ 15 ） | ホトトギス派 | 獺祭書屋俳話・歌よみに与ふる書（歌論） |
| 高浜虚子 | ホトトギス派 | 虚子句集 |
| （ 16 ） | 自由律俳句 | 草木塔 |

---

1 北原白秋　2 高村光太郎　3 智恵子抄　4 宮沢賢治　5 萩原朔太郎　6 月に吠える
7 中原中也　8 在りし日の歌　9 与謝野晶子　10 みだれ髪　11 石川啄木　12 一握の砂
13 斎藤茂吉　14 赤光　15 正岡子規　16 種田山頭火

## おさえておきたい Point ミニ演習

**1**　明治時代の詩人とその作品を組み合わせよ。

ア　北村透谷　　A『蓬莱曲』
イ　島崎藤村　　B『邪宗門』
ウ　土井晩翠　　C『若菜集』
エ　上田敏　　　D『天地有情』
オ　北原白秋　　E『海潮音』

組み合わせ

ア—A
イ—C
ウ—D
エ—E
オ—B

**2**　大正・昭和初期の詩人とその作品を組み合わせよ。

ア　高村光太郎　A『測量船』
イ　室生犀星　　B『山羊の歌』
ウ　宮沢賢治　　C『愛の詩集』
エ　三好達治　　D『春と修羅』
オ　中原中也　　E『道程』

組み合わせ

ア—E
イ—C
ウ—D
エ—A
オ—B

## 5 世界の文学

Level 1 ▷ **Q03**

## おさえておきたい Point キーワードチェック

▶p294

| 国 | 作家名 | 作品 |
|---|---|---|
| 英 | （ 1 ） | （ 2 ）、オセロ、マクベス、リア王（以上四大悲劇）、真夏の夜の夢、ヴェニスの商人、ロミオとジュリエット |
| | デフォー | （ 3 ） |
| | スウィフト | （ 4 ） |
| | ルイス＝キャロル | 不思議の国のアリス、鏡の国のアリス |
| | スティーブンソン | 宝島、ジキル博士とハイド氏 |
| | （ 5 ） | 月と六ペンス、人間の絆 |

271

| | | |
|---|---|---|
| 独 | （ 6 ） | 若きウェルテルの悩み、ファウスト |
| | トーマス＝マン | ブッテンブローク家の人々、トニオ＝クレーゲル、魔の山 |
| | （ 7 ） | 車輪の下、春の嵐、デミアン、知と愛 |
| | （ 8 ） | 変身、審判、城 |
| 仏 | （ 9 ） | 赤と黒、パルムの僧院 |
| | バルザック | 独立作品に関連を持たせ「（ 10 ）」と総称。ゴリオ爺さん |
| | ビクトル＝ユゴー | （ 11 ） |
| | （ 12 ） | 女の一生、ベラミ、ピエールとジャン |
| | ルナール | にんじん、博物誌 |
| | ロマン＝ロラン | ジャン＝クリストフ、魅せられたる魂 |
| | （ 13 ） | 背徳者、狭き門、田園交響楽、贋金づくり |
| | （ 14 ） | 星の王子さま、夜間飛行 |
| | （ 15 ） | 異邦人、ペスト、カリギュラ |
| 露 | ツルゲーネフ | 猟人日記、ルージン、初恋、父と子 |
| | （ 16 ） | 罪と罰、カラマーゾフの兄弟、白痴、悪霊 |
| | （ 17 ） | 戦争と平和、アンナ＝カレーニナ、イワンのばか、復活 |
| | チェーホフ | 桜の園、ワーニャ伯父さん、三人姉妹 |
| 米 | ポー | アッシャー家の崩壊、黒猫、モルグ街の殺人 |
| | （ 18 ） | 武器よさらば、誰がために鐘は鳴る、老人と海 |
| | ミッチェル | （ 19 ） |
| | （ 20 ） | 怒りの葡萄、エデンの東 |
| | （ 21 ） | ライ麦畑でつかまえて、ナインストーリーズ |
| 中 | 魯迅(ルーシュン) | 狂人日記、阿Q正伝 |

> 1 シェークスピア　2 ハムレット　3 ロビンソン＝クルーソー　4 ガリヴァー旅行記
> 5 モーム　6 ゲーテ　7 ヘッセ　8 カフカ　9 スタンダール　10 人間喜劇
> 11 レ＝ミゼラブル　12 モーパッサン　13 ジッド　14 サン＝テグジュペリ　15 カミュ
> 16 ドストエフスキー　17 トルストイ　18 ヘミングウェイ　19 風と共に去りぬ
> 20 スタインベック　21 サリンジャー

## おさえておきたい Point 〔ミニ演習〕

1　アメリカの小説家。第一次・第二次世界大戦で従軍生活を
　送る。1954年ノーベル賞受賞。代表作に『日はまた昇る』『誰
　がために鐘は鳴る』『老人と海』など。　（重要用語）

ヘミングウェイ

**2**　フランスの小説家。多作で超人的な能力を持っていた。自分の小説の全作品に『人間喜劇』という総題をつけた。主な作品に、『谷間の百合』『従妹ベット』などがある。
(重要用語)

バルザック

**3**　ドイツの叙情詩人、小説家。現代の物質文明を批判、精神的な向上を求めた。1946年ノーベル賞受賞。代表作に、『ペーター・カーメンチント』『車輪の下』など。
(重要用語)

ヘッセ

**4**　ロシアの小説家。生涯の大半を国外で暮らした。代表作の『猟人日記』という短編集から二葉亭四迷は『あひびき』『めぐりあひ』を翻訳して発表した。
(重要用語)

ツルゲーネフ

**5**　19世紀後半に活躍したロシアの劇作家で、医者でもあり、一時トルストイ主義に共鳴して社会事業に積極的に参加したこともあった。彼の代表作には、『三人姉妹』や『桜の園』などがある。
(重要用語)

チェーホフ

**6**　リアリズム劇の確立者とも呼ばれるノルウェーの劇作家で、『人形の家』や『幽霊』などの社会性に富んだ作品を発表し、ゾラの自然主義の影響も強く受けていた。
(重要用語)

イプセン

**7**　20世紀初頭のニューヨークに生まれ、1947年に初演された『みんな我が子』で成功し、作家としての地位を固めた彼は、1949年に初演された『セールスマンの死』で斬新な手法で老セールスマンの姿を描き、アメリカ演劇に一時期を画する名作との評判を得た。
(重要用語)

アーサー・ミラー

**8**　劇や小説などさまざまな分野にわたる作品を書き、波乱に富んだ生涯を送った。英雄的行為を豊かな色彩で単純明解に示した作品は、大衆から喝采を受け、『三銃士』や『モンテ＝クリスト伯』は今日でもなお、世界で多くの読者を得ている。同名の息子は、『椿姫』の作者として知られる。
(重要用語)

アレクサンドル・デュマ
（大デュマ）

**9**　科学的発見や発明への好奇心が強く、多くの探検家や地理学者に学ぶとともに、機械化学、海洋学について深く研究し、SF小説の先駆者として多くの作品を書いた。代表作には『海底二万哩』『八十日間世界一周』『十五少年漂流記』などがある。
(重要用語)

ジュール・ヴェルヌ

| | | |
|---|---|---|
| **10** 処女小説『タイムマシン』で名声を確立し『透明人間』『宇宙戦争』などを発表、SF小説の歴史において一時代を築いた。また、フェビアン協会に入会、科学と合理主義の進歩としての歴史を考える『世界文化史体系』を発表した。 (重要用語) | H.G.ウェルズ | |

**11** ストイックで行動的な私立探偵フィリップ・マーロウの活躍する『さらばいとしき女よ』『長いお別れ』などで、D.ハメットと並ぶハードボイルド派の巨匠となった。生々とした人物描写、巧妙な会話により、探偵小説を文学にまで高めた。 (重要用語)

レイモンド・チャンドラー

**12** 「われ五斗米（県令の棒給）の為に膝を屈して郷里の小人に向う能わず」と考え、役人を辞し、故郷の田園に帰った。そのときの心境を述べたのが、「帰りなんいざ」で始まる「帰去来辞」である。 (重要用語)

陶淵明（陶潜）
酒と自然を愛した中国随一の田園詩人。

**13** 天才的で超俗の詩人という意味で「詩仙」と呼ばれ、長編の古詩を得意とし、また、絶句に秀でていた。「白髪三千丈」で有名な「秋浦歌」は晩年の放浪時の作である。 (重要用語)

李白
杜甫とともに唐詩の全盛時代を築いた「詩仙・酒仙」。自由でおおらかな作風が特徴。

**14** 彼は、詩の世界の聖人という意味で「詩聖」とよばれた。安史の乱に巻き込まれ、長安に幽閉されたときに作った「国破山河在」で始まる「春望」は、松尾芭蕉の『おくのほそ道』に引用されている。 (重要用語)

杜甫
律詩を完成した「詩聖」。李白と対局にあり、国と政治に苦しむ民衆の心情を詩に込めた。

**15** 彼は、政治的社会的意義を持つ「諷喩詩」を重視したが、同時代人にもてはやされたのは、玄宗と楊貴妃の恋物語である「長恨歌」などの「感傷詩」であった。彼の詩は、わが国の平安朝文学に大きな影響を与えた。 (重要用語)

白居易（白楽天）
さまざまな種類で多くの作品を作り、存命中にその作品が当時の日本に伝わっている。

**16** エリザベス1世の時代に、シェークスピアは『ハムレット』『オセロ』『リア王』などを著し、劇団の座付き作者として成功を博した。彼は、人間の内奥や人間関係の緊張を深く掘り下げ、悲劇や史劇の分野で優れた創作を行ったが、喜劇にはみるべき作品を残さなかった。 (正誤判断)

×『マクベス』を加え四大悲劇といわれるが、『じゃじゃ馬ならし』『真夏の夜の夢』『ヴェニスの商人』『十二夜』などの喜劇もある。

**17** 清教徒革命の時代に、ミルトンは革命を熱烈に支持し、政治論や時事問題で優れた論争を展開した。晩年は大作『失楽園』を著したが、これは『旧約聖書』を題材に人間の象徴と

○ミルトンの長編叙事詩『失楽園』は清教徒革命の思想を支えた。

重要事項
# スピードチェック

第1章
日本史

第2章
世界史

第3章
地理

第4章
思想

第5章
文学・芸術

してのアダムとサタンとの戦いを通じて罪と罰の問題を真正面からとり上げ、神と人間の関係を追求した壮大な叙事詩である。 (正誤判断)

18 18〜19世紀初頭のイギリス、ロマンティシズムの時代には、スコットが『アイヴァンホー』や『湖上の美人』など史実に基づく浪漫的物語を著わし、スティーヴンソンが幻想的で象徴的な小説を発表した。しかし、詩の領域においては、大きな動きや見るべき詩人は現れなかった。 (正誤判断)

×スティーヴンソンは『宝島』『ジキル博士とハイド氏』など、冒険・怪奇小説を明快な文章で描く。また、この時期の詩人にはワーズワースがいる。

19 20世紀に入ると、イギリスの文学者は多様な形で人間と社会への懐疑や怒りを表現した。この時期で注目される小説家はジェームズ＝ジョイスとD.H.ロレンスであるが、前者は、第一次世界大戦後の失われた世代の代表の一人であり、『誰がために鐘は鳴る』でスペイン内乱での体験を描き、後者は、偉大な魂が苦悩を乗り越えて成長してゆく過程をヒューマニズムに基づいて描いた。 (正誤判断)

×『誰がために鐘は鳴る』はアメリカのノーベル賞作家ヘミングウェイの作品。アイルランドの小説家ジョイスの代表作は、『ユリシーズ』。

20 トルストイの『戦争と平和』は、ナポレオン戦争時代のロシア農奴の悲惨な生活を通して、ロシア社会の巨大な矛盾を鋭くついた作品である。登場人物はごく少数であるが、それぞれの関係が入り組んでおり、心理描写も非常に複雑である。 (正誤判断)

×ナポレオン戦争時代の歴史を『戦争と平和』では、ロシアの青年貴族・将校・皇帝などの多くの登場人物の行動を描いている。

21 スタンダールの『赤と黒』は、ナポレオン時代の軍人の栄光（赤）をあきらめ、出世のために聖職者（黒）の道を選ぶ主人公の姿を通して、王政復古下のフランスの政治社会情勢を描写したものである。 (正誤判断)

〇赤は軍服、黒は僧服を象徴するという解釈が一般的である（ルーレットの赤と黒などの説もある）。

22 ゲーテの『若きウェルテルの悩み』は悪魔と魂をかけた契約をして、人生を体験し尽くそうとする主人公が、危険な人生の中でたゆまぬ努力、勤労への意志によって最後は救われるといった作品である。 (正誤判断)

×『ファウスト』に関する記述。『若きウェルテルの悩み』は、青年が書簡で秘めた悲恋を抱え自殺するまでの物語。

23 ユーゴーの『レ・ミゼラブル』は、かつては善良で信心深かった主人公が貧困や家族の死など世の中の辛酸をなめ尽くすうちにニヒリズムに陥り、ついには神さえも呪っていくという作品で、当時の世紀末的な世相を反映したものである。 (正誤判断)

×『レ・ミゼラブル（ああ無情）』は、革命に向かうフランスで、主人公ジャン・ヴァルジャン、養女コゼットの波乱の人生を描いた大河小説。

**24** メルヴィルの『白鯨』は、主人公と鯨の心温まる交流を
美しい自然描写を交えながら描いた作品で、産業革命が進み
自然環境を破壊しつつあった当時の社会に対して反省を求め
る主人公の生き方が印象的である。 （正誤判断）

> ✕ 白鯨・モビーディックへの
> 復讐に執念を燃やす老船長
> が、最後の対決に至るまで
> の海洋作品。当時の捕鯨、
> 漁師の描写が細やかで、キ
> リスト教的象徴が強く表さ
> れている。

# **6** 美術史

Level 1 ▷ **Q04**　Level 2 ▷ **Q06**

おさえておきたい
## **Point**　キーワードチェック

### **1** 世界の美術 ▶ p296

①ギリシア・ローマ

| ギリシア | 建築の3様式：男性的で荘重なドリス（ドーリア）式、女性的で優雅なイオニア式、華麗で技巧的な（ **1** ）式が特徴。<br>初期のアルカイック美術、中期のクラシック美術、後期のヘレニズム美術の3期に分かれる。 |
|---|---|
| ローマ | セメントの発見。新しい建築法による（ **2** ）や水道橋、大浴場などの建築物。ポンペイ出土の壁画など。 |

②中世（キリスト教美術・6 〜 13世紀）

| 初期 | （ **3** ）（地下墓窟）の壁画、バジリカ様式の教会建築、モザイク画。 |
|---|---|
| ビザンティン美術 | 円蓋バジリカ様式による聖ソフィア大聖堂などの壮大な建築物、（ **4** ）画、フレスコ画。 |
| ロマネスク美術 | 西ヨーロッパ中心。（ **5** ）線を強調し、（ **6** ）アーチの使用と厚い壁、浮き彫り彫刻で飾られた教会建築。 |
| ゴシック美術 | （ **7** ）線を主にし、（ **8** ）アーチを使用した尖塔がそびえる教会建築。明るく写実的な彫刻とステンドグラス。 |

③ルネサンス（14 〜 16世紀）

| 分類 | 特徴 | 主な作家 |
|---|---|---|
| 初期<br>14 〜 15世紀 | （ **9** ）（伊）中心。<br>フィレンツェ大聖堂 | ジョットー、ドナテルロ、マサッチオ、フランチェスカ、ボッティチェリ |
| 盛期<br>15 〜 16世紀 | ローマ（伊）中心。<br>右の3大巨匠らの活躍。 | ダ＝ヴィンチ、（ **10** ）、ラファエロ |
| 北方ルネサンス　16世紀 | （ **11** ）地方（ベルギー）やドイツが中心。 | ファン＝アイク、ブリューゲル、デューラー |

④17 〜 18世紀

| 分類 | 特徴 | 主な作家 |
|---|---|---|
| （ 12 ） 美術 | 豪壮さが特徴<br>（ 13 ） 宮殿 | エル＝グレコ、ベラスケス、ルーベンス、レンブラント |
| （ 14 ） 美術 | 繊細・優美さが特徴。<br>（ 15 ） 宮殿 | ワトー、シャルダン、ゴヤ |

⑤近代（19世紀）

| 分類 | 特徴 | 主な作家 |
|---|---|---|
| 新古典主義 | ロココ美術に対抗。古代美術を手本として力強さを表現。（ 16 ） 宮殿 | ダヴィド、アングル |
| ロマン主義 | 豊かな色彩、情熱的・幻想的な画風。 | ジェリコー、<br>（ 17 ）、ターナー、<br>（ 18 ）（彫刻） |
| 自然主義 | （ 19 ） 派。素朴な自然の姿を描く。写実主義の一部に分類されることもある。 | （ 20 ）、コロー |
| 写実主義 | 現実の客観的描写。 | ドーミエ、クールベ |
| 印象主義 | 明るい色彩で現実を描く。<br>（ 21 ） の影響も受ける。 | マネ、モネ、（ 22 ）、ピサロ、シスレー、ドガ |
| 新印象主義 | 計算された小さな色の点を画面に並べる。<br>（ 23 ） 主義とも呼ばれる。 | スーラ、シニャック |
| 後期印象主義 | 強い色彩・暗示などで描き、対象の本質に迫る。 | （ 24 ）、（ 25 ）、ゴーギャン |

⑥現代（20世紀）▶ p300

| 分類 | 特徴 | 主な作家 |
|---|---|---|
| 野獣派（（ 26 ）） | 原色の大胆な使用、荒々しい筆触、単純化された形。 | （ 27 ）、ヴラマンク |
| 立体派（（ 28 ）） | 物を分解し、再構成し表現する。 | （ 29 ）、ブラック |
| エコール・ド・パリ | 第一次世界大戦後、パリに集まった外国人たちによる具象絵画。 | （ 30 ）、（ 31 ）、<br>（ 32 ）、スーティン、キスリング、藤田嗣治 |
| 超現実派（（ 33 ）） | 非現実の幻想的な世界を描く。 | （ 34 ）、ミロ、（ 35 ）、エルンスト |

## おさえておきたい Point ミニ演習

**1** ギリシア美術の建築様式は、イオニア式、コリント式とあと1つは何か。 （重要用語）

ドリス式（ドーリア式）

**2** 17世紀から18世紀の美術傾向で、バロック美術のあとを受けて、繊細さと優美さなどが特徴のものを何というか。 （重要用語）

ロココ美術

**3** 後期印象主義の画家で、『ひまわり』『糸杉と星の道』などの作品を残したが、精神に異常をきたして37歳で自殺した人物は誰か。 （重要用語）

ゴッホ

**4** 第一次世界大戦後にパリに集まったユトリロ、モディリアニ、シャガール、藤田嗣治らの外国人たちによる具象絵画中心の美術を何というか。 （重要用語）

エコール・ド・パリ
「パリ派」という意味であり、1925年頃に活躍した外国人の画家・彫刻家の総称。

**5** 20世紀初頭のフランスに興った絵画の一派で、セザンヌの「自然を円錐と円筒と球体によって扱う」という言葉を出発点とし、ピカソ、ブラック、グリスらが中心となって広められた。対象となる物体を理性で把握することを主張し、統一的な視覚像を破壊させて複数の視点から立体的に対象に迫るという新しい美の表現を試みたこれらの絵画傾向を何というか。 （重要用語）

キュビスム（立体派）
キューブ（立方体）と呼ばれたブラックの作品から名付けられた。対象を幾何学的フォルムに置き換え、遠近法などの形式を放棄する。

**6** ビザンツ様式は、ギリシア美術と東方の要素を融合した様式で、円屋根と内部のモザイク壁画を特徴とする。代表作に、セント=ソフィア聖堂がある。 （正誤判断）

○ ドームをいただく集中式会堂とモザイク壁画を特色とする。

**7** ゴシック様式は、ローマ風の円形アーチと厚い壁を用いた重厚なスタイルを特徴とする。代表作に、サンタ・マリア・デル・フィオーレ大聖堂がある。 （正誤判断）

× 垂直的な尖塔型アーチ、高い天井、ステンドグラスの大窓、細い柱が特徴。ノー

重要事項
# スピードチェック

第1章
日本史

第2章
世界史

第3章
地理

第4章
思想

第5章
文学・芸術

トル・ダム寺院、ケルン寺院、ウェストミンスター寺院が代表的建築。

**8** バロック様式は、高い尖塔と広く開かれた窓を用いて垂直性を表現した、荘厳な様式である。代表作に、ピサ大聖堂がある。 〔正誤判断〕

× 豪華な装飾による力感・流動感が特徴。代表的建築はヴェルサイユ宮殿。

**9** ルネサンス様式は、曲面を多用した流動感と豊富な装飾による豪壮さを特徴とする。代表作に、ノートル・ダム寺院がある。 〔正誤判断〕

× 均整のとれたアーチ塔・平天井・列柱、彫刻や絵画で彩られた内装が特徴。代表的建築はバチカンのサン・ピエトロ大聖堂（寺院）。

**10** ロマネスク様式は、整った古典の様式を理想とし、平面・立面ともに左右対象の均衡性を重視する。代表作に、サン・ピエトロ大聖堂がある。 〔正誤判断〕

× 長十字形の平面で屋根は半円形の石造り、太い柱と厚い壁で重厚な印象が特徴。イタリアのピサ大聖堂が代表建築。

**11** 中世に入ると、キリスト教の影響が強まり、絵画の対象はすべて聖書に関連づけられたものとなった。さらに、人物を描く場合は決して正面から描いてはならず、頭部は側面から見た図式で描くのが一般的であった。 〔正誤判断〕

× 初期キリスト教時代は旧約聖書の強い影響がある。宗教的な意味から頭部のみを側面から描くのはエジプト美術の特徴である。

**12** バロック時代に入ると、人物の描き方がより写実的になり、屋外の風景なども積極的に描かれるようになった。宗教や王侯・貴族などを題材に選ぶ場合、劇的な効果をねらった華やかな構成をとる作品もみられる。 〔正誤判断〕

○ 人間性を開放したルネサンス期を経て、バロック時代には、光と影の対照、劇的な流動性、強烈な装飾性など、革新的な絵画が描かれた。

**13** 20世紀に入ると色が物に固有のものであると考え、赤や青などの鮮やかな原色を多用する印象主義の作品が生まれ、絵画を通して画家の感情の動きなども表現する傾向が強まった。 〔正誤判断〕

× マチスなどの「野獣派・フォーヴィスム」に関する内容。印象主義は、19世紀後半のフランスで始まった。

**14** モネは、踊り子のほか競馬、洗濯女など身近な題材を中心に描き、対象の動きを瞬間的にとらえてカンバスに定着する独特の技法で、フランスの近代生活のさまざまな断面を描き残した。代表作として、『草上の昼食』がある。 〔正誤判断〕

× 『踊り子・競馬・洗濯女』はドガ。モネの代表作は、『印象－日の出』『ルーアン大聖堂』『睡蓮』。『草上の昼食』はマネの作品。

**15** セザンヌは、印象主義の形態感覚の欠如を嫌い、物質的存在感を表す独自の制作法を作り出した。代表作として、『サント＝ヴィクトワール山』がある。 〔正誤判断〕

○ 人物・静物にも優れた作品が多いが、晩年に描いた故郷の山『サント＝ヴィクトワール山』は60点以上の作品がある。

279

**16** ミレーはアルル地方の小さな村バルビゾンに移住し、芸術家たちが共同で生活しながら制作に励むという「南仏のアトリエ」をもくろみ、彼自身としては、自然愛好の心情から主に田園を描いた。代表作としては、『落穂拾い』がある。

正誤判断

**17** スーラは、神秘や瞑想の世界、あるいは孤独、不安、死の恐怖など人間の内部に潜む感情を、独特の色彩と描線によって描き、表現主義の先駆者となった。代表作として『叫び』がある。

正誤判断

**18** ピカソは、1907年に現代絵画の出発点となる大作（　A　）を制作した。ここには、その後の20世紀絵画のさまざまな特徴が認められる。この絵には五人の人物が描かれているが、それらは（　B　）の「自然を円錐と、円筒と、球体によって扱う」という法則に従って個人的性格や逸話的側面をすっかりはぎとられた無名の仮面の存在となっている。特に右側の二人は荒々しく削りとられた面と面が激しく対立し、異様な緊張感をはらんだ量塊でしかない。この作品の右半分から（　C　）が生まれたとされるゆえんである。

空欄補充

**19** 次の説明文について適する画家を①～⑦のうちから選べ。

適語選択

A：キュビスム時代の静物画や1930年代以降の雄牛・フクロウなどの特殊な動物画を除けば、彼のほとんどの作品に人間が登場し、人間を描くことを通して、自己の芸術世界を表現したといえる。

B：彼は、パリの南にある小さな村バルビゾンに住み、周囲の自然や働く農民の姿を描いた。その表現は叙情的ではあるが、やはり現実を直視しようとする写実主義的傾向がみられる。

C：彼の『アテネの学堂』は、ヴァティカン宮殿所蔵のルネサンス期の作品であるが、透視図法的に秩序づけられた建築空間のなかに群像を配し、色彩も前方を濃く遠方を淡く、遠近法に沿いながら巧みな表現を展開している。

①ピカソ　②セザンヌ　③コロー　④モネ
⑤ラファエロ　⑥ミケランジェロ　⑦ルーベンス

---

×風景画の画家集団が移り住んだバルビゾンはパリ郊外の村。『種蒔く人』『落穂拾い』『晩鐘』がミレーの代表作。

×『叫び』はノルウェーのムンクの作品。スーラは点描で有名な新印象派の画家。『グランド・ジャット島の日曜日の午後』が代表作。

A『アヴィニョンの娘たち』、
B セザンヌ、C キュビスム（立体派）

<ピカソの作風・時代>
1901年～「青の時代」
1905年～「桃色の時代」
1907年～「アフリカ彫刻時代」
↓　　『アヴィニョンの娘たち』
1908年～「キュビスムの時代」
1918年～「新古典派の時代」
1926年～「シュルレアリスムの時代」
1929年～「メタモルフォーズの時代」
1937年「ゲルニカの時代」

A－①ピカソ
B－③コロー
C－⑤ラファエロ

ピカソについては18参照。
コローはフランスのバルビゾン派の画家。
ルネサンス期のラファエロは、ペルジーノ、レオナルド＝ダ＝ヴィンチ、ミケランジェロから影響を受け、古典主義を完成させた。

## 2 日本の美術

### ①江戸時代

| 装飾画 | （ 1 ）派：狩野探幽 （ 2 ）派：俵屋宗達、尾形光琳<br>文人画：（ 3 ）、（ 4 ）、渡辺崋山、円山応挙 |
|---|---|
| 浮世絵 | （ 5 ）により版画化され、（ 6 ）により多色刷りの錦絵が始められた。<br>美人画：喜多川歌麿 役者画：（ 7 ） 風景画：葛飾北斎、安藤広重 |

### ②近代（明治・大正時代）

| 洋画 | 明治美術会：高橋由一・（ 8 ）<br>白馬会：（ 9 ）・藤島武二・岡田三郎助・（ 10 ）<br>二科会：（ 11 ）・梅原龍三郎・佐伯祐三 春陽会：（ 12 ） |
|---|---|
| 日本画 | フェノロサと（ 13 ）が東京美術学校を設立。のち、日本画家は日本美術院を組織。菱田春草、横山大観ら。 |
| 彫刻 | 伝統的な木彫りの高村光雲、ロダンなどの西洋彫刻の影響を受けた荻原守衛、光雲の息子の（ 14 ）など。 |

## 3 まとめ

### ■世界の美術まとめ＜代表的作品＞

| ギリシア美術 | （ 15 ）神殿 | ビザンティン美術 | 聖（ 19 ）大聖堂 |
|---|---|---|---|
| | ペプロスの少女 | | 聖マルコ聖堂 |
| | デルフォイの御者 | ロマネスク美術 | ピサ本寺 |
| | ポセイドン | | 聖サバン寺 |
| | ミロの（ 16 ） | （ 20 ）美術 | シャルトル寺 |
| （ 17 ）美術 | ガールの水道橋 | | アミアン本寺 |
| | コロッセウム | | ランス大聖堂 |
| | （ 18 ）凱旋門 | | ケルン本寺 |
| | アウグストス像 | | |
| | ポンペイの壁画 | | |

### ■世界の美術まとめ＜代表画家と作品＞

| ボッティチェリ | ヴィーナスの誕生、春 | マネ | オランピア、草上の昼食 |
|---|---|---|---|
| ダ＝ヴィンチ | モナ＝リザ、最後の晩餐 | （ 24 ） | 睡蓮、積みわら |
| （ 21 ） | ダヴィデ像、最後の審判 | ルノワール | 浴後、扇を持つ女 |
| ラファエロ | カルデリーノの聖母 | （ 25 ） | 踊り子 |
| （ 22 ） | 夜警 | セザンヌ | サント＝ヴィクトワール山 |
| ゴヤ | 裸のマハ、着衣のマハ | （ 26 ） | ひまわり |
| ダヴィド | ソクラテスの死 | ゴーギャン | タヒチの女 |
| アングル | 泉 | マチス | オダリスク |

| | | | | |
|---|---|---|---|---|
| ドラクロワ | 民衆を率いる自由の女神 | （　27　） | | アビニヨンの娘たち、ゲルニカ |
| （　23　） | 考える人、カレーの市民 | モディリアニ | | マルグリッドの肖像 |
| ミレー | 落穂拾い、晩鐘 | ダリ | | 記憶の固執（柔らかい時計） |
| コロー | 妖精の踊り、真珠の女 | | | |
| クールベ | 石割り | | | |

■日本の美術まとめ<代表画家と作品>

| | | | |
|---|---|---|---|
| （　28　） | 風神・雷神図 | 高橋由一 | 鮭 |
| 尾形光琳 | 紅白梅図 | 浅井忠 | 収穫 |
| 池大雅 | 山水人物画 | （9） | 読書 |
| 渡辺崋山 | 鷹見泉石像 | 青木繁 | 海の幸 |
| 円山応挙 | 保津川図 | （12） | 麗子像 |
| （5） | 見返り美人図 | 菱田春草 | 黒き猫 |
| 鈴木春信 | 機織 | （　30　） | 老猿 |
| 喜多川歌麿 | ビードロを吹く女 | | |
| 東洲斎写楽 | 市川鰕蔵 | | |
| （　29　） | 富嶽三十六景 | | |
| 歌川広重 | 東海道五十三次 | | |

---

1 狩野　2 琳　3 池大雅　4 与謝蕪村　5 菱川師宣　6 鈴木春信　7 東洲斎写楽　8 浅井忠
9 黒田清輝　10 青木繁　11 安井曾太郎　12 岸田劉生　13 岡倉天心　14 高村光太郎
15 パルテノン　16 ヴィーナス　17 ローマ　18 コンスタンティヌス　19 ソフィア
20 ゴシック　21 ミケランジェロ　22 レンブラント　23 ロダン　24 モネ　25 ドガ
26 ゴッホ　27 ピカソ　28 俵屋宗達　29 葛飾北斎　30 高村光雲

---

おさえておきたい
# Point　ミニ演習

1　『市川鰕蔵の竹村定之進』など、個性的な役者画で知られる日本の浮世絵師は誰か。　重要用語

　東洲斎写楽

2　慶派の仏師（運慶など）の作品には、均整のとれた造形や写実的な表現に、天平彫刻に通じるものがあり、あわせて男性的で力強い表現もみられ、仏像彫刻に新しい生命感を吹き込んだ。　正誤判断

　○写実と力強さを特色とする奈良仏師の作風を承継した鎌倉様式は、日本彫刻の黄金時代を築いた。

**3** 初め白馬会で学び、後に後期印象派の影響を受けて「フューザン会」の創設に参加し、さらに写実主義に進んで「草土社」を創立。白樺派の人道主義に呼応しつつ印象派に抗し、デューラー風の写実に徹した。『旧メトロポール附近』や『麗子微笑』が代表作の画家は誰か。 （重要用語）

岸田劉生
『麗子像』の中で、「麗子微笑」は、娘麗子が8歳のときの作品。

**4** 梅原龍三郎は、日本画家であり、日本美術院を再興し院展をさかんにして、近代絵画の新しい様式を開拓し、『生々流転』などの作品を残した。 （正誤判断）

✕ 安井曾太郎とともに、昭和初期洋画壇の重鎮。豊かな色彩を駆使し裸婦・風景・静物を描く。『金の首飾り』『桜島』『紫禁城』が代表作。

**5** 岸田劉生は、日本画家であり、狩野派の技法に洋画の手法を加えて新日本画運動を展開し、明治美術会を結成した。 （正誤判断）

✕ 岸田劉生は『麗子像』『お松像』で独自の画境を開く。

**6** 安井曾太郎は、洋画家であり、独自の画風で人物画にとり組み、自分の娘を描いた『麗子像』などの作品を残した。 （正誤判断）

✕ 安井曾太郎の代表作は『孔雀と女』『金蓉』。

**7** 黒田清輝は、洋画家であり、フランスに留学し、外光派と呼ばれる明るい画風を伝え、『読書』などの作品を残した。 （正誤判断）

○ 他にも『舞妓』『湖畔』が代表作。

**8** 横山大観は、洋画家であり、アメリカ人教師フェノロサに学んだ後、師と協力して東京美術学校の設立に貢献した。 （正誤判断）

✕ 岡倉天心に関する内容。横山大観は代表作『生々流転』がある日本画家。

# 7 音楽史

Level 1 ▷ **Q05**

おさえておきたい
## Point キーワードチェック

▶ p298

### 1 バロック時代の作曲家

1600年頃からバッハが没する1750年頃までの時代

◇劇音楽（オペラ）の誕生・・・1600年に作曲された『エウリディーチェ』が現存する最古のオペラ作品である。

◇通奏低音時代・・・バロック時代の別称。数字を用いた略記法を基に和音を補い伴奏声部を完成させる技法。

◇イタリア式序曲・・・シンフォニアとも呼ばれ、古典派交響曲の原型。

◇本格的な器楽の興隆・・・アマーティ、（ 1 ）らによりヴァイオリンの名器が作成され、器楽曲や合奏作品が多数作曲された。

◇（ 2 ）の使用・・・「調節された音律」の意味で、響きの美しさを多少犠牲にしても調

に対する適応能力の拡大を図る。1630年代から使用された。（　3　）
の『平均律クラヴィーア曲集』は有名。

| 作曲家 | 主な作品・特徴 |
|---|---|
| モンテヴェルディ | オペラ『オルフェオ』宗教音楽でも活躍。 |
| A.スカルラッティ | ナポリ派オペラの開祖。イタリア式序曲確立。 |
| リュリ | ルイ14世に仕え、フランスオペラ確立。 |
| （　4　） | 合奏協奏曲、独奏協奏曲を多数作曲。『四季』の演奏にはハープシコードが加えられる。 |
| J.S.バッハ | 教会オルガニスト、ライプツィヒの聖トーマス教会のカントルとして活躍。対位法を究める。聖ヨハネ、マタイの2つの受難曲、『音楽の捧げ物』などを作曲。 |
| （　5　） | J.S.バッハと同年にドイツで生まれ、イタリアに渡り、イギリスに帰化した国際的作曲家。『水上の音楽』、オラトリオ『メサイア（救世主)』などを作曲。 |

### ② 前古典派の作曲家

1720年代から1780年代にかけての時代。1709年ピアノの発明で徐々にハープシコードから移行。J.S.バッハの息子たちが活躍。

◇フランスではロココ様式、ドイツでは多感様式と呼ばれ、バロック時代からウィーン古典派への過渡期。（　6　）形式が確立される。

◇（6）形式・・・標準的形式は、主題提示部—展開部—再現部の3部分から成る。このほか導入部やコーダも加えられる。

| 作曲家 | 主な作品・特徴 |
|---|---|
| フリーデマン | J.S.バッハの長男。ハレの教会オルガニスト。 |
| C.P.E. | J.S.バッハの次男。フリードリヒ大王に仕える。 |
| クリスティアン | J.S.バッハの末子。ミラノ、ロンドンで活躍。 |
| J.シュターミッツ | マンハイム楽派の始祖。4楽章の交響曲を確立。管弦楽発達の功績。 |

### ③ 古典派の作曲家

狭義にはウィーン古典派を指す。交響曲、ピアノ協奏曲、弦楽四重奏曲などの器楽曲が盛んに作曲された。

◇ソナタ形式の発展にみられるように、古典派の音楽は形式や全体の均衡といった要素を重視した。

◇ベートーベンの後期作品の特徴は、主題の変奏、対位法の使用、交響曲第9番第4楽章のようにオーケストラに合唱を加える手法などであり、これにより、ロマン派の時代にも属しているといえる。『田園』はロマン派標題音楽の先駆的作品とされる。

| 作曲家 | 主な作品・特徴 |
|---|---|
| （ 7 ） | 交響曲『驚愕』『時計』など100曲以上、弦楽四重奏曲、オラトリオ『天地創造』『四季』などを作曲。 |
| （ 8 ） | 交響曲『ジュピター』など41曲、ピアノ協奏曲、オペラ『フィガロの結婚』『魔笛』などを作曲。 |
| （ 9 ） | 交響曲『英雄』『運命』『田園』など9曲、ピアノ＝ソナタ『悲愴』『月光』『熱情』など32曲を作曲。 |

1 ストラディヴァリ　2 平均律　3 J.S.バッハ　4 ヴィヴァルディ　5 ヘンデル　6 ソナタ
7 ハイドン　8 モーツァルト　9 ベートーベン

### 4 ロマン派の作曲家

　強烈な個人主義、主観主義を基本とし、理想や情緒的な表現を重視。
◇絶対音楽と標題音楽が同時に存在し、それぞれに個性的で重要な作品が生まれた。
◇パガニーニ、リストのように高度な技術を身につけた演奏家、すなわち「（ 1 ）」が現れた。

| 作曲家 | 主な作品・特徴 |
|---|---|
| ロッシーニ | 『セビリアの理髪師』イタリアの作曲家。 |
| （ 2 ） | 『魔弾の射手』でドイツ＝ロマン＝オペラ確立。 |
| シューベルト | 『野ばら』『魔王』など約600曲の歌曲を作曲。 |
| シューマン | ドイツの作曲家。雑誌『新音楽時報』を創刊。 |
| メンデルスゾーン | 『フィンガルの洞窟』作曲。音の風景画家。 |
| （ 3 ） | ポロネーズ、マズルカ、『革命』などピアノ曲作曲。 |
| ベルリオーズ | 『幻想交響曲』で標題音楽確立。固定楽想。 |
| リスト | 交響詩『前奏曲』『パガニーニ大練習曲』作曲。 |
| （ 4 ） | 楽劇『トリスタンとイゾルデ』作曲。 |
| ブラームス | 『ドイツ＝レクイエム』ハンブルク出身の作曲家。 |
| ビゼー | 『カルメン』作曲。ヴェリズモ（現実主義）。 |
| （ 5 ） | 『大地の歌』、交響曲『巨人』など作曲。 |
| R.シュトラウス | 『サロメ』『ツァラトゥストラはかく語りき』作曲。 |
| （ 6 ） | 『動物の謝肉祭』フランス国民音楽協会設立。 |

### 5 国民主義

　19世紀前半は民族意識の高揚が世界的な広がりをみせた時代。
◇ロシア5人組…キュイ、バラキレフ、ボロディン、ムソルグスキー、リムスキー＝コサルコフ。
◇ボヘミア…スメタナ、ドボルザーク。

◇北欧…グリーグ、シベリウス。

| 作曲家 | 主な作品・特徴 |
|---|---|
| （ 7 ） | 『展覧会の絵』作曲。ロシア5人組の1人。 |
| チャイコフスキー | 『白鳥の湖』『くるみ割り人形』『眠れる森の美女』 |
| （ 8 ） | 『我が祖国』作曲。ボヘミア（チェコ）の作曲家。 |
| ドボルザーク | 『スラヴ舞曲集』『新世界より』作曲。 |
| グリーグ | ノルウェーの作曲家。ピアノ協奏曲イ短調作曲。 |
| （ 9 ） | フィンランドの作曲家。『フィンランディア』作曲 |

### 6 20世紀の音楽

表現主義、原始主義、実験音楽、電子楽器の発明による音楽の誕生。

◇ケージの『4分33秒』は、3楽章から成るが、開始から終了まで全休止で、その間の聴衆の驚き、憤激などを意図的にねらった。

| 作曲家 | 主な作品・特徴 |
|---|---|
| シェーンベルク | 『月に憑かれたピエロ』12音技法。表現主義。 |
| （ 10 ） | バレエ音楽『火の鳥』『春の祭典』作曲。原始主義。その後、新古典へ転換。『詩篇交響曲』作曲。 |
| バルトーク | 民俗音楽の研究。『アレグロバルバーロ』作曲。 |
| （ 11 ） | 『森の歌』作曲。ロシアのモーツァルトと呼ばれる。 |
| ケージ | 偶然性の音楽。『4分33秒』作曲。米国の作曲家。 |

---

1 ヴィルトゥオーソ　2 ウェーバー　3 ショパン　4 ワーグナー　5 マーラー
6 サン＝サーンス　7 ムソルグスキー　8 スメタナ　9 シベリウス　10 ストラビンスキー
11 ショスタコーヴィッチ

## おさえておきたい Point　ミニ演習

1　オペラ（劇音楽）が誕生した1600年頃からJ.S.バッハが没した1750年までのおよそ150年間を指し、通奏低音時代とも呼ばれた時代を何というか。 （重要用語）

バロック時代

2　古典派の作曲家が好んで用いた形式で、標準的には主題提示部―展開部―再現部で構成される形式を何というか。 （重要用語）

ソナタ形式

3　『フィンガルの洞窟』を作曲した、「音の風景画家」ともいわれるロマン派の作曲家は誰か。 （重要用語）

メンデルスゾーン

**4** ロマン派の作曲家で、人物や場面、想念などを一定の動機によって表す「ライトモチーフ」を考え出し、それを楽劇の中に一貫して用いることにより全体の統一を図った。この作曲家は誰か。 （重要用語）

ワーグナー

**5** 生涯に600以上のリートを作曲したが、リートにおける詩と旋律、伴奏との密接な結びつきは、それまでの歌曲とは違う新しい世界を表出した。この作曲家は誰か。 （重要用語）

シューベルト

**6** ロシア民謡の旋律を取り入れるなど、民族色の豊かな音楽を作ったが、ドイツ古典派やロマン派の形式と精神を受け継いでおり、この点でロシア5人組とは区別されている。この作曲家は誰か。 （重要用語）

チャイコフスキー

**7** フランス印象派の流れの中にありながら、明確なリズムと厳格な旋律の構成を尊重する古典主義的傾向を好んだ。『ボレロ』や『スペイン狂詩曲』といった華麗な色彩感覚あふれる作品を残した。この作曲家は誰か。 （重要用語）

ラヴェル

**8** 絵画におけるフォーヴィスム（野獣派）から影響を受け、強いリズム感や原色的な力を強調した。『火の鳥』や『春の祭典』などのバレエ音楽には、強烈なエネルギーが感じられる。 （重要用語）

ストラビンスキー

**9** ロシア出身であるが、革命を避けて一時パリで活動していたこともある。ロシア帰国後は、交響的物語『ピーターと狼』、バレエ音楽『ロミオとジュリエット』といった叙情性に富んだ作品を残した。 （重要用語）

プロコフィエフ

**10** 管弦楽に声楽をとり入れる手法を用いて、『千人の交響曲』や『さすらう若人の歌』といった多くの大曲を残した。彼の交響曲には、歌曲の精神や感情が流れ各楽章は関連をもち、大曲にもかかわらず、散漫になることがない。 （重要用語）

マーラー

**11** J.S.バッハは、ロマン主義の頂点に立つ音楽家である。『マタイ受難曲』といった宗教性の強い作品や『トッカータとフーガ ニ短調』などのピアノの名曲を数多く残した。 （正誤判断）

× "大バッハ" はバロック時代で、『トッカータとフーガ ニ短調』はオルガン用の曲。

**12** R.ワーグナーは、1930年代に活躍したドイツ＝ロマン派を代表する音楽家で、従来のオペラを超える規模の「楽劇」と呼ばれる新しい音楽形態を創り出し、その第一人者となった。代表作に『セヴィリアの理髪師』『ウィリアム＝テル』などがある。 正誤判断

×ワーグナー（1813～83）が活躍したのは19世紀後半。また、オペラ『セヴィリアの理髪師』『ウィリアム＝テル』はイタリアのロッシーニの作品。

**13** ベートーヴェンは、「十二音音楽」という半音を効果的に使った新しい音階を創り出し、現代音楽に多大な影響を及ぼした。 正誤判断

×「十二音音楽（技法）」を創始したのは、シェーンベルク。

**14** シューベルトは、"歌曲の王"と呼ばれるほど多くの歌曲を作曲したことで有名で、中でも『アルルの女』は人気を博し、オペラ作品に作り直されて各国で熱狂的に演じられた。 正誤判断

×『アルルの女』はビゼーの管弦組曲。シューベルトの代表作は歌曲『魔王』。

**15** A.ドヴォルザークは、その作品のほとんどがピアノ曲であることから、"ピアノの詩人"と呼ばれている。優雅で洗練されたワルツ、ポーランドの民族色豊かなマズルカやポロネーズなどが有名である。 正誤判断

×ポーランド民族音楽、マズルカやポロネーズなどでピアノ曲を作曲したのはショパン。国民音楽派のドヴォルザークは、ボヘミアやアメリカの民謡を用いた。『新世界より』が代表作。

**16** マーラーは、和声で「不協和音」を使って旋律を作り出す線的対位法を発展させ、代表作である『運命』を含む交響曲でその本領を発揮した。 正誤判断

×交響曲第5番『運命』はベートーヴェンの作曲。

**17** C.ドビュッシーは、象徴主義の文学や印象主義の美術に影響を受け、伝統的な和声の理論よりも色彩というものを音の中で重んじた表現をし、斬新な印象主義音楽の先駆者となった。マラルメの詩に着想を得た『牧神の午後への前奏曲』はその代表作である。 正誤判断

○代表作として交響詩『海』、前奏曲『亜麻色の髪の乙女』、楽劇『ペレアスとメリザンド』。

**18** シベリウスは、自然を描写した作品を多く残したフィンランドの作曲家であり、代表作としては、交響詩『わが祖国』や交響組曲『シェラザード』などがある。 正誤判断

×シベリウスの代表作は交響詩『フィンランディア』。交響詩『わが祖国』はスメタナ、交響組曲『シェラザード』はR.コルサコフの作品。

**19** バルトークは、新しい民族主義の音楽を創造したアルメニアの作曲家であり、代表作として『幻想交響曲』がある。 正誤判断

×バルトークはハンガリーの作曲家。『幻想交響曲』はベルリオーズの作品。

**20** ストラヴィンスキーは、音楽における社会主義リアリズムを追求したフランスの作曲家であり、代表作としては『ボレロ』や組曲『展覧会の絵』がある。 正誤判断

**21** ショスタコーヴィッチは、ユニークな管弦楽曲を用いた作品を多く残したソヴィエトの作曲家である。代表作として、舞踏音楽『春の祭典』『白鳥の湖』がある。 正誤判断

**22** オペラは、16世紀末、フランスで生まれた。アカデミアと称する文化サークルのメンバーが、ギリシア悲劇の復興を目指して始めたものであるため、形態的にもかなり似た音楽劇となった。 正誤判断

**23** フランス・オペラの代表作『蝶々夫人』は、ドビュッシーの作品によるもので、哀愁に満ちた美しい音楽が物語の荒々しさを和らげ、劇場的効果を巧みに用いたロマンティックな作品である。 正誤判断

**24** ドイツ・オペラの代表作『魔弾の射手』は、ウェーバーの作曲によるもので、ドイツの民話をもとに、ドイツの森を舞台とした作品である。ドラマの起伏、展開を音楽で的確にとらえ、盛り上げていく表現が高く評価されている。 正誤判断

× 『ボレロ』はラヴェル。『展覧会の絵』はムソルグスキー。ストラヴィンスキーの代表作は『火の鳥』『ペトルーシュカ』。

× 『白鳥の湖』はチャイコフスキー、『春の祭典』はストラヴィンスキーの作品。ショスタコーヴィッチの代表作は『黄金時代』。

× オペラは、16世紀末、イタリアのフィレンツェが発祥といわれる。

× 『蝶々夫人』はプッチーニの作品。

〇 ウェーバーはドイツ・ロマン派初期の音楽家で、ドイツ・オペラ様式を完成した。

# Q01 中古文学

**問** 平安時代の文学に関する記述として正しいものはどれか。 (国家一般)

1 『伊勢物語』は、約120の独立した短編から構成されているが、全体としては在原業平らしい「男」の一代記となっており、わが国最古の作り物語である。

2 『大鏡』は、『今鏡』『水鏡』『増鏡』と共に四鏡と呼ばれている歴史物語で、藤原道長の栄華に対する賛美が中心となっている。

3 『古今和歌集』は、「梨壺の五人」と呼ばれる当時を代表する歌人らによって撰ばれた最初の勅撰和歌集で、繊細優美な「たをやめぶり」を特徴とする。

4 『源氏物語』は、前半が光源氏を、後半が薫と匂宮を主人公とした長編であり、宮中の様子を背景に、「をかし」という情趣でよく統一されている。

5 『土佐日記』は、著者が任期を終えて土佐を出発し、京都の自邸に到着するまでの、55日間にわたる旅日記である。

---

## おさえておきたい Point　キーワードチェック

### ◉平安の文芸作品

**(1)物語**

①伝奇物語：『（ **1** ）』／『宇津保物語』／『浜松中納言物語』菅原孝標女？
　※10世紀初頭までに成立した『（ 1 ）』は最古の物語。

②歌物語：『伊勢物語』(10世紀半ば頃) ／『大和物語』／『平中物語』
　※『伊勢物語』は最古の歌物語。匿名の主人公（モデルは（ **2** ））の一代記。

③写実物語：『落窪物語』(10世紀末)／『（ **3** ）』(11世紀初)紫式部／『とりかへばや物語』／『夜半の寝覚』菅原孝標女？／『堤中納言物語』／『狭衣物語』大弐三位？
　※『源氏物語』は全54帖。光源氏を軸に、多彩な恋愛模様が描かれる。基調には「（ **4** ）」の精神。洗練された文章表現の中に、和歌が効果的に配置され、物語の最高傑作。

④説話集：『日本霊異記』景戒／『三宝絵詞』源為憲／『江談抄』藤原実兼（異説あり）／『今昔物語集』(12世紀初)／『打聞集』(平安末期)

⑤歴史物語：『栄華（花）物語』／『大鏡』／『今鏡』
　※『栄華物語』は、最古の歴史物語。藤原道長を中心に宮廷社会の歴史を回顧する。編年体を取る点、摂関政治を思慕する傾向が強い点に特徴がある。

**(2)日記**

『土佐日記』(935？)（ **5** ）／『蜻蛉日記』(974以降)藤原道綱母／『和泉式部日記』和泉式部（異説あり）／『紫式部日記』紫式部／『更級日記』菅原孝標女
　※『土佐日記』は和文体の日記の最古のもの。国司の任期を終えて土佐から帰京するまでの道中を、女性（妻）の視点から記す。作者は『古今和歌集』の編者でもある。

問題でPointを理解する
Level 1 **Q01**

日本史第1章
世界史第2章
地理第3章
思想第4章
文学・芸術第5章

**⑶随筆**

『枕草子』（11世紀初）清少納言

※『源氏物語』と並ぶ平安文学の双璧。随想や中宮定子に仕えた際の見聞などを、鋭い感性と歯切れのよい文体で記す。「（　6　）」の多用に象徴される理知的な姿勢が全編を貫く。

**⑷歌集**

①勅撰集：『古今和歌集』（905？）紀貫之・紀友則・凡河内躬恒・壬生忠岑撰／『後撰和歌集』源順ら／『拾遺和歌集』花山院？／『後拾遺和歌集』藤原道俊

※古今・後撰・拾遺を「三代集」という。

※『古今和歌集』は最初の（　7　）和歌集。三代集・八代集のはじめ。短歌など約1,100首を収録。春・夏・秋・冬・恋などに整然と部立に分類される。七五調の歌が多く、縁語や掛詞の技巧が発達。技巧的で繊細な歌風は「たをやめぶり」と評される。主な歌人は、在原業平・小野小町・僧正遍昭らの六歌仙。紀貫之の仮名序は最古の和歌論。

②私歌集：『曾丹集』（平安末期）曾禰好忠／『長秋詠藻』藤原俊成／『山家集』西行

③漢詩文：勅『凌雲集』小野岑守ら／勅『文華秀麗集』藤原冬嗣ら

④歌謡：『和漢朗詠集』（1013？）藤原公任／『梁塵秘抄』後白河法皇

---

1 竹取物語　2 在原業平　3 源氏物語　4 もののあはれ　5 紀貫之　6 をかし　7 勅撰

---

# A01 正解－5

1－誤　わが国最古の作り物語は『竹取物語』。『伊勢物語』は、各段に和歌の叙情性を生かした、歌物語の最初の作品。

2－誤　藤原道長の栄華を賛美した歴史物語は『栄華物語』。『大鏡』は、藤原氏の摂関政治に対する批判的な姿勢がみられる点に特徴がある。

3－誤　「梨壺の五人」は、2番目の勅撰和歌集である『後撰和歌集』の撰者たちのこと。『古今和歌集』の撰者は、紀友則・紀貫之・凡河内躬恒・壬生忠岑。

4－誤　『源氏物語』における情趣は、「もののあはれ」である。「をかし」の文学と称されているのは、『枕草子』。

5－正　正しい。『土佐日記』の著者は、『古今和歌集』の撰者の一人であり、その仮名序を執筆したと考えられている紀貫之。

# Q02 近代文学

問 近代の文学に関する記述として正しいものはどれか。 （地方上級）

1 坪内逍遥の『小説神髄』は、勧善懲悪的な文学観を否定し、人間の内面をとらえる写実主義を主張して、近代小説のあり方に大きな影響を与えた。

2 芥川龍之介の『羅生門』は、人生より芸術に価値を置く芸術至上主義という発想を表したものである。

3 谷崎潤一郎の『細雪』は、旧家出身の4姉妹が、戦争の影響により没落していく様を描いたもので、退廃的な無頼派の特徴がよく出ている。

4 夏目漱石の『それから』は、エゴイズムから脱却し、「則天去私」という自由自在の境地をめざして執筆されたと考えられている。

5 中原中也の『在りし日の歌』は、最愛の妻との死別によって受けた、限りない哀惜と思慕の情を歌い上げた詩集である。

## おさえておきたい Point キーワードチェック

### ●昭和前期に発表された主な文学作品

**(1)小説**

① 川端康成：『伊豆の踊子』『（　1　）』。『文芸時代』に参加し新感覚派となる。虚無と幻想の交錯する独自の世界を築いた。ノーベル文学賞受賞者。

② 堀辰雄：『聖家族』『美しい村』『風立ちぬ』『菜穂子』。フランスの心理主義の影響を受け、『聖家族』など、繊細な小説を書いた。

③ 『歯車』『或阿呆の一生』（　2　）／『放浪記』林芙美子／『春琴抄』『細雪』谷崎潤一郎／『夜明け前』島崎藤村／『太陽のない街』徳永直／『蟹工船』小林多喜二／『屋根の上のサワン』井伏鱒二／『機械』横光利一／『濹東綺譚』永井荷風／『Xへの手紙』小林秀雄／『暢気眼鏡』尾崎一雄／『癩』島木健作／『仮装人物』徳田秋声／『生きてゐる兵隊』石川達三／『故旧忘れ得べき』高見順／『走れメロス』『津軽』（　3　）／『糞尿譚』『麦と兵隊』火野葦平／『石狩川』本庄陸雄／『夫婦善哉』織田作之助／『山月記』中島敦

**(2)詩歌**

詩『測量船』三好達治／俳『葛飾』水原秋桜子／詩『帆・ランプ・鴎』丸山薫／俳『凍港』山口誓子／詩『氷島』萩原朔太郎／詩『在りし日の歌』（　4　）／俳『万緑』中村草田男／詩『厄除け詩集』井伏鱒二／詩『蛙』『富士山』草野心平／短『万葉秀歌』斎藤茂吉

**(3)その他**

① （　5　）：評『様々なる意匠』評『私小説論』評『無常といふ事』。昭和を代表する評論家。文芸批評に活躍。戦時下に古典への関心を深め、『無常といふ事』などを書いた。戦後は『モオツアルト』『ゴッホの手紙』『近代絵画』の芸術論でも活躍。

問題でPointを理解する

Level 1 Q02

第1章
日本史

第2章
世界史

第3章
地理

第4章
思想

第5章
文学・芸術

②戯『瞼の母』長谷川伸／随『陰翳礼讃』谷崎潤一郎／評『冬を越す蕾』宮本百合子／評『純粋小説論』横光利一／評『人生論ノート』三木清

## ●昭和後期に発表された主な文学作品

### (1)小説

①太宰治：『お伽草紙』『斜陽』『人間失格』。戦時下に『富嶽百景』『走れメロス』などを発表。戦後は退廃的な傾向を強め、自ら（ 6 ）派と称して『桜桃』『斜陽』『人間失格』を発表後、心中した。(6)派には、（ 7 ）、織田作之助、石川淳、高見順など。

②『暗い絵』野間宏／『白痴』坂口安吾／『焼跡のイエス』石川淳／『ビルマの竪琴』竹山道雄／『俘虜記』（ 8 ）／『古都』川端康成／『瘋癲老人日記』谷崎潤一郎／『仮面の告白』三島由紀夫／『黒い雨』井伏鱒二／『鳴海仙吉』伊藤整／『砂の女』（ 9 ）／『沈黙』遠藤周作／『太陽の季節』（ 10 ）／『楢山節考』深沢七郎／『天平の甍』井上靖／『死者の奢り』大江健三郎／『裸の王様』開高健／『楡家の人びと』北杜夫／『悲の器』高橋和巳

### (2)詩歌

詩『古代感愛集』釈迢空／詩『落下傘』金子光晴／詩『定本蛙』草野心平／短『白き山』斎藤茂吉／詩『典型』高村光太郎／詩『駱駝の瘤にまたがって』三好達治／詩『二十億光年の孤独』谷川俊太郎／詩『われに五月を』寺山修司／詩『氷った焔』清岡卓行

### (3)その他

評『歌声よおこれ』宮本百合子／評『堕落論』坂口安吾／評『1946年文学的考察』加藤周一他／評『実存主義』矢内原伊作／評『小説の方法』伊藤整／戯『夕鶴』木下順二／戯『キティ台風』福田恆存／戯『ひかりごけ』武田泰淳

---

1 雪国　2 芥川龍之介　3 太宰治　4 中原中也　5 小林秀雄　6 無頼　7 坂口安吾
8 大岡昇平　9 安部公房　10 石原慎太郎

---

# A02 正解ー1

1ー正　正しい。『小説神髄』は、近代日本最初の文学論であり、心理の写実こそ小説のあるべき姿であるとした。

2ー誤　芸術至上主義が色濃く描かれているのは、『地獄変』『戯作三昧』など。『羅生門』は、善にも悪にも徹しきれない不安定な人間存在を浮き彫りにした作品。

3ー誤　『細雪』は、旧家の4姉妹の生活を中心に、四季折々の伝統行事と戦後の風俗が、華やかな絵巻物風に展開する作品。谷崎潤一郎は、耽美派の代表的作家。

4ー誤　「則天去私」を描こうとしたのは、漱石の死去によって未完で終わった『明暗』。『それから』は、人間が持つ「自然」と「社会」との対立・矛盾を提示した作品。

5ー誤　『在りし日の歌』は、中原中也没後に小林秀雄が刊行した。息子を失った中也の悲哀と虚無、諦念に満ちた詩集。

# Q03 世界文学

問 次にあげる作家と国・代表作の組み合わせで、誤っているものはどれか。(地方上級類題)

| 1 | バルザック | フランス | 『ゴリオ爺さん』『谷間の百合』 |
| 2 | ヘミングウェイ | アメリカ | 『武器よさらば』『老人と海』 |
| 3 | スチーブンソン | イギリス | 『宝島』『ジキル博士とハイド氏』 |
| 4 | ヘッセ | ドイツ | 『車輪の下』『デミアン』『知と愛』 |
| 5 | トルストイ | ロシア | 『罪と罰』『カラマーゾフの兄弟』 |

おさえておきたい
## Point キーワードチェック

◉19世紀の世界文学

⑴イギリス

| 抒情詩 | ワーズワース『抒情民謡集』、バイロン『チャイルド・ハロルドの遍歴』、シェリー『解放されたプロメシウス』、キーツ『ギリシア古瓶の賦』 |
| 写実主義 | ( 1 )『オリヴァ・トゥイスト』『二都物語』、サッカレー『虚栄の市』 |
| 19世紀後半 | ( 2 )『ジェーン=エア』『嵐が丘』、スチーブンソン『宝島』、コナン=ドイル『シャーロック・ホームズの冒険』、ワイルド『ドリアン・レインの肖像』 |

⑵フランス

| ロマン主義 | ユーゴー『レ・ミゼラブル』、大デュマ『三銃士』『モンテ・クリスト伯』 |
| 写実主義 | バルザック『ゴリオ爺さん』、( 3 )『赤と黒』『パルムの僧院』 |
| 自然主義 | ゾラ『実験小説論』・『居酒屋』・『ナナ』、モーパッサン『女の一生』 |
| 象徴詩 | ボードレール『悪の華』、ヴェルレーヌ『言葉なき恋歌』、ランボー『酔どれ船』 |
| 空想科学 | ヴェルヌ『海底二万哩』『八十日間世界一周』『十五少年漂流記』 |

⑶ドイツ

| 古典主義 | ( 4 )『ファウスト』、シラー『ウィリアム=テル』 |
| ロマン主義 | グリム兄弟『ドイツ語辞典』『子供と家庭のための童話』、ハイネ『歌の本』 |

⑷ロシア

| 19世紀前半 | プーシキン『大尉の娘』、ゴーゴリ『検察官』 |
| 現実主義 | ツルゲーネフ『猟人日記』『父と子』、( 5 )『罪と罰』『白痴』 |
| 人道主義 | トルストイ『戦争と平和』『アンナ=カレーニナ』『復活』 |

●20世紀の世界の文学
**(1)フランス**

| アナトール・フランス（知的懐疑主義）『シルヴェストル・ボナールの罪』『赤い百合』 |
| ( 6 )（人道主義、大河小説）『ジャン＝クリストフ』 |
| ジイド（内心の葛藤が思想遍歴に現れる）『背徳者』『狭き門』『田園交響楽』 |
| コクトー（詩作・小説のほかに戯曲・映画も手掛ける）『恐るべき子供たち』 |
| サルトル（実存主義哲学者、政治的傾向）『嘔吐』『自由への道』 |
| ( 7 )（人間・存在の不条理を描く）『異邦人』『ペスト』 |
| サン・テグジュペリ（行動文学で人間性を追及）『星の王子さま』『夜間飛行』 |

**(2)ドイツ**

| ブレヒト（表現主義から社会主義的傾向）『三文オペラ』 |
| トーマス・マン（象徴的リアリズム、哲学的作風）『ブデンブローグ家の人々』『魔の山』 |
| ヘルマン・ヘッセ（叙情・精神分析）『郷愁』『車輪の下』『知と愛』 |
| ( 8 )（実存主義文学の先駆者）『変身』『審判』『城』 |
| エンデ（夢・想像力の優位）『モモ』『はてしない物語』 |

**(3)イギリス**

| ( 9 )（アイルランド出身、緻密な人間描写）『ユリシーズ』『ダブリン市民』 |
| モーム（通俗作家、人間の矛盾を追及）『月と六ペンス』『雨』 |

**(4)アメリカ**

| ( 10 )『武器よさらば』『誰がために鐘は鳴る』『老人と海』 |
| スタインベック（農家の厳しい生活を題材）『怒りの葡萄』『エデンの東』 |
| テネシー・ウィリアムズ（人間的戯曲）『ガラスの動物園』『欲望という名の電車』 |

1 ディケンズ 2 ブロンテ姉妹 3 スタンダール 4 ゲーテ 5 ドストエフスキー
6 ロマン・ロラン 7 カミュ 8 カフカ 9 ジョイス 10 ヘミングウェイ

# A03 正解─5

1－正 約90編もの独立した作品に関連性を持たせ、「人間喜劇」と総称してさまざまな人間像や社会像を描き、普遍的な真理を表現しようとした。

2－正 意志と情熱で苛酷な運命に対峙する人間を描いた。「失われた世代」の代表的作家で、歯切れよく写実的な文体は「ハードボイルド・スタイル」と呼ばれた。

3－正 初期作品では、結核治療のため南太平洋の島々などを旅した経験を生かした。

4－正 社会と自己との関係、自己の人格的な成長などを主題とした作品を書いた。

5－誤 トルストイの代表作は『戦争と平和』『アンナ・カレーニナ』『復活』など。『罪と罰』『カラマーゾフの兄弟』はドストエフスキーの代表作。

# Q04 美術史

問 中世以降のヨーロッパの建築様式に関する次の記述のうち、妥当なものはどれか。

（地方上級）

1 ビザンツ様式は、ギリシア美術と東方の要素を融合した様式で円屋根と内部のモザイク壁画を特徴とする。代表作に聖ソフィア大聖堂がある。

2 ゴシック様式は、ローマ風の円形アーチと厚い壁を用いた重厚なスタイルを特徴とする。代表作にサンタ・マリア・デル・フィオーレ大聖堂がある。

3 バロック様式は、高い尖塔と広く開かれた窓を用いて垂直性を表現した、荘厳な様式である。代表作にピサの大聖堂がある。

4 ルネサンス様式は、曲面を多用した流動感と豊富な装飾による豪壮さを特徴とする。代表作にノートルダム寺院がある。

5 ロマネスク様式は、整った古典の様式を理想とし、平面・立面ともに左右対称の均衡性を重視する。代表作にサン・ピエトロ大聖堂がある。

---

## おさえておきたい Point キーワードチェック

### ●ローマ美術と建築

ギリシア文化の影響を強く受けた、前6～4世紀頃の建築、彫刻、フレスコ画。

①特徴：（ 1 ）（神殿）、円形競技場、水道橋、各地の凱旋門。実用的で力学的。

②フレスコ画：ルネサンス期に最も栄えるが、ローマ時代のポンペイなどにも残されている（漆喰が乾かないうちに顔料を使って絵を描くもの）。

### ●ビザンティン美術と建築

5～9世紀頃。中心は東ローマ帝国。（ 2 ）文化とキリスト教文化が融合した建築やイコンが残る。

①特徴：（ 3 ）聖堂（さまざまな文化の融合。円形ドームと壁面のモザイク画）。

②イコン：板絵の聖画像。モザイク壁画で表されている。

### ●ロマネスク美術と建築

11～12世紀中心で、古代ローマ建築を模範とする教会建築と彫刻。

①特徴：壁が厚く壁面で装飾。窓が（ 4 ）。イタリアのピサ大聖堂。

②教会の特徴：古代ローマに由来する半円形アーチ。重厚・荘重な厚い石壁と小窓。

### ●ゴシック美術と建築

13～14世紀中心。ロマネスクに比べると人間的な優美さを持つ。

①特徴：尖形アーチが特徴。窓が大きく、（ 5 ）を使用。外壁や柱に彫刻あり。

問題でPointを理解する
Level 1 Q04

日本史第1章
世界史第2章
地理第3章
思想第4章
文学・芸術第5章

（　6　）大聖堂（パリ）、ケルンの大聖堂（ドイツ）。北フランスから各地に広がる。
②教会の特徴：垂直的な上昇感、肋骨交差穹窿、尖頭アーチ、尖塔、薄い壁、大きな窓。

## ◉ルネサンス美術と建築

14～16世紀中心。北イタリアに起こり、ヨーロッパに拡大。絵画では（　7　）法が取り入れられるようになり、深みが増した。
①特徴：ドーム様式とギリシア風の列柱を組み合わせる。
②サン・ピエトロ大聖堂：初めギリシア十字集中式をブラマンテが設計、ラファエロらに引き継ぎ、後に（　8　）が中央ドームと後方を設計、施工。

## ◉バロック美術と建築

17世紀絶対主義時代が中心。流動性と力強さが特徴。スペイン中心にフランスでも栄える。
①特徴：激しく力強い躍動感、曲線の多用、強烈な明暗対比が特色。
②（　9　）宮殿：パリ郊外にルイ14世の命で建設。豪華絢爛な装飾で絶対王権を象徴。

## ◉ロココ美術と建築

18世紀のフランスが中心だが、ロココ建築はドイツが代表。繊細優美が特徴。装飾的色彩が強く、家具などにもその雰囲気がある。（　10　）宮殿（ポツダム）、シャルロッテンブルク城。

---

1 パンテオン　2 ギリシア　3 聖ソフィア　4 小さい　5 ステンドグラス　6 ノートル・ダム
7 遠近　8 ミケランジェロ　9 ヴェルサイユ　10 サン・スーシー

---

# A04 正解－1

1－正　聖ソフィア大聖堂、聖マルコ聖堂とモザイク、フレスコ画が有名。
2－誤　ゴシック様式は、垂直線・尖頭アーチを使用した様式。サンタ・マリア・デル・フィオーレ大聖堂はルネサンス様式。
3－誤　バロック様式は、ヴェルサイユ宮殿を代表とした荘厳、豪華絢爛なもの。ピサ大聖堂はロマネスク様式。
4－誤　ルネサンス様式は、14～16世紀にわたりいくつかの流れがあるが、流動感・豪壮さを特徴とする。ノートルダム寺院はゴシック様式。
5－誤　ロマネスク様式は、水平線・半円アーチを使用した様式。サン・ピエトロ大聖堂はルネサンス様式。

# Q05 音楽史

**問** 音楽史上の時代分類A～Dと、それぞれの時代の特徴に関する記述ア～エ、それぞれの時代に活躍した作曲家あ～かの組み合わせがすべて正しいものはどれか。 （国税専門官）

**A.** 国民楽派　**B.** 古典派　**C.** バロック　**D.** ロマン派（前期）

**ア** イタリアにおいて、ギリシア劇を復興しようという試みから歌劇が生まれ、発展した。また、弦楽器や鍵盤楽器の発達や普及に伴い、合奏協奏曲、室内ソナタ、組曲など多くの器楽様式が生まれた。

**イ** ヨーロッパ諸国において高まった民族意識を反映し、民謡や民族舞曲を取り入れたり、民族固有の歴史、伝説、自然、生活、文芸作品などを題材にしながら郷土色豊かな作品がつくられた。

**ウ** 複雑な多声音楽に代わって簡潔で明快な和声音楽が主流となった。楽曲の様式上ではソナタ形式が生まれ、交響曲、協奏曲、独奏ソナタ、弦楽四重奏曲などの新しい様式が盛んに用いられた。

**エ** 個人の感情を表現することが主な目的とされたため、形式は二義的なものとなり、即興曲、無言歌などの叙情的で自由な形式による器楽の小曲が盛んにつくられた。また、歌曲、オペラ、交響詩などの標題音楽が創造された。

**あ.** J.S.バッハ　　**い.** スメタナ　　　**う.** シューベルト
**え.** モーツァルト　**お.** ベートーヴェン　**か.** ショパン

1　A－イ・い　B－ウ・え
2　A－ア・お　C－エ・あ
3　A－ウ・か　D－イ・う
4　B－エ・お　C－ア・か
5　B－ア・あ　D－ウ・い

| 1722年 | バロック | J.S.バッハ | 平均律クラヴィーア曲集第1巻 |
|---|---|---|---|
| 1723年 | | （　1　） | 『四季』 |
| 1788年 | 古典派 | モーツァルト | 3大交響曲（39番、40番、41番） |
| 1798年 | | ハイドン | 『天地創造』 |
| 1808年 | | （　2　） | 交響曲第5番（運命）、第6番（田園） |
| 1821年 | ロマン派 | ウェーバー | オペラ『魔弾の射手』 |

問題でPoint を理解する
Level 1 Q05

第1章 日本史
第2章 世界史
第3章 地理
第4章 思想
第5章 文学・芸術

| 1822年 | ロマン派 | シューベルト | 交響曲『未完成』 |
|---|---|---|---|
| 1824年 | | ベートーヴェン | 交響曲第9番 |
| 1831年 | | （ 3 ） | 夜想曲第2番 |
| 1833年 | | メンデルスゾーン | 交響曲第4番『イタリア』 |
| 1848年 | | リスト | 交響詩『レ・プレリュード』 |
| 1853年 | | ヴェルディ | オペラ『椿姫』 |
| 1865年 | | （ 4 ） | 楽劇『トリスタンとイゾルデ』 |
| 1874年 | 国民楽派 | ムソルグスキー | 『展覧会の絵』 |
| 1877年 | | チャイコフスキー | バレエ『白鳥の湖』 |
| 1894年 | 印象主義 | （ 5 ） | 『牧神の午後への前奏曲』 |
| 1895年 | 後期ロマン派 | マーラー | 交響曲第2番『復活』 |
| 1882年 | 国民楽派 | （ 6 ） | 交響詩『わが祖国』 |
| 1893年 | | ドヴォルザーク | 交響曲第9番『新世界より』 |
| 1899年 | 後期ロマン派 | シベリウス | 交響詩『フィンランディア』 |
| 1910年 | 新古典派 | シェーンベルク | 十二音技法 |
| 1911年 | | ストラヴィンスキー | バレエ『春の祭典』 |
| 1918年 | 神秘主義 | （ 7 ） | 『惑星』 |
| 1927年 | 印象主義 | ラヴェル | 『ボレロ』 |
| 1924年 | ジャズ融合 | （ 8 ） | 『ラプソディー・イン・ブルー』 |
| 1936年 | ジャズ | ベニー・グッドマン | 『シング・シング・シング』 |
| 1941年 | 社会主義リアリズム | （ 9 ） | 交響曲第7番 |
| 1942年 | ポップス | ビング・クロスビー | 『ホワイト・クリスマス』 |
| 1944年 | 新古典派 | バルトーク | 管弦楽のための協奏曲 |
| 1952年 | 現代音楽 | ジョン・ケージ | 『4分33秒』 |
| 1954年 | ロックンロール | ビル・ヘイリー | 『ロック・アラウンド・ザ・クロック』 |
| 1962年 | | （ 10 ） | 『ラヴ・ミー・ドゥ』 |
| 1982年 | ポップス・R&B | マイケル・ジャクソン | 『スリラー』 |

1 ヴィヴァルディ　2 ベートーヴェン　3 ショパン　4 ワーグナー　5 ドビュッシー
6 スメタナ　7 ホルスト　8 ガーシュイン　9 ショスタコーヴィチ　10 ザ・ビートルズ

# A05 正解ー1

　アはCのバロック時代、イはAの国民楽派、ウはBの古典派、エはDのロマン派（前期）の説明となっている。作曲家について、J.S. バッハはバロック時代、スメタナは国民楽派、シューベルトはロマン派、モーツァルトは古典派、ベートーヴェンは古典派、ショパンはロマン派である。以上から1がすべて正しい。

# Q06 シュルレアリスム

問 次はシュルレアリスムに関する記述であるが、空欄A〜Dに当てはまる語句の組み合わせとして妥当なものはどれか。 （国家一般）

　シュルレアリスムは、フランスの詩人（**A**）を理論的指導者とした思想およびそれを体現する運動である。美術、詩、文学、政治など広い範囲にわたって、想像力の解放と合理主義への反逆を唱え、人間自体の自由と変革をめざした。

　シュルレアリスムは、絶対の自由を追求するためにすべての既成価値の否定、秩序の破壊を綱領とする芸術運動である（**B**）を母胎としてその思想が形成されている。

　（**C**）の影響を受けた（**A**）は、（**B**）に属していたが、1924年『シュルレアリスム宣言』を発表、シュルレアリスムの基本理念は、意識下の自我を取り巻くさまざまな因子、すなわち、夢、幻覚、狂気、魔術、迷信、偶然性などの諸機能を究明し、これらを意識上の自我と交流させることにより、精神の全面的解放を企て、そこにより一層拡大された現実を求めようとするものであり、方法として自動記述法を援用することを明らかにした。

　代表的なシュルレアリストとしては、美しい詩的散文で『ナジャ』や『通底器』を発表した（**A**）のほか、愛をテーマとして新しい美の基準を創造し『公衆のバラ』を著した詩人のエリュアール、コラージュの手法による『百頭女』などの作品のある画家エルンスト、"偏執狂的批判的方法"と称する技法により、『記憶の固執（柔らかい時計）』などの写実と偏執狂的幻覚を直結させた絵画を生み出した画家の（**D**）などがいる。

|   | A | B | C | D |
|---|---|---|---|---|
| 1 | ランボー | ダダ | ユングの分析心理学 | ダリ |
| 2 | ランボー | キュビズム | サルトルの実存主義 | ピカソ |
| 3 | ブルトン | ポップアート | ユングの分析心理学 | ピカソ |
| 4 | ブルトン | ダダ | フロイトの精神分析学 | ダリ |
| 5 | ロートレアモン | ポップアート | フロイトの精神分析学 | ウォーホール |

## おさえておきたい Point キーワードチェック

### ●シュルレアリスム（超現実主義）

　ブルトンの『シュルレアリスム宣言』（1924）に始まり、当初は詩人によって推進された表現活動。フロイトの精神分析の影響を強く受け、オートマティズム（自動記述）やコラージュといった、主観を排除し偶然性を利用した手法が用いられる。絵画では、形而上絵画やダダイズムを継承し、夢や無意識などの想像世界と現実世界を1つとした超現実を表現する。

### ⑴マックス・エルンスト（ドイツ）

　フロッタージュ（こすり出し）やコラージュを利用。『セレベスの象』『百頭女』

### ⑵ジョアン・ミロ（スペイン）

　対象を抽象的な点線や記号で表す自由奔放な作風。『農園』『アルルカンの謝肉祭』『星座』

（3）サルバドール・ダリ（スペイン）

　写実的で柔軟な対象物を用いて、偏執狂的な幻覚の世界を表現。『記憶の固執（柔らかい時計）』『茹でた隠元豆のある柔らかい構造（内乱の予感）』『聖アントワーヌの誘惑』

（4）ルネ・マグリット（ベルギー）

　象徴的なモチーフで非現実的事象を描写。『光の帝国』『大家族』『ピレネーの城』

◉第二次大戦後の現代美術の流れ

（1）抽象表現主義（シュルレアリスムの影響）

　①アクション・ペインティング：ニューヨークが中心。ペンキを垂らし叩きつける技法。
　　ジャクソン・ポロック、ウィレム・デ・クーニング、など。
　②アンフォルメル：パリが中心。激しい絵の具使いにより表現した非定型の抽象芸術。
　　ジャン・デュビュッフェ、ヴォルスなど。

（2）ネオ＝ダダ

　1950年代末ニューヨークが中心。抽象表現主義への批判から、廃物や日用品を利用する立体的なアサンブラージュを用い、芸術の境界を取り払う表現活動を行う。後のポップ＝アートにも影響した。ロバート・ラウシェンバーグ、ジャスパー・ジョーンズなど。

（3）ポップ＝アート

　1960年代ロンドン・ニューヨークが中心。大量生産・消費下での広告写真や漫画など、マス・メディアのイメージを素材に現代社会を表現する芸術活動。アンディー・ウォーホル、ロイ・リキテンスタイン、ジェームス・ローゼンクイストなど。

**Level up Point!** 近現代美術はなじみが少ないだけで、一度観たら確実に記憶に残る。息抜きにもなるので、エルンスト、ミロ、ダリ、マグリットはネットで確認しておきたい。

## A06 正解ー4

　ブルトン（1896～1966）の代表作『ナジャ』は、超現実的な狂気の世界に生きる女を描く。

　ランボー（1854～91）もフランスの詩人で、現実への反逆から独自の詩風を築いた。

　ダダ（ダダイズム）は第一次大戦中に起こった反理性、反道徳、反芸術を掲げる芸術運動。ポップアートは第二次大戦後アメリカで起こった大衆芸術で、ウォーホルが代表作家。

　フロイト（1856～1939）は深層心理学の創始者で、学術のみならず現代文化に大きな影響を与えた。

　ユング（1875～1961）はスイスの精神病学者で精神分析学派の一人。

　ダリ（1904～89）はフロイトの影響を受け、無意識の夢や幻想世界を写実的に表現した。

　ピカソ（1881～1973）はスペインの画家で、キュビズムの創始者。以上から、正解は4。

# Q07 近世文学

　散文では、井原西鶴が最初の（**A**）である『（**B**）』を刊行して、庶民文学の第一歩をしるした。
浄瑠璃では、（**C**）が竹本義太夫と結んで『（**D**）』などの世話物を上演し、好評を博した。また、
俳諧では「さび」「しをり」「（**E**）」を根本精神とする、松尾芭蕉の蕉風俳諧が芸術性を確立
した。

| | A | B | C | D | E |
|---|---|---|---|---|---|
| 1 | 読本 | 雨月物語 | 河竹黙阿弥 | 冥途の飛脚 | 意気 |
| 2 | 浮世草子 | 好色一代男 | 近松門左衛門 | 曾根崎心中 | 細み |
| 3 | 仮名草子 | 浮世風呂 | 竹田出雲 | 仮名手本忠臣蔵 | 有心 |
| 4 | 仮名草子 | 伊曾保物語 | 近松門左衛門 | 国性爺合戦 | 写生 |
| 5 | 浮世草子 | 日本永代蔵 | 鶴屋南北 | 義経千本桜 | 幽玄 |

# PointCheck

## ◉江戸時代の文芸作品

### (1)小説

　①仮名草子：『醒睡抄』安楽庵策伝／『可笑記』如儡子／『御伽婢子』浅井了意

　②浮世草子：『好色一代男』『西鶴諸国噺』『日本永代蔵』『世間胸算用』井原西鶴

　　※西鶴は浮世草子の代表的作家・談林派の俳人で元禄時代に活躍。好色物・武家物・町
人物・雑話物など、さまざまな内容の小説を数多く著した。

　③読本：『雨月物語』上田秋成／『椿説弓張月』『南総里見八犬伝』滝沢（曲亭）馬琴

　　※滝沢馬琴の八犬伝は勧善懲悪を基調とした伝奇小説の傑作。秋成の作品など上方で流
行した読本を前期読本、江戸で流行した馬琴などの読本を後期読本という。

　④その他：洒落本『通言総籬』山東京伝／滑稽本『東海道中膝栗毛』十返舎一九／『浮世
風呂』式亭三馬／人情本『春色梅児誉美』為永春水／黄表紙『金々先生栄花夢』恋川春
町／『江戸生艶気樺焼』山東京伝

### (2)浄瑠璃

　『曽根崎心中』『国性爺合戦』『心中天網島』近松門左衛門／『菅原伝授手習鑑』『仮名手本
忠臣蔵』竹田出雲ら／『一谷嫩軍記』並木宗輔ら

　　※近松は元禄時代に活躍した劇作家。竹本義太夫に協力して新浄瑠璃を創始。世話物に優
れ、無名の庶民を主人公に、深い人間性を描写。演劇論「虚実皮膜論」。

### (3)歌舞伎

　『伽羅先代萩』奈河亀輔／『東海道四谷怪談』鶴屋南北

問題でPointを理解する

Level 2 **Q07**

日本史 第1章

世界史 第2章

地理 第3章

思想 第4章

文学・芸術 第5章

## ⑷俳句

### ①俳風の変遷

&lt;貞門俳諧&gt;松永貞徳の創始。知的な言語遊戯を目指すが、規則が細かく飽きられた。

&lt;談林俳諧&gt;西山宗因一派の俳風。古典的作法から解放し、町人の感情を自由に表現。

&lt;蕉風俳諧&gt;松尾芭蕉が創始。「さび」を追求する、芸術的な俳句。

### ②松尾芭蕉

『鹿島紀行』『幻住庵記』『猿蓑』『奥の細道』。元禄時代に活躍。それまでの言葉遊びの一種とされていた俳諧を芸術にまで高めた。人生の大半を旅の中に過ごし、優れた俳句と紀行文を数多く残した。特に代表的な7種の句集を俳諧七部集と総称。

### ③与謝蕪村

『新花摘』。天明期の俳話中興運動の中心。南画家としても有名。古典の教養が深く、格調の高い句を作った。

### ④小林一茶

『おらが春』。化政期。農家の出身で、俗語や方言までも用いて人間味あふれる個性的な句を作った。

## ⑸その他

俳論『去来抄』向井去来／自伝『折たく柴の記』新井白石／注釈『源氏物語玉の小櫛』『古事記伝』本居宣長／叢書『群書類従』塙保己一

---

 **Level up Point!** 江戸時代は、小説と、浄瑠璃・歌舞伎、俳句に分け、かつ寛永期・元禄期・化政期で整理しておきたい。出題される作家・作品は決まっているので確実に得点できる。

---

# A07 正解ー2

1－誤 「読本」は、西鶴以後出版された八文字屋本が衰えてから現れ、複雑な構成のもとに読むことに主眼を置いた小説。

2－正 「細み」とは、作者の繊細・鋭敏な観照の深さにより具現化した詩情。

3－誤 『浮世風呂』は、江戸時代後期に式亭三馬によって書かれた滑稽本。

4－誤 「写生」は、正岡子規が明治時代に俳句革新の方法として唱えた姿勢。

5－誤 鶴屋南北は、『東海道四谷怪談』をつくった歌舞伎作者。

# INDEX

## 日本史

# 世界史

# 地理

## 思想

# 文学・芸術

本書の内容は、小社より 2020 年 3 月に刊行された
「公務員試験 出るとこ過去問 16 人文科学」(ISBN：978-4-8132-8758-2)
および 2023 年 3 月に刊行された
「公務員試験 出るとこ過去問 16 人文科学 新装版」(ISBN：978-4-300-10616-7)
と同一です。

公務員試験　過去問セレクトシリーズ

こう む いん し けん　　　　　　　で　　　　　 か こ もん　　　　　 じんぶん か がく　　　　　しんそうだい　 はん
公務員試験　出るとこ過去問　16　人文科学　新装第2版

2020 年 4 月 1 日　初　　　版　第 1 刷発行
2024 年 4 月 1 日　新装第 2 版　第 1 刷発行

　　　　　　　　　　　編　著　者　　Ｔ　Ａ　Ｃ　株　式　会　社
　　　　　　　　　　　　　　　　　　　　（出版事業部編集部）
　　　　　　　　　　　発　行　者　　多　　　田　　　敏　　　男
　　　　　　　　　　　発　行　所　　ＴＡＣ株式会社　出版事業部
　　　　　　　　　　　　　　　　　　　　　　　　（ＴＡＣ出版）
　　　　　　　　　　　　　　　　　〒 101-8383
　　　　　　　　　　　　　　　　　東京都千代田区神田三崎町 3-2-18
　　　　　　　　　　　　　　　　　電話　03（5276）9492（営業）
　　　　　　　　　　　　　　　　　FAX　03（5276）9674
　　　　　　　　　　　　　　　　　https://shuppan.tac-school.co.jp/

　　　　　　　　　　　印　　　刷　　株　式　会　社　　光　　　　　邦
　　　　　　　　　　　製　　　本　　株　式　会　社　　常　川　製　本

© TAC　2024　　　　Printed in Japan　　　　ISBN 978-4-300-11136-9
　　　　　　　　　　　　　　　　　　　　　　　　　　　　N.D.C. 317

# 公務員講座のご案内

# 大卒レベルの公務員試験に強い!

## 2022年度 公務員試験

公務員講座生[1]
**最終合格者延べ人数[2]**

# 5,314名

| 国家公務員（大卒程度） | 計 **2,797**名 |
| 地方公務員（大卒程度） | 計 **2,414**名 |
| 国立大学法人等　大卒レベル試験 | **61**名 |
| 独立行政法人　大卒レベル試験 | **10**名 |
| その他公務員 | **32**名 |

※1 公務員講座生とは公務員試験対策講座において、目標年度に合格するために必要と考えられる、講義、演習、論文対策、面接対策等をパッケージ化したカリキュラムの受講生です。単科講座や公開模試のみの受講生は含まれておりません。
※2 同一の方が複数の試験種に合格している場合は、それぞれの試験種に最終合格者としてカウントしています。（実合格者数は2,843名です。）
＊2023年1月31日時点で、調査にご協力いただいた方の人数です。

# 1位 全国の公務員試験で合格者を輩出!

詳細は公務員講座（地方上級・国家一般職）パンフレットをご覧ください。

## 2022年度 国家総合職試験

公務員講座生[1]

最終合格者数 **217**名

| 法律区分 | **41**名 | 経済区分 | **19**名 |
| 政治・国際区分 | **76**名 | 教養区分[2] | **49**名 |
| 院卒/行政区分 | **24**名 | その他区分 | **8**名 |

※1 公務員講座生とは公務員試験対策講座において、目標年度に合格するために必要と考えられる、講義、演習、論文対策、面接対策等をパッケージ化したカリキュラムの受講生です。単科講座や公開模試のみの受講生は含まれておりません。
※2 上記は2022年度目標の公務員講座最終合格者のほか、2023年度目標公務員講座生の最終合格者40名が含まれています。
＊ 上記は2023年1月31日時点で調査にご協力いただいた方の人数です。

## 2022年度 外務省専門職試験

最終合格者総数55名のうち
54名がWセミナー講座生です。[1]

合格者占有率[2] **98.2%**

外交官を目指すなら、実績のWセミナー

※1 Wセミナー講座生とは、公務員試験対策講座において、目標年度に合格するために必要と考えられる、講義、演習、論文対策、面接対策等をパッケージ化したカリキュラムの受講生です。各種オプション講座や公開模試など、単科講座のみの受講生は含まれておりません。また、Wセミナー講座生はそのボリュームから他校の講座生と掛け持ちすることは困難です。
※2 合格者占有率は「Wセミナー講座生（※1）最終合格者数」を、「外務省専門職採用試験の最終合格者総数」で除して算出しています。また、算出した数字の小数点第二位以下を四捨五入して表記しています。
＊ 上記は2022年10月10日時点で調査にご協力いただいた方の人数です。

**WセミナーはTACのブランドです**

# 資格の学校 TAC

## 合格できる3つの理由

## 1 必要な対策が全てそろう! ALL IN ONE コース

TACでは、択一対策・論文対策・面接対策など、公務員試験に必要な対策が全て含まれているオールインワンコース(=本科生)を提供しています。地方上級・国家一般職／国家総合職／外務専門職／警察官・消防官／技術職／心理職・福祉職など、試験別に専用コースを設けていますので、受験先に合わせた最適な学習が可能です。

### ▶ カリキュラム例:地方上級・国家一般職 総合本科生

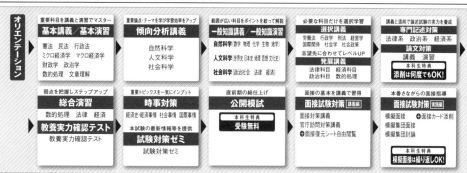

※上記は2024年合格目標コースの内容です。カリキュラム内容は変更となる場合がございます。

## 2 環境に合わせて選べる! 多彩な学習メディア

**通学メディア**

教室+Web講座
教室・ビデオブース・Webで講義が受けられる

ビデオブース+Web講座
TAC校舎のビデオブースとWeb講義で自分のスケジュールで学習

**通信メディア**

Web通信講座
外出先で、さらにWebで。自由に講義が受けられる!

| フォロー制度も充実! 受験生の毎日の学習をしっかりサポートします。 | ▶ 欠席・復習用フォロー | ▶ 質問・相談フォロー | ▶ 最新の情報提供 |
|---|---|---|---|
| | クラス振替出席フォロー クラス重複出席フォロー | 担任講師制度・質問コーナー 添削指導・合格者座談会 | 面接復元シート自由閲覧 官公庁・自治体業務説明会 など |

※上記は2024年合格目標コースの一例です。年度やコースにより変更となる場合がございます。

## 3 頼れる人がそばにいる! 担任講師制度

TACでは教室講座開講校舎と通信専任の「担任講師制度」を設けています。最新情報の提供や学習に関する的確なアドバイスを通じて、受験生一人ひとりを合格までアシストします。

### ▶ 担任カウンセリング

学習スケジュールのチェックや苦手科目の克服方法、進路相談、併願先など、何でもご相談ください。担任講師が親身になってお答えします。

オンラインでも実施!

### ▶ ホームルーム(HR)

時期に応じた学習の進め方などについての「無料講義」を定期的に実施します。

Webホームルーム(HR)標準装備!

**パンフレットのご請求は**

TAC カスタマーセンター
**0120-509-117**
ゴウカク イイナ

受付時間
平日 9:30～19:00
土曜・日曜・祝日 9:30～18:00

※受付時間は、変更させていただく場合がございます。詳細は、TACホームページにてご確認いただきますようお願い申し上げます。

TACホームページ **https://www.tac-school.co.jp/**

# 公務員講座のご案内

# 無料体験入学のご案内
## 3つの方法でTACの講義が体験できる!

## 教室で体験　迫力の生講義に出席　予約不要!　最大3回連続出席OK!

### 1. 校舎と日時を決めて、当日TACの校舎へ
TACでは各校舎で毎月体験入学の日程を設けています。

### 2. オリエンテーションに参加（体験入学1回目）
初回講義「オリエンテーション」にご参加ください。体験入学ご参加の際に個別にご相談をお受けいたします。

### 3. 講義に出席（体験入学2・3回目）
引き続き、各科目の講義をご受講いただけます。参加者には体験用テキストをプレゼントいたします。

● 最大3回連続無料体験講義の日程はTACホームページと公務員講座パンフレットでご覧いただけます。
● 体験入学はお申込み予定の校舎に限らず、お好きな校舎でご利用いただけます。
● 4回目の講義前までにご入会手続きをしていただければ、カリキュラム通りに受講することができます。

※地方上級・国家一般職、理系（技術職）、警察・消防以外の講座では、最大2回連続体験入学を実施しています。また、心理職・福祉職はTAC動画チャンネルで体験講義を配信しています。
※体験入学1回目や2回目の後でもご入会手続きは可能です。「TACで受講しよう!」と思われたお好きなタイミングで、ご入会いただけます。

## ビデオで体験　校舎のビデオブースで体験視聴

TAC各校のビデオブースで、講義を無料でご視聴いただけます。（要予約）

各校のビデオブースでお好きな講義を視聴できます。視聴前日までに視聴する校舎受付までお電話にてご予約をお願い致します。

**ビデオブース利用時間** ※日曜日は④の時間帯はありません。
① 9：30～12：30　② 12：30～15：30
③ 15：30～18：30　④ 18：30～21：30

※受講可能な曜日・時間帯は一部校舎により異なります。
※年末年始・夏期休業・その他特別な休業以外は、通常平日・土日祝祭日にご覧いただけます。
※予約時にご希望日とご希望時間帯を合わせてお申込みください。
※基本講義の中からお好きな科目をご視聴いただけます。（視聴できる科目は時期により異なります）
※TAC提携校での体験視聴につきましては、提携校各校へお問合せください。

## Webで体験　スマートフォン・パソコンで講義を体験視聴

TACホームページの「TAC動画チャンネル」で無料体験講義を配信しています。時期に応じて多彩な講義がご覧いただけます。

**TACホームページ** https://www.tac-school.co.jp/

※体験講義は教室講義の一部を抜粋したものになります。

# TAC出版 書籍のご案内

TAC出版では、資格の学校TAC各講座の定評ある執筆陣による資格試験の参考書をはじめ、資格取得者の開業法や仕事術、実務書、ビジネス書、一般書などを発行しています!

## TAC出版の書籍
*一部書籍は、早稲田経営出版のブランドにて刊行しております。

### 資格・検定試験の受験対策書籍

- ✪日商簿記検定
- ✪建設業経理士
- ✪全経簿記上級
- ✪税 理 士
- ✪公認会計士
- ✪社会保険労務士
- ✪中小企業診断士
- ✪証券アナリスト

- ✪ファイナンシャルプランナー(FP)
- ✪証券外務員
- ✪貸金業務取扱主任者
- ✪不動産鑑定士
- ✪宅地建物取引士
- ✪賃貸不動産経営管理士
- ✪マンション管理士
- ✪管理業務主任者

- ✪司法書士
- ✪行政書士
- ✪司法試験
- ✪弁理士
- ✪公務員試験(大卒程度・高卒者)
- ✪情報処理試験
- ✪介護福祉士
- ✪ケアマネジャー
- ✪社会福祉士 ほか

### 実務書・ビジネス書

- ✪会計実務、税法、税務、経理
- ✪総務、労務、人事
- ✪ビジネススキル、マナー、就職、自己啓発
- ✪資格取得者の開業法、仕事術、営業術
- ✪翻訳ビジネス書

### 一般書・エンタメ書

- ✪ファッション
- ✪エッセイ、レシピ
- ✪スポーツ
- ✪旅行ガイド (おとな旅プレミアム/ハルカナ)
- ✪翻訳小説

# 公務員試験対策書籍のご案内

TAC出版の公務員試験対策書籍は、独学用、およびスクール学習の副教材として、各商品を取り揃えています。学習の各段階に対応していますので、あなたのステップに応じて、合格に向けてご活用ください!

## INPUT

### 『みんなが欲しかった! 公務員 合格へのはじめの一歩』

**A5判フルカラー**

● 本気でやさしい入門書
● 公務員の "実際" をわかりやすく紹介したオリエンテーション
● 学習内容がざっくりわかる入門講義

・数的処理（数的推理・判断推理・空間把握・資料解釈）
・法律科目（憲法・民法・行政法）
・経済科目（ミクロ経済学・マクロ経済学）

### 『みんなが欲しかった! 公務員 教科書&問題集』

**A5判**

● 教科書と問題集が合体! でもセパレートできて学習に便利!
● 「教科書」部分はフルカラー! 見やすく、わかりやすく、楽しく学習!

・憲法
・【刊行予定】民法、行政法

### 『新・まるごと講義生中継』

**A5判**
TAC公務員講座講師
郷原 豊茂 ほか

● TACのわかりやすい生講義を誌上で!
● 初学者の科目導入に最適!
● 豊富な図表で、理解度アップ!

・郷原豊茂の憲法
・郷原豊茂の民法I
・郷原豊茂の民法II
・新谷一郎の行政法

### 『まるごと講義生中継』

**A5判**
TAC公務員講座講師
渕元 哲 ほか

● TACのわかりやすい生講義を誌上で!
● 初学者の科目導入に最適!

・郷原豊茂の刑法
・渕元哲の政治学
・渕元哲の行政学
・ミクロ経済学
・マクロ経済学
・関野喬のパターンでわかる数的推理
・関野喬のパターンでわかる判断整理
・関野喬のパターンでわかる空間把握・資料解釈

## 要点まとめ

### 『一般知識 出るとこチェック』

**四六判**

● 知識のチェックや直前期の暗記に最適!
● 豊富な図表とチェックテストでスピード学習!

・政治・経済
・思想・文学・芸術
・日本史・世界史
・地理
・数学・物理・化学
・生物・地学

## 記述式対策

### 『公務員試験論文答案集 専門記述』

**A5判**
公務員試験研究会

● 公務員試験（地方上級ほか）の専門記述を攻略するための問題集
● 過去問と新作問題で出題が予想されるテーマを完全網羅!

・憲法〈第2版〉
・行政法

# 書籍の正誤に関するご確認とお問合せについて

書籍の記載内容に誤りではないかと思われる箇所がございましたら、以下の手順にてご確認とお問合せをしてくださいますよう、お願い申し上げます。

なお、正誤のお問合せ以外の**書籍内容に関する解説および受験指導などは、一切行っておりません。**
そのようなお問合せにつきましては、お答えいたしかねますので、あらかじめご了承ください。

## 1 「Cyber Book Store」にて正誤表を確認する

TAC出版書籍販売サイト「Cyber Book Store」の
トップページ内「正誤表」コーナーにて、正誤表をご確認ください。

**CYBER** TAC出版書籍販売サイト
**BOOK STORE**

## URL:https://bookstore.tac-school.co.jp/

## 2 1の正誤表がない、あるいは正誤表に該当箇所の記載がない ⇒ 下記①、②のどちらかの方法で文書にて問合せをする

★ご注意ください★

**お電話でのお問合せは、お受けいたしません。**
①、②のどちらの方法でも、お問合せの際には、「お名前」とともに、
「対象の書籍名(○級・第○回対策も含む)およびその版数(第○版・○○年度版など)」
「お問合せ該当箇所の頁数と行数」
「誤りと思われる記載」
「正しいとお考えになる記載とその根拠」
を明記してください。
なお、回答までに1週間前後を要する場合もございます。あらかじめご了承ください。

### ① ウェブページ「Cyber Book Store」内の「お問合せフォーム」より問合せをする
【お問合せフォームアドレス】
## https://bookstore.tac-school.co.jp/inquiry/

### ② メールにより問合せをする
【メール宛先 TAC出版】
## syuppan-h@tac-school.co.jp

※土日祝日はお問合せ対応をおこなっておりません。
※正誤のお問合せ対応は、該当書籍の改訂版刊行月末日までといたします。

乱丁・落丁による交換は、該当書籍の改訂版刊行月末日までといたします。なお、書籍の在庫状況等により、お受けできない場合もございます。
また、各種本試験の実施の延期、中止を理由とした本書の返品はお受けいたしません。返金もいたしかねますので、あらかじめご了承くださいますようお願い申し上げます。

(2022年7月現在)